JN297128

日仏交流150年

― ロッシュからサルコジまで ―

綿 貫 健 治

学文社

目　次

はじめに ──────────────────────────── *1*

第1部　日仏交流の歴史 ──────────────── *9*

第1章　日仏関係の必然性 ──────────────── *11*
1. 似たもの同士 *11*
   - (1) 日仏の親しみやすさ *11*　(2) 数字の相似性 *12*
2. 日仏交流150年 *14*
   - (1) 日仏修好通商条約締結 *14*　(2) 井伊直弼の決断 *16*
   - (3) 貿易港横浜 *18*
3. フランスの磁力 *20*
   - (1) チャレンジャー国フランス *22*　(2) バランスのよいフランス *24*
   - (3) 国際的企業の多いフランス *26*　(4) 投資活動の活発なフランス *27*
4. 日本企業のフランス進出 *28*
5. 新しい日本文化の台頭 *30*

第2章　幕末期の日仏関係 ──────────────── *33*
1. フランスを訪れた日本人 *33*
   - (1) 支倉常長と慶長遣欧使節団 *33*　(2) 幕府の対仏使節団 *34*
   - (3) フランス留学生の減少 *38*
2. ロッシュ公使の活躍 *38*
   - (1) 弱い日仏関係 *38*　(2) チュニジアから日本へ *40*
   - (3) ロッシュとパークスの戦い *41*　(4) ロッシュの敗北 *43*
3. フランス派幕臣小栗上野介の活躍 *47*
4. 横浜居留地の発展とフランス人 *51*
5. お雇いフランス人の活躍 *54*
6. 開国派と反対派の対立 *58*

第3章　明治時代の日仏関係 — 62

1. 日仏関係の基礎をつくった日本人　65
   - (1) 「近代資本主義の父」渋沢栄一　65　(2) 廃藩置県と岩倉欧米使節団　68　(3) 西園寺公望と中江兆民　77
2. フランス教育・思想の発展　86
   - (1) フランス学の始まり　86　(2) フランス学の本格的発展　88
   - (3) フランス教育機関の発達　90　(4) 近代的啓蒙組織「明六社」誕生　96　(5) 慶應義塾と仏学塾　97
3. フランス文化の普及　100
   - (1) フランスパンの誕生　100　(2) フランス文化の発芽　102

第4章　大正・昭和初期の日仏関係 — 105

1. 近代国家への模索　105
2. 激動の大正時代　106
3. 大正デモクラシーとロマン　110
4. フランス派・渋沢，西園寺，薩摩の活躍　114
   - (1) 渋沢栄一　114　(2) 西園寺公望　116　(3) 薩摩治朗八　117
5. パリに洋行した日本人　124
   - (1) 明治時代の洋行　125　(2) 大正・昭和初期の洋行　132
6. 日本で活躍したポール・クローデル　136
7. パリで活躍する日本人画家　139
8. アール・ヌーヴォー　142
9. アール・デコ　146

第5章　第二次世界大戦中の日仏関係 — 148

1. インドシナをめぐる日仏関係　150
2. 中島知久平とフランス　153
   - (1) 日本航空業界の恩師フランス　153　(2) 日本航空業界の指導者・中島　155

第6章　第二次世界大戦後の日仏関係 — 159

1. 1945－60年の日仏関係　161
   - (1) シャンソンによる日仏関係　161　(2) 映画による日仏関係　163
   - (3) 料理を通じた日仏関係　164　(4) ル・コルビジエの弟子たち　167
   - (5) 花開く日仏関係　168
2. 1960－70年の日仏関係　170
   - (1) ヌーヴェル・ヴァーグ　171　(2) 反体制文化と若者革命　173
   - (3) 映画を通じた日仏関係　175　(4) フランス料理ブーム　176

3.　1970－80年の日仏関係　*177*
　　　　(1)　日本デザイナーの活躍　*180*　　(2)　フランス文化の盛り上がり　*182*
　　4.　1980－90年の日仏関係　*185*
　　　　(1)　日仏自動車産業　*187*　　(2)　小粒で光るフランス映画　*188*
　　　　(3)　ポストモダンの流行　*189*　　(4)　拡大する日仏関係　*190*
　　5.　1990－現代までの日仏関係　*191*
　　　　(1)　フランス派政治・経済人の活躍　*195*　　(2)　フランス映画祭の復活
　　　　　197　　(3)　パリ国立音楽院　*200*　　(4)　クールな日仏関係　*201*

第7章　日仏ビジネスの発展──────────────────────── *204*
　　1.　日仏企業の海外進出　*204*
　　2.　新しい経営者の出現　*208*
　　　　(1)　カルロス・ゴーン　*211*　　(2)　ジャン・マリー・メシエ　*214*

第2部　現代のフランス──────────────────────── *223*

第8章　第5共和制の変化──────────────────────── *227*
　　1.　サルコジ大統領の登場　*227*
　　2.　ロワイヤルの敗因　*232*
　　3.　オブリの台頭　*235*
　　4.　サルコジの政策　*237*
　　　　(1)　変化と変革の政治　*237*　　(2)　伸びない経済成長　*238*
　　5.　経済ナショナリズムの台頭　*241*
　　6.　学生，移民，中産階級の不満　*244*
　　7.　サルコジの人気　*247*
　　　　(1)　落ちはじめた人気　*247*　　(2)　外交と金融危機に救われたサルコジ
　　　　　249　　(3)　前途多難なサルコジ　*250*
　　8.　2012年の大統領選　*253*

第9章　フランス経済と経営──────────────────────── *256*
　　1.　急速に進む民営化　*257*
　　2.　外資の対仏投資増加　*260*
　　3.　新しい経営者の出現　*262*
　　4.　アントレプルナーの出現　*264*
　　5.　企業統治の変化　*267*

第10章　フランスの経営スタイル ―――――――――――――― 271
　1．企業経営者（管理者）のタイプ　272
　2．マネジメントスタイルの変化　273
　3．タイプ別のつきあい方　279
　4．進歩型フランス人の台頭　282

第11章　新しい魅力「ソフトパワー」 ―――――――――――― 289
　1．ソフトパワー・ランキング　289
　2．フランスの外交力　292
　　（1）フランス外交の特色　292　　（2）サルコジ外交　296
　3．フランスの文化力　301
　　（1）豊富な文化人材と文化予算　301　　（2）国家主導の文化支援政策　304

第12章　これからの日仏関係 ―――――――――――――――― 309
　1．日本のアイデンティティ喪失　309
　2．クール・ジャパン　313
　3．新しい日仏関係　316
　　（1）近年の日仏関係　316　　（2）日仏関係の問題点　319
　　（3）新しい日仏関係の提案　321

おわりに ――――――――――――――――――――――――― 326

参考文献 ――――――――――――――――――――――――― 329

索　　引 ――――――――――――――――――――――――― 335

はじめに

　日仏関係において 2008-2009 年は歴史的な時であった。2008 年は徳川幕府がフランスと日仏通商修好条約を締結してから 150 周年、2009 年は横浜開港 150 周年にあたり日仏間でいろいろな記念行事が行われた。

　2008 年 7 月の北海道洞爺湖サミットには、就任直後の大統領のニコラ・サルコジ大統領が日本に初めて来日した。サルコジは前大統領のジャック・シラクと違って、フランス人にしては珍しくアングロサクソン派、実務派の大統領で、日本よりも欧州や中国に関心をもっている。ヨーロッパでは、EU 統合が本格化して日仏関係は大きく変わる時代に突入した。この歴史的な機会をとらえて、もう一度日仏関係を多角的に見直し、将来の日仏関係を占うというのがこの本の主旨である。

　フランスは、早くから日本市場に目をつけていた。日仏のつきあいは琉球（現在の沖縄県）から始まり、最初は、外交と宗教の普及の両方の役目をもっていた宣教師や探検家の来日から始まった。古くは、1637 年に初めて琉球の土を踏んだフランス・ドミニコ会の神父ギョーム・クルテ、1787 年にルイ 16 世学術調査団を率いた探検家ラ・ペルーズなどが琉球と接触していた。

　フランスは、1842 年にイギリスがアヘン戦争で中国に勝ったころから、イギリスとの植民地競争を意識しはじめ日本との通商交渉を開始した。まず、1844 年（ペリー来航の約 10 年前）に中国に派遣されていたジャン・バプティスト・セシール提督は、将来日本に渡ることを目的として、アルクメーヌ号（フォルニエ・デュプラン艦長）を派遣し琉球政府に交易を求めた。当時薩摩藩の傘下にあった琉球政府は、かたくなに即答を避けたので、ローマ教皇庁から中国に派遣されていたパリ宣教師会牧師テオドール・オーギュスタン・フォルカードと広東の刑務所に留置されていた通訳のオーギュスタン・コーを強引に残していった。琉球との和親条約の交渉は成立しなかったが、フォルカード一行は約 2 年間琉球に滞在した。

1854年にアメリカのペリーが砲艦外交で徳川幕府と和親条約を結ぶと、フランスはゲラン海軍准将を司令官とする軍隊を那覇に派遣し、島津斉彬(なりあきら)の薩摩藩との間で11条からなる琉仏修好条約を結んだ。その後、アメリカが日本と通商条約を結んだが、フォルカードの琉球滞在とフランスによる通商要求が間接的に日本の鎖国政策を変える契機となった。結果的にフランスは出遅れ、1958年に全権公使ジャン・バプティスト・ルイ・グロ男爵一行を日本に派遣し、メルメ・カションが通訳を務めて列強では最後に日仏修好通商条約を結んだ。

フランスは絹織物業の輸出基地としての日本を重要視し、その翌年の1859年4月にデュシェーヌ・ド・ベルクールを初代総領事として日本に派遣し幕府から供与された三田の臨海寺に滞在させた。ベルクールは、1864年4月にリオン出身のレオン・ロッシュ公使と交代した。ロッシュは約5年間、フランスの外交代表として日本に滞在し、江戸末期の徳川幕府最後の将軍徳川慶喜と親密なつきあいをした。しかし、1867年のパリ万国博覧会の際、1855年に結んだ条約をたてに琉球（薩摩藩）が参加を表明すると、中央政府である徳川幕府との間で展示と国家代表権をめぐっての対立を招き明治維新の前哨戦となった。

1868年、フランスが支援した徳川幕府が崩壊し明治維新が始まった。しかし、フランスと日本との距離は遠くならなかった。維新政府は日本の近代化のためフランスを除外せず、イギリス、ドイツ、アメリカと選択的につきあうことを決めた。日本の近代化のためにフランスからもお雇いフランス人が多数招聘され、フランスの近代的な軍隊、産業、法律、教育制度などが導入された。明治政府の富国強兵、殖産興業政策でフランスは造船、繊維、鉱山開発などで日本産業の近代化に貢献した。また、幕末から明治にかけてフランスに留学していた若者も帰国し日本でも活躍しはじめた。

そのなかには、その後の日本の運命を決める人材が多数いた。明治、大正、昭和にかけて産業界で活躍し日本の産業の発展に貢献した渋沢栄一、10年余りフランスに学び後に首相となり立憲政治の確立に貢献した西園寺公望、東洋のルソーといわれ日本の自由民権運動を起した中江兆民などである。これらの人材は明治の後半、大正、昭和初期と日本の政治、経済、社会、文化に大きな影響を与えた。したがっ

て，古くからフランスの人脈やインフラが日本のシステムに埋め込まれているので，日本人はフランスに特別な愛着をもっている。

　明治の半ごろから日本のシステムはイギリス，ドイツの影響を大きく受けはじめた。しかし，フランスは日本の陸軍士官学校，軍事教育，東京のガス灯，自動車技術，航空機産業などの分野で貢献し，特に1910年にはフランスで操縦免許を取った徳川好敏大尉がフランス製のアンリ・フォルマン式複葉機で日本の空を初めて飛んだ。当時フランスは複葉機では世界の航空業界をリードしており，日本も中島知久平（中島飛行機創業者）など日本航空界の創始者たちの多くがフランスから航空技術を学んだ。

　日本が世界の列強に入った明治後期，大正，昭和初期には文化的な面でも日仏関係が継続していた。絵画，彫刻，建築，シャンソン，フランス料理，映画，教育，哲学的思想などが日本の文化に取り入れられた。1900年代のフランス発の世紀末芸術「アール・ヌーヴォー」「アール・デコ」文化などが日本に紹介され，大正，昭和初期の日本文化の西洋化に貢献した。また，日露戦争後，約四半世紀続いた経済上昇期の「大正デモクラシー」は，フランスの影響をうけて日本の高等教育，社会運動，政党政治，普通選挙制度の実現に寄与した。

　第二次世界大戦後，フランスは戦勝国，日本は敗戦国と道は別れたが日仏の復興過程は似ていた。フランスも日本も終戦直後はアメリカの経済援助を受け，フランスは1975年まで「栄光の30年（Trentes glorieuses）」，日本は「高度経済成長」と呼ばれた20年間の驚異的な成長を実現した。その後，日本もフランスもアメリカの影響下にあったが，フランスはヨーロッパを重視しドイツとの関係を密にして欧州統合（EEC→EC→EU）を実現し，日本はアメリカとの関係を深め日米安全保障条約を継承した。

　フランスではド・ゴール大統領というカリスマ性のある指導者が出現し，アメリカに対して果敢にチャレンジしてフランスの政治的自立と経済復興を実現させた。政治，経済だけでなく，文化面では作家のアンドレ・マルローを文化相に任命して社会のあらゆる階層が楽しめる文化政策を取った。その結果，文化面ではフランスの映画，ファッション，料理，シャンソン，文学，思想などが世界に広まり，日本

のインテリ層，若者や女性に多くの影響を与えた。日本は吉田茂，池田勇人，佐藤栄作，田中角栄など偉大な首相が出たが，敗戦国という縛りもあり外交と文化はアメリカ一辺倒であった。

戦後しばらくは，フランスの影響は文化，社会，教育などの分野に限られていた。しかし，日本が戦後復興を遂げ，国民の生活が豊かになり国際化しはじめた1960年代になって新たな日仏関係が始まった。フランスでは1968年にパリ大学の学生の反乱があり，この新しいうねりは保守政権のド・ゴールを退陣に追い込んだ。

フランス文化も大きく影響を受け，同じく1968年には伝統的秩序に反逆した若者が映画をとおして「ヌーヴェル・ヴァーグ（新しい波）」という新しい思想運動を展開しフランス映画は全盛時代を迎えた。映画監督ではフランソワ・トリュフォーやジャン＝リュック・ゴダール，アラン・レネ，ルイ・マルが活躍し，日本の若者はフランスの自由奔放な精神や生活スタイルに大きな影響を受けた。新しい運動から生まれた俳優ジャン＝ポール・ベルモント，カトリーヌ・ドヌーブ，アラン・ドロンは，スクリーンをとおしてフランスの美学や華麗さを日本人に印象づけた。

フランスの哲学者，教育者などから民主主義の基本を唱え実践に移す「知的ラディカリズム」運動に影響を受けた若者も多かった。知的大学生は，モンテーニュの懐疑主義，デカルト，パスカルの合理主義，政治に参加する知識人の原型をつくったヴォルテール，フランス啓蒙思想を百科事典にまとめたディードロ，ダランベール，独創的な社会契約論や教育論を書いたルソー，近代政治学の基礎をつくったモンテスキューなどの啓蒙思想を好んで学んだ。

日本の知識人や学生は，フランスから理論だけでなく哲学者や思想家などの知識人の行動力を学んだ。個人を主体とした実存主義を唱えたサルトルやネグロポンテ，形式化した構造が人間の行動や精神を支配するという構造主義を唱えたレヴィ＝ストロース，アルチュセール，ミッシェル・フーコー，硬直化した構造主義を嫌ったポスト構造主義者のデリダ，ドゥルーズ，リオタールなどが大衆文明に飽きた日本や世界の若者や知識人を刺激した。

しかし，こうしたフランスの思想や文化も冷戦の激化やその後のアメリカの圧倒的な軍事的，経済的優位性によって希薄化した。戦後の日本ではあらゆる面でのア

メリカ思想や文化の浸透が目立ち、アメリカ英語、アメリカンドリンク、ファースト・フード、大量生産・大量消費、ウォールストリート市場主義が中心になり、フランスの存在が前ほど大きくなくなった。また、グローバリゼーションとインターネットの発達で英語が主流になり、フランス語を学ぶ人口が減少した。単純化して使いやすくなる英語に比べてフランス語は依然難しく、長く勉強しても英語のような達成感やマスター感がなかった。また、フランス語が使える人には使う職場が少なく、企業内でも英語派に比べて華麗だが地味な存在という現実があった。フランスに進出した企業では、目に見えない障壁に遭遇しフランスの閉鎖性や複雑性に苦労した企業が多かった。

　しかし、不安定な日仏関係を救ったのは、いつも日本人のフランスに対する「熱い片想い」と「相似性」であった。フランスと日本は国民性、伝統、歴史、社会の成り立ちで正反対のように見えるが似ている点も多かった。フランスの創造性、歴史、伝統、芸術、文化に対するあこがれや、ファッション、洋服、化粧品、食品、レストランなどフランス製品やサービスは「シックでしゃれた高級品」として日本人の日常生活を、フランスからの新しい哲学や思想は日本人の教養心を刺激、高揚してくれた。

　フランスはいつの時代でも高級品、高度知識人、高度文化人、シックでモダンのシンボルであった。日仏ビジネスでは、フランスと取引している日本企業の総売り上げのうちでフランスの占める割合は平均3－5％と低く、日本企業のフランスにおける「マーケットシェア」は少なかったが、日本人のフランスに対する心のシェアである「マインドシェア」は常に高かった。

　日本人は、フランスの知識人を大事にする文化やエリート主義やリーダシップにも「あこがれ」と「期待」をもっていた。また、ノブレス・オブリージュに代表されるフランスエリートの社会的責任感は、国の政治力や経済の経済力を超えた個人的な魅力であり、フランス人の高い教養、上品な品性、歴史的家柄、人をひきつける魅力など相乗効果をもちフランスの強い「ソフトパワー」となった。長年同じ企業や官庁などの組織でチームワークや愛社精神を教えられてきた日本人にとって、フランス人エリートの「個人の魅力は国の魅力に勝る」という思想は新鮮であった。

はじめに

　1985年のプラザ合意以降，日仏経済やビジネスのグローバル化は急速に進んだ。しかし，日本のグローバル化は「モノ（商品）」や「カネ（金）」をとおしてであって「ヒト（人）」のグローバル化はだいぶ遅れた。グローバルな競争社会では，組織の前に実力と教養にあふれた個人の魅力がなければ一人前と認められない。一般的に，日本人は仕事の実務はよく知っているが，高い教養と人間的魅力がないといわれた。

　本人が話題を積極的に提供してその話題に引き込み自分の周りに人垣をつくる魅力「ソフトパワー」が必要で，国の経済力や企業のマーケットシェアなどの「ハードパワー」だけでは自分の周りに人垣はできない時代に入ってきた。また，中国やインドなどの新興国の発展で「ハードパワー」も危うい状態になってきた。

　その点，周りにアメリカ，イギリス，ドイツという大国がありながら，フランス人は伝統的魅力を磨き，勇気ある情報発信をして人をひきつける魅力である「ソフトパワー」と経済，政治力などの「ハードパワー」をもち，そのバランスは一流である。フランス人エリートは専門の実力だけでなく個人の魅力を磨くことを意識的にしていて，国の政治，経済，外交だけでなく，個人の文化，教養，愛国心などのレベルが高くバランス感覚が抜群である。官民で優秀な外交官も多く，その華麗な振る舞いとリーダシップは世界でも一目置かれている。歴代の大統領，首相，外交官，大企業トップなどがいい例である。

　2008年は，日仏修好通商条約が結ばれてから150周年に当たる年であった。日本は世界第2位の経済大国で，日本人も優秀で能力・実力があると認められていながら，重要な国際機関や国際交渉でリーダシップをとれない。唯一世界でリーダシップを取っているのは国際企業人である。その点，フランスは世界的に通用するエリートを組織的に育成しヨーロッパをまとめてEU統合を構築し，WTO，IMF，ヨーロッパ中央銀行などの一流国際機関のトップを占め，国連トップクラスにはアメリカに次ぐ職員を送り込んでいる。国際舞台でもフランスの政治家は言いたいことを主張し，アメリカと対等な立場で交渉をしている。

　一口でいうと，現在世界で活躍しようという日本人に足りないものは，経済力ではなくてフランスのように人をひきつける魅力度，情報発信力と文化総合力である。

すなわちソフトパワーが必要である。そのためには，政治家，企業家，国民は一体となって足りないものを補い強化する必要がある。言い換えると，高い構想力，文化力・歴史力などの教養力，祖国愛などをもつことが必要である。そうしないと潜在性があり強力なハードパワーで力をつけてきている中国，インドなどアジアの発展途上国にアジアのリーダシップで抜かれる心配がある。

　近年は，GDP で日本を抜く中国をはじめアジアの国々の国際舞台での活躍はめざましく，日本は国際舞台で勝負する新勢力の中国，韓国，シンガポールに遅れをとる場面もしばしば出てきている。日本の新しい国家の品格や教養立国が叫ばれているおり，ぜひ，日本はフランスをベンチマークして世界のリーダシップをとってほしいものである。大が小を飲むだけでなく，小が大を飲む時代のなかで日本の行動力が問われている。

　「経済至上主義では人心みだれて国滅ぶ」（藤原正彦）など日本を憂う声が多い今日，この本で日仏交流の深い歴史を振り返り，フランスのソフトパワーの秘密，フランス人の祖国愛の源泉，フランス人の国際的な教養主義とコミュニケーション方法などを学び，日本の世界における存在価値や情報発信力を上げてアジアでのリーダシップをとるための参考になれば幸いである。

第1部
日仏交流の歴史

第1章
日仏関係の必然性

1. 似たもの同士

(1) 日仏の親しみやすさ

　フランスと日本は似ているとよくいわれる。決してアメリカのように超大国ではないが，両国とも政治，経済が一流の中進国であり長い歴史と良質な文化をもっている。フランスはヨーロッパのリーダーであり，日本はアジアのリーダーで，日仏とも世界のリーダーとしてアメリカに挑戦しているチャレンジャーでもある。

　江戸末期には徳川幕府がフランスと組み日本の近代化を図り，明治政府は継続して日本の富国強兵と近代化のためにお雇いフランス人から多くのことを学んだ。駐日フランス公使ロッシュの提案による横須賀の造船所，富岡の製糸工場などの産業振興や陸軍の創設，明治維新後に招聘された多数の有能なフランス人による司法体制，通貨制度や学校制度などのインフラの確立は日本の近代化を促進させた。

　また，フランスに留学や派遣された政府や有力藩の若者が，フランスの新しい知識や文化を日本に持ち込み日本人による日本の近代化に貢献した。例えば，渋沢栄一は徳川慶喜の弟昭武の随員としてパリ万博（1868）に参加し，パリで経済や経営を勉強して，帰国後日本で最初に銀行や株式会社をつくった。生涯で500社ぐらいの会社の設立にかかわり，「日本の資本主義の父」といわれた。また渋沢は後世に活躍する人材を育てようと教育分野でも一橋大学，同志社大学，日本女子大学などの大学創立も支援した。首相を数度務めた西園寺公望は民主主義思想の導入と議会政治のシステムをつくり上げ「議会政治の父」と呼ばれ，パリで西園寺とフランスの民主主義と自由主義を学んだ中江兆民は日本の民権運動を率先して「民主主義の父」と呼ばれた。

　エンジニアの古市公威は，フランスのエコール・サントルを卒業し東大工学部の

最初の学長になり，日本の土木技術の発展に尽くし「日本土木会の父」といわれた。フランスのエンジニアがつくった横須賀の製鉄所は後に海軍工廠になり，これがなかったなら日本は日露戦争に負けただろうといわれたぐらい先進的なものであった。

フランス人によって開発された富岡製糸所，生野銀山は日本の初期の貿易と産業の発展に貢献した。富岡製糸所は，養蚕業や製糸業で発展し横浜とリヨンとの間では貿易が栄えた。一方，1855年に，リヨンとセヴェンヌ地方が蚕の病気に襲われたが，病気に強い日本の蚕の卵は瀕死のフランスの養蚕業と織物業を救った。

そのほか，パリ大学教授であったボアソナードなどが日本の教育や司法制度の発展にも貢献し，ロッシュの建てた横浜の仏語学校が近代的な欧米の知識を教授し日本の人材を育成した。ボアソナードなどの司法制度は明治憲法の下敷きになり，日本の民法は今も当時の影響を受けている。フランス系学校からは東大，法政，明治などの有力大学が生まれ，思想的には中江兆民がフランス革命の精神である自由，平等，博愛主義という考え方を日本に持ち込んだ。

フランスとは幕末，明治初期だけでなく，明治中期以後，大正，昭和初期と小説，商品，映画などの文化をとおしてつきあいがあり，戦後も高級品，文化交流，ビジネスなどをとおして交流を深めてきた。このように，われわれが意識するしないに関わらず，日本人は過去の日仏関係で培ったインフラや文化の上に乗って生きてきた。そのために，日本人は他国に比べてフランスを身近に感じる人が多い。

日仏関係にはイギリスやアメリカのように，日英同盟や日米安全保障条約など政治的な縛りのなく「付かず離れず」の関係であった。インフラや文化に埋め込まれた「日仏DNA」がお互いをひきつけ，独特の親しみやすさを生んでいる。

(2) 数字での相似性

日本人とフランス人を親密にしているのは日仏DNAだけではない。いろいろな数字関係を調べてみると，フランスと日本は似ているところが多いのに驚く。日仏の1人当たりのGDPは3万4500円で，国民の豊かさが大体同じといえる。しかし実際には，日本は人口がフランスの2倍なのでフランスのほうがより豊かといえる。戦後の成長過程も，先進国のなかで成長率が低い点で似ているし，軍事費，輸

	日 本	フランス
1人当たりのGDP（ドル）	34,252	35,375
実質成長率（2006）(%)	2.7	2.2
軍事費（億ドル）	437	531
輸出（億ドル）	6,499	4,885
（内文化商品）*1	(1,805)	(2,521)
輸入（億ドル）	5,796	5,376
自動車保有台数	586	596
（人口1000人当たり）		
個人アルコール消費量	53.4	57
（リットル／人口1人当たり）		
クオリティ・オブ・ライフ*2	102.5	102.7
（アメリカ＝100）	（東京）	（パリ）
旅行消費（億ドル）	284	271
新聞種類	2,585	2,577
映画館数	2,221	2,150
成年読解力（%）	99	99

注：1　芸術品，骨董品，書籍，新聞，音楽や文化的サービスを含む
　　2　レクリエーションから政治までの39項目の比較（パリ33位，東京35位），2005年11月
出所：総務省「世界の統計2008」，The Economist「Pocket World in Figures 2007」

入額も同じようである。

　また，文化の指数も驚くほど似ている。文明の機器である自動車保有台数は日仏約600台（人口1000人当たり），文明のレベルを表す新聞の発行部数は日本が圧倒的に多いが，新聞の種類は2600紙ぐらい，図書館数，映画館数なども似ている。長期的指数では，長期的経済成長率を見ても1991年から2004年で日本28位とフランス33位でだいたい同じぐらいの成長率で，労働生産性もだいたい同じぐらいである。

　そのほか，ニューヨークを100としたときのクオリティ・オブ・ライフは102，旅行消費が280億ドル，個人のあるアルコール消費量が50リットル位，成年の読解力が99％と日本とフランスは「似たもの同士」といえる。

2. 日仏交流150年

(1) 日仏修好通商条約締結

　日本とフランスの本格的な関係は，19世紀半ばから始まった。当時，フランスとイギリスは，新しい市場を求めて東洋への進出を争っていた。イギリスは東インド会社を中心にインドの次の市場を中国に定め，植民地のインドからアヘンを輸出して中国から茶を輸入していたが，中国の反抗にあってアヘン戦争（1840-42）を起こした。イギリス議会は，たった9票の差でこの侵略戦争を承認したのである。

　イギリスは首都北京に近い天津港から47隻の軍艦と4000人のイギリス兵を上陸させ，そのうえ植民地インドから1万人のインド兵の支援を得て中国内陸攻撃を始めた。清朝はイギリスの総攻撃に屈し，要求を無条件で受諾し南京条約（1842）を結んだ。中国は上海，広州をはじめ5港の開港，香港貸与，多額の賠償金支払い，関税制限など不平等条約を呑んだ。当然，アメリカとフランスは同じような条約を中国と結んだが，次の目標地は日本で一致していた。

　それから10年後の1853年，アメリカは日本進出競争でイギリスやフランスに先を越されまいと，東インド艦隊司令長官であったペリー提督が4隻の黒い軍艦を率いて浦賀沖に現れた。徳川幕府の役人が，初めて大砲9門備え，日本の警備船の10倍はある旗艦「サスケハナ号」を先頭とする4隻の大艦隊を見たときにはその巨大さに愕然とした。浦賀奉行は長崎へ回航するように要請したがペリーは拒否し，久里浜に上陸しアメリカ大統領の開国の要求書である国書を浦賀奉行に手渡した。ペリーは国書の回答を翌年に求めて9日目に浦賀沖から去った。泰平をむさぼっていた徳川幕府は，アメリカの圧倒的な力の差を見せつけられ大混乱に陥った。

　幕府は，すでにオランダ，中国，朝鮮から列強の中国における侵略情報をつかんでいたものの，圧倒的な軍事力には対抗できないことがすぐにわかったため余計あわてた。幕府内ではペリー来航直後に将軍徳川家慶（いえよし）が死去し，病弱の家定（いえさだ）が新将軍となっていた。筆頭老中阿部正弘（まさひろ）は御三家の徳川斉昭（なりあきら）を海防参与にして大名を参集し挙国一致の対応を取ろうと天皇，諸大名，幕臣，庶民に国書についての意見を求めた。

ペリー艦隊は，約束どおり1854年に戻ってきた。今度は7隻の艦隊で品川沖に入って，江戸の25マイル沖まで侵入して幕府を驚かせた。艦隊と武器を背景にした示威行為に幕府は折れて，急きょ江戸に近い横浜村での交渉が決まった。500名の部下とともに横浜村に上陸したペリーに対して，幕府を代表して応接係（全権代表）である大学頭林復斎を筆頭に5人の応接係がペリーを出迎えた。外交文書が漢文であったため大学頭が外交文書を担当し，オランダ語と英語を解する通詞森山多吉朗が通訳を務めた。

横浜村に上陸したペリーは冷静に日本を観察しており，対日本外交ではアメリカの偉大さとパワーを印象づけることが非常に重要と考えた。ペリーの日本に対する第一印象は「土地はよく耕作されているが住家は貧弱なものであった」，「男達は血色よく，栄養も十分と思われたが，婦人は眉をそり落として奇妙な感じだった」と述べている。アメリカは，戦略どおりイギリスやフランスが来る前に日本と和親条約を結んだ。条約の内容は捕鯨船の燃料，食料，水の補給を確保が主で締結後に下田港と箱館港（後の函館）が開港された。アメリカ同様の条約がイギリス，ロシアと締結され，フランスがオランダとともに「和親条約」を結んだのは，それから1年遅れた1855年であった。

翌年，アメリカはいち早く和親条約で決めた居留地の下田に総領事としてタウンゼント・ハリスを駐在させた。ハリスは次の目標である通商条約締結の準備に入っていた。ハリスは早速，将軍家定と謁見し，阿部を継いだ老中首座堀田正睦（佐倉藩主）に中国とイギリスのアヘン戦争による強制開港，中国と英仏連合軍との「アロー号事件（第二次アヘン戦争）」（1856－60）による中国半植民地化などの例をあげて，日本に圧力をかけ日米通商条約の早期締結を迫った。

幕府はハリスの圧力に屈し，1958年6月に「日米修好通商条約」が結ばれ，翌月，日蘭，日露，日英通商条約がそれぞれ結ばれた。フランスは全権公使グロ男爵の到着が遅れ，メル・カション通訳のもとに日仏間で「日仏修好通商条約」が結ばれたのは5カ国のなかで一番遅い10月であった。調印後，グロ男爵は香港に帰ってしまったので，その間イギリスに代理を頼まなければならなかった。日本における正式な代表はベルクールが6カ月後の1859年4月に日本総領事兼外交代表とし

て着任し，1864年まで約5年間勤務した。いずれにせよ，フランスの対日政策は追英政策であった。

(2) 井伊直弼の決断

　幕府は，いずれ欧米の列強が日本に開港を求めてくることを知っていた。1952年の時点で，長崎奉行がオランダ商館長のドンケル・クルティウスから「オランダ風説書」(機密情報書)で，近くアメリカの艦隊が日本を訪れ，通商を求めるであろうという情報を受け取っていた。黒船の来航を「国家の一大事」と危機管理意識をもった筆頭老中阿部正弘は江戸湾の防備強化を主張したが，幕府財政は逼迫していて財政を担当する海防掛(1)の反対に会い，困って御三家の水戸家徳川斉昭（なりあき）に相談して大統領の親書を受けとることを決心したのであった。
　阿部は新将軍家定（いえさだ）と幕閣ではもはや決められないとし，強硬な攘夷論者や幕府改革論者を抑えるために斉昭を海防参与に任命し，広く意見を求めるために御三家以外に外様の薩摩藩主島津斉彬（なりあきら）にも相談していた。外圧の危機感を関係者に知らせ，開国には基本的には反対だが，尊皇攘夷と海防論の二本立てで進もうとした。
　しかし，阿部はプロセスをまちがった。アメリカ大統領の国書受理の是非に関して朝廷，諸大名，幕臣，庶民にいたるまで意見を求めたため，逆に幕府の無能さを天下にさらけ出し，結果的に朝廷の権威を高め，諸大名の発言権を強め，下級武士の台頭を許してしまった。軍艦，兵器の発注，大型船建造許可，造船所建設など本気で国防に取り組んだがすでに遅かった。
　1857年，阿部が対米交渉の疲れで39歳の若さで死んだ後，佐倉藩主の堀田正睦（まさよし）が筆頭老中となった。堀田はアメリカ領事ハリスからイギリス，フランスの脅威で脅かされており，すでに開国論者となっていた。したがって，当時持ち上がっていた将軍継承問題と通商条約問題を朝廷からの勅許をもらい一挙に解決を図り，逆に幕府の経済力と権力を上げようと考えた。堀田は京都まで行って朝廷と交渉するが，許可をとることに失敗した。時同じく，通商条約調印とともに将軍家定の継嗣問題が重大な問題になっていた。病弱で子どものいない家定は養子をとる必要性があり一橋家の一橋慶喜（よしのぶ）と紀州藩主徳川慶福（よしとみ）の二人が候補となっていた。

どさくさにまぎれ堀田に代わって筆頭老中になった改革論者の井伊直弼は，当初主戦論をとり尊皇攘夷派の水戸斉昭(なりあき)などと対立した。しかし，1858年，巨大で強力な外国艦隊を見て，幕府は無力であるとさとり，反対派を押し切って朝廷の許可なしに「日米修好通商条約（下田条約）」を調印した。同時に，将軍継嗣問題では紀州藩主の徳川慶福(よしとみ)（後の徳川家茂）を将軍世子に擁立（南紀派）し，独断専行で一橋家の慶喜(よしのぶ)を擁立する反対派（一橋派）を退けた。

　井伊直弼は，隣の清国がイギリスに屈辱的な「天津条約」（1858）を結ばされ衰退の道をたどったことを知っていたので，条約締結による貿易増加で幕府財政の健全化が図れることを見越して条約締結に賛成をした。しかし，尊王攘夷を唱え将軍継嗣争いに負けた一橋派は，井伊が朝廷の勅許なく条約調印をしたことを激しく非難した。井伊は徳川幕府体制の維持と開国の必要性を正当化するために，反対派を徹底的に弾圧した（安政の大獄）。

　しかし，開国反対派の抵抗も激しく，2年後の1860年に水戸藩士と薩摩藩士に桜田門外で暗殺された。当時，将軍に次ぐ権力をもち，日本の将来を一番真剣に考え，国家の空白を埋めた男を内紛で殺してしまった。この事件をきっかけに，筆頭老中安藤信正(のぶまさ)は公武合体政策を進めた。アメリカのニューヨークタイムズは「（今の日本は）政府であれ個人であれ，安全を確保する余地はほとんどない」と日本の政情不安状態を報告したが，歴史的意味については言及しなかった。フランスのベルクール総領事とイギリスのオールコック総領事が着任したのはその前年のことであった。

　開国論者の井伊は外国との窓口として外国奉行を設置し，修好通商条約により外国公使は江戸駐在ができるようになった。神奈川（後に横浜），長崎，箱館（後に函館），新潟，兵庫（後に神戸）の5港が開港され，外国人の居留地が決まり自由貿易が許可され，江戸，大阪の開市にともない日本の近代化が早まったのである。後年，通商条約は関税自治・税率決定権はなく，一方的な最恵国待遇になっているので不平等条約であるという批判があったが，江戸末期の徳川幕府の制度疲労による弱体化，欧米の圧倒的な砲艦外交と長期鎖国で外国貿易にうとかった日本の事情からは仕方のないことだった。

1858年6月，中国の天津条約から1カ月遅れて日米修好通商条約が結ばれ，続いてオランダ，ロシア，イギリスと日本の間で修好通商条約が結ばれた。フランスはその年末に本国から派遣されたジャン・バプティスト・ルイ・グロ男爵が日仏修好通商条約に署名した。フランス・ミッションに随行して来日したM・ド・モージュ侯爵は『フランス人の幕末維新』でその時の模様を伝えている。グロ男爵を中心とするフランス全権団は軍艦「ル・ラプラス」で来日したが，直接江戸に入ることは許されず「小さく手狭な」下田に到着した。日本側からは下田奉行中村出羽守以下6人が彼らを笑顔で迎えたが，幕府側の豪華なもてなしと日本料理の盛り付けの美しさと清潔さに驚いた。もっと驚いたのはサーブする給仕が武士で大小の刀をさしていたことであった。

翌年，1859年に日本との外交・通商関係に遅れたフランスとイギリスは初代の代表を日本に送った。フランスからは初代フランス総領事としてデュシェーヌ・ド・ベルクールを送り，ベルクールは三田の済海寺を総領事館として後任のレオン・ロッシュ公使が着任する1864年まで約5年間フランス代表外交官として活躍した。イギリスは清国駐在領事で実績のあったラザフォード・オールコックを初代イギリス総領事（後に公使）として着任させた。イギリスは高輪の東禅寺に総領事館を開いたが，イギリスのオールコックは公使格，フランスのベルクールは総領事と両国の力の入れ具合に差があった。オールコックは1年の帰国休暇を含めて，日本で6年間の公使生活を送り，帰国後には『大君の都』（1863）を著して開国後の日本事情を紹介した。

(3) 貿易港横浜

外国人居留地に住む外国人にとって，日本は危険な国であった。桜田門事件以降，開港に反対する攘夷派が多く，町では外国人殺傷が繰り返された。1861年にはハリスの秘書兼通訳であったヘンリー・ヒュースケンが江戸・善福寺の宿舎に帰る途中殺傷され，1862年には薩摩藩行列を乱したとされる4人の内イギリス人1人が殺され3人が負傷する「生麦事件」が起こった。翌年には，長州藩の外国船砲撃事件などあった。実際に日本人でも洋学者が狙われ，福澤諭吉も『福翁自伝』で，

1861年から13−4年の間は怖くて夜分は外出しなかったといっている。

　イギリスやフランスからの強い要求で，幕府はイギリスとフランスに居留地に軍隊を駐留させることを許可した。フランス軍はイギリス駐屯地そばの現在のフランス山に300名駐屯させた。1963年には生麦事件をきっかけとした薩英戦争や，フランス陸軍士官カミユが殺害される「井土ヶ谷事件」が起き，1864年にイギリス，フランス，オランダ，アメリカの4カ国連合艦隊との「下関戦争」が始まった。

　幕府は，意識的に居留地の外人や国民に対して情報発信をコントロールしていた。モージュによると，中国では官報の「北京新聞」がすでに毎日発行されてさまざまな記事が載せられているのに比較して，日本の新聞では大君の一挙一動だけを毎日追いかけた報道ばかりで「実に退屈な」新聞であるとこぼしている。日本の権力構造については，俗世界的皇帝「大君」と宗教的皇帝「ミカド」がいて，日本の階級は9つの階級に振り分けられ，上位4階級は大名，貴族，僧侶，武士で両刀を帯刀する権利があり，下位には足軽と医師が5番目の階級で一本帯刀することができ，その下に卸売商人，小売商人，職人，農民と苦力，なめし皮商人と続き，これら最下位階級の帯刀は許されないと当時の階級を述べている。

幕府が外国人の居留地を横浜にした理由

　幕府は，お膝元の江戸からなるべく遠い所に居留地をおきたかった。長崎，函館，神戸，新潟，横浜の5港が最初の開港地で居留地であったことはその理由による。また，外国人は大型の船が寄港できる施設がある場所を歓迎した。ハリスはじめ外国の大使は神奈川の開放を求めたが，神奈川は港が狭く，浅く，幹線道路上にあり，人の往来が激しい要所であったため幕府は居留地に適さないと判断した。

　一方，横浜は三方を海に囲まれ，山の手の一方だけが陸続きの船着場で管理に適当だったので幕府は横浜に固執した。居留地は広く，居留地の真ん中を走る幅18メートル，延長1500メートルの広い道路はまるで滑走路のようだった。シャンゼリゼがモデルになったのかは確かではないが，シャンゼリゼのように両サイドに三越のような有名店がならび日本の誇る陶器，漆器，絹織物などを売っていた。また，洋風な建物も多く，ホテル，洗濯屋，肉屋，酒場，両替所やフランス式のカフェもあった。フランス軍のキャンプはいまのフランス山にあり，イギリス軍のすぐ隣りであった。

　当初，横浜の外国人居領地に住む外国人はイギリス人が多く，フランス人はたった56人で，全外国人登録者数283人の5分の1であった。しかし，横浜はフランスに

とって重要な港であった。ナポレオン3世の第2帝政時代，絹織物業はフランスの最大の輸出産業で，リヨンが蚕の病気で養蚕業が全滅したとき横浜は原料供給地として最重要拠点となった。フランス人豪商も現れ，貿易商ルイ・ブーレは1861年にこの外国人居留地に広大な土地を購入して製糸工業を開業した。日仏交通の便も開かれ1865年にメッサジュリ・エンペリアル（後のメッサジュリ・マリティム）による上海－横浜航路が開通してからは，より多くのフランス人が横浜に来た。

1864年，ナポレオン3世は，リヨン出身で海外経験豊富なベテラン外交官のレオン・ロッシュ（56歳）を日本へ送った。ロッシュは，フランスの力を見せつけるべく，1866年に豪華で目立つルネッサンス風の二階建ての領事館を建てた。ロッシュの活躍は後述するが，そこがロッシュの日本での出発点であった。

横浜は，大きな貿易港となり多くの商人を集めた。県庁所在地に運上所（税関）がつくられ，外国商人イギリスのジャーディン・マセソン商会や日本商人三井（越後屋）などの豪商が集まって大きな取引を開始した。やがて，横浜港からイギリス，アメリカ，フランス向けに，生糸，蚕種，茶，海産物を輸出し，毛織物，綿織物，鉄砲，艦船などを輸入し，10年後の1867年には横浜からの貿易が日本の輸出の84％，輸入の70％を占めた。

3. フランスの磁力

17世紀から18世紀にかけてフランスはヨーロッパでもっとも進んだ国であった。その豊かな文化は光り輝いていて，ヨーロッパ諸国から多くの人が訪れ，なかでもイギリスの貴族や知識人はフランスから学ぼうとグランド・ツアーを組んでパリに遊学した。あの偉大な経済学者アダム・スミスもこの時期にフランスに遊学していた。日本は鎖国中でフランスとのつきあいは琉球に限られ，本格的なつきあいが始まったのは，1858年に日本とフランスとの間に包括的な通商条約が結ばれてからであった。

ナポレオン3世の使命を受けたフランス公使ロッシュが着任（1864）してから日仏関係は急速に進展した。徳川慶喜は，経験豊富で貫禄があり，かつエレガントさを漂わせるロッシュに魅了されフランス語やフランス事情を本格的に洋学者西周か[2]

ら学んだ。ブレーンもフランスに通じた優秀な官僚である勘定奉行小栗上野介忠順(ただまさ)や外国奉行栗本鋤雲(じょううん)などで固めて，日仏提携強化による徳川幕府改革と日本の近代化を狙っていた。慶喜は「華やかで強い」ナポレオン3世の政策に魅力を感じ，1867年に弟で若い13歳の昭武(あきたけ)をパリ万博に日本政府代表として参加させ，そのあとは日本の近代化について学ぶために学業を続けさせた。

　徳川幕府を改良した日本の近代化というプランをもっていた慶喜の夢は破れたが，明治維新後もフランスにあこがれ将来の夢を託す日本人は多かった。イギリス経由でパリを訪れた岩倉使節団（1872）は，ナポレオン3世とオスマン知事の「パリ大改造」（1852－70年）で実現した美しいパリの景色を見て「景色壮快ニシテ画ノ如シ」と感激した。アメリカからフランスに渡った小説家の永井荷風(かふう)はフランスの田舎の美しさを「フランスの自然は恋する人の心に等しい」とフランスの虜となった。しかし，交通の便のない当時のフランスは遠かった。フランスに憧れた詩人の萩原朔太郎は「フランスへ行きたしと思へどフランスはあまりに遠し」と嘆いたが，今日では，パリ－東京はエアバスで直行12時間で行けるので，毎年約65万人の日本人観光客がパリを中心にフランス各地を訪れている。

　パリの魅力はいつも変わらない美しさと新しいものの吸収力がある。フランスの諺で「物事は変われば変わるほど同じ」といわれるように，パリは新しいものも異質なものもよいものならなんでも景色のなかに吸収していく魔術をもっている。パリは美しくなるために何度も改造を重ねてきたが，その景色はほとんど変っていない。建設当時，一見，異物に見えたエッフェル塔，モダン過ぎて非難されたポンピドー・センター，伝統的な凱旋門を傷つけるといわれた第二凱旋門「グラン・アルシュ」も今ではすっかりパリに溶け込んでパリになくてはならない風景となっている。伝統と近代性の絶妙なコンビネーションが，外国人にとって絶妙なパリの魅力となっている。

　人々はパリに憧れパリを訪れる。フランス嫌いの人もひとたびパリに入るとパリが好きになり，多くの人の「心のふるさと」となる。フランスの哲学者アンリ・ベルグソン(3)は「パリを言葉で定義することはできないが，パリに一歩足を踏み入れれば，人はパリの何たるかを知る」とパリの魅力を描いた。パリでは伝統と近代性を

ミックスした建物だけでなく，いろいろな人種が混さりあい異国的な雰囲気をもった国際都市である。パリを好きになるには人種や国籍も問わない。パリは常に自由で，コズモポリタン的な雰囲気をもち，どんな人でも包み込む包容力もち「ついたその日からパリジャン」になれる。パリだけでなくフランスは常に明るく，美しく，華麗で，感傷的で人々の期待にこたえてくれる国である。それぞれの人のフランスが存在する所以である。

(1) チャレンジャー国フランス

人は皆，都合のいいところからフランスを好きになる。フランス語から入る人もいれば，フランス料理，ファッション，映画から入る人もいる。筆者の場合は，気候，文化，歴史とヨーロッパの統合であった。永井荷風と同じようにアメリカ経由でパリに入ったが，若いときからアメリカが好きで，アメリカには学生時代を含み8年間滞在した。しかし，滞在中，たった1年間だけ西海岸のサンフランシスコに駐在したとき，急にフランスに行ってみたいという衝動にかられた。サンフランシスコは天候も風景も地中海的で，知的文化にあふれアメリカのなかのフランス的都市であった。気候は温暖で，真っ青な空と海，いつも明るい日差し，白い家などヨーロッパの雰囲気に満ち溢れアメリカの人気スポットの1つである。フランス，イタリア，ポルトガルなどヨーロッパ・ラテン系，アジア系移民の人がたくさん住んでいる国際都市でもあった。

フランスは，仕事中心のアメリカと違い，人間が中心でゆったりとしたライフスタイルをもっていたのも気に入った。尊敬する上司の助言と幸運さが手伝って1988年から1994年までの6年間フランスに駐在するチャンスを得た。フランス革命200年祭（1989），マーストリヒト条約の調印（1992），欧州連合（EU）発足（1993），英仏海峡トンネル開通（1994）などで，フランスは大いに燃えていたときでもあり，国際性を磨くのには願ってもない機会を提供してくれた。また，日本では経験のできないエリート主義，階級主義，宗教問題，人種差別問題，異文化問題など貴重な体験を提供してくれた。

フランスは，人口もGDPともに日本の約半分である。しかし，日本の1.5倍の

肥沃な国土をもち，国土の大きさは世界第48位(4)でドイツ，イギリス，イタリア，イギリスよりは大きい。大陸ヨーロッパの政治，文化の中心地で，米英に対しては常に「ニッチ（niche）」的なポジションと「チャレンジャー」の精神をもっているところは日本と似ている。ヨーロッパでは政治・文化は一流であるが経済は二流といわれ，経済力ではいつもドイツ，イギリスの後塵を拝していた。

一方，日本は，国民総生産（GDP）が世界第2位で経済は一流であるが，政治・外交が二流といわれるアメリカとヨーロッパを追いかける「チャレンジャー」でもある。また日本は，文化で一流だが情報発信力が二流といわれ，経済では消費財の製造力が一流で，サービス業が二流ともいわれている。フランスは日本の逆で，サービス部門，化学，医薬，先端技術の開発や製造が一流で，消費財製造は二流といわれている。日本とフランスは，お互いに補完関係をもった国でとしてきっと仲良くやっていけるという印象をもった。

しかし，フランスに行ってみると，国の歴史的な重み，文化的優位性，外交的交渉力だけでなく，経済的能力やビジネス能力に優れていることがわかった。これはフランスを知らない当時の筆者にとって意外な発見であり，一見ソフトで女性的なフランスの向こう側には強くて逞しい男性的なフランスがあったのである。事実，フランスはヨーロッパと世界の大国で，経済規模では2006年の国民総生産（GDP）で世界第4位，欧州第2位の市場をもち，2008年度「フォーチュン500」(5)には世界で活躍する39の大企業がリストアップされアメリカ，日本に次いで世界第3位で，ヨーロッパでは第1位の地位を占める一流産業国である。

フランスは，ドイツと組んで世界最大級の市場を創設した。欧州連合（EU）は2007年にブルガリアとルーマニアが加わり27カ国に拡大し，総人口約4.9億人で北米自由貿易協定（NAFTA）の人口4.3億人を上回り，拡大EUの規模は国民総生産（GDP）換算で，EUは14.9兆USドル（2005）でNAFTAのGDP13兆USドル（2005）を上回る世界最大の近代的市場となった。ヨーロッパでのフランスの重要性と地位は着実に進歩し，フランスは国際政治・外交・経済分野でドイツを凌ぐリーダーとなっている。

筆者がフランスに滞在した時期は，1980年代の後半から1990年代の前半にかけ

てバブルの前後であったが，フランスがドイツと戦争の怨念を超えて協力しあい，EU統合をめざして力強く発展していたときでもあった。フランスで会った政治家，経営者，ビジネスマン，一般市民など皆ヨーロッパ統合に燃えていて，彼らから実に多くのことを学んだ。特に感心したのは，フランス人の国や故郷を愛する「愛国心」「故郷愛」，対外政治で見せる卓越した「外交力」「コミュニケーション力」，伝統を守りながら文化を成長させる「文化・伝統力」と新しい時代をつくる「創造力」，他人を圧倒するような鍛えぬいた「教養」と「品性」であった。

　また，フランス人は個人を大事にする。強く魅力のある個人が国をつくると信じている。したがって，個人がそれぞれ自分を鍛え，創造力を打ち出し，個性的で説得力のある発言をする。一般的には，フランス人の個人主義は傲慢などと非難されるが，国をリードするエリートは別で，礼儀作法を備えて衝動的に行動せず自己抑制する品位をもっていた。フランスは，特にフランス語の特殊性やパリでの個人的経験など一般的なことから全体を判断しないほうがよい国である。

(2) バランスのよいフランス

　フランスというと，一般的には文化，芸術のイメージが強いが，政治，経済，文化とバランスがとれた国である。ド・ゴールが「偉大さのないフランスは，フランスでない」といったように，フランスは偉大さにこだわり，すべての分野で偉大になろうと挑戦しつづけてきた。ド・ゴールの求めていたのは「バランスのとれた強いフランス」であった。その結果，フランスは先進国のなかでも政治，外交，経済，技術，文化，歴史を輪切りにして一番バランスが取れている国となった。

　中進国でもバランスの取れた総合力をもつことによって冷戦時代には「第三の力」になり，イラク戦争ではアメリカのような超大国と対等に戦えることを示した。しかし，並みの中進国ではなく，国の物理的な力を示す数字も強い。2006年の世界銀行の統計によると，国の経済力をあらわすGDP（国民総生産）では2兆2480億ドルで世界第4位に位置して，GDPに占める各産業セクターの割合（2003）は，農業は2.9％，工業25.6％，サービス業は71.5％であった。

　観光客入国数では8200万人（2007）で世界一，農業に適した広大な平地をもち

農産物加工製品輸出ではアメリカに次ぎ世界第2位、原子力を中心とするエネルギー発電も世界第2位である。フランスの産業はアメリカ、日本、ドイツに続く世界第4位で、特にサービス産業が進んでいてGDPの72%、雇用の80%を占めている。サービスと製造とのバランスがよく、運輸、電気通信、農産物、食品加工、薬品、銀行、保険、観光などのサービス業と高級ブランド製品（皮革製品、プレタポルテ、香水、アルコール、衣服など）などが強い。

製造業では先端技術のメッカとして、過去にはミラージュ戦闘機、超音速旅客機コンコルド、旅客機のエアバス、超高速列車TGV、超豪華客船クイーン・メリー号、ICカード、原子力発電所、宇宙開発のアリアヌロケット、ミサイルのエグゾセなどの先端技術をいち早く開発しハイテック、先端産業産業で世界をリードした。最近ではそれらの技術をさらに改良し、また新しい産業をつくるためにナノテクノロジー、バイオ、医療技術、薬品などの先端技術にも力を入れている。先端技術は重要で産業界の雇用の20%、輸出額の20%を占める。

一方、教育や文化面に力を入れている。教育予算は対GDP比5.7%（2006）で国家予算の37%、文化予算は対GDP比約1%（2006）と教育・文化政策は他国の追従を許さない。文化芸術支援に関しては、政府による国民1人当たりの支援額2万1257円と日本の4倍である。[6] 海外への情報発信のための外務省広報予算も日本の3倍強のスケールであり、文化の恩恵を国民一人ひとりに広げるというヨーロッパの「文化の民主化政策（Cultural Democracy）」の最先端を行っている。フランス語教育への投資も広く行っていて、フランス大使館の資料によると、世界135カ国に440以上の教育機関をもち、フランス内外の85万人のフランス語教師が各国のフランス語教師と連絡をとってフランス語の普及を手伝い、海外の教育機関では25万人の外国人生徒がフランス語を学んでいる。

この政策がフランスに卓越した「ソフトとハードのバランス」をもたらし、2004年の「ニューズウィーク」で「21世紀型の実力国」をとして認められた。ニューズ・ウィークの大国の新しい定義は、安全保障力、外交力、経済力、文化力、生活力、潜在力の6つ指標であり、伝統の外交力と文化力の評価は高く第2位にランクされ、総合力でもアメリカに次いで第2位を獲得した。21世紀の大国を定義する

「ものさし」が大きく変り，フランス的国家が新しい国家の標準になったことを示している。

(3) 国際企業の多いフランス

外交や文化で目立ちすぎ，フランスは損をしている。実際には，フランスは経済・ビジネス面においても「見えない大国」である。世界レベルで活躍するグローバル企業が多いことは，あまり知られていない。アメリカ有力経済雑誌「フォーチュン社」の「2007年度世界大企業ランキング500社」[7]によると，フランスは2006年に世界に活躍する企業数でイギリス，ドイツを凌駕してアメリカ，日本につぎ世界第3位であった。ランクインしたフランス企業は，2004年には37社，2005年には39社で，2006年には38社が世界ランク入りし，アメリカ，日本についてトップ3の座を占めた。フランスのトップ企業である石油会社トタルは，「フォーチュン500」によると，総合売上で2004年には世界第10位，2005年には第12位，2006年には第10位に入った。

業界別に見ると，フランス企業は主要部門で世界の最上位に顔を出している。2006年の世界の総売上で第1位を占めた業界部門は，航空会社ではエールフランス－ケーエルエム（Air France-KLM），アパレルでクリスチャン・ディオール（Christian Dior），建築材料でサン・ゴバン（Saint-Gobain），技術と建設関係ではブイグ（Bouygues），食品でカルフール（Carrefour）であった。第2位グループには，エネルギー部門ではスエズ（Suez），技術と建設関係でヴァンシ（Vinci），化粧品などでロレアル（L'Oréal），保険ではアクサ（AXA），相互保険ではグルーパマ（Groupama），鉄道のSNCF，エネルギー公益事業のフランス電力（Électricité de France）などであった。

第3位以下では，航空機産業のEADS，銀行ではクレディ・アグリコール（Crédit Agricole），食品サービスのソデクソー（Sodexho Alliance）が第3位を占め，そのほかリーテール部門でフォンシエ・ウリス（Fonciére EURIS），薬品でサノフィ・アベンティス（Sanofi-Aventis），そのほかではラガデール・グループ（Lagardère Groupe）が第4位となった。

第5位以下をみると，雑貨関係のピノ・プランタン（PPR），通信のフランステレコム（France Télécom），公益事業で水道のヴェオリア（VEORIA），郵便関係のラ・ポスト（La Poste），銀行のベー・エヌ・ペー（BNP），一般消費品のダノン（Groupe DANONE）が第5位であった。エネルギーのフランスガス（Gaz de France），原子力産業のアレバ（AREVA），工業・農業機械のアルストム（ALSTOM），石油精製のトタル（Total）が第6位，保険ではCNP Assurancesが第7位，食品でオーシャン（Group AUCHAN）と車のプジョー（Peugeot）が第8位となった。世界の合計53の専門分野でフランス企業は29社がトップ10に入っていて，エネルギー，建設，食品，保険，出版，化粧品，電力，鉄道，郵便，自動車，石油，薬品，通信，水道などの分野で強いことがわかる。

(4) 投資活動の活発なフランス

フランスは世界有数の投資国である。1981年から約15年間フランスは社会党が政権を担当し，米英の資本主義とは違い国家が経済活動に積極的に介入する「社会主義的資本主義」を取っていた。したがって，国を守る保護主義が先行し対内外の投資に関しては積極的ではなかった。しかし，1995年，保守党が政権を担当してから政策が大きく変化し，現在のフランスは世界でトップクラスの投資国，投資受け入れ国に大変身した。

したがって，現在は資本の国際化に積極的であり，対内・外直接投資（FDI）で世界のトップグループに位置していている。国際貿易開発会議（UNCTAD）(2004)の調査によると，外国資本の受け入れに関しては，2003年度は460億ドルでルクセンブルク，中国に次いで世界第3位であり，対外直接投資額は570億ドルでアメリカ，ルクセンブルクについで同じく第3位であった。資本の自由化に関して一昔前まで閉鎖的なフランスは，現在は国をあげて外資を歓迎し世界で最もオープンな国の1つとなったのである。

2005年の時点で見ても，フランスの対外・対内投資は活発で，フランス国内で現地法人をもつ世界の外国企業は1万6000社に増加し，フランスにおける外資会社の市場占有率はフランス全会社の16％を占め，これはイギリスについで第2位，

工業セクターでは第1位であった。[8]対外投資でも中国への進出も著しく，在中国フランス大使館商務部の発表によると，[9]中国へ進出したフランス企業数は約600社，従業員数が15万人いるといわれている。

フランスはヨーロッパへの製造拠点となっていて，フランスへの進出企業の半分を製造業が占めている。製造業は約8000社あり，全製造業雇用の30%，売上高の35%，輸出高の40%を占めている。外資だけでなく移民を含む外国人の導入にも活発で，フランス国内の企業で働く従業員の15%は外国人で，アメリカの5%，ドイツの11%，イギリスの13%，スウェーデンの17%と較べても多い。また，全管理職の8%は外国人で，外国人管理職は2004年には12万7800人に昇った。[10]

フランス政府対仏投資庁（IFA）の報告書によると，これらの外資企業がフランスに投資をする理由としては，フランス政府の積極的な受け入れ政策，投資窓口のIFAへの一本化，世界一の労働生産性，投資，研究開発，初期オペレーションに適用される優遇税制，高い技術力，優秀な労働力と比較的安く，高度で柔軟性に富む労働力，電力，通信などの低コストのインフラ整備，企業環境，ダイナミックな金融市場などが上げられている。

4. 日本企業のフランス進出

フランスの対EU貿易や投資に比べると，日仏間の貿易や投資はそれほど大きくない。投資，貿易のシェアは少ないがフランスの存在感は大きい。日本からの輸出と投資は日仏共に全体の約2%以内で，日本企業の対フランス売上も3%以内である。[11]ドイツやイギリスと比べると貿易量も投資額もそれほど大きくないが，化粧品，高級ラグジュアリー品，ファッション衣類，ワイン・シャンパンなどのアルコール，食品など高級大衆製品が多いので市場での露出度と存在感が多く実際は統計より大きく見える。

参考までに，ジェトロの2006年度統計では，日本はフランス総輸出額の1.5%で総輸出ランキングの第12位であった。これはアフリカ（5.5%），中・東欧（5.1%），中国（2.1%），アセアン（1.8%）より少ない。フランスの日本からの輸入をみても，日本は総輸入額の2.4%で第9位，これはロシアの輸入額と同じで，中国

(5.7%), アフリカ (4.8%), 中・東欧 (4.3%) より少ない。

　日仏間の直接投資も 1990 年代末期に急速に伸びたが最近では減少傾向を示している。「日仏交流年」の 1998-99 年の期間には飛躍的に伸びて，日本の対仏直接投資は 1 兆 2525 億円となり日本の全対外投資額の 23.7% を占め第 1 位の国となった。翌年 1999 年には，今度はフランスの対日投資が 7,457 億円となり対日投資全体の 31.1% を占め第 1 位となった。しかし，その後 2003 年ごろから対仏・対日投資は減少して，2007 年の外務省統計では日本からフランスへの直接投資（フロー）は 563 億円で，フランスから日本への対外投資が 595 億円であった。

　フランスへの直接投資の内容も変化した。一時期は日本のエレクトロニクスの対仏進出が盛んであったが，最近の傾向としては自動車関係の対仏投資が盛んになった。2007 年度の日本の直接投資による雇用創出数を産業部門別に見ると，自動車部門が 63% で最も多く，次いで電気・電子・医療機械部門が 11% で，電気や電子に代わり，トヨタなどの自動車会社や部品会社のフランスへの進出が目立っている。また，これらの日系企業の進出地域はノール＝パ＝ド＝カレー地方，イル＝ド＝フランス地方，ローヌ＝アルプ地方，ノール県，ブルターニュ地方，シャンパーニュ＝アルデンヌ地方などであった。

　投資額は減少しているが，日本経済の必要性やグローバリゼーションの進展で，フランスへ進出している日本企業は増加している。2007 年末の対仏投資庁（IIFA）統計では，400 社の日系企業が 600 拠点で約 6 万人の雇用を創出している。製造業だけに限ると 140 社あり約 3 万 7000 人，研究開発センターに 600 人の現地雇用を生んでいる。2007 年の外国投資による全雇用総数は 3 万 4517 人で，ヨーロッパ投資企業の割合は 67.4%，アメリカ企業は 18.8%，アジアの投資企業は 13.5% で，日本は 5.5% の 1900 人で第 7 位であった。

　フランスへの進出企業のプロフィールはさまざまで，トヨタ，ソニー，味の素，住友ゴム，資生堂，キヤノン，三菱電機，光洋精工など日本の大企業は欧州本社，欧州主力工場，現地販売・サービス拠点，ロジスティック拠点，研究所などが進出し，企業業種としては自動車，自動車部品，エレクトロニクス，農産物加工，化学，消費者商品などだが，最近ではサービス分野など多様な分野にわたっていてフラン

ス産業と経済に貢献している。

　フランスから日本への企業進出も盛んになり，多業種が進出してきた。2005年の統計では，ルノー・日産，エアー・リキッドなどの重工業からルイヴィトン，ロレアル，クリスチャン・ディオールなど高級品企業にいたるまで432社ほどのフランス企業が日本に進出し約13万人の雇用を生んでいる。最近ではサービス関係の中小企業やベンチャー企業が多くなった。2009年度の在日フランス商工会議所統計によると，フランス商工会議所は日本におけるヨーロッパ最大の商工会議所で，会員数は570以上となっている。

　しかし，ヨーロッパの統合化が加速し，世界的なグローバリゼーションが進展している昨今，ヨーロッパの一国だけ経済関係を構築するのは徐々に難しくなっている。それにもかかわらず，日仏間での投資や貿易が堅調に進んでいるのは日仏間に魅力があり，お互いに引き合う磁力があるからである。特に，1997-99年に日本，シラク大統領，橋本首相のイニシアチブのもとにフランスで行われた「日仏交流年」[13]はそのよい例で，後の日仏関係のスプリングボードとなった。

　日仏の景気がそれほどよくない時期に行われ好結果をだしたこのイベントは日仏関係にとって1つのエポックであった。フランス第1位の自動車会社のルノー（日産とのアライアンス），世界第2位のスーパーマーケットであるカルフール（2005年にイオンに日本法人譲渡），世界最大の保険会社AXA（あおば証券買収）など多数のフランス有力企業が日本市場に進出した。2004年には仏食品大手のダノンがヤクルトと乳酸菌事業の提携しヤクルトに20%出資した。日仏関係では，双方の国に日仏関係に強いリーダー，興味，意思がないと投資は不安定になる傾向が強い。

5. 新しい日本文化の台頭

　フランスが日本をひきつけるなら，日本もフランスをひきつける磁力がある。最近では，1990年代から若者を中心にフランスで話題を呼んでいる「ジャパニーズ・クール」文化である。日本の映画，音楽，漫画，アニメなどが，日本発の新しい文化産業としてフランスで注目されはじめた。特にフランスと日本は文化力が高いの

でお互いに相通じるものがある。

　フランスの文化力は,「ニューズ・ウィーク」ランキングで第2位,日本は第4位と実証済みである。このランキングでは,フランスの文化力の強さは,外国人観光客数（1位）,国際映画賞受賞数（1位）,世界遺産登録数（5位）,五輪メダル数（7位）,年間新刊図書出版点数（8位）にあり,日本の文化力の強さは年間新刊図書出版数（4位）,国際映画賞受賞数（5位）が評価された。日仏の共通点としては,両国ともソフトパワー国で,歴史が長く優れた文化や伝統が他国をひきつける求心力をもっている点がある。しかし,日本はフランスと違ってハードとソフトのバランスが悪いという難点がある。

　歴史的にみると,明治維新以降の日仏間の文化交流は,お互いに現在の日米関係のような親密さはないが距離を保ちながら意識して影響を与え合ってきた。明治初期には日本の浮世絵等がフランスの印象派に強い影響を与え,ジャポニズム文化として取り入れられた。フランスからはお雇い外人をとおして政治,教育,軍事システム,文化が取り入れられ日本の西欧化,近代化の原動力となった。

　20世紀に入ってからもフランス文化の入超とその影響が続き,特に文学では永井荷風,島崎藤村などがフランス経験を基に小説を書き,アールヌーボー（新しい芸術）が建築や工芸に影響を与え,映画,絵画,ファッション,デザイン,ワイン,料理,航空機,建築,化粧品,革製品などが輸入され日本文化の西欧化を促進した。店やレストランなどの名前にフランス語がいかに多いかがフランスの文化の大きさを示している。21世紀になって日本からはアニメ,漫画,映画,ゲーム,携帯電話,ポップミュージック,建築,料理,アートなど新しい日本の文化が若い層を中心にフランスに影響を与えている。

　フランス文化は「シックでモダン」で,日本人には西欧的なシンボルやステータスであるが,日本発の新しい文化は「シックでカッコいい」という意味の「ジャパニーズ・クール」(14)と呼ばれている。日本の文化は,一般的にハリウッド,コカコーラ,マクドナルドのようなアメリカ文化のように「大量で侵略的」なイメージはなくヨーロッパ文化のように伝統的でないが,「神秘的で,謙虚で,中立的」な印象を与え,世界の若者に受け入れられている。アニメ,映画,ファッション,音楽,

デザインなどに代表されるジャパニーズ・クールは文化的効果もあるが経済効果も無視できない。

ジェトロの調査によると，2002年のアメリカで放送された日本製テレビアニメの市場規模は5200億円で，日本からアメリカに輸出された鉄鋼製品の3.2倍に達し，『デジタルコンテンツ白書2007』（通産省）によると，デジタルコンテンツを含む2003年のコンテンツ産業全体の市場規模は約15兆円と驚異的な大きさに発展した。(15) 日本の1990年代は経済的には「失われた10年」といわれたが，その間に新しい文化産業として大きく育ち，金額こそ少ないが文化面からみると「大収穫の10年」だったわけである。

その結果，日本と日本語に興味をもつ若者が増えたことも見逃せない。2003年の国際交流基金の調査によると，日本語学習者数は世界に235万人おり15年間で3.2倍に増加した。世界全体でみると韓国（37.9％），中国（16.5％）での日本語学習者が多いが，オーストラリア（16.2％），アメリカ（5.9％）とアングロサクソンにも人気が出てきている。特にフランスと中国で日本語熱は高く，中国での日本語能力試験の受験者（2005）は14万5000人と海外受験者の半数を占め，フランスでの学習者も約1万5000人いる。日本文化の浸透率も高く，かつてのハードパワー文化であった家電，自動車，機械など今まで日本を代表した商品は国際化し完全に現地化して，若いアメリカ人やフランス人はソニー製品が自国製品だと思うようになってきている。

第2章
幕末期の日仏関係

　2008年は、日仏修好通商条約が締結されてから150年であった。しかし、この150年には多くの日仏関係が詰まっている。特に最初の50年は密度が高く、通商条約による開国から革命の明治維新までたった10年しかなく、その後、近代化の進んだ44年間の明治時代はあっという間に過ぎた。明治時代が終わり、民主化、大正ロマン、軍国主義が同時に進んだ14年間の短い大正時代が続き、そして、敗戦、復興と経済発展が進んだ62年の長い昭和が続き、アメリカ化、国際化、バブル、不況の平成時代は約20年しか経っていない。

　振り返ると、日仏関係は常に継続したリニアの関係ではなく、不連続的なノンリニアの関係であった。時代によって濃淡はあったが、その関係は底辺では常に続いていた。なぜならば、フランスと日本には緊密になる「日仏 DNA」と「必然性」があったのである。そのことを理解するために、この章では、まず、日本とフランスの歴史を見てみたい。過去の日仏の歴史は現在の日仏関係を見る「鏡」であり、われわれはその鏡を通して多くのことが学べる。新しい歴史をつくるためにも、過去を振り返り日仏関係がどのようにして始まったのか、過去にどのような経緯があったのか、そして現在はどうなっているかを知ることは意義がある。

1. フランスを訪れた日本人

(1) 支倉常長と慶長遣欧使節団

　日本の土地を最初に踏んだフランス人は宣教師であったが、日本人で最初にフランスの土を踏んだのは宣教師によってキリスト教徒になった武士であった。それは、約400年前で、それも偶然だった。仙台藩士支倉常長（1571－1622）[16]は、1613年に主君伊達政宗の命を受けてスペイン経由でローマに向かったが、その途中に暴風雨に会いフランスの南端のサン・トロペに非難した。支倉一行のスペインとローマ

訪問目的は，ローマ法王には宣教師の日本派遣を要請し，スペインのフィリッペ国王に会い同盟契約を結び，当時スペインの属領であったメキシコとの直接通商の許可を得ることにあった。

　スペインでは，支倉を筆頭に外国人と日本人27名がマドリッドで国王フェリペ3世に謁見後，1615年にバルセロナからイタリアのジェノバに向かったが，運悪く，途中悪天候に遭遇しサン・トロペに緊急避難し2-3日滞在した。このサン・トロペでの避難目的の滞在が日本人初のフランス滞在となった。支倉常長など8人はスペインで洗礼を受け，ローマでは教皇パウロ5世に謁見し，ローマ市民権を授与された。偶然であったが，支倉のフランス滞在は「コロンブス以来初めて，東洋から西洋に向かった東洋人の旅行者」[17]として画期的な出来事であった。

　運に恵まれなかった支倉は，通算7年海外に滞在したが当初の目的を果たせないだけでなく，1620年に失意の帰国となり2年後に52歳で早世した。支倉が帰国した時期は幕府によるキリスト教信者の弾圧が厳しく，支倉の活躍は表に出ず250年後の岩倉使欧使節団によって日を見ることとなった。支倉や慶長遣欧使節の肖像画や文書は南フランスのカルパントラ市アンギャンペルティーヌ図書館に，支倉が持ち帰った市民公民権証書，肖像画，聖画や聖具などの品々のいくつかは国宝として仙台市美術館に所蔵されている。支倉のフランス滞在後，その影響を受けたフランス宣教師や海軍が沖縄まで来ていたが，徳川幕府の鎖国政策の強化でフランスとの正式な関係はできなかった。

(2) 幕府の対仏使節団

　徳川幕府の長い鎖国政策で，日本は列強国に大きく遅れた。通商条約が結ばれたころの日本は文明国ではなく，西洋事情に詳しい福澤諭吉は日本や中国を野蛮と文明の中間の「半開」の国と呼んでいた。したがって，1858年の通商条約も，いわば文明国である列強によって強いられた不平等条約となった。開国を危惧し不平等な条約を危険視した徳川幕府は，当時の国際法である「万国公法」を研究し不平等の是正に努力した。そのために，不平等条約改定，開港延期，新しい政治・経済・文化調査などを目的として欧米に多くの使節団を送った。フランスには大小4回に

わたって使節団を送った。

　第1回は，1861年の遣欧使節団である。1858年の開国以来，開国に反対する攘夷運動が盛になり，幕府は1860年に条約批准書の交換と調整をかねて欧米使節団を派遣した。その翌年，江戸と大阪の開市場，兵庫・新潟の開港延期要請，ヨーロッパ事情調査のために56歳の外国奉行竹内保徳（やすのり）を正使とする36名の視察団を欧州に派遣した。竹内使節団は1年かけてフランスを始めイギリス，オランダ，プロシア，ポルトガルを廻り，フランスではテュイルリー宮殿でフランス皇帝ナポレオン3世に謁見をした後3週間フランスに滞在した。この視察団には明治時代に官界，実業界で活躍する福澤諭吉，福地源一郎，寺島宗徳などが参加していた。

　第2回目は，1863年に27歳の外国奉行池田筑後守長発（ながおき）以下34人が派遣された遣仏使節団で，池田一行はパリを訪れ約4カ月滞在した。日本人として初めてナイルの河を渡り，エジプトのスフィンクスを訪れた一隊である。派遣目的は，新たに発足した一橋慶喜を中心とする勢力が攘夷派を抑えるため，長崎，函館以外に新たに開港する横浜港の開港延期願い，横浜で斬殺されたフランス兵士の謝罪賠償交渉のためであった。1862年には外国ニュースを日本語に翻訳した「バタビヤ新聞」が幕府の蕃書調所から発行され，民間からも「海外新聞」が出ていたので日本の世界に対する知識はかなり高かった。したがって，池田をはじめ一行はこのミッションの難しさを最初からわかっていた。

　池田使節団は，パリでナポレオン3世夫妻に謁見後，外交交渉を継続したが目的が不純でありよい結果は得られず，逆に下関で攻撃されたフランス軍艦キャンシャン号の賠償，下関通行権の保障，関税軽減などを含むパリ約定に調印させられた。池田のこの行為は幕府から越権行為とみなされ罰則を受けたが，フランスの影響を受けた池田はこのミッションで攘夷論者から開国論者に転じ幕府を説得しようとしたが禄高を半分にされたあげく狂人扱いされ隠居を命じられた。

　この派遣には，その後の日仏関係にとって大変重要な働きをする若者が参加していた。後にパリ万国博覧会派遣使節団，岩倉使節団で再び渡仏し，明治政府の外交官，元老院議官，貴族院議員として活躍した田辺太一，フランス語に通じ，後年日仏の通訳として活躍し清国駐在全権公使にもなった塩田三郎，神戸のアメリカ公使

館につとめ英語を理解して，その後慶應義塾とならび称せられ民権運動のたまり場だった共立学舎を創立し英語教授となった尺振八、三井財閥の責任者になる若き日の益田孝（後に進），維新後外務省官吏を経て森有礼がつくった商法講習所（現在の一橋大学）の校長として日本の商業教育の基礎を固めた矢野二朗，開拓使として室蘭製鉄所の基礎をつくり，九州八幡製鉄所社長，鹿児島県知事などを務めた山内六三郎などそうそうたる人材が参加していた。

　第3回目は，1865年に徳川慶喜の外交政策の一環として外国奉行柴田日向守剛中以下10名がフランス工業視察，幕府陸海軍指導教官派遣依頼，横須賀製鉄所設立交渉，通貨改鋳機械購入，パリ万国博覧会への参加返事などの使命を帯びて約半年滞在した。柴田はすでに竹内使節団の一員としてフランスを含む渡欧経験があり，メンバーは実務家が中心でブレスト，ロリアンの海軍工廠の施設などを精力的に視察した。このミッションは，あくまで実務的な小ミッションであった。

　第4回目は，徳川幕府崩壊の直前の1867年に徳川幕府は慶喜の名代として慶喜の実弟で当時14歳の昭武以下29名，後発をいれると合計66名をフランスに派遣した。目的は駐日公使ロッシュの薦めもあり，パリ万国博覧会に日本政府代表として参加，日仏条約締結国への親善訪問，ナポレオン3世との会見，近隣国の王室外交，博覧会後のフランス留学が目的であった。しかし，着々と実力を蓄えていた西南の雄藩である薩摩も博覧会に展示するなど独自な活動を始めたので，ヨーロッパで日本の政治的主権が徳川幕府にあることを内外に示す意図もあった。

　昭武はパリ万国博覧会出席後，近代的な制度を学ぶために留学生として約1年半滞在したが，その間に徳川幕府が瓦解し急遽日本に戻った。この派遣のメンバーでミッションの財務を担当したのが，後の経済界で活躍する渋沢栄一であった。徳川幕府はナポレオン3世のフランスに期待し，フランスに新しい時代の人材を育てるための日本人学校を建設する予定であった。しかし，その矢先に徳川幕府が崩壊し，派遣者全員帰国しなければならなかった。このミッションにも，福沢諭吉をはじめとして明治維新後に活躍した人材も多く含まれていた。

　このミッションとは別に，1867年にフランス派幕臣で勘定奉行の栗本鋤雲がフランス駐日公使のレオン・ロッシュに親しく，慶喜の右腕で同じく親仏派であった

陸軍奉行小栗上野介忠順の命を受けて駐仏公使としてフランスに渡った。この渡仏を巡っては，幕府は九州を担保，蝦夷地の産物開発権とその収入を担保，横須賀製鉄所建設費用と生糸輸出の一括販売権担保など，いろいろな説があるが，栗本は幕府を中心とする新しい体制づくりのための軍資金の借款を目的とし，その一方で渋沢と一緒にパリで万国博覧会に日本代表として参加した徳川昭武の面倒もみた。

栗本の訪仏はタイミングが悪かった。フランスとプロシアとの関係が悪化して，フランスは戦争の準備に取り掛かったため対日政策も変更された。ロッシュを送り込んだナポレオン3世の頭の中から日本は遠くなり，ロッシュと緊密な関係にあった本国の外相が更迭され日本におけるロッシュ自身の地位も不安定になった。フランスで活動していた薩摩藩の妨害もあり，栗本が交渉したフランスからの軍資金の話は実現しなかった。栗本は8カ月後1868年5月に帰国したが，時代は急変し上司であった小栗は帰国の1カ月前に新政府によって斬首されていた。失望した栗本は明治政府からの要請もあったが，政府の要職につかず報知新聞の主筆などのジャーナリストとして活躍した。

通商条約締結後に，外国を実際に視察したいという洋行熱が高まった。幕府が派遣した政府派遣の正規留学生以外にも有力藩ミッションや密航で出国した若者も多かった。1863年には長州藩士で初代総理大臣になった伊藤博文，実業界や外交で活躍した井上馨が海軍学の取得のためにイギリスに密航，2年後の1865年には開明派の五代友厚が中心になって藩を動かし19名の薩摩藩士が幕府に対抗して渡英した。そのなかには，明治政府の外交官，初代文部大臣になった森有礼や外務，文部で活躍した寺島宗則がいた。

新人物往来社『幕末維新の英雄達』の集計によると，生麦事件のあった1862年から王政復古の大号令のあった1867年までの6年間に合計130人の幕府，諸藩，私費留学生が日本を離れた。その留学先は，幕府留学生がオランダ（21人），フランス（16人），イギリス（14人），ロシア（6人）の合計57人に対して，諸藩はイギリス（37人），アメリカ（30人），フランス（4人），オランダ（1人），ドイツ（1人）の合計73名であった。幕府はオランダ，フランス，イギリス中心，諸藩はイギリス，アメリカ中心で薩摩と長州藩士が42人と完全に来るべき将来を読んだ派

遣であった。

(3) フランス留学生の減少

幕府派遣留学生から明治維新後に活躍する人材が多数輩出した。しかし，フランス留学組は次第に少なくなり他の国が多くなった。オランダ留学組からは思想家，司法家となった西周、幕府では海軍副総裁，明治政府では政治家と明治維新前後で活躍した榎本武揚がおり，イギリス留学組みからはケンブリッジ大学で学び後に東京大学総長，文部大臣になった箕作大六がいた。フランス留学組からは幕府の医師であったがフランスで貧民医療を学び貧民施療事業の先駆者となった高松凌雲が出ている。

明治維新以後，政府は近代文明の取り込みのために外国への留学生数は急速に増やし，最初の10年間に毎年の文教予算の平均20.6％を割いて先進国に優秀な人材を送った。しかし，フランスが普仏戦争（1870）でプロシアに敗北した頃から急速にフランス留学者が減少して留学先がドイツ，イギリス，アメリカに変わっていった。官費留学制度が整備された1875年から明治末年までの文部省留学生の数を見ると明らかで，留学生総数は683名いたが，その内ドイツに留学した者は209名，イギリス38名，アメリカ24名でフランス留学生は16名と減少した。[18]ドイツ帝国が建設され，ビスマルク宰相が活躍するころになると，明治政府はドイツ・プロシア的な絶対主義的体制をつくろうという意図がはっきり見えフランスは後退した。フランスに留学した経験のある渋沢，西園寺なども心はフランスであったが，実際の行動はドイツ，イギリス制度を支持するようになっていた。

2. ロッシュ公使の活躍

(1) 弱い日仏関係

フランス人が最初に日本に来たのは，支倉がサン・トロペに遭難してから20年後であった。1636年，フランス・ドミニコ会の神父ギョーム・クルテは琉球諸島に潜入した。支倉がフランスで厚く歓迎されたのに比べて，クルテは長崎に渡った後に投獄され1637年に拷問のすえ処刑された。それから150年後，1787年にフラ

ンスの海軍士官ラ・ペルーズが沖縄人と初めて接触して，ロシアに北進し北海道と樺太間の海峡を調査して，アイヌ人に会って千島列島を探検した。その時に発見した宗谷海峡は横文字で「ラ・ペルーズ海峡」（日本名は宗谷海峡）と呼ばれている。

それから約60年後の1844年，にインドシナ艦隊セシーユ提督がフランスの東洋艦隊の一艦船「アルクメーヌ号」（乗員230名）で琉球に来航した。中国を征服したセシーユは，日本と琉球と条約締結をして通商をすることによって文明開化を図ろうと思った。琉球王府を説得して，セシーユに同行していたフォルカード神父と通訳兼伝道師のコーの滞在を承認させ，フォルカードとコーは琉球で2年間（1844-46）を過ごした。フォルカードの滞在は，日本の鎖国政策に対するペリー来航に先立つこと約10年前のことであった。

当時，宣教師は布教活動をしながら国家の植民地活動を手伝っていたので，フォルカードが自分の日本での滞在を「カトリックの日本布教再開や日仏交渉の開始を意味するだけでなく，日本が世界史の舞台に再び登場する突破口を開くものであった」[19]というのも当然であった。徳川幕府はオランダ国王からの開国進言や英米仏の圧力もあり薩摩藩の琉球対仏貿易を許した。琉球の統括藩である薩摩藩主島津義弘は，琉球を1847年にイギリスとフランスに開港した。

フランス以外にイギリス，ロシアなどが接触を試み浦賀や下田に来航していた。1792年にはロシアのラックスマンが根室に，1808年にはイギリスのフェートン号がオランダ船を装って長崎に入港した。しかし，日本政府は1825年に異国船無二念打払令を出して外国と正式な外交関係を結ばなかった。その後，1840-42年のアヘン戦争でイギリスが隣国の清国を打ち負かし，香港割譲，賠償金支払い，5港開港を承認させたことによって打払令を廃止して薪水給与令を出したが，鎖国政策は続行した。

しかし，1853年にアメリカのペリー総督が大型軍艦を浦賀に送ってくると日本はなす術もなく，翌年，アメリカの圧力に屈し日米和親条約（1854：神奈川条約）及び琉米条約を結んだ。条約締結にはイギリス，ロシアが続いたが，フランスは条約に参加できずフォルカードの後任の宣教師を琉球に送った。島津藩主が斉彬になった1855年に琉仏通商条約が締結されたが，認められたのは薪水食料の供給とフラ

ンス人の自由行動だけであった。1856年にアメリカは次の目的である通商条約を迫り，ハリスを総領事として下田に駐在させた。

　1856年にイギリス・フランスと清国の間でアロー号事件がおこり，清国は完全降伏をして領土の割譲と南京など10港を開港させられ主権を失った。ハリスは英仏の脅威を幕府に吹き込み，「英仏連合は今度日本を狙う」と脅して1858年に日米修好通商条約を調印させた。オランダ，ロシア，イギリスが続き，フランスの全権大使グロ男爵がメルメを通訳として条約を結んだのは最後であった。この5カ国との通商条約を「安政5カ国条約」と呼んでいる。この条約は，①公使の江戸駐在，②神奈川，長崎，兵庫，新潟，箱館の開港，③江戸・大阪の開市，自由貿易などを決めたが領事裁判権，協定関税率など不平等な内容であった。フランスは第4条で日本におけるキリスト教の自由をもったが，日本人のキリスト教の自由は認められず，それが黙認されたのは明治に入った1873年であった。

(2) チュニジアから日本へ

　日本で日仏修好通商条約が結ばれた頃，フランス本国ではナポレオン3世（在位1852-70）による本格的な産業革命が進行し，イギリスと自由貿易政策を推進する英仏通商条約（1860）が結ばれた。フランス政府は経済と政治的覇権のためにアジアで急速に商圏を拡大するイギリスに対抗して，対日本外交・通商で指導権をとる必要性があった。

　ナポレオン3世は日本の戦略的位置を重視し，1864年にフランス帝国主義（ボナパルティズム）を代表するレオン・ロッシュ（在位 1864-68）[20]を第2代目の駐日公使として日本に派遣した。初代はどちらかというとキリスト教の布教が目的であったので，ベルクール総領事のほかは宣教師が中心で，ジラールが総領事付通訳兼司祭，メルメが横浜・函館に，プティジャンとフューレが長崎に派遣された。また宣教師が経済や政治的役割まで行っていた。したがって，ロッシュの着任はフランスの本格的な対日政治・経済外交の始まりであった。また，ロッシュの着任によって幕末維新で活躍する英仏3人の豪腕公使，すなわちイギリスのオールコック（在位：1858-64），その後を次いだパークス（在位：1865-83）が出揃い日本をめぐ

る英仏の植民地獲得競争が始まった。

　ロッシュはグレノーブルの資産家の息子として生まれたが，グレノーブル法科大学を中退して父親がビジネスをしているアルジェリアに渡った。父の事業失敗後は，得意のアラビア語を生かしアルジェリア軍や領事館の通訳を経てチュニジア領事，トリポリ領事，チュニス総領事を務めた。イタリアのトリエステ総領事も経験し，日本に着任する前はチュニスの総領事兼代理公使を8年務めた。ナポレオン3世は，植民地拡大政策の一環として，北アフリカ生活30年のベテラン外交官で，植民地統治能力に優れたロッシュを日本に送り込んだ。フランスは当時，アルジェリア，チュニジア，セネガルなど植民地化していたが，中国ではイギリスが清国とアヘン戦争を展開して極東でのイニシアチブを取っていたので，植民地政策に詳しいロッシュに白羽の矢を立てた。

　フランスの植民地政策は2本立てであった。出遅れた中国では先行しているイギリスに追従する政策をとり，イギリスと協力して広州，北京を陥落させ天津条約（1858），北京条約（1860）を結んだ。しかし，アジアの他地域では，独自にフランス金融資本と一緒になってサイゴンとカンボジアを保護領としインドシナ経営（1862）を始めた。まだ，本格的に手のついていない日本は極東戦略の一環として重要視していたので，北アフリカの植民地経営で実績を上げていたロッシュを送り込んだのは当然の帰結であった。

　もともと冒険好きで愛国心のあるロッシュは，チュニジア総領事のときに現地の政権に立憲政治を進言し成功を収めた自信から，時の政権である徳川幕府と早急に緊密な関係を築き，徳川慶喜を筆頭にした幕府主導の近代的政権「大君制」を打ちたて，その後日本をナポオレン3世の夢である極東戦略の拠点にしようと考えていた。

(3)　ロッシュとパークスの戦い

　フランスのロッシュは，アメリカのペリー提督やハリス領事と10年遅れてベルクール総領事を引き継いだ。当時，イギリスは対日貿易，対日外交で突出しており下関戦争で攘夷派の長州藩を降伏させるなど実績のあった総領事のオールコックが

対日外交団の主導権を握っていたので，ベルクールはイギリスのオールコックと協調路線をとりイギリスに追従した政策をとっていた。しかし，そのオールコックも中国公使として赴任せねばならず，1865年にパークス公使と交代した。

ロッシュとパークスは，徳川幕府と有力諸藩の対立の真っただ中に来日した。両者の来日を境にして，日本に対する仏英の覇権闘争が始まった。ロッシュの着任期間は1864年から1868年まで4年間であったが，日本の歴史を大きく変えた4年間でもあった。最初に日本の開国を要求したアメリカは南北戦争勃発（1861-65）により日本から一時手を引いたが，イギリスは総力を挙げて，攘夷派の急先鋒であった薩摩藩を薩英戦争（1863）で負かして薩摩藩を開国派に転換させた。ミットフォード，サトウ，シーボルトという日本語に堪能で有能な人材をそろえ，情報作戦ではアメリカ，フランス，ロシアなどとは格段の差があった。イギリスは日本におけるネットワークもよく使った。財界では長崎のイギリス商社グラバーの情報力を駆使し，薩摩藩や土佐藩の藩士とのネットワークをつくっていた。したがって，幕府情報も早く入手し，徳川体制の崩壊を予測し，一応「中立」を装いながら薩摩や長州を主体とする維新新政府側を援助指導していた。一方，フランスは通訳不足（メルメだけ），情報不足（ネットワークがない）であったが，フランス政府の支援に支えられたロッシュの精力的な活動と華麗な出で立ちは徳川慶喜や幕府官僚の信頼を得ていた。

ロッシュは，まず，徳川慶喜の側近で勘定奉行及び陸海軍奉行を務めた小栗上野介や外国・勘定奉行の栗本鋤雲などをとおして慶喜に近づいた。小栗は，井伊大老の命を受けて遣米使節の目付として1860年の日米修好通商条約批准の調印式に参加した国際通の切れ者であり，列強国のなかでも「謙虚」なフランスを気に入っていた。栗本は，箱館時代にカションと親密となり慶喜を助けた有能な官僚であった。ロッシュはフランス政府と掛け合い，小栗や栗本と一緒になって徳川政府の軍事強化と経済基盤立て直しをすべく努力し，特に軍備，工業面に力を入れ武器や造船技術の日本への導入を推進し，金融面でフランスの大銀行ソシエテ・ジェネラルを動かしフランスからの借款の工作もしていた。

ロッシュは，技術面でも日本に貢献した。当時，中国で活躍していた一流技術者

で、造船技師フランソワ・レオニス・ヴェルニ（1837-1906）を招聘し、東洋一といわれた横須賀造船所と横浜製鉄所（後の石川島播磨重工業）のドックを建設させた。モデルはフランスのツーロン軍港で、規模はその3分の2ではあったが、製鉄所を1つ、ドックを大小2つ、造船所を3つ、そのほか武器庫、兵舎、外人宿舎などを完成させた。ヴェルニは日産のゴーン社長と同じエリート校であるポリテクニーク（理工科大学）出身のエンジニアであったが、経営にも長けており洋式簿記、ライン・スタッフ制度、職務分掌、残業手当、社内教育規定など近代的なマネジメントを日本に最初に導入した。

　ロッシュは徳川幕府軍隊の強化のために学校教育にも力を入れた。通訳のメルメ・カション（1828-1871）に命じて、日本人のフランス語習得のための語学研修所である横浜フランス語伝習所を開設させ、フランス講師を呼んで本格的な授業を行った。この学校から多くの明治政府の要人が育った。また、徳川幕府の要請を受けて、幕府陸軍の近代的強化と訓練のためにシャノワーヌ（1835-1915）（後のフランス陸軍大臣）を団長とするフランス軍事顧問団を日本に招聘した。シャノワーヌの軍事顧問団は、1867年までに歩兵連隊7隊、騎兵1大隊、砲兵1大隊、総数にして1万人の志願兵と徴募兵を教練した。徳川幕府崩壊後、シャノアール顧問団は1868年に1年8カ月の滞在を終えて帰国した。

(4)　ロッシュの敗北

　フランスのロッシュとイギリスのパークスは着任した年も近く、幕末外交官のよいライバルであった。ロッシュが1864年4月に着任したが、パークスは1年後の1865年7月に着任した。当時のイギリス大使館の書記官ミットフォードがいうように、日本での外交をめぐり「お互いに憎しみ会い、二人の女のように嫉妬しあっていた」。お互いのキャリアもよく似ていた。ロッシュは大学を中退してチュニジアで一旗あげて外交官になったが、パークスも13歳のとき中国に渡り、イギリス領事館の通訳として外交官のキャリアをはじめて上海領事になった。パークスは中国駐在中に功績を積み、オールコックの後任の公使として日本に栄転し通算8年間駐在した。

ロッシュとパークスの外交能力は、スタイルこそ違っても本質的にそれほど差はなかったが、組織でみるとイギリスがフランスに勝っていた。特にイギリスは有能な人材をそろえており、情報合戦ではフランスはとくに劣勢であった。イギリス側にはパークスの部下にイートン、オックスフォード大学出身で日本語を話せる書記官ミットフォードがいて、通訳官にはロンドン大学、ユニバーシティ・カレッジ出身で日本語に堪能なアーネスト・サトウ、その下には日本に西洋医学を教えたシーボルトの息子アレクサンダー・シーボルトと高学歴で日本事情に詳しく日本語をよく理解するスタッフを抱えていた。そのうえ、長崎にはトーマス・グラバーという商人を情報ネットワークとしてもっていた。[24]

フランス側の組織には、通訳が宣教師のメルメ・ド・カション一人で、ロッシュはフランス公使と横浜の領事も兼任していた。明治維新の1年前にはカションが帰国したため、徳川幕府幕臣の塩田三郎が通訳を務めるという状況であった。ロッシュは一人で奮闘し極めて多忙であったため、情報収集量には限度があった。そのため、ロッシュ自身が慶喜をはじめ幕府トップとのみ話し、下級武士と話せる人材をもたなかったことが確かな情勢の把握をできない原因となった。

仏英の日本語のレベルにも差があった。イギリス大使館の通訳サトウの日本語は一級で、カションが時々フランス語のわかる日本人や仏英に堪能なオランダ人通訳に頼っていたのに比べると、サトウは誰にも頼らず日本語から英語、英語から日本語を直接訳し、そのうえ外交的な知識やテクニックを心得ていて、上から下まで多数の日本人ネットワークをもっていた。したがって、パークスはサトウなどの情報をもとに早くから薩摩や土佐を中心とする新しい勢力に肩入れできたが、ロッシュは情報よりあくまで情感や直感に頼り徳川幕府に対する外交を展開していた。[25]

ロッシュは、最後まで徳川幕府を支えた。徳川幕府末期、幕府と将軍の存在を海外へのアピールするためにパリ万博に代表団の派遣と出展を薦めた。パリ万博への参加は、勢力を失いつつある幕府にとって願ってもない機会であった。パリ万博に参加することで、徳川幕府の威信を海外に知らせることができ、第2次長州征伐の失敗による権威を回復し、さらにフランス政府とより緊密になることでフランス銀行からの援助資金を獲得したいという目算があった。そのため、徳川家からは慶喜

の実弟である徳川昭武を名代に 25 名の使節団をパリ万国博覧会に参加させた。

しかし誤算であったのは，薩摩藩の琉球が早くからこの万博に出展を用意していたことだった。薩摩藩は現地のフランス人モンブラン（1832－93）[26]をうまく使い，琉球の展示を薩摩藩の主催として会場に藩旗を立てた。幕府への対抗意識は明らかで，幕府は文句をいったが間に合わず，結局日本の代表が 2 つあるという変則的な展示になってしまった。しかし，この 2 つの「日本代表」の陳列合戦で日本の民芸品，浮世絵の展示物や芸者のデモなどが大好評となり，これがフランス印象派に影響を与え「ジャポニズム」を生んだ。

パークスとロッシュは，新しい日本の支配組織に対して異なったビジョンをもっていた。パークスはイギリスの王室と議会のような権威と権限の分離した立憲君主制を考えていたが，ロッシュはフランスのナポレオン 3 世体制になぞらえた権威と権限を一緒にした幕府を中心とした帝政的な支配体制を考えていた。この考え方の相違でパークスとロッシュは意見が合わず，いろいろな所でぶつかった。ロッシュが不幸だったのは，ロッシュを支援してくれたフランス政府の政策の転換であった。フランス本国は，第二帝政の末期に締結した英仏通商条約や中国での協調戦略があり対英外交に慎重になっていた。また，イギリスが幕府の反対勢力である薩長を支援していることを知り，ロッシュに日本への内政干渉を控えろという忠告を出しはじめた。

しかし，自説の正当性を信じていたロッシュは，薩長を支援するパークスとは反対に最後まで徳川慶喜を支援する方針を取った。ロッシュは自分の努力が本国に理解されず「私の行動に外務省が満足をしめしていることをしめす兆候がまったくないことが，わたくしにどれほど精神的な苦痛をあたえようと…」[27]と孤独感に悩んだ。ロッシュには信頼できる日本語通訳がおらず（カションは帰国），公使と横浜領事の仕事を兼務し，そのうえ持病を抱えていたので本国の無理解は骨身にしみた。このことが，ロッシュが信頼する慶喜，小栗などに傾倒していった理由にもなった。

なんとか徳川幕府を建て直し支援したいロッシュは，最後に小栗と上京する薩長軍を東西から箱根で挟み撃ちにして一挙に形勢を逆転するという案を提案したが，資金不足で慶喜の同意を得られず失意のもとに帰国の辞令を受け取った。後年，新

政府軍の陸軍参謀で日本陸軍の創始者である大村益次郎はこの戦略を知って「もしこの戦略が成功していたら我々の首もとっくになくなっている」(28)と驚嘆したという。日本に全精力を注入したロッシュは，1868年徳川幕府が崩壊した後急遽帰国して2度と戻らず，チュニジア時代の記録は残しても日本に関する記録は残さなかった。

　フランス政府がロッシュを派遣した目的やロッシュ自身の行動についてはいろいろな説がある。よくいわれているフランスが対日貿易独占や日本の植民地化を狙っていたという解釈は，多分にイギリスのメディア政策で誇張されていた。なぜならば，イギリス大使館のサトウやミットフォードの意見が，当時，イギリス資本傘下にあった日本の英字新聞「ジャパンタイムズ」の論調に反映されており，日仏貿易の発展で商権を失うことを恐れたイギリス商人（例えばグラバー）などもフランスに批判的であった。

　日本語ができず孤軍奮闘していたロッシュは，つきあいのなかで公務を超えてより日本人的な「心情外交」「実務外交」を行ってフランス派を増やしていった。理性的な人間であった小栗がロッシュを信用したのは，彼の謙虚さと日本的信条であった。小栗は「エゲレス（イギリス）をはじめとして列強は，わが国の不慣れや知識不足に乗じて，常に高圧的態度をとり，折あらば利益をむさぼろうとしています。そのなかでフランスだけは，非常に謙虚で他の国に比べれば，多少なりとも信用できるのではないかという気がしますので…」(29)と部下の小栗に語っている。ロッシュは日本に赴任したのが年齢56歳で外交官としては最後の上がりポストであり，心技ともに円熟していた。また，各国の外交官を見て眼の肥えている慶喜には，正義に燃えて一時的利益に走らない日本的なロッシュに全幅の信頼をおいていたに違いない。

　ロッシュは本国に対する公務の義務も感じていたが，徳川幕府末期に本国の指示を超えて徳川幕府に入れ込んだ。人情味の厚いロッシュは，信頼関係を築いた慶喜や幕府の友を失うことなしに「なんとかして幕府を存続させてあげたい」という個人的な熱望も入っていた。ロッシュにとって慶喜は本国のナポレオン3世のようで，個人的に尊敬し，その知性，エネルギー，とりわけその行動力に大きな期待をよせていた。慶喜もロッシュを信用し，1867年10月に「大政奉還」をするが，その8

カ月前ロッシュと大阪城で3度の会見をした。ロッシュはイギリス的な方法を批判して「外国人のなかには日本が四分五裂になるのをよろこぶ者もあり、その騒乱に乗じて軍隊や大小砲を売って眼前の利益をえるものもいる。しかし、眼前の小利を捨てて、後来の対利を願う外国人もいるのだ。この大利を謀るのがフランスである。国威を急に振興するのは容易なことではない。フランスはどのようにもお助けしよう」と申し出ていた。
(30)

　残念ながら、最後にはフランス本国の状況が変わり、ロッシュの提案には本国や確たる金銭的裏づけはなくなった。それでも、60歳に近いロッシュから見れば自分の年齢の半分で31歳の息子みたいなエリート指導者慶喜が孤軍奮闘しているのを見て、なんとか個人の力で助けてあげたいと思ったに違いない。エリート・権威主義のフランスの論理からいえば薩摩・土佐の下級武士を助けることはありえないし、フランスはフランス革命で王政を否定したので実際の権力者でなかった皇室を支援することも考えられなかった。ロッシュはあくまでもフランス流に時の権力者、リーダーである幕府を中心とした日本の改革を進めたのである。

　本国では、もう1つの失望が待ち受けていた。ロッシュの尊敬する指導者ナポレオン3世もメキシコ撤兵など失政が続き、2年後の1870年プロイセン－ドイツ軍に敗北しパリに共和政権が誕生してしまった。こうしてロッシュは、フランスの父であるナポレオン3世と日本の息子である徳川慶喜という親しい指導者であり友人を同時に失ってしまった。

3. フランス派幕臣小栗上野介の活躍

　ロッシュがこれほどまで徳川幕府の信頼を受けたのは、ロッシュ独特の人間を中心とした外交のうまさもあったが、幕府内にイギリスと薩長を毛嫌いし、幕府を支援するフランス派の幕臣がいたからである。その筆頭が前出の勘定奉行小栗上野介であった。小栗は徳川家につかえる2700石の直参旗本で、司馬遼太郎は『明治という国家（上）』で勝海舟とともに「明治国家誕生のための父（ファーザーズ）たちの一人で、薩長は、彼らファーザーズの基礎工事の上に乗っかっただけともいえそう」と高く評価した人間であった。

小栗は，若いときから熱心な開国主義，海外貿易論者であり，時の大老で開国派の井伊直弼に気に入られていた。井伊に日米修好条約批准のために派遣使節を出すべきだと進言して，1860年の遣米使節が組まれ，そのメンバーとして参加した。小栗は弱冠33歳で若かったがすでに本丸目付，外国掛りに任命されており，この使節団では正使外国奉行新見正興（しんみまさおき）(38歳)，副使勘定奉行兼外国奉行村垣範正（のりまさ）(47歳）に次いで目付（監察）に抜擢された。一行は随員を含んで77名と大所帯であったが，日本人として初めて駆け足の世界一周をした。小栗たち正使はアメリカの軍艦ポーハタンに乗り，護衛船の日本船威臨丸の艦長を勝海舟が務めた。小栗は目付，勝は艦長という出会いであった。理知的な小栗は，アメリカに対して政治，軍事，産業など外国を規範として日本を改革しなければならないと遠慮なく発言し，特に，あとで問題になる関税率や貨幣に含まれた金銀の量の違いをすでに指摘するなど，条約の不平等性を日本人として初めて要求したためアメリカ側は小栗の個人的な知力と聡明さに驚いた。

主人の井伊直弼の死後も，小栗はその実力と先見性で出世した。36歳で勘定奉行に任命され財務を担当し，海軍及び陸軍奉行になって幕府の軍政の強化と日本の近代化を進めた。小栗はビジネスセンスももち合わせていた。遣米使節で会社組織というものを知り，日本初の株式会社兵庫商社を大阪つくり，江戸には築地に本格的なホテル築地クイーンズホテルを開設した。この兵庫商社はフランスとの貿易だけでなく，日本の商社が儲かり，政府がそこから税収を得て郵便電信制度，ガス灯，鉄道の設置などのインフラ整備する仕掛けだった。郵便制度は，後年に前島密が実現した。

小栗は，グランド・デザインをもった器の人であった。財務に強く有能であったため徳川慶喜の全幅の信頼を受け日本の近代化に着手した。ロッシュと親密になった小栗は，幕府の重臣たちを説き伏せて日本の将来のために幕府の軍事システムをフランス式に代え横須賀造船所を建設した。そのほか，フランス式陸軍制度の採用・訓練事業を推進し，フランス語習得のためにフランス語研修所を建設し，徳川幕府を中心とする次の政権に備えていた。日本を強くするためには近代的な造船所をもち外国と戦える軍艦や商船をつくり，中央政府だけでなく郡県制にして産業を興し

地方の財政を豊かにしなければならないと考えていた。また，先見性のあった小栗は，徳川慶喜の時代になっても主力幕臣として徳川幕府を支えていたが，日本の将来のために徳川幕府以後の有効な統治システムを考えていた。イギリス嫌いの小栗は薩長がイギリスと組み近代化を進めているので，対抗してフランスから幕府再建の資金を獲得することを考えた。ロッシュとの話で経済使節クレーをとおして，フランスの銀行から600万ドル借款契約を結ぶことに成功し，この金で強力な海軍や軍備施設をつくることを計画していた。

　この巨大な借款を実現するために，小栗はフランスに対する上質生糸輸出権利，北海道鉱山開発権，独占的日仏貿易権などを取引材料の一部に使った。しかしフランス側の状況の転換で，時代は逆のほうに動いていた。借款の話が煮詰まったころ，フランスはプロシアとの戦争を控え，外務省の担当が交代した。小栗は腹心の外国奉行栗本をフランス送ったが交渉はうまくいかなかった。また，それまで強引にフランスとの交渉を続けたため幕府内に敵もできた。

　1867年に，徳川慶喜は大政奉還をした。幕府中心の幕藩体制立て直し論を主唱する公議政体論と武力倒幕派の争いのなかで，慶喜は政治的野望を公議政体論にかけたが夢かなわず辞職した。1867年の年末には危機を感じた倒幕派岩倉具視と薩摩藩が組んで王政復古のクーデターを挙行した。慶喜は薩長を懲らしめるため戊辰戦争（鳥羽伏見の戦い）を始めたが，薩長の近代的兵器の前に幕府軍は敗退した。慶喜は薩長の背後にはイギリスがいて，これ以上の戦いが外国の介入戦になることを恐れ「もはやこれまで」と朝廷への絶対恭順の立場をとった。幕臣には「江戸を出て知行地に戻れ」と命じ，勝海舟に調停と事態収拾を任せた。主戦派の小栗はこれに反対し最後まで薩長の打倒を唱え，新政府の重鎮勝海舟とも対立した。そのため，1868年に幕府要職を罷免され，その後も危険分子とみなされ故郷の群馬県権田村で薩長軍に捕らえられ斬首された。まだ43歳の若さであった。

　皮肉なことに生前，小栗がロッシュと協議のうえ唱えた「新日本構想」の大部分は，明治維新政府によって受け継がれ実現された。

小栗が育てた後世の人材

時代をみる目をもち西洋の経済事情にも詳しかった小栗は，後輩の面倒見がよく，後世に活躍する3人の逸材を育てた。1人は勘定奉行時代に面倒をみた三井の番頭の三野村利左衛門で，商才のある三野村をかわいがり通貨の交換比率などの情報を教えるなどして結果的に三井の危機を救った。2人目は渋沢栄一であった。徳川昭武をフランスに送り出したのは小栗で，数字に明るい渋沢栄一を昭武の経理係として派遣に加えた。渋沢栄一はフランスにいる間に経営や金融を学び帰国後多数の会社設立を支援して日本の産業を発展させた。3人目は部下の栗本鋤雲であった。栗本はもともと医者であったが幕臣なり，幕府きってのフランス通で，横浜開港後は外務国事を扱う外国奉行であった。栗本は箱館以来ロッシュの通訳メル・カションと親しく，ロッシュや小栗の戦略をもっとも理解する親仏派の外国奉行であった。小栗は1867年8月，フランスからの借款プラン600万ドルをフォローするために信頼する栗本を幕府の全権公使としてフランスに送り込んだ。栗本は600万ドルの借款交渉だけでなく，パリ万博での薩摩藩の出展を取りやめさせ，天皇ではなく幕府の将軍が日本の主権者であることフランス政府に伝える役目も負っていた。また，遣仏使節団でフランスに来ていた渋沢と昭武を面倒見ながら現地政府との交渉をしていた。

しかし，事態の急変で交渉は難航した。600万ドルを交渉していた政府や銀行の担当者が代わり，日本を支援していたナポレオン3世の力が弱体化しはじめ，メキシコ干渉失敗による撤兵，プロシアのビスマルクとの外交戦にも負けていた。栗本がパリについて2カ月後の1867年11月，将軍慶喜は突然大政奉還と征夷大将軍辞職の発表をしたため，栗本は資金獲得のプロジェクトを中断して渋沢と翌年の5月に日本に帰ってきた。不幸なことに，栗本の恩師小栗上野介は，その1カ月前に新政府によって反逆者の汚名を着せられ斬首されていた。ナポレオン3世は，結局明治維新の2年後普仏戦争（プロシア・フランス戦争）で敗北し失脚した。尊敬するナポレオン3世と信頼する上司を失った栗本は明治維新後，政府の誘いを断わり下野して横浜毎日新聞に入り，その後報知新聞の主筆をつとめジャーナリストとして活躍した。

そのほかにも，小栗上野介が歴史に残した足跡は大きい。徳川幕府の最初の遣米使節でアメリカに不平等条約の是正を促し，新政府の樹立と日本の近代化を固く決心した。当時，アメリカ，フランスの敵で中国などのアジア植民地化を強行していたイギリスを嫌い，時の先進国フランスと組んだ。フランスの国際政治力と資本を利用して，明治維新を待たずして富国強兵策と工業化政策をとり，幕府軍事力強化のために横須賀造船所を設立し，フランス陸軍制度を採用しフランス陸軍を招へいして幕府の軍事教練を進め，外国諸事情を吸収するためにフランス語学校設立した。

日本の銀行制度や株式制度をつくった渋沢に，アメリカの経験から株式，銀行，金融制度の知識を与えたのも小栗である。

薩長軍の江戸侵攻に際して勝は恭順を進めたが，小栗は最後まで反対し幕府が蓄えた近代的な装備をもって薩長軍を箱根以東に誘い込み戦うことを進講したが聞き入れられなかった。幕府海軍には温存していた26門の砲を装備した旗艦「開陽丸」があり，幕府陸軍にはフランス軍から最新の訓練を受けた強力な歩兵，騎兵，砲兵部隊があり，そのうえ，フランスの軍事教官シャノワーヌ大尉，ビューネー中尉が指揮をとれる体制にあった。

最後の決戦は，慶喜の徹底恭順策で実現はしなかった。しかし，後年，日本軍創始者の大村益次郎はこの作戦が遂行されたら「我らの首はなし」といい，日露戦争の英雄東郷平八郎は「（小栗がつくった）横須賀造船所があったからこそ日本は日本海海戦に勝利できた」と小栗の先見性を賞賛した。東郷は小栗の貢献に対して遺族に礼を述べ，小栗の孫は東郷の言葉に深い感銘を受け成人してから内務省に勤務した。小栗のつくった横須賀造船所は明治初期に完成され，1945年まで海軍造船所として使われ，戦後は米海軍の基地として使われ，日本を守るという小栗の意思は受け継がれた。また，養女綾子が大隈重信夫人となることによって，小栗は新しい時代に間接的に貢献した。

4. 横浜居留地の発展とフランス人

1858年9月の日仏修好通商条約によって2都5港が開かれた。すでに開かれていた下田（1860閉鎖），箱館（後に函館）以外に神奈川（1859），長崎（1859），新潟（1860）が次々に開港され最後に東京・大阪の開市と同時に兵庫（1863）が開港された。[31] この条約は，居留地に住む外国人を居留地に拘束するが，日本には犯罪を犯した外人への裁判権がなく，また外国人は日本政府の干渉を受けることなく自由貿易ができ，日本政府には関税自主権がないというような不平等条約であった。

不平等性が強調されているが，当時の日本のおかれていた状況からすれば当然であった。長い鎖国によって外国事情に疎く，現在のように国際的な人材も育っていなかった。隣の中国では強大な清国が圧倒的な近代兵器と経済力をもつ西欧列強に

侵略されていて，日本は短期間で国を防御することは大変難しかった。しかし，この条約で列強の侵略を抑え，アヘンのような麻薬の輸入禁止をはっきり唱え，わからないなりにも関税率を最低限に抑え，事故を恐れて外国人の行動を居留地に制限したことは，日本としては精一杯の抵抗を入れた条約であった。この条約は小栗の参加した第1回の遣米使節団（1860）の派遣時に批准され，外国人の居留地生活は条約改正の「日米通商航海条約」（1899）発効まで40年間続いた。

通商条約が結ばれてもっとも発展した港は横浜であった。徳川幕府は，大老井伊の活躍で街道筋の神奈川宿を断り，街道筋からはずれているが水深の深い横浜で妥協させた。当時の横浜は戸数90戸弱の横浜村と呼ばれた寒村で，三方を海に囲まれた陸の孤島であった。しかし，幕府は条約締結後4カ月で海を埋め立てて，この陸の孤島を短期間で外国人専用の居留地，貿易港に仕立て上げた。海外との交易のために，現在の横浜開港資料館のあたりに運用所（税関）をつくり外国船からの荷物が陸揚げされていた。

横浜は日本最初の大型公共投資で，日本の建築業者の粋を集めて住宅建設，埋め立て工事，港の大桟橋建設，外国領事館建設が行われた。また，欧米や日本の商人たちがこの地に集まり活況を呈した。居留地の発展は驚異的で，条約締結5年後の1865年には居留地に住む外国人のための本格的英字新聞「ジャパンタイムズ」[32]が発行され，横浜の知名度も上がり条約締結を機会に来日外国人の数も増加した。日本で最初の日刊日本語新聞「横浜毎日新聞」は，1871年に創刊されたので日本の新聞より英字新聞のほうが6年早かった。

外国商人の貿易活動は横浜の居留地に限られていたが，外国貿易の発展で，寒村であった横浜はたちまち日本一の新興都市，貿易基地に発展した。横浜が日本の総輸出に占める割合は，開港時の1859年には江戸幕府によって開かれた長崎と同じ45％であったが，翌年の1860年には80％と独占状態になった。輸入は25％から57％に急増し，長崎をたった1年で抜いてしまった。[33]主要輸出品はほとんど生糸，蚕種，茶と限定されていたが，輸入品は毛織物，綿織物，金属，艦船・武器，日用品・薬品と多種であった。

条約締結時の1860年には横浜に居住する外国人数が限られていて44名しかおら

ず，イギリス，アメリカ，オランダ人と少数のフランス人であった。輸出入は外国系商社が独占しており，日本人商人は取り次ぎや売込みが主で輸出入とも1％前後しか扱えなかった。ジャーデン・マセソン商会，デント商会，グラバー商会など古くから東洋で活躍していたイギリス商社が圧倒的に強く独占的に商売をして貿易全体の40％を占め，フランス系，ドイツ系，アメリカ系は15％ずつを占めていた。残りの15％は，1880年近くなって加わった中国系商社などが行っていた。

横浜の開港は，それまで江戸を中心とした流通経路や商人勢力図を変えた。開港場には三井などの豪商が活躍していたが，直接商品を売り込む地方商人が台頭して，それまで商売を牛耳っていた江戸の特権商人を苦しめた。特に，世界的に生糸が品薄であったので開港直後の横浜には商社に生糸を卸す専門商人が多数出現し，従来の都市の特権商人を脅かすようになった。そこで，幕府は重要物資5品（生糸，水油，蝋，呉服，雑貨）を江戸の特権商人に付託し，生糸の輸出制限などを行った。このような幕府の統制は地方の藩の反発を招き，また貿易の増加による小ブルジョアや知識人の台頭が徳川幕府体制批判につながった。

1855年に蚕病がスペインに発生し，フランスの養蚕業界が大打撃を受けた。当時フランスはナポレオン3世による第二帝政の時代で，養蚕業と絹織物生産は世界一とされ，生産に必要な生糸の輸入は1855年には61％，1863年には全輸入量の88％に達していた。フランスは日本と通商条約を結んで，すぐに病気に強い日本の蚕も大量に日本から輸入した。このことによって，横浜はフランスの養蚕業を救い，リヨンの絹織物業者は世界一の地位を保つことができた。フランスがリヨン出身のロッシュを公使として日本に派遣したのは，フランス政府の誠意の表れだともとれる。

1859年に開港すると中国，香港，上海のヨーロッパ商人は，ぞくぞくと日本に移って支店を出した。中国で事業を展開していた会社も日本に進出し，フランスの貿易会社レミ・シュミット社も日本に支店や代理店をつくり，日本の代理店長にルイ・ブーレを任命して，1861年に居留地で製糸工場の操業を始めた。そのほかのフランスの会社はエシュット・リリエンタル社（1862），メッサジュリ・エンペリアル（1865：後のメッサジュリ・マリティム）などが支社を開設した。1861年当

時のフランス人の数は彼等を入れて6人ぐらいだったが、徐々に増えて1862年には12人、1864年には全外人登録数283人の4分の1の56人がフランス人であった。[34]

1866年にはフランス人建築家クリペによる白い漆喰塗りのフランス公使館が完成し、居留地51番でその壮麗な美を誇った。つくったのは洋館を手がけていた日本人の大工であった。そのクリペは1864年に来日しロッシュの命を受けて居留地を測量し、居留地の詳細な地図を2000分の1の縮尺で完成させ、現存する最古の地図となった。上から見て左側が外国人居住地、右側が日本人居住地と分かれていて、真ん中に税関があった。フランス公使館は左側で、現在の公団海岸通り団地付近にあり、その両隣に旧イギリス総領事館（横浜開港資料館付近）とオランダ公使館があった。波止場もフランス波止場とイギリス波止場があった。ロッシュは幕府と日本人にフランスを誇示するためにも贅沢な公使館をつくった。

居留地の娯楽も増え、1870年には開港時の有力経済人であったオランダ人のノールトフーク・ヘフトによって「ゲーテ座」という劇場が建てられ、定期的にコンサートが開催されるようになった。翌年には、日本最初の室内楽コンサート「フランス傷病兵のための慈善コンサート」が開かれた。主催者は公使夫人マダム・ウトレイ、海軍総司令官デュプレ提督、演奏はマダム・ウトレイはじめ横浜在住のフランス人が行った。その後横浜の町にもゲーテ座が開かれ、横浜は娯楽の中心地になり、明治年間でも東京の有楽座（1908）、帝国劇場（1911）ができるまで日本の娯楽の主力であった。東京の金持ちはオリエンタルホテルやグランドホテルに泊まり、ゲーテ座でパリやロンドンのオペレッタを楽しんだ。[35]

5. お雇いフランス人の活躍

お雇い外国人は、幕末から明治初期にかけて一時的に日本の近代化のために雇用された欧米人のことである。彼等は明治政府の「文明開化」「富国強兵」「殖産興業」などの近代化、開発政策を実現するために多数招聘された。欧米に一気に追いつくためにイギリス、フランス、ドイツ、アメリカなどの先進国の各分野から専門性の高い「お雇い外国人」を当時の水準では破格の報酬で招聘した。例えば宣教師とし

お雇い外国人の国籍別人数

	1872（明治5）年	1874（明治7）年	1879（明治12）年	1885（明治18）年
アメリカ	16	47	39	12
イギリス	119	269	140	69
フランス	49	108	34	10
その他	21	42	34	18
合　計	213	503	277	141

出所：梅渓昇『お雇い外国人』講談社，2007年

て来日し，政府の最高顧問として日本の近代化に貢献したグイド・フルベッキ (1830-1893)[36]は，右大臣の岩倉具視と同じ月給をもらっていた。

　日本で雇用されたお雇い外国人は，明治維新の始まった1868年から大日本帝国憲法のできた1889年までの約20年間に2299人[37]を数え，そのなかでもイギリス人がもっとも多く928人，以下アメリカ人374人，フランス人259人の順であった。別の資料では，1860年から1880の20年間に513名[38]に達したという記録もあるが，これらは政府関係（省庁や官営工場）だけに働いたお雇い外国人の数と思われる。日本の近代化の進展とともに雇用分野や国籍の分布が変わった。1872年には，工業関係が多くイギリスもフランスも工部省関係に多く，イギリス人は鉄道，灯台，電信に集中し，フランス人は造船，製鉄に集中していた。

　1874年になるとお雇い外国人の働き場所は工部省，文部省，海軍省の順で，イギリス人が工部省のほとんどを占め，フランス人は陸軍省と海軍省（横須賀造船所）が多かった。明治維新から10年たった1879年になると西南戦争などで政府の経費節減政策が厳しくなり，お雇い外国人が解雇されはじめた。このころになると，工部省，文部省，海軍省のお雇い外国人はほぼ同じぐらいになったが，それでも工部省をはじめイギリス人がもっとも多くフランス人はイギリス人の10分の1の数であった。

　初期の外国人は，本国でも名のあるそれぞれの分野の専門家で，近代日本の発展のために即戦力として活躍し大きな実績を残した。また，エリート校出身で日本政府要人から高給で直接リクルートされたプロフェッショナルが多かった。すでに幕

末に徳川幕府によって招聘されていたレオニス・ヴェルニ（1837-1908）は，フランスの超エリート校であるポリテクニーク出身で，幕末から明治初期まで12年間（1864-1876）滞在し，近代的な横浜製鉄所と横須賀製鉄所を完成させた。[39]

製鉄所建設には巨大なインフラが必要で，設立準備にはフランス語を学んでいた東京開成所（東京大学前身）とフランス語学所から優秀な人材をリクルートし，技術者養成学校と職工養成学校を設立して製鉄所建設に必要な技術を教えた。また，日本人技術者の早期養成のためにフランスからも優秀なエンジニアを集めた。ヴェルニの横須賀スクールからは異色の人材が輩出された。西堀昭『日本の近代化とグランド・ゼコール』によると，実業界では化粧品会社パピリオをつくった伊藤栄，石鹸工場をつくった工事請負業者堤磯右衛門，『新説八十日間世界一周』を書いたフランス文学者川島忠之介，『仏蘭西式料理の理論と応用』を書いた工学博士桜井省三，教育界では外語・一高校長を務めた今村有隣（ありちか），陸軍士官学校翻訳官の田中周太郎，東京帝国大学教授となった若山鉱吉，法曹界では大審院検事長の名村泰蔵などを輩出した。

ヴェルニは製鉄所だけでなく，蒸気船，灯台（観音崎，城ヶ島，品川），近代的水道を建設し，現在では横須賀駅前に彼の功績を讃えたヴェルニ記念館が建てられ，その前にはヴェルニ公園ある。横須賀製鉄所建設には明治三景観（橋立，厳島，松島）を設計したベルダン，富岡製糸場建設に携わったバスチアンなどのグランゼコール出身の技師中心にフランス人総計52人が携わり，横須賀製鉄所を中心に別子鉱山，生野鉱山，富岡製糸場をネットワーク化した。またヴェルニは，経営感覚もあり横須賀製鉄所をドックとして使い国内外の船舶修理で利益を上げて経営を安定化させた。

渋沢の紹介で来日したポール・ブリューナ（1840-1908）は，1869-76年まで7年間滞在し，1872年に日本初の近代製糸工場である富岡製糸場を建設した。ブリューナの努力で日本の生糸品質が上がり，1873年のウィーン万博で2位に入賞した。ヴェルニの友人でパリ中央工芸学校の同級生であったアンリ・ペルグラン（1841-1882）は，横浜のガス灯建設をはじめ，銀座和光裏のガス灯通りを含む東京都のガス灯建設をした。有名な銀座のガス灯はペルグランによって始められたのである。

第2章 幕末期の日仏関係

　フランソワ・コワニエ (1837-1902) は，明治政府の招聘した最初のお雇い外国人であった。グランゼコールのサン・テチェンヌ鉱山学校出身の鉱山技師で，薩摩藩出身の財界人五代友厚の友人でフランス貴族のモンブラン伯をとおして紹介された人材であった。後の関西経済界の重鎮となった五代は，当時薩摩藩の藩士でイギリス人グラバーの支援を受けてイギリス留学中であった。コワニエは当初薩摩藩領内での鉱物資源開発をしていたが，徳川幕府崩壊したために新政府の雇い人となり，廃鉱となった生野鉱山の再開発をまかされた。まず鉱山開発機械の近代化のために横須賀製鉄所に発注し最新のものをつくり，次いで採鉱や精錬方法も近代化した。また，鉱山技師育成のための鉱山学校をつくり，新しい鉱山技術者を養成した。コワニエによって再生された生野鉱山は，後に日本の鉱石精製，抽出分野の発展の素地となり1896年に三菱金鉱に買収され，現在は三菱マテリアル・シリコン工場となっている。

　パリ大学法学部正教授であったギュスターヴ・ボアソナード (1873-1895) は，1873年に来日して約20年間滞在し日本の法制度近代化に尽くした。ボアソナードはフランスでも著名な学者でパリ大学やグルノーブル大学で教えていたが，1873年にときの駐仏公使であった鮫島尚信の依頼で日本留学生のために法律学を講義した縁で司法省法学校 (1885年東京大学法学部へ合併) の招聘となった。司法省法学校で多くの優秀な法学者を育成し，旧民法編纂などをとおして日本の司法教育，司法制度の確立に貢献し「日本近代法の父」と呼ばれた。東大，法政大，明治大などで教鞭をとり，日本の多くのリーダーを養成した。ボアソナードの貢献としては進んだヨーロッパの精神を入れた民法の草案，日本に有利な条約改正への助言封建的ではない自然法の導入，それまで裁判所内で行われていた拷問の廃止があった。

　特に法政大学 (和仏専門学校) とは深くかかわって同大学の創立に貢献し，1895年の帰国の際には日本帝国学士院の会員となり勲一等瑞宝章を受けた。ボアソナードの功績を讃えた銅像はパリ大学，法政大学にあり，市谷の法政大学には創立者を記念した超高層タワー「ボアソナードタワー」が建設され近代化された日本と霞ヶ関を見下ろしている。ボアソナードが苦心して起草した民法草案はヨーロッパのドイツ化，日本でのイギリス法派との学閥的対立，日本の伝統家族主義などとの対立

なかで日の目を見なかった。しかし，ボアソナードの草案は修正され基本理念は現行民法法典にも取り入れられ，自由主義のボアソナード精神は受け継がれている。

6. 開国派と反対派の対立

約2世紀半にわたる幕府の幕藩体制と鎖国政策は，アメリカ東インド洋艦隊司令長官マシュー・ペリー（1794－1858）の黒船来航によって一挙に崩れた。幕府中枢部はオランダ情報で隣国の清国で起こっていることは知っていたし，庶民はペリー来航以前にも日本近辺で外国船を見かけていた。しかし，1853年に来航したペリーの黒い艦隊には度肝を抜かれた。フリゲート艦は重武装し，中央に蒸気機関を装備して高くて太い黒煙を吐いていた。

幕府内は開国派と反対派，左幕か尊攘か，公武合体か倒幕かなど複数の派閥に分かれ，具体的な政策が出せなかった。幕府の無能ぶりを見て幕府内部の開明派や全国の心ある藩主，下級武士，学者は国の行く末を大いに心配した。この混乱ぶりを見た江戸庶民は「太平の眠りを覚ます上喜選，たった四杯で夜も眠れず」と皮肉った。日本国内では外国からの脅威と国の行く末の危惧と思惑が入り混じり一気に幕府の信頼が失われた。ペリー来航から260余年続いた幕府倒壊（1868）までたった15年しかかからなかった。

幕府内で黒船来航を「国家の一大事」ととらえたのは筆頭老中の阿部正弘（1819－57）であった。阿部は備後国（広島県東部）生まれの福山藩士で，12代将軍徳川家慶の厚い信任を得ていた。水野忠邦の失脚後，23歳で老中になり1845年に27歳で筆頭老中となった英才であった。しかし，阿部が外交の主役として登場した時期には，幕府がすでに全国の大名を束ねる力を失いつつあった。経済では商品経済が江戸，大阪，京都などの中心地だけでなく地方に拡大しており，薩摩藩などの地方の雄藩や大商人たちが海外と直接交易をして巨額の利益を上げるようになっていた。幕府は大名や旗本領を幕府直轄にするとか産物政策を禁止するなどの幕府の支配と防衛を強化するために「天保の改革」を行ったが失敗した。

その後で「タカ派を使いこなすハト」として登場したのが阿部であった。強行派の雄藩や大名との協調路線をとって外圧に対抗すべく国内体制を整える一方で開国

の論議を進め,従来の幕府専制の形式を破り,天下に広く開国に関する意見を聞いて結論を出す方針をとった。本来なら儀式にすぎない朝廷にも報告するとともに,海防参与として御三家の1つである尊皇攘夷派の水戸前藩主徳川斉昭を任命し,そのほか幕府改革論者の越前藩主松平慶永,薩摩藩主島津斉彬などを引き込み,諸大名,幕臣,思想家,浪人,町人にいたるまで開国是非の意見を求めた。

また,防衛体制づくりを進めるべく,オランダへの軍艦の発注,品川台場の構築,諸般の大砲の鋳造,大型船舶建造の解禁など行い,組織としては水野忠邦がつくった外国との折衝をする海防掛(海岸防御御用掛の略称)を常設し,その下に勘定奉行の川路聖謨,水野忠徳,武内保徳,勝海舟など有能な幕臣を任命した。これらのベテランの後には永井尚士,岩瀬忠震,井上清直などの若手も重職に登用した。この海防掛は,後の大老井伊直弼により外国奉行の設置で廃止に成るが13年間若手の登竜門となった。

そのほか,幕府の海外情報力や技術情報力を強化するために長崎海軍伝習所,番所調所,軍艦教授所,有能な幕臣の留学制度などを創設し,西洋の兵制,砲術,科学などの情報を集め西洋文明の導入につとめた。しかし,攘夷派の徳川斉昭などが開国に反対し結果的に決定的な策を出せず,どちらともつかない「ぶらかし」政策をとった。すなわち,将軍家慶が亡くなったこともあり幕府としての決定ができず,当事者の阿部と斉昭が「遺憾ながら」開国をもとめる大統領親書を受け取ることとした。表では開国にできるだけ反対し,裏では現実的な妥協を探るとういう日本独特のあいまいな政策をとった。ペリーの再来で1854年に「日米和親条約」を締結することとなり200年続いた鎖国が終わった。

開国派の阿部は若くして老中になったが,激務と心労でハリスとの通商条約を交渉中に過労で癌を患い39歳で急死した。外交上手で老獪なハリスとの交渉と内部調整で疲れ癌を患い,最後は「絵に書いた幽霊」のようになって死んだ。阿部の後は,同じ開国派の佐倉藩主堀田正睦(1810-64)が筆頭老中の座を継ぎ,外国事務取扱(外務相)も兼任して交渉を引き継いだ。堀田は16歳で佐倉藩主となり藩政の立て直しをはかり,特に学問には熱心で医学・兵学を学ぶ成徳書院や蘭医学塾の順天堂を開いた有能な藩主であった。開国によって国力増強を唱えた堀田は若かっ

た阿部と違い，1855年に45歳で筆頭老中となったベテランであるが，ハリスとの通商条約の交渉は若い岩瀬や井上に任せ，自分は13代将軍家定と朝廷の交渉に専心した。

堀田は，内部では心身障害者の家定，攘夷派の孝明天皇，開明派と攘夷派の調整，外部では開国を要求するハリスとの調整と大任を背負っての登板であった。堀田はハリスと会見し清国の事情と欧米の強さを知り，ハリスの開国要求は「天下の一大事」と認識し開国に傾いていた。一方，26歳の孝明天皇は公武合体を信じて皇女和宮を降嫁させたが，徹底した攘夷鎖国論者で，結局伝統的な天皇思想を踏襲して条約を承認しなかった。また，当時13代将軍徳川家定の後継者問題が起こり，紀伊藩主徳川慶福を将軍に推す南紀派（開国派）と，徳川慶喜を押す一橋派（攘夷派）が対立していた。一橋派は，外交と将軍継承問題をからめて京都の天皇側近である前関白鷹司政道，右大臣近衛忠熙，内大臣三条実万などを味方に引き入れていた。

南紀派は巻き返しを図り，突如1858年に新しく筆頭老中に登場したのは開国派の彦根藩主井伊直弼（1815-60）であった。開国と富国強兵を掲げていた井伊は，海防掛を強化し外国との交渉を本格的にする「外事奉行」と改め有能な幕臣を任命した。井伊は当初勅許がなければ調印しないつもりだったが，時代の役目と割り切り孝明天皇の意向を無視してハリスとの交渉を優先し下田奉行で全権の井上清直，目付岩瀬忠震とハリスの間で日米修好通商条約交渉を黙認した。

条約締結に反対の水戸，尾張，一橋などの将軍家は井伊に圧力をかけたが，井伊は強引に反対派の弾圧・弾獄にとりかかり本格的な粛清を始めた。大名では徳川斉昭，公家では右大臣鷹司近衛忠熙をはじめ，学者では越前藩士橋本左内，儒者頼三樹三郎，長州藩士吉田松陰，庶民の合計79人の尊攘派を「安政の大獄」（1958-59）と呼ばれる弾圧政策で処分した。自分の立場に組しないものは徹底的に追及し，一橋に味方した老中堀田は罷免し，有能な官僚で初代外国奉行の一人であった岩瀬も処罰された。

外国奉行の一人井上と勘定奉行の川路は一時左遷されるが，それぞれ軍艦奉行，外国奉行をつとめた。井伊は御三家の1つである水戸藩を徹底的に処分し改革を強引に進めた。そのため井伊は孝明天皇や水戸藩ににらまれ，1960年に江戸城桜田

門付近で水戸藩浪士の手によって殺害された。この事件は「桜田門外の変」と呼ばれ、そのとき井伊は 46 歳であった。

開国派の精神的指導者・佐久間象山と吉田松陰

　佐久間象山（1811-64）は、松前藩の下級武士であったが、数学や儒学に優れた蘭学者、砲術家、洋学研究者であった。江川英龍（太郎左衛門）の弟子として兵学を学び、自ら電気治療機、地震予知器など製作した。才能を見込まれ、1864 年には慶喜に招かれ公武合体論と開国論を説いた。ペリー来航時には浦賀に出て洋学者として自分の目でその脅威を確認した。しかし、54 歳のとき「西洋かぶれ」と見られ攘夷派の志士に暗殺された。佐久間象山の妹は勝海舟に嫁いで象山の意思は継承され、彼の門弟の吉田松陰、勝海舟、坂本龍馬、橋本左内などは後世で日本の近代化のために活躍した。

　吉田松陰（1830-59）は後世に大きな影響を与えた思想家であった。長州藩の下級武士であるが、幼い頃から俊才であり 11 歳ですでに藩校明倫館で兵学を教え、長崎など諸国遊学の後佐久間象山に師事し蘭学と砲術を学んだ。幽閉時代に 27 歳で私塾「松下村塾（しょうかそんじゅく）」を開設し維新で活躍する多くの人材を育てた。「学者になってはいけない、実行が一番である」と行動を奨励して、ペリー来航のとき浦賀に偵察に行き、再来の時には渡航しようとしたがアメリカから許可が下りず投獄され獄中生活をした。しかし、幕府が日米修好通商条約の締結と 14 代将軍家茂の擁立をすると、幕府を非難する政治活動を始めたため、安政の大獄によって投獄され 29 歳で死罪になった。

　松蔭が幽閉時代に開いた松下村塾からは高杉とともに長州藩尊王攘夷のリーダーでイギリス大使館焼打ち、外国千砲撃事件を指導した久坂玄瑞（げんずい）、尊王攘夷派で日本発の民兵組織奇兵隊を結成し第二次長州戦争で活躍した高杉晋作（しんさく）、明治政府参与で岩倉欧米視察団に参加した桂小五郎（木戸孝允）、貧農出身だがイギリス留学、岩倉使節団で欧米視察後、初代総理大臣になった伊藤博文（ひろふみ）、奇兵隊で活躍し、維新後は徴兵制、陸軍創設に尽力し総理大臣、元老政治家の代表格山形有朋などを生み出した。

第3章
明治時代の日仏関係

　1868（明治元）年の明治維新は，日本にとって歴史的な大改革であった。京都大学名誉教授中村哲は，この明治維新を「日本史上最大の歴史的変革であり，日本社会が前近代から近代へ転換する画期であるとともに，それは，政治的変革であるだけでなく，社会的・経済的・文化的変革であった」と述べている。明治維新によって，250年余りの封建制度が崩壊しただけでなく，世の中のすべての制度が変わった。

　日本にとっての急務は欧米列強に早く追いつき，欧米に対抗できる近代的国家体制をつくることであった。維新政府は，そのため軍事と産業を優先し「富国強兵」「殖産興業」強化政策をとった。矢継ぎ早に改革が行われ，国営の産業を振興するために工部省（1870）が設立され，平民の名字帯刀が許され（1870），中央集権体制をつくるために廃藩置県（1871）を行い琉球は鹿児島県に帰属した。また，軍事力を強化するために，兵部省を廃止して陸軍省・海軍省を置き（1872）国軍を創設した。

　明治維新直後の政府は薩長土肥出身の政府首脳が優先されバランスよく配置されていたが，基本的には薩長の二大権力政権であった。藩間での権力闘争も激しく，1871年の維新政府企画の海外使節団（岩倉使節団）を組織するにあたって，開明派の大久保利通・木戸孝允・岩倉具視などが権力をもち，その盟主大久保を中心とした薩長体制ができ上がった。西郷の征韓論をめぐった明治6年の政変（1873）では，大久保，岩倉，木戸，伊藤，大隈などが征韓論反対の立場をとり，大久保の盟友で征韓論を唱えていた西郷隆盛が破れ，征韓論に賛成だった板垣退助が下野した。

　大久保は内務省をつくり内務・大蔵・工部の三省を中心にした官僚主導制度の整備に着手した。ドイツのビスマルクに影響を受け殖産興業策をとり官官事業の民間払い下げ，民間産業育成，鉄道建設，内国勧業博覧会などを開催して日本の近代化

を進めた。しかし，大久保の独断的な政府主導の近代化政策は官民の癒着を生み，財閥を肥やす一方で下級士族の不満と反乱を呼んだ。その結果，西郷を擁した大規模の士族反乱，西南戦争（1877）が起こり，西郷は責任を負って自害し，西郷を追いつめた大久保は士族の恨みを買い暗殺（1878）された。

「維新の三傑」（西郷，木戸，大久保）が去ると，明治政府は一時的に肥後，長州が中心となり大隈重信（大蔵卿），伊藤博文（内務卿），井上馨（工部卿）が台頭してポスト大久保体制ができ上がった。しかし，全体的には藩閥専制政治への不満が高まり，自由民権運動が盛んになった。1874年に参議を辞職した板垣は「民撰議員設立建白書」（1881）を提出し，10年後に民選議員による国会開設し，士族と豪農商の参政権を認めるよう訴え，民権運動に同調した大隈は参議を罷免された。

板垣は下野した後藤新平，後藤象二郎などと愛国公党を結成し，西南戦争，国会開設勅諭を機に「自由党」（板垣総理）を結成し士族たちが中心となって自由民権運動が盛り上がった。立憲体制導入を巡って追放された大隈は立憲改進党（大隈総理）をつくった。国会開設だけでなく，地租軽減，条約改正などを政府に要求した。西欧留学から帰国した知識人が自由民権運動を始め，1881年にはフランスに留学していた西園寺・中江が中心となって「東洋自由新聞」が創刊された。1885年には太政官制度が廃止され内閣制度が始まり，初代総理大臣に伊藤博文（在位：第1期1885-88）がなることによって日本にも立憲制度の準備ができた。自由民権運動は過熱し，国民が直接運動をおこしたり，一部の極右が暴れたり過激化し，1882年には板垣退助が暴漢に襲われ重傷を追う事件があった。

明治維新の陰の功労者であった西郷が自害（1877），岩倉が死去（1883）し，新政府のもとで新しいかたちの日本外交が始まった。不平等条約改正と日本の文明化を世界にアピールするために，フランス風でネオルネッサンス調の鹿鳴館を完成させ，外相井上馨夫妻のイニシアチブで国内外の外国人と交流した。福澤諭吉は，時事新報の社説で「脱亜論」を発表し，日本はアジアをあきらめ西洋を模範とした独自の近代化を図るべきと説き，欧化主義論議が盛んになった。井上馨は性急な条約改正案を出したために，世間に事前にもれ辞任に追い込まれた。1889年には伊藤を中心に準備されていた懸案の「大日本帝国憲法」が発布されたが，反対派の動き

で混乱が続き、伊藤の腹臣で西欧派の文部大臣の森有礼が暴漢に襲われ翌日死亡した。外務大臣に就任した大隈が条約改正を進めたが、右翼団体の爆弾を受け片足を失う重傷を負った。

やがて、日本の外交努力が実り不平等条約が解決するときがきた。治外法権は1894年に外務大臣の陸奥宗光が日英通商条約（アメリカなど各国追従）、関税自主権は小村寿太郎外務大臣が1911年、日米・日英・日独修好通商航海条約を結ぶことによって解決した。急速に力をつけた日本は、欧米列強と肩をならべるようになり、アジアの侵略へと進んだ。大陸政策を進める日本は、1894年に朝鮮の支配権を巡って中国の清と日清戦争をおこし、清国から遼東半島、台湾などの領地と多額の賠償金を手に入れた。

しかし、今度はロシアが日本の前に立ちはだかった。ニコライ2世とウイッテ大蔵大臣は清国が弱体したのを機に極東政策を活発化させ、中国東北部の満州を侵略した。ロシアは日本が遼東半島を取得することに反対し、イギリスとフランスと組んで遼東半島の返還（三国干渉）を求めた。日本は日英同盟を結び、日清戦争で得た賠償金や増税による軍資金を後ろ楯にロシアと交渉したが、交渉が決裂した1904年にロシアに対して宣戦布告をした。

日本は大戦を長期に戦えるほど資力がなかったので、短期決戦をとり満州のロシア軍を撃滅し、戦況が優勢のうちに同盟を結んでいる英米の講和に頼る戦略に出た。日本は二百三高地の奪取・開城、奉天会戦での勝利、日本海海戦で東郷平八郎の連合艦隊が世界最強といわれたバルチック艦隊を撃破したが、戦線は限界に来ていたのでアメリカ大統領ルーズベルトに依頼して講和を勧告し、「ポーツマス条約」（1905）が結ばれた。

ロシアと露仏協商（1891）を結んでいたフランスは植民地戦争を終結したいイギリスと英仏協商（1904）を組み、日本にはロシアに投資している資金を守るためにも、ロシアと同様に安い金利でフランス金融市場での起債を認め日仏協商（1907）を結んだ。日本は日露戦争にも勝利して、1910年、韓国を併合し、満州でも1906年南満州鉄道株式会社を設立、翌年に日露協約で南満州、南樺太を勢力範囲に治めた。日清戦争、日露戦争に勝利することで軽工業、重工業が発展し日本の資本主義

的発展が加速した。

日露戦争に勝利して列強入りした日本は1910年に韓国を併合した。「戦争が国家の利益になることはない」といっていた伊藤博文は，併合に反対していたが韓国総監府が設置（1905）されると初代統監に就任した。しかし，韓国の民族運動家・安
重根にハルビン駅で狙撃され死去した。バランスのとれた外国観をもち，明治天皇が「一番信頼していた」[43]伊藤が68歳で亡くなって間もなく，天皇が1912年に崩御され45年間の波乱に満ちた明治時代は終わった。伊藤はドイツ派であったが，フランスをよく理解していて1898年にフランス共和国から最高勲章である「レジョン・ド・ヌール・グランクロワ」を受賞していた。

コロンビア大学名誉教授ドナルド・キーンの『明治天皇を語る』によると，明治天皇は日清，日露と大本部で直接指揮をとったが内心は戦争反対論者であった。自らは天皇の地位にいたが攘夷主義ではなく外国人に好意的に接し，最初に謁見したのはフランス公使のロッシュで，アメリカの前大統領グラント将軍とともに天皇に深い印象を与えた。贅沢は嫌いであったが，フランスの香水は大好きで，香水1瓶を3日で使っていた。

1. 日仏関係の基礎をつくった日本人

(1) 「近代資本主義の父」渋沢栄一

徳川末期から明治にかけてフランスに渡り，帰国してから日本の近代化に大きな影響を与えた日本人は多い。そのなかでも，福澤諭吉と並んで最も偉大な形跡をのこした経済人は渋沢栄一（1840-1931）[44]である。渋沢は明治維新の1年前の1867年にパリで開催された万国博覧会に徳川幕府の最後の使節団として参加し，その後もフランス中心に1年半滞在した。渋沢はフランスでの経験をもとに，遅れていた日本の経済システムと士農工商の世界を逆転させ「商」を中心とした近代資本主義の基礎をつくった。自ら先頭に立って先進国に対して経済外交を実践し，日本の産業をおこして「日本近代資本主義の父」「民間経済外交の創始者」「明治時代の経済界の巨人」といわれた。

渋沢は武蔵の国（埼玉深谷）の農家出身で，実家は養蚕と藍商を営んでいた富農

であった。尊王攘夷思想に燃えていた渋沢は一時討幕運動に走ったが，縁があって25歳のときに一橋家に士官した。若いときから論語とそろばんに優れていたので財政で実績をあげて理財や財務の責任者となった。慶喜が15代将軍となると幕臣となり，財務能力を買われ徳川幕府崩壊の1年前，1867年1月に第3回目の対仏政府派遣で徳川昭武に同行してパリ万博に参加した。翌年の1868年10月徳川幕府大政奉還を現地で知り11月帰国した。約1年半の滞仏中に銀行の頭取で日本名誉総領事であったフリュリ・エラールからフランスの経済システム，銀行制度，株式会社制度，国債・社債制度を学び，来るべき日本の近代化に備えた。

渋沢の経済思想は2つあり，1つは「士魂商才」，もう1つは「利義合一」であった。士魂商才というのは，「武士的精神も大事だが，商才がなければ，経済のうえからも自滅を招く」という教えで商業の重要性を説いた。利義合一は道徳経済一致論で，「論語と算盤を一致させた正しい富で無ければ，その富は永続できぬ」と説いた。この理論は渋沢がフランス滞在中に学んだが，その基礎と成ったのは産業と宗教の重要性を強調したフランスのサンシモン派経済学，経済と倫理学の重要性を述べたイギリスの古典派経済学者アダム・スミスの影響を受けていた。帰国後，慶喜の下でまず商社兼銀行のような株式会社「商法会所」をつくった。同じフランス系の幕臣であった小栗のつくった株式会社とは違った本格的な株式会社であった。

その後，大隈重信の勧めで大蔵省に入り日本最初の株式会社法である「合本法」や「国立銀行条例」をつくり，これらの条例をもとに当時の財閥三井組と小野組と一般の投資によって日本で初めての株式会社「第一国立銀行」を設立した。「銀行」という言葉を最初に使ったのも渋沢である。フランスで自由・平等・博愛主義を経験した渋沢は弱いものに対して優しい心をもち，この株式会社をつくる目的の1つは明治維新で職を失った旧貴族や家族と禄を離れた幕臣を救い，当時社会的に地位が低かった産業人の地位を上げることであった。

渋沢は官僚生活に満足せず，「官吏は凡庸の者でも勤まるが，商工業者は才腕ある者でなくてはつとまりません」[45]といって，時の蔵相井上馨と一緒に33歳で大蔵省を退官し実業界に身を転じた。三菱の岩崎弥太郎とはよきライバルで日本経済の発展を産業界から支え，1931年91歳で亡くなるまでに共同運輸会社（日本郵船），

商工会議所,王子製紙,大阪紡績,日本興業銀行,東京海上火災保険,東京ガス,資生堂,秩父セメント,浅野セメントなど500あまりの会社の設立にたずさわった。そのほか,教育や社会事業活動にも熱心で一橋大学,日本女子大学などの教育,社会福祉を含む600余りの社会公共事業にかかわり,合わせて1000有余の事業を創設あるいは後援した。[46]

1891年には産業人の集う東京商工会議所をつくり初代会頭となり,東京の日比谷平左衛門,大阪の五代友厚,京都の島津源蔵,神戸の松方幸次郎,横浜の大谷嘉兵衛など日本経済界の重鎮をまとめた。日本の存在価値を高めるために経済外交にも力を入れ,1900年初頭には欧米,アメリカ,日米中三国実業団視察を組織し日本経済界指導者の国際経済外交を促進した。アメリカでは「日本のモルガン」と呼ばれルーズベルト,タフト,ウイルソン,ハーディング大統領と会見した。このように,渋沢は明治・大正期経済界の指導者として活躍し大きな功績を残したので「日本近代資本主義の父」と呼ばれている。渋沢のフランスから帰国後の活動の舞台は時代の流れで主にアメリカ関係に移ったが,渋沢のビジネスの原点は常にフランスであり,渋沢家のなかにはフランス関係の文学者,シャンソン歌手,日仏混血女性と結婚したものもおりフランスの血が脈々と流れている。

あらゆる意味で,渋沢の原点は若いときのフランス留学にある。しかし,1867年から1902年のフランス再訪まで約四半世紀のブランクがあった。第1回目の時は徳川昭武の随行でフランスに渡ったが,フランスはナポレオン3世全盛時代でフランスの金融業やパリ万国博覧会参加で産業育成の重要性を学んだ。第2回目は婦人を伴った欧米視察であったが,アメリカではフォードをはじめ大量生産時代に入り世界経済はイギリス中心の世界からアメリカ中心の世界へ変わっていた。日本は日清戦争で中国に勝利したが,今度はロシアが南下政策をはじめ緊迫した世界情勢のなかにいた。そして日本は,1902年に日英同盟を結んだ。

渋沢はロシアの脅威に対抗するために日本経済の増強と産業の発展が必要と考え,各国事情の視察を兼ねてアメリカ,イギリス,フランス,ドイツ,イタリア,ベルギーを廻った。ヨーロッパのなかではイギリスの政治・経済・社会の安定性に驚き,ドイツの産業発展に眼を見張った。しかし,再訪したフランスではあまりの変容に

驚いた。パリコミューンの後遺症で青春時代の想いでのチュルリー宮殿はなくなり，その代わりに新しく建ったエッフェル塔とオペラ座があった。政治的には社会主義運動が盛んになり，かつてのフランス社会は混乱していた。しかし，学ぶことは多く，クレディ・リオネ銀行のアンリ・ジェルマン頭取から日本の財政は堅調であるが，軍事支出が突出していて健全性に欠けると指摘されたが，その統計的手法で財政の健全度を調べるという方法に感心した。

渋沢は，これ以降フランスを訪れていない。第1回目が26歳の若さ，第2回目が62歳の壮年期とちょうど40年の空間があった。なぜ，渋沢はフランス再訪まで40年かかったのか。それは，第1回目のときはフランスはヨーロッパの主流国で学ぶことも多かった。渋沢は，日本の近代化のためにフランス滞在期間中にイギリスなどヨーロッパ主要国を訪れ，経済，産業，技術などの知識を貪欲に吸収した。ところが，渋沢が帰国したときにはヨーロッパでなくアメリカが世界の主流になっておりフランスの影は薄くなっていた。そこで渋沢は，「商業に国境なし」[47]と考え主流のアメリカを中心に経済活動を行った。しかし，渋沢の心のなかには，常にフランスのサンシモン学派から学んだ利義合一の精神はプリンシプルとして残っていた。

⑵　廃藩置県と岩倉欧米使節団

①　廃藩置県

明治維新から4年後の1871年7月，明治政府は幕藩体制の最終処理であった「廃藩置県」という大事業を施行した。261の藩が廃され大名・武士一族の約200万人が地位を失う大改革であったが，この改革によって260年以上続いた日本の封建体制は終止符を打った。長い間国政を牛耳っていた幕藩体制は解体し，中央集権的近代国家の基礎体制ができたのである。明治天皇の前で右大臣の三条実美（さねとみ）が56人の在京知藩事（旧藩主）に「藩を廃し県となす」と読み上げたときに，ほとんどの知藩事はわが耳を疑ったほどのトップダウンの決断であった。廃藩置県は，西郷，大久保，木戸，山県，井上など薩長の指導者が中心となって決め，日本が3府302県になり知藩事は罷免され東京へ転居を命じられた。

中央集権制度は強化され，政府は天皇を頂点とした政府組織改革を行った。残念ながらフランス派の重要人材は野に散って政府組織には入っていなかったが，新しい政府組織はフランス派の小栗がロッシュと考えた組織が下敷きになっていた。1886年に取り入れられた新しい政治制度では，太政官の下に正院，左院，右院の3院をおき，正院は天皇が臨席して統括し，その下には太政大臣，左大臣，右大臣，参議がおかれ，立法・行政・司法すべてにわたる国政の最高機関とした。

左院は立法を担当し議長と副議長がおかれた。右院は行政を担当し，その下に9省がおかれた。最も重要な参議にはバランスが考えられ木戸（長州），西郷（薩摩），板垣（土佐），大隈（肥後）がなり，太政大臣は貴族の三条，右大臣は貴族の岩倉，左院は後藤（土佐）と江藤（肥前），右院の省には外務省に岩倉（公卿），寺島（薩摩），大蔵省に大久保（薩摩），井上馨（長州），兵部省には山形（長州），工部省には後藤（土佐）など薩長土肥の実力者が入った。

司馬遼太郎いわく，明治維新が第一の革命なら，廃藩置県は「第二の革命」であった。廃藩置県が必要だったのは，近代的国家として軍事，政治，財政の基礎的三権は中央政府に統一し，中央政府および地方の財政の安定を図ることが最重要課題であったからである。大蔵省にいた大隈は「全国一致の論議」，岩倉は「建国策」とうかたちで統治システムと財務改革案を唱えた。実際，財政面では全国3000万石のなかで中央政府直割府県の直轄地は800万石しかなく，そこからの租税で全国の費用をまかなうことはできないので改革の必要があり，当時の国家も収入は1000〜1500万円で，歳出は3000万円と収支が逆転していた。[48]

蓄積債務の多い諸藩の借金は最悪で国内債，外国債，藩札をあわせると1億2500万円あった。1870年の諸藩の財政は戊辰戦争，東北地方の凶作もあり悪化して諸藩の借金は収入の3倍半に達していた。[49]収入が借金を上回っていたのは大・中藩では静岡藩と佐倉藩だけであった。明治維新を起こした薩摩藩が借金は収入の1.77倍，長州藩が3.61倍，土佐藩が2.12倍，肥前藩が2.3倍であった。ほとんどの藩で家禄の削減をしたため藩士の生活も苦しく，三度の食事もままならぬ状態であった。廃藩置県で商売に転じた士族もあったが，商売で成功した例はすくなかったが，武士としての学問を備えていたために官界，学界などの学歴社会では成功し

て大正時代まで活躍した。

② 大型使節団

　廃藩置県などで士族の反乱が起き，その頂点となった西南戦争の終結と西郷隆盛の自害で政府は権力的基礎を固めた。各藩は黒船，開国以来の出費が重なり財政基盤が弱体化していたので第二の改革は予想より混乱が少なく，岩倉具視は「思ったより問題がなかった」と言ったほどであった。懸案の廃藩置県が終わり，新しい統治体制もできて，明治政府は「第三の大改革」に着手した。それは，「万国対峙」という言葉が表すように，富国・強兵・文明開化により欧米列国とに対抗できる「強い日本」をつくることであった。明治維新，廃藩置県で日本統治制度の器はできたが中身が弱く，緊急に西欧列強の政治，法律，財政，外交を学ぶ必要性が出てきた。

　そこで，廃藩置県実施の4カ月後の1871年11月に，岩倉具視，木戸孝允，大久保利通という明治維新の立役者がそろって長期に外国に行くという異例の大型の欧米視察団が組まれた。実現に急いだのは，翌年に条約改正協議の期限切れを迎えていたこともあり，この大型視察団は不平等条約改正の予備交渉も兼ねていた。視察団のリーダーである特命全権大使には維新政府の実力者，公家で右大臣の岩倉具視（47歳）を選び，メンバーには参議で長州出身の木戸孝允（たかよし）（39歳），大蔵卿で薩摩出身の大久保利通（としみち）（42歳），工部大輔で長州の伊藤博文（ひろぶみ）（31歳），外務少輔で肥前出身の山口尚芳（なおよし）（ますか）（33歳）が副使となった。横浜出航時には総勢46名に留学生や随行員をふくめると総勢107名の大使節団であった。

　すでに海外を経験した優秀な人材も参加した。実務派官僚（書記官）としてベテラン田辺太一（41歳），帰国後「東京日日新聞」でジャーナリストとして活躍した福地源一郎（31歳），政府・ロッシュの通訳として活躍した塩田三郎（29歳），のちにイギリス大使，外務大臣になる林薫（22歳），帰国後に『特命全権大使米欧回覧実記』を刊行し東大，早稲田の教授を務めた久米邦武（33歳）などが随行した。また，留学生として後に津田塾設立する若い津田梅子（9歳），日本のルソーといわれ民権運動に活躍した中江兆民（25歳），韮山県知事，内務省，大蔵官僚として活躍した江川英武（15歳），イタリア大使，文部，外務大臣などを務めた牧野伸顕

（10歳），アメリカから参加した同志社大学の創始者新島襄（29歳）など多才な人たちが参加していた。

　使節団は絶妙な構成になっていた。トップは薩長の実力者と有力藩閥が中心で，それに国際的な経験と実務能力のある旧幕臣や，これからの日本を背負う若い世代が見事にミックスされていた。年齢も47歳の岩倉から31歳の伊藤などベテランと20-30歳代の若手を混ぜた「次世代型」構成になっていた。また，政治的にも幕末時保守派の第一世代の岩倉，木戸，大久保と若い開明派の第二世代の伊藤，山口など政府首脳が参加していた。

　この使節団の派遣が決まるまでには岩倉と大隈の激しい戦いがあった。岩倉はもともと通商条約に反対であったが孝明天皇の側近であったとき，すでに条約の不平等性（特に治外法権）を危惧し「神州建国書」(1858)を提出していた。一方，維新後に参与・外国官副知事だった大隈重信は，肥後藩の長崎留学生時代に知り合った明治新政府顧問でオランダ系宣教師フルベッキに提出させた計画「ブリーフ・スケッチ」(1869)で使節団派遣を提唱していた。

　1871年に太政官制度が敷かれ最高機関正院の右大臣に岩倉，参議に大隈が就任したが，ともに廃藩置県ののちの近代的日本を築くには不平等条約改正と外国事情調査が急務であると感じていた。大隈が改めて使節団派遣構想を提案し使節団の代表になることを主張したが，最終的には大久保が薩長の主導権を確保するために陰で動いて開明派で肥後出身の大隈を押さえて外務卿岩倉を中心とした使節団の派遣が決まった。

　しかし，実際メンバーを決めるのに2つの問題があった。1つには，世代と思想の問題で，維新政府の改革者で第一世代の岩倉，西郷，木戸，大久保は広く人材を求め長期的な人材育成に力をいれ，斬新的に国家機構の改革し急激な改革を望まない保守派であった。しかし，第二世代の大隈，井上，伊藤などは急激な改革を望み，同じ旧幕臣でも能力のあるものは採用するという意見をもっていた。2つ目には，明治維新のトップリーダーのなかの地域派閥抗争がさかんで旧薩摩藩の西郷，大久保，長州の木戸，山形，井上，肥後の大隈，土佐の板垣など旧藩のエゴが出て，国内改革や外交政策がまとまりにくかった。

表3-1 明治政府設立直後の主な改革

法 令	年	内 容
廃藩置県	1871	藩を廃止して中央集権にした行政改革
解放令	1871	四民平等の原則を決め賎民を廃止
郵便制度	1871	イギリス式の郵便制度を導入
国立銀行条例	1872	アメリカのナショナルバンクを模して導入
人身売買禁止	1872	年季奉公人を解放
学制	1872	フランス式の義務教育を前提とした国民皆学制度
徴兵令	1873	国民皆兵のためのプロシア式徴兵制を模した
太陽暦制度	1873	太陰暦を廃し、欧米の太陽暦を採用
祝日制度	1873	全国的に祝日を確定
地租改正	1873	すべての土地を自由売買にして租税負担をかける

③ 「使節団組」対「留守政府組」

岩倉使節団の出発後,外国に旅立った「使節団組」と日本に残った「留守政府組」との間しこりが生じた。留守組は若くバランスのいい公家で太政大臣三条実実（35歳），薩摩出身で維新の立役者参議の西郷隆盛（44歳），土佐出身の板垣退助（35歳），肥後出身で開明派の大隈重信（35歳）という実力者で構成された。しかし，留守組内でも西郷，板垣の保守派と大隈，大久保にかわって台頭してきた木戸派で開明派の大蔵大輔井上馨（長州）の対立があったため，内乱を避けるために重要事項は相談して決めるという使節団組と留守政府組の間で異例の取り決め「12か条の約定」が結ばれた。

参議兼大蔵卿であった大隈の周りには行政実務に優れた井上馨，渋沢栄一，伊藤博文，黒田清隆などの若手官僚がいて，大隈邸で早期に日本の近代化をテーマに会議を開いた。したがって，実力者と実務者を味方にした大隈は，保守派の西郷，板垣，使節団組の岩倉や大久保をあまり意識せず「鬼の居ぬ間の洗濯」ができる状況にあり，矢継ぎ早に法令を実施して，近代化の改革を行った。このような開放政策を取った影響で，1871年には洋服が普及し，洋食店が出現し，1872年には福澤諭吉の「学問のすゝめ」が発行され，銀座に洋風赤レンガ街が出現し，1873年には

キリスト教が解禁になり，和算にかわり洋算の授業が始まるなど日本の西洋化が本格的に始まった。

　1873年5月に1年半の洋行を終えた大久保が帰国し，7月には木戸，9月には岩倉を正使とする使節団が相次いで帰国したが，使節団組は日本に帰って驚いた。人事や役職の変更をしないという12か条の約定は破られ，参議は各省の長官を兼任し，新参議には後藤象二郎，江藤新平，大木喬任（たかとう）が入り，参議は薩長土肥各1という均衡閥から薩摩1，土佐が2，肥後2という土肥閥に変わっていた。そのころ国内では「征韓論争」が沸騰していて，明治政府は国交を拒絶している韓国と交渉する大使に西郷隆盛を任命した。征韓論争は朝鮮征服を日本の統一国家形成に不可分とする理論で，西郷がイニシアチブをとることによって帰国組の政権を奪おうとした。

　世界を見てきた使節団組は内治優先を唱え，留守組の即時海外派兵による征韓論に反対した。征韓論賛成派は西郷，板垣，後藤，江藤，副島で，反対派は岩倉，大久保，木戸，大木，大隈，伊藤と中間派の三条を除き大きく2つに意見が分かれた。実力をもっていた木戸は長州閥の井上，山県をスキャンダルで失い，病気を理由に「わざわざ帰朝したる御用もこれなく」として肥前組に外され，薩摩で仲のよかった西郷にも相手にされなかった。残った公卿でも帰朝したばかりの岩倉に力はなく，結局同じ公卿で閣議を主催していた中間派の三条が取り仕切った。

　しかし，三条が心労で倒れ，まとめ役が岩倉に代わったとき事態は急変した。岩倉は西郷の盟友の木戸を口説き反征韓論派に引き入れ，そのうえ宮中に手を廻し天皇から征韓不可の承認をもらった。怒った西郷は参議・陸軍大将の辞表を書き，征韓派の参議も職を辞した。翌日には西郷についていた板垣，後藤，江藤，副島も辞表を提出し，その代わり伊藤，寺島，勝が新参議に登用された。西郷に同情した多数の軍人や官僚が辞任し，江藤に追放された山県と井上が公職に復帰したが，この政変が後の士族の反乱や自由民権運動の原因となった。

　この「明治6年の政変」(1873)で大久保政権が固まり，大久保が紀尾井坂で暗殺されるまでの4年半の長期政権が発足した。新政府は留任の三条太政大臣，島津左大臣（薩摩），岩倉右大臣（公家），参議は卿（長官）を兼任し新参議には大久保

（薩摩）が内務省を創設し初代内務卿となり，工部卿には伊藤博文（長州），外務卿には寺島宗則（薩摩），海軍卿には勝海舟（旧幕臣），司法卿には大木喬任（肥後），大蔵卿には大隈重信（肥後）が指名された。後に，参議には病気から回復した木戸孝允（長州），いったん下野していた板垣退助（土佐）が復帰し，陸軍卿には山県有朋（長州），北海道開拓長官には黒田清隆（薩摩）が入った。大久保は内閣の長として薩長土肥の強固な藩閥機構をつくり，これが現代に続く官僚機構の基となった。

④ 使節団の成果

徳川慶喜の大政奉還から4年目に実施された岩倉使節団は，日本の近代化，国際化に大きな影響と発展をもたらした。国内外が目まぐるしく変化している状況下，総勢約110人（内使節団46人）が約2年の歳月を費やし12カ国を廻り，現在の金額で約55億円使ったといわれる岩倉使節団の意義はなんであったのか。

第1には，明治維新からの権力闘争に終止符が打たれ近代的統治システムが構築された。

岩倉使節団の派遣当時は，維新の三傑といわれた西郷，木戸，大久保の全盛期でもあり薩摩・長州派を中心にして内閣が組まれた。しかし，岩倉使節団の留守中に板垣，後藤，大木，江藤など土佐・肥前派が抵抗族として台頭し使節団組に相談なく政策を実施した。留守組で参議筆頭の西郷は改革を進めると同時に征韓論を主張したが，最終的に内地優先論を主張する岩倉，大久保によって派遣は無期延期となった。大久保は，これを機会に産業政策から警察・地方自治・思想統制まで担当する内務省を中心に官僚支配体制を強化し富国強兵，殖産政策を進め，大隈の担当する大蔵省，伊藤の担当する工部省が連携した3省体制で近代化を進めた。大久保体制は近代的統治システムの開始であったが，急激な変化は後の士族の乱，西南戦争の原因となった。

第2には，万国公法の認識，脱亜入欧化の深化である。

岩倉使節団には外国経験のある旧幕臣出身の書記官も多かったが，肝心の首脳部である木戸，大久保，岩倉は伊藤を除いて外国が初体験であった。しかし，その首脳部が欧米視察によって，国際法である「万国公法」の重要性を再認識し，帰国後

は日本の近代化のためには野蛮なアジアよりも文明の進んでいる欧州を手本にするという「脱亜入欧」政策をとるべきと決心した。アメリカとの条約交渉のときに，天皇の委任状を求められなど万国公法の重要さを再認識した。また，大久保をはじめ，アジアを相手にする西郷の征韓論に反対を唱えたのも脱亜入欧精神の現れであった。

また，岩倉使節団は，普仏戦争で強国フランスを破った新興国プロシアの鉄血宰相ビスマルクに会い，その政治的手腕と思想に魅了された。特に大久保はビスマルクがプロシアで上からの革命を実施し，弱小国のプロシアの富国強兵，殖産新興を強化しドイツ大帝国をつくり，さらに外交手腕を発揮してフランスを孤立させるというヨーロッパ外交を展開したことに感銘を受けた。ビスマルクに影響を受けた日本はプロシア型の皇帝を中核にした統治形態の調査に伊藤を2年間（1882－83）欧州に派遣し，伊藤はその後視察経験を生かし，大日本帝国憲法の起草・制定に中心的役割を果たし，1885年には欧州的な内閣制度を創設し初代総理大臣となった。

第3には，岩倉使節団の全員が欧米先進国の異文化，異文明に直接接して，政治，経済，産業，社会，文化，教育などを具体的に体験できたことである。

岩倉使節団は，長期間の鎖国で国際的アイデンティティを失っていた日本のプレゼンスを上げ，かつ現地での積極的な行動は欧米各国に大歓迎された。アメリカ1国3都市に7カ月，欧州11カ国に約1年と非常にバランスとれた海外経験であった。現在の企業や官庁の駐在でも欧米の両方の国を経験できることは少なく，ましてや約2年にわたり欧米の国々の異なるシステムを長期的に体験できる人は少ないことを考えると非常に貴重な経験であった。

彼らはいろいろな人と会った。政治家，高級官僚，実業家だけでなく，政府との交渉とは別に産業の工場見学などの実態調査をし，現場で働いている人たちも見た。アメリカでは20社，ヨーロッパでは111社の工場を実際に訪問した。特に産業の進んでいるイギリスでは，全行程で訪問した総工場数の約半分である53社を訪問し，工場経営，生産，機能，労働者の技術力，賃金体系などを全般的に調査した。そのほか，郵便制度，通信システム，新聞社，病院，水道局，福祉施設，動物園，植物園，博物館，公園，図書館，公文書館なども調査対象に入れた。

また，岩倉使節団に5人の幼い女子留学生が同行していたことも大きな意義があった。もともと開拓使次官の黒田清隆が北海道に女子教育の学校をつくるために団員募集をしたのだが，一人も集らず旧幕臣の娘を中心に選んだいきさつがあった。5人の内，16歳の上田貞子，吉益亮子の2人は病気で帰国したが，それよりも若い8歳の津田梅子，9歳の永井繁子，12歳の山川捨松の3人は10年間留学した。

津田はいったん帰国後に再度留学してブリンマー・カレッジを卒業し，自力で女子英学塾（後の津田塾大学）を開き，その運営には一緒に留学した仲間が応援した。津田は生涯独身を通し64歳で亡くなった。永井はヴァッサー大学音楽学校で学んだ後帰国し，海軍大将の瓜生外吉男爵と20歳で結婚し，東京女子高等師範や東京音楽学校でピアノ教師として教え67歳で死去した。

山川は幼少時に日本に住むフランス人家庭でしつけをうけ，様式の生活に慣れていた。東部名門女子校ヴァッサー大学を優秀な成績で卒業して，さらにコネティカットで上級看護士の免許を取った。帰国後，自分と同じくフランス語とドイツ語を話す陸軍卿大山巌と結婚し，鹿鳴館外交では英・独・仏3カ国語をあやつる花として国際外交で活躍したり，津田の女子英学塾の運営を手伝ったりしたが，スペイン風邪が原因となり59歳で世を去った。社交好きで，美人であったこともあり，国際外交に活躍し外国メディアでも話題になった。

第4には，参加者がフランスから受けた影響も大きかった。

岩倉使節団はイギリスから1872年12月にパリに入り丸2カ月フランスに滞在した。船でドーバー海峡を越え，フランスの北端カレーからパリに入ったが，カレーでは日本に軍事訓練で滞在していたシャノワーヌ大佐（日本に滞在時は大尉），パリではティエール大統領に温かく迎えられた。パリは1年前に新興国ドイツに破れ，世界で初めて労働者による政府「パリコミューン」が成立し，成立までの騒乱による傷が凱旋門を始めいろいろな建物に残っていたが，ナポレオン3世とオスマン知事のつくり上げたパリのインフラに感銘し，その明るく美しい景色を見て「景色壮快にして絵の如し」といった。

イギリスでは政治，産業中心にハード面の視察をしたが，フランスでは軍事，経済，産業などの諸施設の視察以外に，文化的なチロリー宮，ヴェルサイユ宮殿，ノー

トルダム寺院などの宮殿や寺院，ルーヴル美術館，凱旋門，コンセルバトール，シャンゼリゼ，百貨店，福祉施設，公園・庭園，博物館，コブラン織り工場，セーブル陶磁器，チョコレート工場，香水工場などとハードとソフトのバランスのとれたフランスを見学した。当時のフランスは，ドイツに負けたとはいえ，ドイツやイギリスに比べてはるかに豊かで絢爛とした「文明の中枢国」としての威厳があった。

イギリスのように，資本主義を前面に出し工業中心で労働者が過酷な条件のなかで働いているのとは違って，フランスでは社会主義的な施策がとられ，政府が労働者の福祉や労働条件を保護していることに強い印象を受けた。労働者にもイギリスのような暗さや貧富の差がなく，パリの町の活気と人々の楽しく幸せそうな景色が彼らの胸を打った。『回覧記』を書いた久米は，レストラン，バー，カフェで家族，労働者が愉快そうにすごしているのを見て，「ロンドンは人をして勉強せしむ，パリは人をして愉快せしむ」とその違いに感心した。

ソフトパワー国のフランスは岩倉，大久保，木戸などの維新三傑組だけでなく，若い官僚や参加者に大きな影響を与えた。日本でも殖産新興と富国強兵が大事だが，それと同じぐらいの国民の豊かさが大事であるということを体と目で学び取った。ビスマルクを尊敬した大久保は英米仏のそれぞれの国を視察し，特にバランスの良いフランスを見て「英米仏は開花登ること数層にして及ばざる事万万なり」とすぐに追いつくことはできないと諦め，まずプロシア，イギリスを「日本の師」として政治，軍事，経済で追いつく努力をすることに決めた。

(3) 西園寺公望と中江兆民
① 「議会制度の父」西園寺

政府派遣や使節団個人でなく，個人でパリに滞在し近代日本の建設に貢献した日本人も少なくなかった。その一人は政界で活躍した西園寺公望(さいおんじきんもち)（1849－1940）で，もう一人は言論界で活躍した中江兆民(なかえちょうみん)（1847－1901）である。西園寺は孝明(こうめい)天皇に近い公家出身であったが，大参謀として諸藩を朝廷に帰順させたり，会津戦争に参加したりして朝廷の異端児であった。同じ公家出身の岩倉とも仲がよく，維新政権中枢の人物達との交際もあり，王政復古後に明治新政府の3大ポストの1つである

参与を務めた。廃藩置県の後，19歳で新潟県の知事を拝命したが，地方官の地位に飽きて軍人になりたいと思った。

当時，日本陸軍はフランス式兵制をとっていたので，1年後に東京に戻り東京の開成学校（後の東京大学）や横浜の語学研修所でフランス語を学び始めた。やがて京都に帰って，邸内に西園寺家，親戚，家臣を教育する家塾立命館をつくったが，これが現在の立命館大学の母体となった。また，欧米社会の政治や社会を紹介した福澤諭吉の『西洋事情』(1866) を読んで感銘し西洋で勉強がしたくなり，明治維新後の1869年に政府の許可を取ってフランス語の勉強のため長崎に留学した。翌年，大村益次郎の推薦でようやく官費留学生としてフランスに渡ることができた。当時21歳の西園寺が，アメリカ経由でパリに渡ったのは翌年の1871年であった。

フランスではナポレオン3世がセダンでプロシアに降伏し国民の革命政府パリコミューンが成立した年で，政府はヴェルサイユに脱出してパリは革命軍が支配して混乱していた。しかし，当時のフランスは燃えていた。それは勝ったから燃えていたのではなく，戦争に負けたから二度と敗戦しないための国家づくりに燃えていた。事実，この時期には国民が緊張して一致団結して働いていたために学問は栄え偉人が輩出した。

西園寺は，まずフランス語を学ぶために語学学校に入り，その後政治を勉強するため私塾のアコラース塾，そして名門ソルボンヌで政治法律学を学びフランスで通算約10年すごした。エミール・アコラースは法律学者であったがルソー，モンテスキュー系の急進的社会主義者で当時の政治思想界に大きな影響力をもっていた。フランス本国では危険な思想の持ち主として目をつけられていたため，一時期スイスのベルン大学フランス法学教授をしていたが帰国後パリで私塾を開いていた。アコラース塾には後に首相になる急進共和派の政治家クレマンソーやガンベッタなどの有力政治家が弟子として出入りしていたので，彼らと知己を得るという特典があった。金銭的に余裕のあった西園寺はさらにソルボンヌで文学や美術を学んだ。

西園寺は社交家であったので，パリ滞在中に多数の知己を得た。フランス人仲間には後のフランス首相クレマンソー，ガンベッタ以外に，後の文学賞となるゴンクール兄弟，文学者のゴーチェ，音楽家のリストなどがいた。日本人の友人としては後

に「東洋のルソー」といわれた中江兆民や,岩倉使節団でフランスに来た明治政府の木戸孝允,大久保利通,伊藤博文や随行メンバーとも知り合った。そのほか,司法制度研究のためにフランスに渡った井上毅,代議士の明光寺三郎,陸軍から留学した後の陸軍元帥大山巌,画家の山本芳翠,画商の林忠正などと知り合ったことが後の政治・文化的資産となった。また,同じ公家華族の岩倉具視とは親しく,西園寺が後の首相伊藤博文の随行で欧州に憲法調査で行くときには岩倉がわざわざ横浜まで見送った逸話がある。

フランス留学を通じて自由主義的思想にふれた西園寺は,1880年に約10年ぶりに帰国した。まず,中江兆民などと「東洋自由新聞」を創刊した。西園寺が社長,中江が主筆,光明寺が編集委員と皆パリの仲間であった。しかし,この新聞は急進過激とみられ宮内庁からの圧力と発行部数の減少で34号をもって廃刊となった。1881年,西園寺は参議の伊藤の下で働いたが,翌年伊藤の欧州憲法調査に随行した。その後西園寺はオーストリアに駐在公使として1年すごし,オーストリアでは後の外相陸奥宗光と出会った。その後,ドイツ公使,ベルギー兼任公使を3年したが,ドイツの生活になれない西園寺はいろいろ理由をつけて1年のうち3分の1はフランスで暮した。

西園寺は1891年に日本に帰り,3年後の1994年に日清戦争下であったが第2次伊藤博文内閣の文相として入閣(44歳)し,科学,語学教育,女子教育の重要性を唱え,その後にも文相,外相,枢密院議長を務めた。1900年には伊藤が新党立憲政友会の総裁になり西園寺はその幹部となった。さらに,ドイツ派の軍人桂太郎と「桂園時代」を築き,日露戦争後に2度(1906年,1911年)首相となり議会主義と協調外交を主体に約4年間の政権を担当した。山形有朋や松方正義が死去すると立憲政友会総裁と元老を務め,政治運営および後継者首班に対してのご意見番となった。元老として原敬,高橋是清,若月礼次郎,田中義一,浜口雄幸,広田弘毅,近衛文麿内閣などを生み出したが,日本は軍部が台頭して1937年の支那事変を契機に戦時状態に突入した。

西園寺は思想的にリベラルで民主主義をベースとした自由主義政治と政党による立憲議会主義を支持し,民意が高揚して日本が世界の大国として尊敬されることを

望んでいた。長年のフランス滞在で身につけた世界観と幅の広い教養と文化感で，軍部の偏狭的な愛国主義やファシズムに抵抗した。また，日本の世界平和主義の立場を推進し，世界から取り残されないように長期にわたって宮中－政府－軍部の調整役を務めた。大正時代に入ってからも，70歳（1919年）のときに政府に請われパリで開かれた講和会議に出席した。フランスと当時の世界情勢を知らない後世の人たちは「貴族的で教養主義の無気力な首相」のイメージをもって西園寺を語るが，事実はまさにその反対であった。

　講和会議には五大国の一国として参加したが，新興日本は白人社会のなかで唯一の有色人種であった。そのうえ，議事次第は対ドイツ責任追及，賠償問題が主であったので日本は当初三カ国に入っていなかったが，イギリスとの日英同盟のお陰で駐英大使が動いたとのと，会議を取り仕切る議長が西園寺のフランス時代の親友であるクレマンソー（当時のフランスの首相で会議議長）であったのでようやく参加ができた。しかし山東半島の利権返還，アメリカでの日本人差別撤廃などは中国やアメリカの問題であり，講和会議の席次表でも「コの字」の左最端に座らされた。問題は，五大国という名前に踊らされた日本政府の参加者が異常にふくらみ，日本が軍部や大陸浪人，政治家，官僚など過度の期待をもった64人の大代表団を送ったために混乱をおこし，日本の主張がとおらないと一時会議脱退案も出たほどだった。

　西園寺は，有色人種で後発国の日本が国際社会で認められることが先決と判断していた。当時，首相を2期務め年齢もすでに70歳となっていた西園寺は，寺内正毅内閣が倒れ天皇と元老仲間からはもう一度西園寺内閣を組閣することを要請されていたが，健康上の理由で弟子である政友会代表の原敬内閣を成立させたばかりであった。また，日本のためとクレマンソーの依頼であったので参加したいきさつもあった。健康に優れないので，渡航条件として健康管理のための伴侶（妾婦）と料理人を連れて行くことに了承を得たが，この事情を知らない一般の人には批判された。

　西園寺のパリ講和会議での消極的な発言も非難されたが，実のところは出発前に政府から止められていたのである。1920年に国際連盟創設を控えていたので，日本が問題なく国際連盟の正式加入することを優先し軽率な発言や行動を控えた。ク

フランス仕込みの文化人・西園寺

　フランスの影響を受けた西園寺は，政治家としてだけでなく文化人としても有名だった。西園寺は，政友会を辞めた後に仕事場を神田駿河台の自宅から京都郊外の静かな清風荘に，パリ講和会議の後には太陽が多く健康的な静岡興津の坐魚荘に移した。貴族出身で，フランスのサロンで鍛えられた西園寺は，なんとかしてフランスの政治家のようにサロンをつくり，そこで文学，音楽，演劇などに造詣が深い文化人とつきあい世界に通用する政治家を育てたかった。

　日露戦争後，西園寺は桂太郎と交互に政権を担当し，それが「桂園時代」と呼ばれたが，西園寺第1次内閣成立（1906）の2年後から明治の文学者（田山花袋，森鷗外，島崎藤村，幸田露伴，国木田独歩）や政治家のを集めて「雨声会」をつくり，1916年まで交流会を定期的に開催した。西園寺は日本の自然主義文学の元祖であるエミール・ゾラを尊敬していて片時も本を手放さなかったといわれている。また，教育にも熱心でルソーの教育思想にふれた西園寺は京都大学，立命館大学，明治大学の設立にもかかわった。

　西園寺は元老になってから，1年の4分の3は温暖な静岡興津の別荘で政治を眺め，国家の危機には昭和天皇などに進言した。西園寺の意見を聞きたいときは，政府首脳の「興津参り」が常となった。西園寺の政治哲学は「時流に逆らいもしなければ時流に従いもしない」という冷徹な判断であったので軸はぶれなかった。ぶれない理由は，西園寺の出自と個人の自立を尊重するフランスでの経験にあった。

　琵琶の宗家である実家の徳大寺という家庭に生まれ，幼少の頃から読書や詩文を愛し，文芸，哲学など一級の教養をもった「風流人」であった。風流人を軟弱ととらえる政治家や軍部などから「政治家としての気迫と迫力に欠ける」との批判があったが，それは多分に外国を経験していない人の無知からきたものであった。よい政治家には気迫は要らず，必要なのは冷静な判断と高い知性であった。昔から，フランス，イギリスを始めヨーロッパでは政治家や軍人は文武両立の能力が求められて，文武両立できない人はエリートではなかった。西園寺への批判は，恵まれた生活に対する嫉妬や当時の軍事に偏った人たちの評価であった。

　欧米のスタンダードでは，フランス仕込みの西園寺のスタイルやマナーは十分国際的に通じ，欧米人による西園寺の評価は高かった。例えば，クレマンソーは西園寺の国際性を高く評価し，欧米の政治学者は，日露戦争，第一次世界大戦でのしあがった新興国日本がこれほど速く世界の五大国に入れたことに驚いていた。後年，太平洋戦争の戦犯を裁く極東国際軍事裁判所のキーナン堅持局長は，「日本におけるデモクラシイの最初の指導者は，故西園寺公である」と称賛して「日本人は東条のことを知らなくてもよいから，西園寺公のことはもっと研究してもらいたい」[(50)]と述べるほどであった。外国人のほうが西園寺の国際性を理解していたのである。

　レマンソーを通じて主要国の首脳を動かして加盟票を獲得し，山東省旧ドイツ権益に関しては反対する中国代表をクレマンソーの助力で説得し日本が引き継ぐことに

し，日本は晴れて米・英・仏・伊とともに五大国（後の常任理事国）となれた。この成果は，西園寺―クレマンソーのフレンチコネクションによって可能になったのである。

　西園寺にしてみれば，1937年ごろから日中戦争が本格化して自分一人ではどうにもならないジレンマと諦めを感じていた。西園寺は，ことあることに「文明の政治」，すなわち政府も国民もともに賢くなって民主主義を実現する必要性を説いた。日米開戦1年前の1940年，日独伊三国軍事同盟条約調印の年に腎盂炎をこじらして92歳で死去したが，最後の言葉は「どうも新体制とか言って，国が二つできるようなことじゃ困る」「外交もどうもこれじゃこまる」[51]であった。

　西園寺は，最後まで，明治，大正，昭和の三代の天皇に使えた自負をもった巨人政治家で軍部と戦争に強く反対をしていた。軍部のようにアジアだけの日本を見るのではなく，欧米をも見据えた世界の日本の存在を主張していた。また，渋沢栄一と同じく，フランス留学以後アメリカとの関係に力を注ぎ，パリ講和会議を除いてフランスには疎遠であったが，太平洋戦争前夜までフランスから食卓飲料水「ヴィシー」を取り寄せるほどのフランス想いであった。世界観と国家愛，政治と教養，エリートと庶民の力などフランス的バランスを求めていた政治家であった。

② 「民権運動の父」中江

　中江兆民は，西園寺と同じ頃にパリにいてアコラース塾で西園寺と親密なつきあいがあった。兆民は土佐の下級武士足軽出身で，1865年に藩命で長崎に留学した。当時長崎には英米仏中の外人約150人がいて，非常に国際的であり，中江は英語とフランス語を学んだ。中江がフランス語に傾注したのは，多分にオランダ，イギリスに対して新興勢力であったフランスに魅力を感じたのと，当時フランス人のプティジャン神父が大浦に天使堂を建てて，この建物が「フランス寺」と呼ばれ多くのカトリックの信者を集めていたのに興味をひかれたからであった。

　中江は，長崎留学時代に明治維新で活躍する人たちに会った。語学に秀でていたが，飽きっぽく長続きしなかった。長崎郊外の亀山に亀山社中（かめやましゃちゅう）という貿易会社をつくった同郷の坂本龍馬ともつきあいがあり，一時は第2の坂本龍馬になりたいとも思っていた。そのほか，後藤象二郎，岩崎弥太郎と交遊もあり，長崎の後の江戸で

勉強する資金は後藤に出してもらった。江戸では後に「フランス学の始祖」といわれた村上英俊(ひでとし)の達理堂(たつりどう)塾に入ったが放蕩で破門され，開港された横浜，兵庫で通訳の仕事をしながらフランス語の学習を続けた。福地源一郎の日新社の塾頭をし，結局，政府の翻訳御用係をする学者箕作麟祥(みつくりりんしょう)の塾に落ち着いた。その後，大学南校（旧幕府 蕃書調所）の講師になって本格的にフランス語を磨いた。明治維新直後には，フランス公使ロッシュらの通訳の手伝いをしたこともあった。

外国に興味をもっていた中江は，どうしてもフランスに行きたく思い岩倉使節団への参加を望んだ。使節団の副使であった大久保利通に直接交渉しようと自宅に何度も行ったが門番に断わられ，最後の手段として大久保の馬車を止めて直訴をして司法省派遣留学生として使節団に加わった。旧土佐藩では序列が低く留学は無理だったので，同郷の板垣，後藤にたよれず必死だった。幸い希望がかない使節団に参加できたが，1872年アメリカ・サンフランシスコで使節団から離脱しフランスに向い，西園寺から遅れて2年後にフランスの土を踏んだ。

1872年にパリへ到着したが，フランスはプロシア（後のドイツ帝国）に敗れ民衆による労働者政府（パリ・コミューン）が成立していた。パリは敗戦と内乱で荒廃していたので，中江は一カ所で勉強をすることはせずパリとリヨンで1年半をすごした。パリではアコラース塾，パリ大学，リヨン大学で法律，哲学，文学を勉強し，特にルソーの『民約論』に感銘を受けフランスの民主主義，自由主義を学んだ。西園寺のようにパリ大学に正式に入学したわけでなく，広く勉強し知識を広め交友関係を楽しんだ。西園寺は資金的に余裕があり金のかかるレストランやカフェで政治家や小説家と食事やコーヒーを飲んでいたが，中江はぎりぎりの予算で渡仏したので職人たちと場末の酒場で安酒を飲んで議論をしていた。西園寺は「兆民は話好きで勉強よりも高談放漫が好き」と言ったが二人の生き方の違いをよくあらわしている。

中江は1874年にフランスから帰国て麹町で仏学塾を開設し，ルソー，ヴォルテール，モンテスキューの作品，特にフランス革命のバイブルになったといわれたルソーの『民約論』を使って新しい思想である自由主義，民主主義思想を教えた。この仏学塾はレベルが高く，フランス語だけでなく，政治，経済，社会など専門科目も入

れ，また漢学を重視した。内容が充実していたので，500名余の学生が在籍し，そのなかには後に首相になる原敬，小説家の二葉亭四迷，ジャーナリストで社会主義者の井雄三郎がいた。風刺画家のジョルジュ・ビゴーは仏学塾の教師であった。

そのうち，文部省から声が掛かり，1875年に東京外国語学校の校長となった。しかし，レベルの低い外人教師の改革，孔子・孟子の徳育教育，教育方針を巡って文部省と対立などがあり2カ月半で辞任し，その後元老院成立により書記官などを務めたが宮使いは合わず辞職した。元老院で勝海舟を知り，岩倉使節団員であった井上毅と緊密な仲になった。2年の宮使いの後，以前の仏学塾を続けていたが，1881年にパリで知り合った西園寺と「東洋自由新聞」を設立して主筆としてルソーの『社会契約論』の翻訳を掲載したり社説を書いて高い評価を得ていた。そのときの仲間に恵まれ，社長の西園寺公望（後の首相），光妙寺三郎（後の外務省，国会議員），松田正久（後の大蔵大臣，衆議院議長）などフランス帰り知識人が集った。しかし西園寺側に，華族が民権派の新聞を経営していると宮内省からの圧力があり44日間で廃刊された。

その後，1881-82年にかけて，政変で下野した板垣退助の自由党，大隈重信の改進党が結成されたので，中江は請われて自由党機関紙「自由新聞」（社長板垣退助）の発起人となり社説を担当したが派閥抗争で退社した。また，自由民権運動が盛んになったので中江は仏学塾出版局から明治思想史の金字塔といわれている雑誌『欧米政理叢談』を発刊し，内容もレベルの高い政治，法律，理論，文学論などが掲載された。そのなかにルソーの本格的漢訳版『民約訳解』（社会契約論）があり，この雑誌のなかで，デモクラシーを中江が初めて「民主」と訳した。

中江はレベルの高い啓蒙活動をしている仏学塾を吸収して「日本出版会社」を設立して社長になった。しかし，1883年には民権運動は下火となり，徴兵制度で私塾は経営的に難しくなり大隈の早稲田は文部省認定校の道を選んだが，中江の仏学塾は解散の道を選び，その記念に日本ではじめての本格的仏和辞典である『仏和辞林』が編集された。1885年に太政官制度が廃止され内閣制度導入が決まり，伊藤博文が初めて内閣総理大臣になった。このとき，伊藤に頼まれて憲法草案作成をしたのが，中江の司法省時代の先輩である井上毅であった。同じ井上でも外務相の井

上馨は欧米との不平等条約改正を視野に，1883年に完成した鹿鳴館を使って舞踏会を中心に欧化政策を取った。

1890年に国会が開設されたので，中江は自由民権運動を唱え大阪4区第1位で当選し衆議院議員となった。このときの選挙法では，被選挙人は満30歳以上，直接国税15円以上を選挙府県内で満1年以上納めることが条件で，選挙権所有者は46万人で，全人口4000万人の1.1%とにしか過ぎなかった。したがって，中江には金持ちや知識人でもインテリ層が多く投票したことになる。中江は大井憲太郎と組んで「立憲自由党」を結成したが，予算の削減を巡っての自由党土佐派の裏切りで予算が成立するなど，政府の駆け引きと汚さにあきれて3カ月で辞職して文筆業に戻った。中江は国会に絶望して国会を「無血虫の陳列場」と呼んだ。

その後の中江は，仏学塾の門下生をたよって北海道で山林業，鉄道業などの実業の世界に入った。実業といっても実際はこれまで培ったネットワークを生かしての設立委員，コンサルタント，利権ブローカーなどの虚業で，1901年に実業で失敗した後，無理がたたり51歳のときガンで死んだ。貴族的な西園寺に比べて，中江はあくまで在野にこだわり野人としてすごした。中江は理想が高かったが，日本では自由民権運動がなかなか根づかず，欧米に遅れた現状に「余明治の社会において常に甚だ不満なり」「我が日本古より今にいたるまで哲学なし」[52]と不満を述べていた。

中江は同じ年の1901年に死んだ福澤諭吉（1835－1901）ともよく比較される。両者はともに日本の西洋文化の受容に大きな役割を果たした思想家，教育者であったが，二人は対照的な人生を送った。福澤は中津藩士として生まれたが中江は土佐藩の足軽出身，福澤はオランダ語，英語を生かし3度の欧米派遣を経験したが，中江はフランスとフランス語一本であった。福澤は経済という実用学，中江は仏文学・歴史・思想などの古典教養を学び，福澤は公的な権力・権威には従わず民間経済と教育に投じ慶應義塾を設立した。

中江は司法省からフランス留学後仏学塾を経営し，その後西園寺が発刊した「東洋自由新聞」に入り自由民権活動に身を投じた。明治維新の結果と政府のやり方に中江は最後まで抵抗，批判的であったが，福澤は肯定的，協調的であった。福澤は

教育者，文化人，人物としても品行方正であったが，中江は官僚，教育，実業を経験しても自由奔放を愛し，すべてにおいて対照的であった。長崎時代に坂本龍馬を知っていた中江は，明治の「坂本龍馬」になろうと思って失敗した。

　福澤は常に元幕臣としての威厳を保ち，薩長専有の維新政府から距離をおき野人として世の中に警鐘を鳴らし続けた。また，慶應義塾大学と時事新報の経営を成功させた経営者でもあった。中江はフランス仕込みの論客で一代の奇才であったが，時代に逆らい，奇行に走り，経営では常に失敗した。しかし，人を見る目は鋭かった。幕末から明治にかけて活躍した各界の逸材のなかに福澤諭吉を入れるとともに，ジャーナリストとしても評価し福地桜痴，徳富蘇峰などとともに「議論時分の最もなる者5人」(53)のなかに入れられていた。ヒューマニズに厚いのは福澤と同じで，経営していた仏学塾の生徒からは慕われ，後半の落ちぶれた人生では卒業生に職場を提供されるなど正にフランス的な生き方をした。

2. フランス教育・思想の発展

(1) フランス学の始まり

　日本がフランス語を正式に組織的に学習しはじめたのは，18世紀中葉から19世紀初頭になってからである。それも，ロシアの南下政策と開国要求の副産物としてであった。ロシアは18世紀半ごろから南下しはじめ，すでに千島，蝦夷など日本の沿岸に進出してきた。そのため，幕府は早急にロシア語のできる人材を育てる必要があった。ロシア政府は1792年にラクスマン海軍大尉，1804年にレザーノフ国務大臣を正式なロシア皇帝の通商使節団として送ったが，両者とも幕府に入国を拒絶された。1807年，ロシア政府は度重なる幕府の対応を不満に思い松前藩にフランス語翻訳付きのロシア語書簡を送った。松前藩はロシア語はできないがフランス語を解する長崎出島のオランダ商館長ヘンドリック・ドウフ（1777–1835）に翻訳を頼んだ。

　ロシア船の度重なる来航と開港要求に，幕府は，オランダ通詞の本木庄左衛門（しょうざえもん）（1767–1822）をはじめ6名の通詞にロシア語とフランス語の学習を命じた。本木等は，覚えたてのロシア語を通じてフランス語に接したわけで，当時の日本にとっ

てそれほどフランス語は遠い存在であった。31歳のオランダ商館長ドウフが本木等のフランス語教師であった。英語学習は偶発的な事件から始まった。1808年に，今度はオランダの国旗を掲げたイギリス船が長崎港に入る「フェートン号事件」(61)が起こり，幕府の入国拒否交渉のために英語の必要性が出てきた。英語の先生は1808年に来日した30歳のオランダ商館倉庫番でアイルランドで軍隊の経験のあるヤン・コック・ブロムホフであった。また，1810年にはオランダがフランスに併合されたことで，長崎の通詞にとってはフランス語の重要性がさらに重要となった。

そこで，1809年に本木が中心になりロシア語，フランス語，英語の勉強を始めた。本木の父がすでに蘭英教本をつくっていたのでまったくゼロからの出発ではなかったが，本木は国家のためと体で感じて，まず，英語の辞書づくりに専心した。1811年に最初の英和辞書を出し，1814年に日本初の英和辞書『暗厄利亜語林大成』を編集するまでになり，英語では後の名通訳といわれた森山栄之助とともに英語学習の基礎をつくった。次に，フランス語辞書にとりかかり1817年ごろに日本で最初のフランス語辞書『払朗察辞範』（全4刊）の編集が完成した。本木はフランス語辞書にあまり自信がなかったので，長崎奉行所や幕府に上納せず本木家に秘蔵した。

その後，オランダで発行されたピーテル・マリンの『新仏蘭語の話し方』（1775）を参考にして，ドウフを含み日本にいる外国人の協力をえて，会話付きの語学書『和仏蘭対訳語林』（全5刊）を完成させた。このフランス語辞書の完成は，ドウフが長崎奉行からフランス語の書簡を受け取ってから約10年かかった。ドウフは辞書の完成した年の11月に19年すごした日本を去ったが，満足感をもって生地オランダに旅立った。オランダはフランスに併合されたが，オランダ商館はオランダ東インド会社商館として幕末まで存在した。本木は肥前平戸，松前藩の武士の子に生まれ，12歳から通詞見習いを始め，結果的にオランダ語だけでなく，英語，フランス語，ロシア語に通じ江戸，長崎と通訳として活躍したが過労がたたり53歳で死んだ。

余談になるが，本木の養子である本木昌造（1824−1875）の活躍も見逃せない。養父の影響を受けてロシア語が堪能でロシアの外交官プチャーチンが長崎に来たと

きには通訳するほどであったが，外国書物の印刷に興味をもち，活字鋳造に成功し活版印刷を可能にした。本木のお陰で，神奈川の県令（知事）であった井関盛良が日本で最初の日本語日刊新聞「横浜毎日新聞」を発行し，大阪では井関の友人で実業家の五代友厚が「大阪活版所」を設立し，「大阪日報」「大阪新聞」を発行した。

(2) フランス学の本格的発展

本木の後には，独学でフランス語を学び，今日「フランス学の始祖」といわれている村上英俊（ひでとし）（1811－1890）が現れた。村上は下野国（現在の栃木）で父は本陣を経営しながら医者をしていた。江戸で修行を積み，18歳のときに蘭学を修め，31歳のときに松代藩のお抱え医師となっていた佐久間象山と知り合った。フランスやナポレオンに心酔していた佐久間が新しい武器の火薬をつくるために化学の本『化学提要』（スウェーデンのベルセリウス著）を注文したが，フランス語だったので佐久間は村上に翻訳を頼んだ。

村上は 16 カ月でなんとか化学提要を読破して力をつけ，1854 年にはフランス語，オランダ語，英語版の三語対照辞書『三語便覧』を刊行した。この業績が全国的に認められ江戸に戻り，1858 年に幕府の洋学機関である九段下の蕃書調所に翻訳掛りとして入所した。翌年，蕃書調所にフランス語科が新設され教授手伝いとなり約 10 年間フランス語を教えた。フランス語科はフランス語だけでなく，科学，物理，数学，天文など 9 科目の専門科目が設置された。この蕃書調所は 1861 年に神田一橋に移り，洋書調所と改称して，後に活躍する林正十郎，小林縣輔，入江文朗などが入所した。後に，洋書調所は開成所となり，1869 年の学制改革で大学南校，開成学校，東京開成学校となり，1877 年西南の役が起こった年に東京医学校と合併して東京大学となり，法理文医の 4 学部がおかれた。

村上は，開成所を辞職して 1867 年に深川で家塾「達理堂」を開いた。医学，漢学，蘭学及びフランス語，英語通じた万能学者であったので門下生は全国から集まりその数は 400 人を越えた。そのなかには後年に活躍する中江兆民，榎本武揚，林正十郎，松平太郎，加太邦憲などが含まれていた。食事つき，看護つきの家塾であった。その後，村上は日本初の本格的仏和辞書となった『仏語明要』（1864：全 4 巻）

をはじめ多数の参考書や事典を編修・刊行した。

家塾は独占的であったので最初は大いにはやったが，日仏和親条約（1856）以来，フランス人メル・カションが横浜に仏蘭西語伝習所（1864）をつくり，箕作麟祥など政府や雄藩の海外留学組が帰国して日本で活躍しはじめたため学生を奪われ，ついに1871年に塾を閉鎖するに至った。村上は多才で，英語の才能にも秀でていて日本で一番古い辞書の1つといわれている英和・和英辞書『英語箋』（1857）を発刊し，仏学者としても名を上げ80歳と長生きしたが，晩年は実用的な語学を使う後輩に押されて時代にとりのこされた。

しかし，多数の弟子をもっていたので金銭的に困窮したときには弟子の加太邦憲（後の貴族議員）や浜尾新（後の東大副総理）たちが金銭的な支援し，老いた村上を東京学士院（後の日本学士院）に推薦して不遇な境遇から助けた。村上の最高の喜びは，76歳のとき（1885）に弟子たちが動いて，フランス政府からレジョン・ドヌール・シュヴァリエ勲章を贈与され年金が与えられたことであった。

村上の後は，フランス帰りの実践派の箕作麟祥（1846-97）が継いだ。箕作は江戸鍛治橋の津山藩邸で有名な学者一家に生まれた。祖父の蘭学者箕作阮甫に育てられ漢学を修め蘭学・英語は独習した。1861年，15歳で蕃書調所英学教授手伝に採用され，開成所教授見習いを経て外国奉行翻訳御用頭取となり英語やフランス語を修めた。1867年にはフランス語能力を買われ翻訳方頭取として徳川昭武の遣仏使節に加わり帰国後は実践的なフランス語を生かし明治政府の一等訳官となった。司法省で法典の翻訳，整備を行い，江藤新平に頼まれて『ナポレオン法典』（1870）を全訳した。『仏蘭西法律書』（1874）は，その後の民法編纂に大きな影響を与えた。その後江藤を継いだ大木喬任司法卿がボアソナードと箕作に日本の民法草案の編集を頼んだ。箕作は会話に比べて文章力や構成力に強く，フランス的表現をうまく日本語に直すので，渋沢栄一が経済，箕作が法学とフランスでの経験を日本の近代化に役立てた。箕作は後年，学士院会員，元老院議官，貴族議員，和仏法律学校（現在の法政大学）校長，行政裁判長官を歴任した。明治初期には家塾を開き中江兆民，大井憲太郎などを育て，西周，福澤諭吉，森有礼等とともに啓蒙思想団体「明六社」（1873）の啓蒙活動にも参加した。1891年に勲一等瑞宝章を受賞し，51歳の若さで

死去したが，後に男爵の称号を送られた。

　塩田三郎（1843-89）は，医者の塩田順庵の子として生まれた。19歳のときに父と函館にわたり，英語を通詞名村五八郎，漢字を栗本瀬兵衛（鋤雲），そしてフランス語を立広作と一緒にフランスの神父メル・カションから学んだ。塩田と立のフランス語は飛びぬけてうまく，レオン・ロッシュ公使や栗本から高く評価され，ロッシュは塩田を「誠実さ，分別，才能の持ち主」，フランス派幕臣栗本は二人のフランス語実力について「わが国にて仏語に通ぜしも者，わずかに塩田三郎，立広作の二人」と評価するほどであった。

　塩田は，1863年に外国奉行池田筑後守長発（ながおき）を中心とした幕府遣仏使節団に参加して横須賀製鉄所のモデルとなる南フランス・ツーロンの造船所やノルマンディーのブレスト，ジロンドのロリアン造船所などを見学した。帰国後，1870年に日本で最初の外交官である鮫島尚信（さめじまなおのぶ）（1845-80）とともにフランスに赴任した。鮫島は後に特命全権公使となり，現地のイギリス人秘書フレデリック・マーシャルと日本人の手による最初の外交入門書『Diplomatic Guide』（英文）を出版した。

　塩田は，外務省の一等書記官となり外交官としてのキャリアを進み，国際電信事業や条約改正などで活躍した。1871年の岩倉欧米視察団にも加わり，1885年には北京駐在の全権公使となった。英仏両語に精通していたため重用され多忙を極めたため，1889年現地で体をこわし享年47歳という若さで死亡した。塩田に関する資料は，法政大学の「塩田三郎文庫」に所蔵されている。

(3)　フランス教育機関の発達
① 政府系の教育機関

　1853年のペリーの来航は，日本の国際化とその手段である外国文化と言語の習得に火をつけた。日本人は外国人との交渉では，今まで使われてたオランダ語はすでに古くなり，新しい外国の専門知識と主要言語となった英語，フランス語，ドイツ語，ロシア語が必要であることを悟ったのである。幕府は急遽，それまでの外国の調査・翻訳，対外外交業務を長崎奉行の所轄から江戸へ移し，これを機会に幕府の研究教育機関の再編・統合を進めた。

それまで，幕府が設立した研究・教育機関としては天文方（1684），神田種痘所（1858）と昌平坂学問所（1797）があったが，1855年に天文方は西洋研究を主眼とした洋学所，1863年に種痘所は西洋医学を含む医学所となり飯田橋九段下に移された。この洋学所が1857年に日本初の本格的な洋学研究教育機関として蕃書調所となった。蕃書調所の頭取には勝麟太郎とともに設立を提唱した儒学者・洋学者の古賀謹一郎がなった。古賀は自分以外に箕作麟祥の祖父で当時有名な蘭学者・地理学者であった箕作玩甫を教授に選び，若い大村益次郎，寺島宗則，西周など各藩の秀才を見習いとして雇った。

最初は軍事関係や外交文書，新聞の翻訳が主であったが，名称も時代に合わせ1862年には洋書調所，1863年に開成所と改名され幕府教育機関で最高の地位を占めるようになった。英語，フランス語，オランダ語，ドイツ語，ロシア語などのヨーロッパ語の翻訳，検閲，印刷，出版に加えて，天文，地理，機械，図画，物理，数学など社会科学や科学技術の分野も教えた。特に1865年，2年半の学業を終えて西周や津田真道がオランダ留学から帰国すると政治，経済，法律などの社会科学系の学問が盛んになった。

蕃書調所から東京大学へ

大陸ヨーロッパがナポレオンによって併合されて以来，主力言語も変わった。ヨーロッパの主役はフランスとイギリスとなり，ナポレオン3世の第2帝政時代にはオランダ語に代わって英語，フランス語，ドイツ語が主流となっていた。そのような傾向を反映して規模が拡大した蕃書調所は部局と呼ばれる学部をもつようになった。まず一番人気のあった英語部門が独立し英語局となり，1866年からはフランス語とフランス事情を教える仏学局が独立して辞書を編纂し最古参の村上英俊，弟子の林正十郎，フランスに派遣された入江文朗，塩田三郎などが教授として任命された。

1868年に徳川幕府が崩壊し明治新政府が成立した後，蕃書調所は開成学校，医学所，昌平校となり，それぞれ西洋学，西洋医学，国学・漢字の教育機関とした。1870年には大学の規則をつくり開成学校，医学所，昌平校を統合して大学校に改称した。1871年には文部省を設置し，文部省のイニシアチブで教科書の編修を始め，大学はさらに再編を進め，1874年には東京開成学校と東京医学校となった。さらにこの2校が統合され東京大学が設立され，後の7帝大の最高機関が生まれるのである。

新しい時代に向けて実務のできる人材育成は急務だった。明治政府は大学教育とは別に、政府内の実務的人材を早期に養成するために政府の内部に教育・研修所を設置した。外国人教師を雇って、外務省には洋語学所、漢語学所、工部省には工学寮、司法省には明法寮が設置された。江藤新平司法卿のてこ入れで明法寮は司法省法律学校となりフランスからジョルジュ・ブスケ、ギュスターブ・ボアソナードなど現役で実力のある学者が招聘された。

法整備のための需要が増して官立だけでなく、私立でも法律を専門に教える法律学校できた。フランス法の流れをくむ東京法学社（今日の法政大学）や明治法律学校（明治大学）ができ、英米系の流れをくむ東京法学校（東京大学法学部）と英吉利法律学校（中央大学）の二派に分かれた。一方、外交交渉に必要な語学の専門家養成のために東京外国語学校（1873）が設立され、英・仏・独・ロ・中の4カ国語を教えた。中江兆民は、わずか3カ月間であるが校長を務めた。1877年には東京開成学校と東京医学校が統合され東京大学となり、1886年の帝国大学令で東京大学は帝国大学となり法・医・工・文・理の学部と大学院をもつ国立の最高教育機関と成った。

1877年には工部省管轄の教育機関である工部大学校（インペリアルカレッジ・オブ・エンジニアリング）がつくられた。工部大学校の初代校長は西洋用兵学に通じていた大鳥圭介、教頭はイギリス人ヘンリー・ダイアーというコンビで授業は英語で行われた。卒業生には日本最初の建築家である辰野金吾、タカジャスターゼの発明者高峰譲吉などがいた。工部大学校は実務中心の機関で研究中心の東京大学と張り合ったが、1886年工部省の廃止により文部省に統合され帝国大学工科大学となった。

工科大学の初代学長はフランスのエコール・サントラル（中央工科大学）とパリ大学（理学部）で学位を取って帰国したばかりの32歳の古市公威であった。その後、古市は内務省の土木局長、逓信次官、鉄道作業局長官を務め、京釜鉄道総裁となった折に京城（現ソウル）―釜山間の鉄道を日露戦争中に開通させ旅順攻略の契機をつくった。1904年には土木学会初代会長、1906年に統監府鉄道管理局長官、1929年には万国工業会会長となり万国工業会議を初めて日本で開催した。

古市は日本近代工学と土木工学の制度をつくり「土木の父」と呼ばれたが，東京仏学校（1886）の創設や日仏協会理事長（1932）などを務め日仏交流促進にも活躍した。工部大学校を吸収した帝国大学は，1897年に京都帝国大学が設置されたために「東京帝国大学」となり，その後1949年に新制「東京大学」となり旧制高校を吸収し経済学部など新しい学科を加え法・医・工・文・理・農・経済・教養・教育の9学部をもつ官立総合大学となった。

② 民間系の教育機関

民間教育の機関は，西の長崎，東の横浜に集結していた。江戸の末期から明治維新にかけて，官立の養成機関，民間の私塾以外にフランス語を教える民間の機関や学校も増えた。日本の国際的活動の窓口だった長崎では，日米修好通商条約が締結され，日本が安政大獄で揺れている年の1858年に，日本で最初に英語を教える英語伝習所がつくられた。やがて，伝習所ではオランダ語や中国語に加えてフランス語，ロシア語，英語が教えられた。1865年には，同じ長崎にオランダ人でフランス語を話せたシーボルトと弟子の平井義十郎（通詞，維新後裁判官）が斉美館という語学所をつくり，英語，フランス語，ロシア語などの語学以外に歴史，地理，化学，経済なども教えた。

英語はオランダ生まれのアメリカ人宣教師グイド・フルベッキ，フランス語はシーボルト以外に宣教師のベルナール・プティジャン神父と長崎駐在フランス領事のレオン・デューリーと豪華キャストであった。土佐藩派遣留学生の中江兆民も約2年間この斉美館で学んだ。斉美館は広運学校，長崎外国語学校，長崎英語学校（現在は長崎市立長崎商業高校）と名前を変えていくが，西日本の洋学のメッカとなり，斉美館の出身者は中江兆民以外に西園寺公望，大隈重信，副島種臣，伊藤博文，大久保利通など明治新政府の指導的役割を果たした人が多かった。

東の出島である横浜では，1865年にフランス人による本格的教育機関である横浜仏語伝習所が横浜弁天町に開校された。当時，幕府は陸軍強化のためにシャノワーヌ将軍を中心とするフランス陸軍将校団を招聘し，海軍強化にはヴェルニを中心とするフランス技師を招き，横須賀製鉄所（造船所）も建設中であったので，フランス語を理解する人材養成は急務であった。1868年の徳川幕府崩壊の年に廃校となっ

たが，江戸の開成所とならぶ正式の仏学の最高教育機関であった。

　この伝習所は駐日フランス公使レオン・ロッシュと横浜駐在の監察役栗本鋤雲(じょううん)が提唱して，目付の小栗上野介と浅野伊賀守が承認して建設された。校長には函館で仏学校（コレージ・ドウフランス）をつくり，栗本，塩田，立などに函館時代にフランス語を教えた宣教師メルメ・ド・カションがなり，教師陣にはフランス人教師7人と日本人では塩田三郎が助教となった。横浜伝習所はフランス政府の財政的支援を受け，フランス人による直接授業法が取られた。卒業生には，小栗又一（忠順の養子），栗本貞次郎（鋤雲の養子）を含み高級幕臣の子息が多かった。

　幕末から明治にかけて幕府，政府，各藩，外国人の教育機関以外にもフランス語系の教育機関は多く存在していた。(62)しかし，庶民の教育を対象としフランス語を含む基礎的な語学を教えていた小規模の寺子屋は幕府の崩壊とともに激減した。1871年には一時1000あった寺子屋も約半分の521となっていた。反対に，大名が藩の子弟を教育するために開いた私塾は増加し，1872年には開国による洋学や欧米の言語ブームで最高潮に達し1130を数えた。外国の学問では英学，仏学，独学の順番で人気があり，特にフランス語学習者は多かった。江戸時代に人気のあった蘭学は衰退した。

　仏学を教えていた塾での内容はさまざまであった。宮永孝『日本史の中のフランス語』によると幕末から大正期（1868-1926）にかけて江戸（東京）に設置された仏学塾は65あった。しかし，純粋に専門的な仏学を教えたのは3分の1の20で残りの塾は，語学や一般学問が中心であった。フランス人が開いた一番古い仏学校は，1855年に神父のカションとジェラールがカトリック普及のために琉球・那覇の聖現寺で開いた私塾で，ジェラールは1862年に横浜山下町に日本初のカトリック教会（横浜天主堂）を開きフランス語を教えた。本格的な仏学塾は1859年にカションが箱館（函館）で開いたコレージュ・ド・フランスである。

　仏学の元祖といわれている村上の達理堂の後に日本人が開いた本格的な仏学塾は，ジャーナリストとして活躍した福地源一郎が東京日進社を開いた。しかし，中江兆民が1874年に東京・麹町に開いた仏学塾が有名で内容も充実していた。この仏学塾は，4年制で教員が12名，語学だけでなく主に仏語で法律や文学を教え，経済

学ではバチスト・セイ，文明史ではギゾー，法律ではモンテスキュー，民法ではルソー，歴史はヴォルテールなどの一流の教科書を使い，本格的な専門書を使った授業を行っていたので生徒も多く約15年間続いた。

　そのほか，いろいろなかたちでの仏学塾ができた。英仏学（1871）の塾を開いた箕作秋坪，アルフォンソ・ヘンリックが開いた暁星学校（1888：暁星高校の前身），ジョセフ・コットの開いたアテネ・フランセ（1917）があった。それぞれ学校化していくなかで，初志を守り各種学校にとどまったアテネ・フランセの卒業生は多く，詩人・画家の竹久夢二，英文学者の吉田健一，作家の谷崎潤一郎，山本有三，フランス文学者の辰野隆，前田陽一，鈴木力衛などを輩出した。

　私塾は大別すると，洋学者の経営する私塾と旧大名が旧藩の子弟教育につくった私塾があった。私塾で学ぶ学生の特徴は，年齢6〜19歳と19歳以上の2グループに分かれ，人数は10人前後から100人ぐらいまでが多く平均30人ぐらいであった。一部を除いて規模は小さく，ほとんどの日本人経営者は歴史上に登場しない無名人，士族出が多く，それも幕府，政府，各藩のフランス留学組，蕃書調所（開成所）で仏語研修した人，フランス人経営塾や有名日本人仏塾（村上英俊，福地源三郎，箕作麟祥など）の卒業生が多かった。政府の方針と時代の要求でフランス語の需要があったことも仏学塾が多かった理由であった。日本人の経営者でも時代の波に乗ろうとする起業家や，フランス人はカション，ジェラールなどの有名人は別として，無名フランス人は若くて高給取りを狙った一発屋が多いのが特徴であった。

　また，日本人の学習者でも立身出世と語学向上のために塾から塾に，塾から大学に渡り歩く人も多くいた。例えば，中江兆民は，幕府の語学所である長崎の済美館で平井義十郎からフランス語を学び，江戸に上京して村上英俊の達理堂で学ぶが破門され，その後横浜のカトリック僧からフランス語を学び，東京で福地源一郎の日新社教頭ロッシュの通訳を務め，さらにフランス帰りの箕作麟祥が神田に開いていた家塾に入門するという仏学問での浮気者であった。幸い中江はキャリアアップのために官立の大学南校にはいり，明治政府が派遣した岩倉使節団に参加することができた。

　中江は政府や大学で働いた後に自由民権運動で活躍したが，最後には自分でつくっ

た仏学塾にもどったが廃塾となったのも運命の皮肉であった。中江の「塾ホッピング」の行動は，当時海外雄飛の大志をもっていた若者には一般的な行為であり，中江ほどでなかったとしても多く見られる現象であった。このような事情もあり，1871年に文部省が設立され私塾の設置基準が作られ，官立の大学南校（東京大学の前身），明法寮（法務省の研修所），東京外国語学校などの官立教育機関で正式にフランス語が教えられるようになると，学生移動は収まり小規模な私塾などの民間教育機関は衰退して行った。

⑷　近代的啓蒙組織「明六社」誕生

　幕末から明治の初期にかけて政府も各藩も優秀な人材を西洋に送り実務家と洋学者を育てた。しかし，明治維新の後の混乱で，彼らの所在はばらばらとなった。薩長の洋学者は東京の中央政府で働き，旧幕府の洋学者は徳川家と一緒に静岡，あるいはそれぞれの県に分散していた。洋学者によっては通詞に転業したり，学者になったり両方を兼業したりしていた。廃藩置県後，明治維新が落ち着いてから，彼らは徐々に東京に戻り，頻繁に交流するようになった。彼等の学術交流と思想の啓蒙の目的で，1873年に日本最初の学術学会である「明六社」が創設された。この明六社創設のイニシアチブをとったのは，アメリカから帰国した新進の外務官僚であった森有礼で，この新しい学会は，明治6年に設立されたので明六社と名づけた。

　森の提案に集った著名な学者は，親友の西村茂樹（46歳），慶喜の政治顧問であった西周（45歳），蕃書調所の教授であった津田真道（45歳），静岡学問所の教授でサミュエルズの「自助伝」を訳した中村正直（42歳），慶應義塾を創立した福澤諭吉（40歳），統計学の開祖で蕃書調所の教授であった杉亨二（46歳），蕃書調所の教授であった箕作秋坪（49歳），フランス語の通詞であったが英語，オランダ語もできた箕作麟祥（28歳）などであった。明六社のメンバーは，当時の第一線の洋学者であった。創立メンバーの10人を見ると，薩摩出身の森と千葉佐倉出身の西村を除く8人は旧幕臣系で，福澤，中村以外は幕府の洋学校，蕃書調所（開成）の教官であった。

日本のスピーチの始まり

明六社の活動としては，学術研究，交流，講演会などを通じての研究発表をして一般の人を啓蒙することであった。最初は築地の精養軒，後に神田の三河屋で洋食を食べながら会合をし，福澤諭吉が日本において最初に日本語による洋風のスピーチをメンバーに見せて，ここから日本のスピーチ（演説）が始まった。ちなみに，演説というのは福澤諭吉の訳語である。しかし，始めは演説を巡って福澤諭吉と森有礼は大激論をした。森は「スピーチは西洋語なので英語でなければスピーチでない。日本語は談話や応対に適しているだけだ」といえば，福澤は「そんなことはない。日本にもスピーチの伝統はある。講談師，落語家，寺の坊さんも立派にしているではないか」と，福澤自身が明六社の社員の前で30分のスピーチをして森を黙らせた。

毎月2回のメンバーによる演説はやがて一般の人にも公開され，福地源一郎，塩田三郎など日本の多くの知識層を集めた。

1874年には機関誌「明六雑誌」が発行され，政治，法律，経済，外交，財政，社会，哲学，婦人，宗教，科学，教育，歴史などフランスの百科全書なみの問題を扱い啓蒙的な役割を果たした。しかし，政府系学者の限界と自由民権運動の影響を受け内部対立を招き2年で廃刊した。

明六社の解散後，明六会となった。1877年には西南戦争が起こり，西郷や木戸が死去した同じ年に東京大学が創立され，1879年に教育と学術の向上を図るために東京学士院ができ明六社の後を引き継いだ。最初の会長には福澤諭吉がなったが，福澤は官僚洋学者と和漢老学者に愛想をつかして6カ月で辞任し脱退をした。東京学士院の最初の7名は会長の田中不二麿を含めて会員はすべて明六社から来ていた。その後，1906年に東京学士院は帝国学士院となり，1947年に学術上功績顕著な科学者を優遇し学術発展のために寄与する今日の日本学士院となった。明六社はいわば蕃書調所から東京学士院への橋渡しをしたといえる。

(5) 慶應義塾と仏学塾

福澤諭吉と中江兆民は，明治時代に西洋文明を日本に紹介した二大思想家である。福澤と中江の共通点は，ともに外国の経験もあり，政府でも重要な役割を演じたが，民間にとどまり私塾をつくって教育に力を入れた。二人の世界観も教育理念もちが

うが，それぞれ個性のある学校経営と生き方をして，後に活躍する多くの英才を育てた。

　福澤諭吉は大阪で緒方洪庵の適塾で蘭学を学び，江戸に出て江戸中津藩中屋敷に蘭学塾を開いた。しかし，横浜で店の看板も読めず，英語しか通じないというショックを受け途中から英学に転じた。江戸にきた翌年の1860年に大きな転機が訪れた。勝海舟が艦長を務める咸臨丸(かんりんまる)の従者として幕府遣米使節に参加しアメリカ・サンフランシスコに2カ月滞在した。1861年には遣欧使節団の一員としてイギリス，フランスを含むヨーロッパに1年滞在し，1867年には幕府の使節（軍艦受取）として6カ月間アメリカ（ニューヨーク，ワシントン，サンフランシスコ）に滞在した。3回の洋行で，ウェブスター辞書をはじめとしてたくさんの辞書や本を購入し，洋書読んでいたため西洋事情に詳しく，帰国後一時幕府の洋書調所の教員及び通訳として勤めた。

　1866年に海外見聞と経験を著わした『西洋事情』がベストセラーになり福澤は西洋文明の紹介者として有名になった。福澤の興味は教育にあり，明治新政府から何度か出仕を求められるが固辞して，1868年には私塾を芝の新銭座に移し慶應義塾を開いた。1階が6畳，2階が15畳の家だったがいつも生徒で一杯だった。イギリス自由主義者ベンサム・ミルの流れをくみ「文明を行う者は，私立の人民にして，其の文明を護する者は政府なり」（『学問のすゝめ』）と主張して「文明を行う者」の立場を選択した。明治維新の後，1871年，文部省ができて学制が決められたときに現在の三田に移り英文学と算術を中心に教えた。

　福澤は啓蒙書を次々と出した。『西洋事情』に続き，『学問のすゝめ』（1872），『文明論之概略』（1874）を相次いで刊行し，本だけでは足らず日刊紙「時事新報」（1882）を創刊し西欧文明を早急に摂取して日本を近代化することによって西洋列強と伍する国をつくらなければならないと説いた。1873年には日本で初めての啓蒙団体である「明六社」を結成し，明治時代の知識人と日本の将来を論じ発表した。慶應義塾での授業も充実させ，1881年には予科では地理，歴史，物理，化学を，本科では経済学，法律学，修身，数学，文明史，万国法などを教えた。1890年には大学部を設置して，英語教育や実践的知識の教育に力を入れた。

中江は藩命で長崎に派遣されフランス語を勉強した後，1871年に岩倉使節団の一員としてフランスに渡りパリとリヨンに1年半留学した。福澤が明六社をつくったころの1874年に新しい思想と教育のために東京・麹町に仏学塾を開いた。民権運動に興味のあった中江は，一時ジャーナリスト，元老院書記官，東京外語大学の校長，政治家になったが長く務まらなかった。1882年にルソーの『社会契約論』の漢文訳である『民約訳解』を出して人民主権を説き，民権運動の先駆者となった。
　フランス語中心の仏学塾では，古典主義・教養主義に力を入れ，西洋の史学，哲学，古典学習だけでなく日本の漢字教育も重視した。カリキュラムも本格的で，修学過程4年間で1年目はフランス語と歴史書訳読，ギリシア，ローマ，フランス史やルソーの民約論，2年目は歴史，法律，3年目は歴史，法律，経済，4年目が歴史，法律，哲学が課されていた。漢学にも力を入れていて和漢書の講義が重視された。やがて，立憲政治が発足し民権運動が下火になると仏学塾は1888年に約15年の使命を終えた。
　慶應義塾は「英学の一手販売」といわれ，新しい言語である英語を習得したい優秀な塾生が全国から300余名集っていたので，永田町の文部省に対抗して「三田の文部省」と称された。福澤の生き方は，官僚として生きた明六社の初代社長森有礼とは対照的であった。森有礼も福澤や中江と同じように教育に対して非常に熱心で学校をつくった。森は薩摩藩出身で幕末にイギリスに留学，ロシアに遊び，新政府樹立のときはアメリカに渡っていた。帰国後，薩摩政権のなかで重宝がられ外国官権判事として出発し，1870年アメリカ駐在の弁務大使となり，1875年に銀座尾張町に私塾商法講習所（一橋大学の前身）を開設した。1879年に特命イギリス全権公使，その後，藩閥出身には珍しい文化的素要を買われ1885年に初代の文部大臣となり，日本教育制度の近代化に尽くしたが，最期は目立ちすぎて国粋主義者に暗殺された。
　福澤も中江も外国の教育事情を熟知していたので，塾の内容も，カリキュラムも高いレベルであったが，慶應義塾と仏学塾は規模がちがっていた。当時の英語とフランス語の人気が反映されて，学生数も1882年の時点で慶應義塾は396名，仏学塾は115名いたが，英語のほうが人気があり慶應義塾の生徒数は3倍以上の差があ

り，敷地や建坪でも大きな差があった。1883年には徴兵令改正の法令が出され，官公立の学生は兵役免除の特典があったが，私立学校生徒は除外されたため学生数が減少した。慶應義塾は学生の数がさらに減ることを心配して，東京府知事や政府に保護を求める運動で存続を模索したが，仏学塾は自由民権運動で政府に目をつけられていることもあり廃業を選んだ。中江は廃校の記念として，質素だが1886年にフランス語辞典『仏和辞林』を刊行した。

福澤・中江・森の共通点!?

教育界で活躍した福澤諭吉，中江兆民，森有礼にはいろいろ共通点がある。3人とも教育者で，福澤は慶應義塾，中江は仏学塾，森は商法講習所を設立，森は18歳，福澤と中江は24，25歳でそれぞれ外国に渡り，福澤と中江は，奇しくも1901年に亡くなった。中江と森は1847年に生まれた。各国との不平等条約改正に苦労した森は英語の国語化を提唱するほど英語教育に熱心であったが，森の孫には英語でなく仏学者で哲学者の森有正が出た。福澤は67歳，中江は55歳，森は43歳で亡くなったが，福澤と中江の年齢差は12歳，中江と森の年齢差は12歳と因縁的な関係が見える。

---

3. フランス文化の普及

(1) フランスパンの誕生

明治半ごろの1885年に大政官制度が廃止され内閣制度が制定された。第一次伊藤内閣が組閣され初代外相に井上馨(かおる)（1836-1915）が就任した。井上の第一目標は欧米列強と締結した不平等条約の改正であり，そのために極端な欧化政策をとった。その象徴が迎賓館である鹿鳴館を使った外交であった。欧米人を招いて毎晩開かれる豪華な夜会に国内の有識者から批判がでたが，鹿鳴館の華美豪奢な催しは日本文化に大きな衝撃を与えた。夜会で出される一流の食事は日本人の食生活に影響を与え，幕末から明治の初期に多くの日本人が洋行していたこともあり，日本人が西洋的な食事を好む原因になった。

西洋文化が浸透しはじめた日本で本格的フランスパンが誕生したのは1888年で

あった。東京では小石川目白坂にある「関口フランスパン」(63)が日本で最初のパン屋といわれ，関口フランスパンは小石川関口教会（現文京区関口教会）の製パン部として始まった。関口教会のカトリック神父ペドロ・レイが，協会経営の孤児院の子どもたちに文化的な職業を身につけさせるために，子どもたちのなかから長尾錚二（後の関口フランスパン職工長）を仏領インドシナ（フランス統治時代のベトナム）に留学させ本格的なパンの製造法を勉強させた。

しかし，1914年に第一次世界大戦が始まると，フランス本国からの送金が途絶え，孤児院もフランスパンの製造もできなくなってしまった。そこで，教会の熱心な信者であった高世敬三（初代社長）が全経営を引き継ぎ関口町に新工場を建設して「関口フランスパン」として再建した。1888年以来変わらない手法と独特の味わいの本格的フランスパンは大使館，在留外国人，知識人などにファンをもち，西園寺公望公爵も関口パンの大ファンとなった。

京都では大正時代の1913年にベーカリー「進々堂」(64)が創業した。創業者は内村鑑三の門下生のクリスチャン続木斉で，独創的なパンや食品をつくりクリームパンで有名だった「中村屋」(1901)のクリスチャン創業者相馬愛蔵の元で修行を積んだ。続木はフランス語や文学に造詣が深く，「パンつくりをとおして神と人とに奉仕する」ことを決心しフランスにパン留学をした。2年留学して理論や製法を学んで帰国後，1924年からパリのカフェをイメージしたフランスパンの製造・販売を始めた。

昭和になって，1930年に京都大学北門正面に京都で初めての本格的フランス風喫茶店「カフェ進々堂」を開設した。店内は，今でも開店当時から変わらない大きな机，人気メニューのプチフランスパン，ミルクたっぷりのコーヒーなどで学生や文化人の溜まり場になっている。最初は「ノートル・パン・コティディアン（日々のパン）」を発売し，最近では「パン・ド・カンパーニュ・コティディアン（日々の田舎風パン）」など日常的においしく食べられるパンを特徴としている。

パンはフランスとの交流が増すとともに進化していった。1954年には日本で「パンの神様」と呼ばれている元フランス国立製粉学校教授のレイモン・カルヴェルによる実演が行われ，フランスパンが徐々に普及していった。オリンピックの翌

年の1965年にその弟子のパン職人フィリップ・ビゴが来日して,フランスパン製造実演するなどしてその普及に努めた。カルヴェルは材料にもこだわり鳥越製粉(福岡市博多)と本格的フランスパン用の専用粉を開発(1960)し,その小麦粉「フランス印」は本場フランスで全国製粉大会に参加し優秀との評価を受けた。ブランドはフランスで有名になり,1966年に世界一周途中で神戸港に寄港したフランス空母「ジャンヌ・ダルク」の乗組員1000人の製粉2カ月分の注文を受けたほどだった。

このように日本のパンや菓子などの創業者に敬虔なクリスチャン,フランス派が多いのもその特徴である。西園寺公望が愛した「関口フランスパン」の創業者高世啓三,内村鑑三の友人で「進々堂」の創業者続木斉,同じく内村がクリームパン発明に協力した「中村屋」の創業者相馬愛蔵,相馬の門下生で「山崎パン」の創始者飯島藤十郎,菓子では「森永製菓」創業者の森永太一郎などが有名である。

(2) フランス文化の発芽

フランスと日本の文化関係は,明治時代に徐々に進展した。フランスの植民地主義の発展とともにアジアに対する興味が強くなり,日仏通商条約以降ではフランスが東洋学のメッカになった。日本研究や日本語に対する関心をもつ人も増え,日本の使節団や福澤諭吉も世話になったフランス人のレオン・ド・ロニー(1837-1914)は東洋語学校の最初の教授で,1863年にパリの帝国博物館でフランスにおける最初の日本語授業をした。また,日本や中国の研究者のための第1回国際東洋学者会議を開催した。

実業家・美術家のエミール・ギメ(1836-1918)と挿絵家のフェリックス・レガメは,1876年8月から11月まで宗教調査の目的で日本を訪れ横浜,鎌倉,東京,日光,東海道,伊勢,京都などを見学した。その間,美術品,芸術品を収集したギメは中国,インドなどで手に入れたものを含み,1878年のパリ万博の際に宗教博物館で公開した。1900年にはパリ日仏協会副会長となり日仏文化交流を促進し,彼の博物館は1945年には国立ギメ美術館となった。ギメはパリで開かれた第1回国際東洋学者会議(1873)の「日本,中国,タタール,インドシナ研究会」の主催

者でもあった。

　日清戦争が始まる前年の1895年，リュミエール兄弟が劇場で映画の見られるシネマトグラフを発表した。その後フランス映画は発展して，1900年のパリ万博から第一次世界大戦までパテ，ゴーモン，メリエスなどフランス映画が世界をリードした。日露戦争（1904）の戦況が見え始めころから徐々に日本にフランス映画が輸入され始め，そのなかでもパテ社が抜きんでていた。最初に，大阪角座でパテ社の日露戦争映画とナポレオン一代記が上映された。

　パリで生まれたデパートも日本に影響を与えた。フランスでは1852年にボン・マルシェが百貨店の原型として生まれ，1885年にオ・プランタンが本格的百貨店として開店した。日本もフランスにならって1904年，三井呉服店が株式会社三越呉服店となり，従来の呉服店専門の営業法を一変して，日本で最初のデパートメントストア・スタイルのした百貨店となった。三越に続いて，白木屋，松屋，松坂屋などの大型呉服店がデパート方式の店を展開した。三越の食堂では寿司などの日本料理とともに，フランス風の洋菓子，コーヒー，紅茶がだされた。

　1900年にはプチジャン司教に依頼されたフランスの修道女メール・セン・テレーズによって一般子女を対象とした横浜紅蘭女学校（現在の横浜雙葉学園）が開校された。最初は築地語学校というフランス語の学校で，教育とともに身寄りのない老人や孤児の世話などのボランティア活動もしたが，テレーズ修道女が私財をなげうってフランス風の学校を創立した。現在では，横浜共立学園，フェリス女学院とともに「横浜女子御三家」と呼ばれる進学校となっている。

　1909年にはフランス画の影響を受けた竹久夢二が「夢路画集」を出し，1910年にはフランスへ派遣されていた徳川大尉がフランス製複葉飛行機ファルマンで日本の空を初めて飛んだ。1911年には京橋ではフランス風のカフェ「プランタン」が開業し，東京自慢のハイカラ劇場「帝国劇場」が完成した。この劇場はパリの国立劇場に倣ってつくられた純洋風の建物で，フランス派の実業家渋沢栄一はじめ演劇にはまったく素人の実業家によって創立された。館内は全席いす席で1400人収容し，芝居茶屋制度を改め切符制度を導入し，俳優には出演するしないにかかわらず1年5カ月分を保障した。川上貞奴は第1号の専属俳優であった。

1911年に公開されたフランス活劇映画「ジゴマ」は浅草金竜館で公開されたが大当たりし，フランス風カフェ「パウリスタ」が京橋に開業した。1912年にジゴマは怪盗ジゴマが連続大活躍する筋書きであったが，悪人を英雄化して主役としたため，治安を乱すとして，内務省が上映禁止とした。弁士の有名な語り「花のパリかロンドンか。月がないたかほととぎす。夜な夜な荒らす怪盗は題してジゴマの物語…」はこのとき生まれた。この年の7月に明治天皇が59歳で崩御され，年号は「大正」と変わった。

第4章
大正・昭和初期の日仏関係

1. 近代国家への模索

　富国強兵と文明開化を掛け声として始まった明治時代（1868-1912）は45年の幕を閉じた。財政的には地租改正（1873）で政府財政は安定し，徴兵制度（1873）で国民皆兵を実現した。国力高揚のために工部省（後の内務省）が中心となって殖産興業が推進され，内国勧業博覧会（1877）が開かれた。インフラでは官営の郵便制度（1871），新橋－横浜間に鉄道（1872）が開通し，1日を24時間とする太陽暦（1872）が採用された。銀座にはガス灯（1872）がともり，これに象徴されるよう世の中が一段と明るくなった。

　日本は，1889年の大日本帝国憲法の発布と翌1890年の帝国議会の開催により近代国家の仲間入りをした。外国との不平等条約も岩倉具視が使節団でアメリカを訪問した1871年から寺島，井上（馨），大隈，青木，陸奥を経て，1911年の小村寿太郎外相まで40年かかって関税自主権の完全回復を実現させた。しかし，1890年ごろから東アジアへ列強が進出しはじめ，ロシアの南下政策が始まった。

　軍備拡張を進めていた日本は，中国の清と朝鮮半島の独立をめぐる日清戦争（1893-95）で勝利した。遼東半島の返還を条件に清国から得た賠償金をもとに，日本は軍備拡張を図り国内産業の近代化を進めた。世界の列強に入りたい日本は，ロシアに対抗するために日英同盟（1902）を結び，ロシアが不法占拠する満州地方の権益をめぐって大国ロシアと日露戦争（1904-05）を戦い辛勝した。帝政ロシアから満州（中国東北部）を取得した日本は世界の列強の仲間入りをしたが，大正から昭和にかけては中国へ進出するため満州の権益を列強から守る戦いをする運命となった。ドイツと対峙するフランスは，第一次世界大戦に勝利するが大変な犠牲をはらうことになった。

2. 激動の大正時代

　明治天皇の崩御で1912年から大正時代が始まった。時代区分としては，大正時代は1912–26年の大正天皇崩御までの15年間をさすが，どう見るかによっていろいろな分け方がある。大正時代は，自由主義や民主主義的運動が盛んになり，日本の政治，社会，文化などの分野の仕組みが大きく変わった時期である。

　大日本帝国憲法では天皇主権をうたっていたが，天皇主権をめぐっての討議が活発になった。東大教授で政治学者の吉野作造が民本主義を唱えて，主権は天皇ではなく国民にあり，普通選挙による民意を反映することによって，軍部，枢密院，貴族院などの特権階級の権限を制限するべきと主張した。美濃部達吉は『憲法講話』を公刊して天皇機関説を提唱し，政党内閣制を支持して国家が統治権をもつべきと説いた。こうした思想を反映して政治参加を求める社会運動が展開され，最終的には1925年に普通選挙法が公布され，25歳以上のすべての男性に選挙権が与えられた。

　労働運動も盛んになり，1919年には労働組合の原型である大日本労働総同盟友愛会ができた。翌年上野公園で日本で最初のメーデーが開催され，1921年には日本労働総同盟となり労働組合が全国組織になった。1911年に結成された文芸結社「青踏社（せいとうしゃ）」解散ののち，1920年には平塚雷鳥（らいてう）や市川房江による日本初の婦人運動団体である「新婦人協会」が設立され，女性の地位向上や参政権を主張するようになった。雑誌『青踏』は中流以上の知的婦人を対象とし，「新しい女」の形成をめざしたため賛助会員は与謝野晶子，野上弥生子，高村千恵子，神近市子など有力な女性を含んでいた。また，社会主義や共産主義運動も盛んになり，同年「日本社会主義同盟」が結成され，1922年には，堺利彦，山川均などによる非合法の日本共産党が結成された。

　政党政治も激化し，政党と軍部との対立も激しくなった。明治天皇崩御のとき首相を務めていたフランス派の西園寺公望の立憲政友会が，政党としての力をもち桂太郎と交代で政権を担当する「桂園時代」を創出していた。当時の日本経済は日露戦争からの不況で，株式市場が暴落し金融恐慌が起こっていた。そのうえ軍備費が

増大し，政府の台所は火の車だった。軍部と政党の対立も目立ち，緊縮財政を取っていた西園寺が陸軍大臣上原勇作が提出した2個師団増設要請を却下したため，上原は天皇に直接訴えて辞職した。また，軍部黒幕の山県が西園寺の要請にもかかわらず後継の陸軍大臣を推薦しなかったため，西園寺内閣は総辞職に追い込まれた。国民は陸軍や山県の行動に不満をもっていたが，次期首相に長州出の桂太郎が選ばれたために立ち上がり，憲政擁護と閥族打破を叫び全国規模の憲政擁護集会が行われた。特に，立憲国民党の犬養毅と立憲政友会の尾崎行雄を中心とする野党は，民衆を扇動して桂内閣を非難した。

社会的な動乱も起きかねない状況であったので，桂は53日という短い期間で内閣総辞職（大正政変）をした。桂は議会で過半数をとり軍部に対抗できる政党をめざして立憲同士会をつくり一時第一党となったが，桂が病気で倒れ死去したため失敗した。桂を後の立憲同士会総裁は加藤高明となったが，桂の後任首相には薩摩派の海軍大将山本権兵衛（ごんべい）が就任した。山本は西園寺の政友会が協力体制をとり，政友会からフランス派の政治家原敬が内務大臣となり，外部から高橋是清が大蔵大臣となった。しかし，1914年，ドイツのシーメンス社とイギリスのヴィッカース社と，日本の三井もからみ日本の海軍士官に賄賂を送っていた海軍収賄事件が報道されると山本内閣は総辞職した。1年1カ月の短命であった。

政府にも駒がなくなり，山本の後を継いだのは山県有朋と同じ76歳の大隈重信であった。大隈を強力に推したのは元老の井上で，外務大臣は加藤高明となった。大隈は立憲改進党の出身，政党史でも日本最初の政党内閣の総理，早稲田大学の総長を歴任し，そのうえ藩閥政治批判者として大衆とジャーナリズムにも人気があった。日本では軍部の2個師団増設要求が懸案事項になっていたが，ヨーロッパでは元老井上馨が狂喜したといわれる天佑（てんゆう），第一次世界大戦（1914-18）が始まった。大隈内閣は，さっそく日英同盟と中国進出を理由にドイツに宣戦布告してイギリス，フランス，ロシアの連合国側に参戦をすることに決め，イギリス軍とともに山東半島，青島，南洋群島などを占領した。

日本は1915年に，列強が中国を撤退したのを機に権益代償として中華民国の袁世凱政権に21ケ条の要求をした。この要求は英米から「火事場泥棒」的非難を受

けたが，一部を除いてすべて認めさせた。強引に内閣を引っ張っていた大隈は，軍部や元老の圧力もあり内相の汚職事件を契機に勢力を失い総辞職し，自身も78歳の高齢だったのでこの機に政界を引退した。

　1916年に山県有朋の推挙で寺内毅内閣が成立した。寺内内閣は全員山県派出身の内閣だったので「超然内閣」と呼ばれた。寺内内閣は，欧米列強が第一次世界大戦で手薄になった中国へ積極的に参入を進めた。同時に，1918年に英仏連合軍の要請を受けてロシア革命が起こったロシアのシベリアに8年間に7万3000の軍隊を送り，10億円の戦費を使い，3000人の戦死者を出したが，日本が得た利益はゼロであった。日本では投機的利益を得ようとした商人たちの米の買占めで米価が高騰して富山県などで米騒動が起こった。この近代史上最大規模の米騒動は全国に拡大し，東京を含む1道38県368カ所に騒動が起こって軍隊が出動し，また第一次世界大戦で多くの戦死者を出した寺内内閣は責任をとって総辞職した。

　寺内の後継者には，天皇や山県から西園寺が再び指名されたが西園寺は辞退した。1918年，西園寺の推薦で政友会総裁の原　敬（はらたかし）（1856-1921）が内閣を継いだ。原はすでに63歳であったが，日本初の本格的政党内閣の誕生であった。岩手出身で藩閥に属さず，華族出身でない原は「平民宰相」として親しまれた。首相1年目にドイツが降伏し第一次世界大戦は終わった。ヴェルサイユ条約（1919）が結ばれ，日本はドイツの山東省の利権の継承（1922年にワシントン会議で返還），ドイツ領の南洋太平洋諸島の一部も領有することとなった。1920年には新たに発足した国際連盟の常任理事国となり，アメリカ，イギリス，フランスに次ぐ4大国になった。

　原の在任期間は3年2カ月（1918-21）で，大正期の首相では任期が一番長かった。その間，教育の改善・充実，交通機関整備，国防の充実，産業・通商振興を4大政策にあげ，教育では高等学校10校，実業・専門学校17校を新設し，商業大学を単科大学（東京商科大学）に昇格させ，学部増設と東京大学に経済学部を設置した。1918年には大学令を出し，慶應，早稲田，法政，明治などの私立の専門学校を法制上の大学にした。高等教育を受けた人数は1915年には5万5000人だったが，1926年には3倍の15万7000人に増加した。交通政策では，1920年に道路法を成立させ道路区分・等級・管理責任を決め，鉄道院を鉄道省に昇格し，鉄道網の整備

と充実を図った。国防政策では海軍での戦艦，巡洋艦の建造，陸軍の師団の充実，兵器の改良など軍備の拡張，近代化を図った。産業通商振興策では，都市計画法で市街地を住居，工業，商業の3地域として工業や商業の発展を促進した。

そのほか，平民出身の原が力を入れたのは薩長二大藩閥政治を改め，広く人材を登用して議会を中心とした政党内閣制を実現することであった。さっそく，政界を牛耳っていた山県式の藩閥官僚登用制度を改め，植民地の台湾，朝鮮，関東州の長官を武官だけでなく文官も登用できるようにした。そのうえ，文官任用令を改正して内閣の裁量で高級官吏の採用をできるようにした。米価対策としては価格が安定するように，米を自由に輸入できるようにして供給量を増やした。また，当時欧州から民主主義的思想が流れ込み知識人を中心としてデモクラシー論が唱えられ，労働運動が盛んになった選挙法改正について1919年に選挙法を改正に着手して小選挙区制導入した。選挙人の資格要件を直接国税10円以上から3円以上にしたため，議員定数も381人から464人に，有権者も142万人から306万に増加した。原のイニシアチブによって，普通選挙獲得運動が起こり，1925年普通選挙法が施行された。

原は少年期に東京のフランス人が営む神学校に入ったため，カトリックになりダヒデという洗礼名をもつクリスチャンであった。また1885年29歳の時に3年間余りフランスに書記官として駐在した。フランスでの生活，庶民との交流，キリスト的価値観や文明に接したことが原の生き方や政策に大きな影響を与えた。

フランス派「平民宰相」原敬の登場

藩閥出身でもない，公家でもない「平民宰相」として国民から人気があった原は，政界にあって政治的バランス感覚に優れ，政界の重要人物との関係を保っていた。元老の西園寺とは政友会と「フレンチコネクション」で結ばれ，政党嫌いの元老山県とは円満な関係を築き，原を引き立てた陸奥とは外務省の先輩，後輩の仲であった。原の性格は出自によるところが大きい。原は1856年，朝敵である盛岡藩士（平民ではない）の次男として生まれ貧しかったが，19歳のとき分家して平民となり，東京の盛岡藩藩校「共慣義塾（英学校）」で学んだ。その後，費用のかからないカトリック神学校に入り，横浜，新潟のフランス人宣教師のもとで3年間勉強し，カトリックと

しての洗礼を受けた。東京に戻り、箕作秋平の三叉学舎に入り、1876年に司法省法学校に2番で合格したが2年後に寮問題で退校となった。

その後、中江兆民の仏学塾に入り、先輩のつてで24歳のときに郵便報知新聞社に入社し、横浜で発行されたフランス語新聞の翻訳を担当した。大阪の帝政党（伊藤、井上など土佐派）御用新聞でしばらく働いたが、この時井上馨と親しくなった。当時、外務卿であった井上の紹介で、1882年に外務省に採用され、翌年天津領事に任命され1985年の伊藤博文・李鴻章との会談で伊藤と初めて会った。同年、原は外務書記官となりパリに赴任し、1989年まで約4年間パリ公使館で勤務した。1892年に、伊藤博文内閣発足時の外相陸奥宗光の引きで外務省の通商局長となり、1995年に外務次官となった。1896年に朝鮮駐在公使となるが、大隈嫌いの原は第2次松方内閣のときに大隈が外務大臣になると外務省を辞めて、翌年大阪毎日新聞に編集長として入社して社長となった。1900年に伊藤が立憲政友会を組織すると、伊藤と井上の勧めで入党した。第4次伊藤内閣では星亨を次いで逓信大臣となり、東北出身の初めての大臣となった。伊藤に恩のある原であったが、伊藤の藩閥政治、政党にたよる軟弱政治に対しては異論があった。

原は、苦労して藩閥政治家や長老とネットワークを築いた。西園寺とはフランス経験と政友会で結ばれ、陸奥とは外務省で縁があった。陸奥が駐米大使勤務後に農林大臣のポストについたときには、原は農商務省参事官を務め、日清戦争後に陸奥が外務大臣のとき、原は通商局長であった。陸奥が領事裁判権を撤廃した日英通商航海条約や日清戦争の際の講和条約や3国干渉で病気になり静養していたときには、原を外務次官に昇進させた。その間、陸奥の仕事を友人としてカバーしたのは西園寺で文部大臣と外務大臣代理を務めた。

西園寺と陸奥は、ウィーン公使時代に伊藤とともに会って以来、深い友情で結ばれていた。陸奥も1883-86年に伊藤博文の勧めでフランスを含むヨーロッパに遊学していたので、ヨーロッパ派の西園寺や原と話が合った。病気のために大磯で静養している陸奥のために外交事務は外務次官に抜擢した腹心の原がこなし、外交は西園寺が外務大臣代理を務めるというコンビぶりを示した。陸奥は「西園寺の恩は決して忘れない」[65]と西園寺の友情に感激した。

このように、西園寺、陸奥、原はフランスと外交でつながっていた。しかし、実際の政治では原は政友会の長である西園寺を助け、政敵山県派との間に挟まれ苦労した。陸奥は1897年に肺結核で54歳、原は1921年に東京駅で刺され66歳で死去した。原が亡くなった翌年には藩閥のシンボルである大隈重信、山県有朋がともに85歳で亡くなった。

3. 大正デモクラシーとロマン

大正時代（1912-26）は明治と昭和にはさまれた短い約15年であったが、日本にとって政治的、経済的、社会的、文化的に最も変化のあった時期であった。明治の軍国主義とナショナリズムを離れてリベラリズムの思想を中心とした「大正デモクラシー」が生まれ、非常に特色のある文化を創出した。一橋大学名誉教授の南博

『大正時代：1905-1927』によると，明治文化は富国強兵，殖産興業的文化で，大正文化は個人主義，消費生活的文化と対照的であった。

資本主義が急速に発展し新興ブルジョワジーが台頭したが，その裏では労働者の生活は苦しく社会運動や労働運動が広がった。都市文化が栄え新聞，出版，映画，レコードなどのメディアが発展し，個人が人道主義，個人主義，教養主義に敏感になった時期でもあった。政治的には，日本が日清戦争，日露戦争と二度の戦争に勝利し，パリ平和会議出席，国際連盟に正式加入し待望の世界の4大国になった時期であった。日本がロシア帝国に勝ったことは，アジアに強い影響を与え，アジアの資本主義的経済の発展に寄与した。

経済的には第一次世界大戦によって日本経済は立ち直り，空前の好況を迎えた。経済成長率をると，1908-17年までの経済成長率は3.09％，1913-22年までは5.21％，1918-27年は1.5％，1923-32年は2.35％と当時では高い経済成長率だった。[66]貿易が好調で日本は1913年までには日本の生糸はアメリカ需要の半分を供給し，人口は1920年には5,596万人に増加していた。郊外では文化住宅が建てられ，東京駅付近には三菱の丸ビルが開館してサラリーマンの消費も活発となった。「食うもの，買うもの。なんでも御意のまま」「今日は帝劇，明日は三越」のフレーズに象徴される消費社会が出現した時期でもあった。

社会的，文化的生活には，外国文化や思想が入り，国民が民主主義や自由主義に目覚め言論活動や文化活動が盛んになった。文化面では大正教養主義，社会面では大正デモクラシー運動が盛んになった。日本最初のメーデーが行われ，友愛会が本格的な労働総同盟と改称され，政治的な政党政治が成立した。文芸，絵画，音楽，演劇などではフランスのアール・ヌーヴォー，デザイン，建築物，装飾などではアール・デコ，小説ではロマン主義など西洋文化の影響を受け国民の生活が大正ロマンといわれた時代である。

第一次世界大戦後の景気回復で，産業も発達し新しいタイプのブルジョワジー経営者が出現した。明治時代には渋沢栄一，五代友厚，岩崎弥太郎，三野村利左衛門などの武士階級出身のブルジョワジーが産業界をリードしたが，大正時代には鐘紡の武藤山治，倉敷紡績の大原孫三郎，川崎造船所の松方幸次郎などの考える経営者，

三井の藤山雷太，藤原銀次郎，池田成彬，小林一三などサラリーマン経営者とともに服部時計店の服部金太郎，鉄鋼商社の鈴木商店の金子直吉社長，久原商事の久原房之助などの新興ブルジョワが登場した。1923年の関東大震災後の大東京建設にともなう東京湾埋め立て工事で，金融王の安田善次郎とセメント王の浅野総一郎が台頭した。戦後の投機に参加し莫大な利益を上げた新興ブルジョワの松方は2年間で52万ポンドという破格の大金を投じてフランスやイギリスの近代絵画や彫刻を収集した。日本に美術館を建てるために西欧に流通していた浮世絵を買い戻し，さらにフランスの画家ルノアールの「アルジェリア風のパリの女達」，モネの「睡蓮」など一流の美術品を大量に購入した。

音楽では，1912年にできた日本蓄音機商会（後の日本コロンビア）を中心にレコードが普及し，1915年に松井須磨子の「カチューシャの唄」（中山晋平作曲）が大ヒットした。1920年代から大量生産，大量消費の時代に入り，企業では俸給（サラリー）を給付される新しい雇用者「サラリーマン」が誕生し消費がさらに拡大した。流通革命によって三越（1917），白木屋（1921），大丸，高島屋（1922）などのデパートが開店したが，三越は「今日は帝劇，明日は三越」のキャッチフレーズをつくり，メディアを使って流行をつくることに成功した。

大衆娯楽も充実して，宝塚歌劇団（1919）が結成され，松竹キネマ（1920），東宝映画（1923）などの映画産業が盛んになった。帝国ホテル（1922）も完成し，東京に外国人も多く訪れるようになた。関東大震災後には大衆文化は浅草を中心として流行した。映画産業の充実で，浅草オペラが衰退して活動写真に変わった。しゃれた音楽と踊りがある喜劇「カジノフォーリ」もパリから輸入された。銀座では，白エプロンをつけた女給がサービスをするカフェやダンスホールが並び立った。

花開く大正文化

1919年ごろから女性の職業進出が始まり東京都バスの車掌はパリモードの制服をつけて勤務し，女性職業のシンボルとなった。男女がダンスをするダンスホールも都心に現れ，銀座，横浜，御堂筋には断髪，洋装のモダンガール（モガ），モダンボー

イ（モボ）が大通りを闊歩した。1918年ごろから洋服が大衆に普及しはじめ、米騒動を機会にパンが普及しはじめた。家族で外食する習慣も始まり、1922年ごろにはカフェや洋菓子も大衆化し、ライスカレー、コロッケ、トンカツは3大洋食といわれた。人々は新しい文化に憧れ、文化という言葉が流行してナベ、コンロ、住宅、学校まで文化という文字がつけられた。

ラジオ放送も文化で、1925年からラジオ放送が開始され、東京だけでなく大阪、名古屋に拡大され文化の大衆化のメディアとなった。全国放送網ができた1928年には受信者が50万人を超えた。アメリカ文明をモデルにした「ハイカラ」とういう言葉が流行し、ハイカラを取り上げた雑誌「キング」が100万部近く売れた。1911年には、すでにフランスからの探偵活劇「ジゴマ」が輸入・公開されて活動写真は大衆娯楽の中心となっていた。映画はサイレント、弁士つきであったが、1912年に日活ができ、マキノ省三監督が忍者映画をつくり大ヒットさせることにより大衆娯楽としての映画を発達させた。1920年には松竹キネマ、大正活映、帝国キネマ、マキノ教育映画が発足し、松竹キネマは東京の蒲田に撮影所をつくり映画の全盛時代となり、1929年のトーキー時代につないだ。

文学も明治文化から大正文化に代わった。明治文化は夏目漱石、森鷗外に代表される文化で、エリート的、倫理的であったが、大正文化は西欧的な理想主義、合理主義、人道主義、個人主義を追求しいくつかに分かれた。庶民的、自由的、耽美的文学の萩原朔太郎、竹久夢二、新理想主義、人道主義、近代的自我を追及する武者小路実篤、志賀直哉、有島武朗、倉田百三などの白樺派、東京帝大系の同人誌から始まり、西欧的な合理主義を追求した新思潮をつくった小山内薫、谷崎潤一郎、和辻哲郎、久米正夫、山本有三、菊池寛、川端康成などがいた。小山内の母は幕末に活躍したフランス系幕臣の小栗上野介の分家から出ていた。

大衆文学は、明治時代では尾崎紅葉の『金色夜叉』が有名だが、大正時代にはその流れをくむ中里介山（かいざん）が『大菩薩峠』（1913）で幕末変動期を描き、大佛次郎の『鬼面の老女』（1924）に登場し幕府と対抗する鞍馬天狗を描いた。昭和初期の1929年には島崎藤村の長編時代小説『夜明け前』が出され、いずれも幕末から明治への新しい時代の流れをテーマにした。1925年には吉川英治が『宮本武蔵』を発表し

国民作家といわれた。

　大正時代，大正デモクラシーは多くの意味で「明治と断絶し，昭和へ」と歴史をつなげた。まさに，次に登場する歴史的な人たちも幕末，明治，大正，昭和と各方面で激動の時代をつなげた人たちである。彼らの共通点はフランスの経験を後の人生に展開させ各方面で日本のさらなる近代化に貢献したことであった。

4. フランス派・渋沢，西園寺，薩摩の活躍

　江戸末期に生まれ明治，大正，昭和と生きぬき日本の近代化の基礎をつくった偉人も多い。しかし，そのなかでも際立った活躍をしたのは，経済では渋沢栄一，政治では西園寺公望，文化では薩摩治朗八で，日本の近代化に貢献した。

　渋沢と西園寺は同世代で，江戸末期に生まれ明治，大正，昭和と生きそれぞれ92歳，91歳と長寿であった。薩摩は一世代後の人間で，明治の後半に生まれ大正，昭和の後半まで生き75歳で亡くなった。3人の共通点は若いときにフランスに学んだことである。渋沢と西園寺は幕末にフランスに留学してそれぞれ産業と政治を通して日本近代化の手法を学び，薩摩はオックスフォードに留学後，パリで社交界にデビューし日本の芸術家を支援して留学生のための「日本館」を建てた。渋沢も，西園寺も，薩摩もフランス貴族の「ノブレス・オブリージュ」（騎士道精神）を学び，それぞれの分野で実践した。

(1) 渋沢栄一

　渋沢は幕末に徳川の側近としてパリ万博に参加し，主君慶喜の弟徳川昭武を補助し，最後まで徳川家の存在価値を高めることに努力した。徳川幕府崩壊後はフランスで得た経験を基に，明治，大正，昭和初期の3期にわたって日露戦争，第一次世界大戦，戦後恐慌など経験し，日本の近代化，経済復興はもとより，日仏関係，日米関係の改善と発展に貢献した。渋沢は特に日本の資本主義や産業界の発展に力を入れ，500以上の企業設立に関与し「日本近代資本主義の父」と呼ばれた。

　1870年初頭，渋沢が2度目に訪れたフランスはナポレオン3世が普仏戦争（1870-71）に負け，第3共和制ができたものの政治が混乱し，労働者階級の自治

による革命政府であるパリコミューンの乱（1871）が成立し政治的にも経済的にも混沌の時代を迎えていた。一方、日米関係はペリー来航による日米修好通商条約（1858）終結後、南北戦争（1861–65）で一時期中断となったが、明治維新後の1870年代から再開され、日本から生糸、茶、陶磁器などが輸出され、日米関係の発展とともに、海外ではアメリカが日本の最大の市場となっていた。

　渋沢の活動も必然的に日米活動に重点を移した。渋沢はフランスで学んだ金融や産業知識を急速に発展する日米関係で生かし経済や外交で活躍した。渋沢の献身的な日米友好活動は注目され、グラント、ルーズベルト、タフト、ウイルソン、ハーディングと5人のアメリカ大統領と会見した初めての日本人となり、アメリカ人からも尊敬され「長老（Grand Old Man）」と呼ばれ親しまれた。

　日米関係の進展の陰で、フランスとの関係は疎遠になっていた。1902年に欧州商工会議所との交流でフランスを訪れたが、パリ・コミューンで変わり果てたパリを見て驚いた。それでも、フランスに対する感謝の気持ちと恩情は常に心にあり、1924年、84歳のときにもう一度日仏関係の仕事に戻り、当時の駐日フランス大使で文化人のポール・クローデル（1921–27）とつくった日仏会館の理事長や、日仏協会会長などを務めた。

　フランス政府も渋沢の日仏関係への貢献を認め、その2年後にフランス政府はレジオン・ドヌール勲章を授与した。渋沢は昭和までたくましく生き延び、満州事変が勃発した1931年に日本女子大学の学長に就任し、91歳で亡くなった。渋沢がフランスから学んだ教訓は「常識とは"智（知恵）"、"情（感情）"、"意（意思）"のバランスである」(67)という言葉で、この言葉の意味は今も生きていて、経済一本に走り日本の伝統を忘れた日本人を戒めている。

　渋沢の人生には若いときにフランスで学んだ経験が大いに役に立っている。フランスで学んだ平等主義は徳川時代の身分制度「士農工商」で下位にあった経済人の地位をあげることに役に立ち、日本総領事のフリュリ・エラールから学んだ金融学は日本初の銀行や株式会社を設立することに役立った。公共心や社会的責任の精神からは、一橋大学、東京女学館、日本女子大学、早稲田大学、二松学舎などの大学の設立や東京慈恵会、日本赤十字社などの非営利団体の設立が生まれた。渋沢は、

1885年に著した『論語と算盤』で，すでに現在の企業家精神でいわれている利益の社会還元の精神（CSR）を紹介し，「利益は長期的には社会に還元しなければならない」と説いた。

(2) 西園寺公望

西園寺公望は，渋沢とともにフランス派を代表とする歴史的人物で，フランスでの教育経験を政治や文化の分野で生かし明治，大正，昭和と三時代にわたって活躍した。フランス留学で得たヨーロッパの民主主義と自由主義を実現すべく，先進的な政治家として日本に近代的な政治制度をもち込み「立憲政治の父」と呼ばれた。

同じ公家出身の岩倉具視とフランス人脈の伊藤博文に見込まれ明治末期から大正のはじめにかけて2回も首相を務め，1912年，大正天皇が即位した年に第2次西園寺内閣の首相を辞任し元老となった。1924年に元老松方正義死去後は「最後の元老」として首相推薦など国家の重要案件にかかわり最後まで大正，昭和天皇を補助した。明治天皇以来皇室を擁護し，日本の国際化を進め，軍部と戦い，国内外に公私にわたり広い人脈をもっていた。

心はフランス派であったが，現実の政治ではイギリス流の立憲政治の確立を心がけた。私生活を大事にして別荘で文化人との交流を愛し，政治ではしっかりした政治理念をもっていた。原敬や桂太郎は「力の政治家」であったが，西園寺は「理念の政治家」であった。当時言論界で活躍していた徳富蘇峰は，「彼（西園寺）は，案外にこの道にかけては玄人なり」[68]と言うほどであった。首相時代には辞任に追い込まれるのを知っていながら軍部の横暴を許さず予算増額を断じて認めなかった。

西園寺が主席全権として参加したパリ講和会議（1919）では，大物主席代表の中にいたが海外経験が豊富な西園寺は引けをとらなかった。フランス語と英語を流暢に話す次席全権大使の牧野伸顕（のぶあき）に交渉を任せ，黙っているので「スフィンクス」と呼ばれた。牧野は大久保利通の次男で，岩倉使節団で渡米し，フィラデルフィアの中学を出て，大学校（後の帝国大学）で学び，外務省入省後ロンドン大使館に勤務し，知事，文部次官，オーストリア公使，イタリア公使を務め，第1次西園寺内閣で文部大臣，第2次西園寺内閣では農商務大臣，第1次山本内閣で外務大臣を務め

たベテラン外交官であった。会議では山東半島の権益を巡って中国代表と対決したが，中国代表のブロークンな主張は，牧野の流暢な英語とフランス語の反論の前で陰が薄かった。

しかし，長老の西園寺は舞台裏で活躍し，牧野と一緒に旧友クレマンソーをはじめ各国の代表と折衝をして，日本は山東半島の再獲得をした。西園寺の努力で，日本は翌年国際連盟に正式加入し常任理事国になり，名実ともに世界の一等国となったのである。これは，日本の国際舞台での本格的なロビイング活動の始まりだった。約100名の大デリゲーションであったが，このなかには昭和の時代に，政府のトッププレベルで活躍する若手官僚の重光葵，有田八郎，堀内謙介，斉藤博，栗山茂，澤田簾三などがいて，西園寺，牧野の活躍と苦労，世界の舞台での英米仏中心の外交，外交の一等国に認められる厳しさを見て大いに勉強した。特に，クレマンソー，ロイド・ジョージ，ウイルソンなど世界一流の「扇動政治家で偉大な活動家の闘争」（チャーチル）のなかで日本がどう活躍できるを痛感した。

しかし，その後の日本は軍部の台頭を許し満州事変（1921），日中戦争（1937）が勃発し，日独伊の三国同盟（1940）が調印され日本の軍国化と孤立が始まった。西園寺は，自分の進めていた議会主義と英米協調主義は崩れ，「"亜細亜主義"とか"亜細亜モンロー主義"とか言っているよりも，東洋の問題はやはり英米と協調してこそ，その間におのずから解決をえるのである」(69)と嘆き，特に西園寺が目をかけていた同じ公家出身の近衛文麿首相が三国同盟に走ったことを非常に気にしながら(70)調印2カ月後に91歳で亡くなった。

(3) 薩摩治朗八

歴史家は薩摩治朗八を渋沢や西園寺と並べて語るのに抵抗があるかもしれない。なにせ一般的解釈は，薩摩という男は第一次と第二次世界大戦のさなか，フランスで私財600億円をなげうって芸術や文化のパトロン，あるいは女性との友好や放蕩に費やし，戦後無一文として帰ってきた放蕩男として有名だからである。しかし，その一方，戦前のイギリス，フランス社交界で活躍し，私財を投げうってパリ大学日本館を創立し，多くの日仏芸術家を育成・支援し，26歳の若さでレジオン・ド

ヌール勲章を受けて尊敬された人でもある。薩摩は第二次世界大戦中もパリにとどまり，アンドレ・マルローなど多くの文化人をかくまってナチスの手から救ったといわれている。渋沢や西園寺と違う，純粋な民間人として文化面で日本政府以上に活躍した薩摩を彼らと対等に評価すべきである。

　薩摩は1901年に日本屈指の綿織物商で「木綿王」と呼ばれた薩摩治兵衛の孫として東京神田に生まれた。一代目の薩摩治兵衛は，滋賀県の貧農の出であったが，16歳で江戸日本橋の呉服屋に奉公し18年勤続して横浜に木綿商として独立し，戊辰戦争，西南戦争のときの買占めや横浜の外国館との取引によって一代で巨富を築いた。明治富豪26人の一人といわれ，日本で最初の避雷針を引き，ゴム車輪の人力車に乗り，自宅に洋館を建て外国人を頻繁に招いた。典型的な近江商人で商売のノウハウを知っており，あの渋沢栄一が東洋紡の前身大阪紡績の設立を彼に相談したぐらいであった。東京瓦斯紡織（後の富士紡織）や東京モスリン紡織（後の大東紡織）も治兵衛が設立して日本の綿糸と毛織物業界のパイオニアと呼ばれた。

　治兵衛の店である丸丁子屋商店は，1887年には後の浅野コンツェルンの創始者浅野総一郎と肩をならべ，1899年から約10年間，東京の主要織物問屋91店の売上高ランキングではトップを占めていた。二代目治兵衛は，毛織物商の富豪の娘と結婚することで富の蓄積と社会的な地位を築いたが，立身出世型の一代目と違って，文人で好学，園芸ぐせがあった。二代目治兵衛は一代目の蓄えた巨大な富を使い，駿河台に桂離宮なみの邸宅を新築し，イギリス的庭園をもち蘭を栽培し，洋書を集めることが趣味だった。また，外国通でもあり，洋書を読み，常にアメリカ車のビュイックを乗り回していた。ともすると散財家として見られているが，必要なものには投資をし，三代目の治朗八への投資も自分のできなかったことに対する「文化的投資」であった。

　薩摩家はほかの成功した富豪と同じように戊辰戦争，西南戦争，日清戦争などの戦争で富を形成していった。薩摩治朗八は二代目治兵衛の長男として生まれ，父の影響を受け小さいときから欧州的な雰囲気に浸り，書物を読み，外人と遊び，イギリスとフランスに格別の興味をもっていた。1918年，薩摩は第一次世界大戦の終わるのを待って，18歳の時にイギリスのオックスフォード大学に留学した。中学

も退学してイギリスに渡ったが,当時のオックスフォード大学は,外国の金持ちや貴族で大学に寄付をし,有力な紹介者がいて,本人が授業についていける能力あれば入学許可をもらえた時代であった。

大学で法律経済を勉強するはずだったが,実際には文化,美術,演劇,舞踊などに興味をもって毎日ロンドンの町を探索していた。主に大英博物館のギリシャ室に通いつめ,ギリシャ・ローマ文学や演劇に熱中し,言葉は古典のギリシャ語,ラテン語,フランス語に力をいれて勉強した。移動も豪勢で,金色で刺繍をしたイギリス帽子をかぶり,イギリスの運転手つきのダイムラーで移動した。ロンドンの社交に精をだしたお陰で,当時の社交界のスターであったコナン・ドイル,アラビアのローレンスなどと交流した。行動範囲も広く,妹蔦子が留学しているパリの美術館や旧友を訪れた。

ロンドンでの知己は,オックスフォード大学の紹介者で,日本協会の創立者の副総裁アーサー・ディオージーによるところが大きかった。また,ロンドンで活躍の場を探している芸術家にも援助の手を差し伸べ,1922年には,当時苦学生だった友人のオペラ歌手藤原義江[71]をロンドンでデビューさせた。約2年間のロンドン生活の後,1923年にパリに移った。パリに新しい活動の拠点を移したのは,すでにイギリスでの貴公子的生活とロンドンに飽きたことと,後見人のディオージーが亡くなったこと,ロンドンで世話になっていたノックス博士からパリを薦められ,パリにいる妹と一緒に住むことで両親から許可がでたことが理由であった。

20歳のときに移ったパリには,一時期短期間日本に帰国したが,1951年に帰えるまで通算して約30年間の長きにわたって住んだ。薩摩にとってパリは「美の探究」にはぴったりの場所であった。16区パッシーの高級住宅街に住み,旧知の一条公爵夫人の紹介で日本人やフランス人と華やかの社交生活を始めた。多感な年齢時に,一条,前田公爵などの上流社会の豊かさや美人の妻などを見たことが薩摩のパリ生活に大きく影響を与えた。

もともと親からの仕送りも十分にあり,1920年代のパリは戦後の景気と平和ムードが一杯で,美術,音楽,文学,演劇,バレエなどの一流のタレントが集り活況を呈していたので,多くのフランス人や日本人と知りあい支援した。藤原のほかにも,

天才ピアニスト原千恵子を仏国大使ピラと一緒にフランス政府に推薦し国際的芸術家への道をつくった。彼女はパリ音楽院を首席で卒業し日仏で活躍して薩摩の恩義に報いた。

　薩摩のパリでの交際範囲は広く，有名な絵画展サロン・ドートンヌの審査員になったばかりの藤田嗣治と作曲家のモーリス・ラベルとは特に仲がよかったが，そのほか彫刻家のノグチ・イサム，柔道家の石黒敬七，俳優の早川雪舟，外交官で小説家のポール・クローデル，作家で後年も文部大臣になったアンドレ・マルロー，女性をコルセットから解放したファッションデザイナーのポール・ポワレ，野獣派の画家のアンリ・マチス，ロシアの天才バレエダンサー・イサドラ・ダンカン，劇作家・彫刻家・映画監督のジャン・コクトー，デザイナーのジャコメッティー，建築家のル・コルビジェなどと親しく交友した。

　藤田に入れ込んだ薩摩は，日本人画家をフランス人の世界に知らせるために，私財を使って「パリ日本芸術家協会」をつくり，会長を藤田にしたが，この協会は日本人独特の足の引っ張りあいでつぶれてしまった。これに懲りて，美術家団体の援助は一切断念した。薩摩はフランス人の芸術，文化人のサークルにも頻繁に顔を出し，才能のある芸術を支援するパトロンとしても有名であった。若くて，金があり，英語もフランス語も堪能であったので，当然フランス女性にも人気があり，パリのいろいろなサロンに出入りしているうちに，マリー・ローランサンのモデルをしていた人妻ジャンヌと恋愛に落ちた。

　1924年，前年の関東大震災で神田の薩摩邸が消失したため一時帰国した。1925年ごろ，まだ25歳の薩摩に，政府関係者から突然パリ大学都市日本館建設の話がもち込まれた。この国際的文化的事業計画はもともとフランスの文部大臣アンドレ・オノラが提唱し，日本政府側の西園寺公望，牧野伸顕が賛同し，民間側では渋沢栄一も賛成した日仏プロジェクトであった。問題は，このプロジェクトが総工費100億円もして，当時の日本政府は関東大震災で財政的余裕がなく資金調達ができないで弱っていた。そこで，民間の投資家を探していて財産家の薩摩家に白羽の矢が立ったのである。

　パリ日本館の計画で，薩摩は旧知の西園寺とも親しくなった。もともと，パリ日

本館の話は，パリ講和会議に西園寺の秘書として同行した松岡新一郎が政府をもち込んだ話であった。松岡が外務省を辞めて日仏会館理事として日仏関係を促進しているときに西園寺に提案したが，松岡の死去で話が延期されていた案件であった。そのような関係があったので，薩摩は日本館を建設するに当たって，長老の西園寺に相談もした。西園寺は薩摩に日本の学者や泊り客がロビーを浴衣やスリッパーでうろつくのを避けるために「礼は教えの基となる」の額を書いて薩摩にわたした。薩摩は，後年，この額を玄関に看板として掲げた。

　日本滞在中にも政府関係者に会ったり，フランスピアニスト，アンリ・ジル・マルシェックスの演奏会など支援したり，神田駿河台に洋館を建てた。いよいよ日本館建設が正式になり，薩摩がパリに日本館を立てるにはパリに戻らなければならなかった。戻るためには結婚することが条件とされたため，1926年，この機会に参議・山田顕義の婿養子山田英夫の長女山田千代と見合いして結婚した。結婚式には来賓で駐日大使ポール・クローデル，媒酌人は一条実孝夫妻で豪華な結婚式であった。

　千代は小柄で顔も小さかったが，パリ好みの「シック」で「ミニョン（かわいい美人）」型美人であったので，カンヌの美人コンテストで優勝し，一流新聞，雑誌，ファッション誌に載った。その美人が毎日純銀のクライスラーを乗り回し，サント・トノレの高級街を闊歩してあるいていたのでフランス人の注目を浴びた。薩摩と千代は高級住宅地パッシー住み，華やかなパリの社交界にデビューしパリっ子の話題となった。

　1927年にパリ14区のモンスリー公園に隣接して建てられた地上7階，地下1階のパリ日本館の定礎式が行われ，昭和初めの1929年に行われた開設式は豪華でドメルグ大統領，ポアンカレ首相，ドゥーメール上院議員，マロー文部大臣，大学都市総裁アンドレ・オノラ，スワール日仏協会会長，シャルレチー・パリ大学総長，各国大使，日仏名士1000名が参加した。日本の参加者のなかには，借り物の燕尾服で出てきた画家の藤田の姿もあった。開所式後のホテル「リッツ」のレセプションには金融王ロスチャイルド男爵，社交界の花形ド・ポリヤック大公妃なドウフランスのフランスの重要人物が出席し現在の金額で1億円使った。私財を投げうって

日本の文化事業に投資する活動に対して、フランス政府からレジョン・ドヌール勲章が与えられた。

　薩摩が、1920 代に豪華な生活ができ、毎月現在の金額で何千万単位の送金を実家から受け取り、500-600 億円を芸術や文化的活動に投資できたのは歴史的背景もあった。日本は第一次世界大戦中、造船や海運を筆頭として好景気で、大戦後も重工業を中心に輸出が好調であった。講和会議では勝利国となり、国際連盟の常任理事国として世界の五大国となり、好況も続いたこともあって 1920-30 代初頭まで大正ロマンと呼ばれる時代となった。円も急速に強くなり、戦前の 1913 年に 1 円が 2.5 フランであったものが、1922 年に 10 フラン、1926 年には 12 フランと円は対フランで 4-5 倍の価値をもつようになっていた。したがって、19 歳の薩摩がイギリスに来たときには、現在の金で月に 1000-3000 万円を使える身分であった。(72)

　しかし、よいことは長く続かないことが世の常である。日本館が完成した 1929 年後半、アメリカの株式市場が暴落し世界的経済恐慌が起こった。関東大震災、金融恐慌、経済恐慌と立て続けに大災害が起こり薩摩商店もその影響を受け、資金繰りに苦労をしはじめた。日本館の資金も当初の資金では足らず、私財を入れはじめ、それでも足りない分は日本の友人たちにパリで収集した絵を売って資金を補充した。悪いことは重なるもので妻の千代も肺尖カタルで入院し、薩摩自身も肝炎を患って療養生活を始めた。

　日本では倒産する企業が続出し、1935 年に薩摩商店も恐慌の余波を乗り越えることができず倒産した。しかし、すべての資産を失ったわけでなく、その後も蓄積された資産で活動していた。1939 年ごろになると日中戦争が拡大し、パリの邦人は続々と日本に帰りはじめた。1940 年にはパリが陥落したが、この年に薩摩はパリに戻り病気静養のためにカンヌ、ニース、ビアリッツを転々とした。薩摩は戦時下でも持物を売りながら一級のシャンパンやウイスキーを飲むなどハイレベルな生活をしていた。1943 年に戦時下のパリに戻り、翌年、パリ開放による連合軍とド・ゴール将軍の行進を見た。しかし、第二次世界大戦後の 1949 年最愛の妻千代が亡くなり、翌年には日本館建設の件で長いつきあいのあったオノラが世を去った。

1951年に帰国を決意し、12年ぶりに日本に帰ってきた。帰国したときほとんど無一文で、若かった薩摩も50歳となっていた。両親の住む箱根などに財産はあったものの、第二次世界大戦後は駐留軍の財閥解体、農地解放政策で没落し生活は困窮した。友人に借金をしたり、資産の売却をしたりしてつないでいた。一時期日仏親善団体「パリ会」などに入り、昔の人脈を利用して日仏プロ自転車競技会などを企画したり、コラムニストになったりして生活をつないだ。パリを思い出すために浅草に入り浸っているうちに、踊り子の秋月ひとみ（真鍋利子）と結婚し戸越銀座のアパートに住んだ。

1959年に妻の故郷徳島に帰省中名物の阿波踊りを楽しんでいるときに脳卒中で倒れ、命はとりとめたが療養生活に入った。完全ではなかったが、健康を回復した後にフランス外務省事業でパリに渡り、日本政府からも勲三等旭日中綬章を受章したが、1976年74歳で死去した。堀口大学は「薩摩君の一生には絶えず夢があった」と言ったが、薩摩の夢は青年期の夢で、金の切れ目とともに終わった。

瀬戸内寂聴の小説『ゆきてかえらん』(73)によると、薩摩が脳卒中で倒れた後に言語障害が残ったが、話せるようになったときに最初に出てきた言葉はフランス語で、しばらく日本語がでてこない状態が続いた。健康が回復したときには「こんな可愛いベビイワイフを持って幸せですよ。この子を早くフランスにつれていって、ロワールのお城めぐりをさせてやりたいんです」と語った。薩摩の体には、若き日のフランス文化がすっかりしみ込んでいた証拠で、この薩摩の日仏交流の精神は徳島の熱心なフランスファンによって「バロンサツマの会」に引き継がれ、それが四国日仏協会と合併し1987年に徳島日仏協会が生まれた。

渋沢、西園寺、薩摩は日仏交流のシンボルである。彼らの共通点は、政治、経済だけでなく教育や文化活動に熱心であり、それぞれの分野で「パトロン」ぶりを発揮した。西園寺は、京都大学、立命館大学、明治大学、日本女子大学などの設立にかかわり、渋沢は、一橋大学、東京経済大学、二松学舎、国士舘、同志社、日本女子大、東京女学館などの創立に直接あるいは間接的に貢献した。薩摩は大学設立には直接かかわっていなかったが、パリの国際学園都市にパリ大学日本館の建設をし

た。

　渋沢，西園寺，薩摩のフランス経験はそれぞれ違うが，一つだけ大きなインパクトを与えたことは「ノブレス・オブリージュ」（騎士道精神）というフランス精神の実践であった。フランスやイギリスでは，富める者，エリートは皆の先にたって世の中の不正義と戦い，貧しい人を助け，才能のあるものを育て，愛国心をもって国家のために戦うことが社会の規律として求められている。その尊い精神の発露が渋沢と西園寺は日本での政治，経済分野で，薩摩はフランスでの文化活動であった。彼らの歴史的貢献は現在の日本国力の三本柱になっているといえる。

5. パリに洋行した日本人

　パリは「花の都」といわれ，その磁場効果によって世界中の芸術家や作家を引き寄せた。幕末には近代化のモデルとして，明治時代には富国強兵，殖産興業のモデルであったので政府や民間の人が多く往来した。特に，19世紀末から第一次世界大戦勃発までの「ベルエポック（Belle Époque：華やかな時代）」時代，第一次世界大戦後から昭和初期の世界恐慌の年にかけての「レ・ザネ・フォル（Les Années Folles：狂乱の時代）」時代には世界中の著名な芸術家や作家が集まった。日本では明治天皇が崩御し大正天皇が即位して大正時代（1912-26）が始まり，ベルエポックも狂乱時代も大正時代に重なった。

　ベルエポック時代には第三共和制が落ち着かず政治は不安定であったが，産業革命や科学の発展でブルジョアだけでなく中産階級の生活が豊かになった。生活に余裕が出て，美術品を買う人が多くなり，デパートなどでの消費が増え，貴族的なサロンが廃れ庶民や芸術家はカフェに集った。絵画では主観的な印象を描く印象派などが盛んになり，モネ，ルノワール，セザンヌ，スーラ，ゴッホなど後世に名を残した画家を生んだ。文学ではゾラなどの大衆文学が生まれ，音楽では印象派のドビュッシーが活躍した。

　1920年前後の10年間の狂乱時代には第一次大戦戦後の喪失感があったが，戦後の開放感と好景気で外人解放区モンパルナスを中心にヨーロッパ，アメリカの知識人・芸術家が芸術活動をしていた。アメリカ人作家アーネスト・ヘミングウエー，

作曲家ジョージ・ガーシュイン,スペインの画家パブロ・ピカソ,ロシアの画家マルク・シャガール,イタリアの画家アメディオ・モディリアーニ,フランスの音楽家エリック・サティーなどが「カフェ・ドーム」などに集い華やいだ雰囲気があった。この時代は退廃と創造が新しい芸術を生みパリとその市民が最も輝いていた時代で,日本,アメリカをはじめ世界の芸術家や文人がパリに殺到した。パリをこよなく愛したヘミングウエーは「パリは移動祝祭日」といってパリの生活をエンジョイしていた。

当然日本からも,個人主義,文化,思想,教養主義,メディア,市民社会,ブルジョアジー,労働運動等が混ざり合って発展したパリの魅力に惹かれて,多くの人々が洋行した。そのなかから,明治時代,大正時代に日仏関係に貢献した日本人を挙げてみる。

(1) 明治時代の洋行

洋行は時代とともに解釈が変わった。かつては,アメリカやヨーロッパに行くこと自身が困難な昔は,欧米に渡ることが洋行であった。しかし,明治・大正時代には,ただ渡ることでなく,欧米での体験を生かして日本あるいは欧米で成功することも含めて洋行というようになった。洋行には有形,無形の見聞や体験があって,それらが積み重なって洋行者は新しい欧米の文化を日本に伝えた。現在は誰でも海外に行ける時代になり,洋行とういう「ハイカラで,ある種の挑戦を含んだ」意味も言葉もなくなり,ただの海外留学,出張,旅行となっている。

東京女子大学教授大久保喬樹は「洋行とは近代版の遣唐使だった」と述べているが,まさに,そのとおりである。国も変って7-9世紀の遣唐使は中国の唐から進んだ制度や文化を取り入れたが,20世紀の洋行は欧米の近代的な制度や文化を取り入れた。政府の使節でも個人の旅行でも洋行には無駄な洋行はなく,人は必ず洋行から学んだ。特に,明治,大正時代に欧米に洋行した人は「ある決意」をもって命がけで海を渡り,欧米から日本を見て,日本が欠けているものをみつけ積極的に取り入れて近代化に貢献した。

明治維新以後で最も規模の大きい洋行は,1871年の岩倉遣外使節団であった。

使節団総勢約 100 人が 2 年近い歳月をかけて欧米の近代制度を吸収した。その後，明治政府の富国強兵，殖産興業政策に乗って，海外留学した人たち，お雇い外国人が産業育成，文明開化など日本の近代化に貢献した。日本は急速に力をつけ大陸政策も促進され日清戦争，日露戦争，第一次世界大戦などの戦争勝利国となった。この間にも政府，軍部，民間で先進国へ洋行する人たちも増えた。これらの洋行者の特徴としては，各方面の必要に応じた個人ベースで少数の洋行であった。

日本人がワインをフランスで本格的に学んだのもこのころであった。岩倉使節団派遣から 10 年もたっていない 1877 年に甲府から 2 人の青年がフランスに派遣された。山梨県ワインセンターのホームページによると，甲府では殖産興業の一環として，山田宥教(ひろのり)と詫間憲久(のりひさ)が年に 1 万本の葡萄酒の醸造会社を始めたが醸造技術の未熟さ，資金不足で倒産した。1876 年に山梨県が肩代わりして県立葡萄酒造所を設立し，翌年，地元の有志が集って日本産で良質な葡萄酒をつくろうと株式会社「大日本葡萄酒会社」を設立した。

そこで，甲府では発起人の長男で 25 歳の高野正誠と 19 歳の土屋助次郎を選び，1 年の修業期間を条件にフランスに送った。県は内務卿大久保利通に依頼して，パリ万博日本館事務官長（後の駐仏公使館 2 等書記官，山梨県知事）前田正名(まえだまさな)（1850－1921）に二人の青年の世話を依頼した。高野と堀は，パリから 150 キロ離れたシャンパーニュ地方オーブ県トロワ市の国際的園芸研究家で，葡萄醸造や果樹の品質改良を研究しているデュポンを前田から紹介された。二人はデュポンのもとで辞書を引き引き厳しい修行を重ね，1 年後に帰国したときには全国にその画期的な成果が知らされた。しかし，日本でのワインの製造は難しく安定した品質の葡萄酒が生産されるようになるのはそれから 20 年後であった。

パリで高野，土屋の両青年を世話し，日本にワインを導入する最初の手助けをした前田は薩摩出身の農政官僚で後世に「地方分権のパイオニア」といわれた人であった。前田は鹿児島県の漢方師の六男に生まれ，薩摩藩のイギリス留学生の選にもれた後で，洋学塾である開成所から長崎に留学し，友人と英和辞典『薩摩辞書』を編纂した。フランスに洋行したかった前田は，大久保利通の支援で 7 年間フランスに留学し，薩摩藩の代理人であったモンブランの書記として公使館に勤めながら農学・

農政を学んだ。パリ万博（1878）では，事務官長として日本製品の販促に努めた。

前田は，国の豊かさは農業で決まるというフランスの重農主義の考え方を信じて帰国後，農務・大蔵省の書記官として特許法を含む日本の勧業促進政策『興業意見』を出版し農業次官となった。しかし，パリ万博当時の副総裁で自分の親しい上司である松方正義や農商務相陸奥宗光の工業政策とぶつかり，農業政策の持論を守るためと地方の疲弊を救うために 1890 年に下野し，農業の重要性を説くために全国行脚し「布衣（無冠）の農相」と呼ばれた。全国で農業や実業の団体を組織することの必要性を説き，神戸に本部を設立し鹿児島，宮崎，大分，福島などの葡萄園を経営し，衆議院議員，山梨県知事などになり甲府ブドウの普及などを行った。前田が援助した大日本酒造株式会社は 1886 年に倒産したが，前田は日本酒の全国酒業連合界の総監となり，今度は日本酒の海外販売に努めた。農業以外にも地方産業運動で郡是製紙（グンゼ）の設立などで実績を上げ 1921 年に 71 歳で亡くなったが同日付で男爵となった。前田の意思を引き継ぎ遺族の一人が北海道の阿寒湖に財団法人「前田一歩園」を設立して自然保護を実施している。

1887 年日本の大陸政策が本格的なって来たときに，陸軍で「日本騎兵の父」といわれた秋山好古（1859-1930）がフランスのエリート士官学校に留学した。日露戦争でバルチック艦隊を撃滅した秋山真之は実弟である。秋山は陸軍で優秀な成績を収め，1887 年にパリ郊外にあるサン・シール陸軍士官学校に留学し，当時世界一といわれたフランス陸軍の騎兵戦術を学んだ。サン・シールはナポレオン 1 世が1803 年に設立した陸軍士官学校で，ド・ゴールをはじめ 11 人の元帥，3 人の大統領を輩出した名門校でああり，海外から選抜された優秀な留学生も学んでいた。秋山はこの士官学校でフランス式騎兵術を学び，満州では，史上最低の日本騎兵集団で史上最強のロシア軍コサック師団を破り，フランス軍人から「世界最強の騎兵集団」といわれた。

後年，陸軍騎兵学校の校長も務め日本騎兵の育成に力を入れ「日本騎兵の父」と呼ばれた。1920 年に陸軍の最高幹部の 1 つである教育総監となったが，以後の昇進に興味を示さず北予中学校（現在の松山北高校）の校長として活躍したが，1920年糖尿病による心筋梗塞のため 71 歳で死去した。秋山は松山の武士の子で，足軽

より一階級上のお徒士という下級武士の家に生まれた。明治維新後には銭湯の風呂焚きから「勉強すれば飯を食える」を実践し小学校の校長になり，そこから軍人として立身出世した。司馬遼太郎の『坂の上の雲』の主人公の一人でその古武士的ななかにもフランス的教養と国際感覚をもった生き方は多くの人の共感を呼んだ。

現在のフランススポーツのなかで，最も人気のあるスポーツの1つが柔道である。フランスにおける柔道普及に貢献した人が「柔道の父」と呼ばれた嘉納治五郎（1860－1938）であった。嘉納は1860年に兵庫県に生まれ，大学は東京大学理財学部を卒業して柔術，空手などの日本武道を理論化して「柔道」をあみ出し，囲碁，将棋のような段位を取り入れ柔道のメッカとしての講道館を設立した。武道だけでなく教育者としても活躍し，学習院，東京高等師範学校（現在の筑波大学），旧第5高等中学校（現在の熊本大学）などでも教え旧制灘中学の設立にもかかわった。留学生の教育にも力を入れ，留学生の学校「弘文館」をつくった（ここで一時魯迅が学んだ）。

フランスとの接点としては，1889年に当時29歳の嘉納はマルセイユに入り，パリで柔道の普及に努めた。1909年に近代オリンピックの創始者クーベルタンに請われて日本初のIOC（国際オリンピック）委員となり，日本の柔道を全世界に広めた。加納の後には後輩が柔道の普及に務め，1924年には柔道家でパリの顔役的存在の石黒敬七などがフランスでの柔道の普及に成果を上げたので，1931年にフランス辞書『ラルース』に初めて「JUDO」という文字が載った。1935年に川石酒造乃助がフランスに日仏柔道クラブをつくり，やさしい柔道を広めた。1946年にはフランス柔道連盟（FFJ）が創設され，1950年からフランスで柔道に火がつき，1960年に柔道はオリンピックに加えられた。

柔道は1964年の東京オリンピックで，無差別級の外国人ヘーシンク（オランダ）が日本の神永を破ったころから外国でブームになった。1975年にルージェ（現仏柔道連盟会長）がフランス初の世界チャンピオンとなり，1996年（アトランタ），2000年（シドニー）五輪の重量級でフランスのドイエが2階級制覇をし，1980年（モスクワ）五輪では女子2人が軽量級で金メダルをとり柔道はさらに普及した。この陰には，全仏コーチを50年間した粟津正蔵9段の長年の努力があった。現在，

フランスでは柔道はサッカー，テニスの次に人気があるスポーツで登録人数が60万人（日本は20万人），柔道クラブが5500箇所，有段者が3万7000人いるといわれている。

　明治の末期から大正時代にかけての1900年代に入ってから，日本から多くの日本人作家や詩人がフランスに憧れた。明治末期に先陣を切ってパリを訪れたのは，フランスが好きの明治の文豪永井荷風（1879-1959）であった。荷風はニューヨークの横浜正金銀行（後の東京銀行）に勤めていたが，常にフランスに憧れ「フランス人の家に下宿して，フランスパンと葡萄酒で食事すること」を夢見ていた。1907年にアメリカ経由でフランスに渡り，正金銀行リヨン支店に勤務した。1年足らずであるがパリ・リヨン滞在の経験から名著『ふらんす物語』(1908)を生んだ。森鴎外（1862-1922）がドイツに，夏目漱石（1867-1916）がイギリスにあこがれ強い影響を受けたように，荷風はフランス文学を愛しモーパサン，ボードレール，ゾラから大きな影響を受けた。

　荷風はヘミングウエーと同じようにフランスを熱烈に愛した。

> フランス！　ああフランス！　自分は中学校で初めて世界歴史を学んだ時から，子供心になんという理由も無くフランスが好きになった。自分はかつて，英語に興味を持ったことが無い。一言でも二言でも，自分はフランス語を口にする時には，無常の光栄を感ずる。自分が過る年アメリカに渡ったのも，直接にフランスを訪うべき便宜のない身の上は斯（かか）る機会を捕えよう手段に過ぎなかった。
>
> 　　　　　　　　　　　　　　　永井荷風『ふらんす物語』（巴里のわかれ）

　幼いときからフランス系の暁星中学に学んだことが影響して，アメリカに4年間駐在したのにもかかわらず「自分はかつて英語に興味をもったことはない」といい切るほどフランス好きであった。日本に帰ってきてから発表した『ふらんす物語』『アメリカ物語』は大ヒットし，谷崎潤一郎とともに耽美派文学のリーダーの一人として活躍した。後に森鴎外の推薦で慶應義塾大学の教授になって「三田文学」を

主宰した。

　永井荷風の後には，詩人・彫刻家の高村光太郎（1883-1956）がロダンに影響を受け彫刻を学ぶために1908年から9カ月フランスを訪れ，美術，彫刻のほかにヴェルレーヌやボードレーヌの詩を学んだ。高村が住んでいたモンパルナス近くのラスパイユ通りには，多くの外国人が住んでおり9割が英米露独の外国人だった。パリの自由でコズモポリタン的雰囲気を享受し，美術館には毎日通い，友人の日本研究者に芭蕉や和歌集を教え，ボードレルやベルレーヌの詩を学ぶという日仏の文化交流生活を楽しんだ。パリの「人類のどんな種族をも受けいれる」[74]特性が気に入り，長く住みたかったが帰国の際にアトリエを梅原龍三郎に譲った。ロダンには直接指導を受けなかったが，ロダンの家に招かれその作品の量感と官能性に圧倒された。

　永井荷風や高村光太郎のフランス遊学に刺激されて，ほかの文学者もフランス留学した。その中の一人が与謝野鉄幹と与謝野晶子夫婦である。与謝野鉄幹は1900年代にロマン派の雑誌「明星」を創刊し，与謝野晶子は女性の官能をうたう「みだれ髪」「君死にたまふことなかれ」を発表しロマン派の地位を固めた。しかし，日露戦争後の「デカダンス」への時代の変化に取り残され1908年に明星が廃刊になった。与謝野鉄幹・晶子は新境地を求めてフランスへと遊学し，鉄幹は1911年，晶子は翌年に渡欧し，半年ちかく各地を巡った。5カ月間いたパリではロダンなどの芸術家に会うなどして新しい道を模索した。しかし，鉄幹も晶子も帰国後は明星時代に戻れず，鉄幹は歌人としての活動より慶應義塾大学教授，晶子は文化学院の創立を助け，教育，啓蒙運動に力を入れた。

　政治家，軍人，文学家意外にもパリに洋行し活躍した日本人がいた。「オッペケペー節」で世間を風靡し，現在の新派劇を生んだ芸人で俳優の川上音二郎（1864-1911）とその妻貞奴（1871-1946）である。日本の芸人として初めてパリ万博に参加したのは1867年であったが，このときは特設の日本家屋で柳橋芸者が日本舞踊などを披露した。その後，1900年前半のパリではコマ回しなどの曲芸，忠臣蔵などの芝居，水芸，日本舞踊などが上演され，パリっ子は日本の芸術に好奇心をもった。川上は1900年に開かれた第3回パリ万博のこけら落としに招かれた。

　川上は博多の商人の家に生まれ，東京で福澤諭吉の書生となって慶應義塾に学び

自由民権運動に参加していた。しかし、素行の悪さで追い出され、生活と主義主張のために本格的に自由民権運動を始め、政治批判を弁士や政党機関紙という手段をとおして訴えた。1887年にフランス風な政治風刺演歌「オッペケペー節」を発表(75)したが、そのいでたちと独特の節回しで庶民に大いに受けた。川上は庶民に対して、政府のうわべだけの西洋化を批判して自由民権の思想を宣伝した。

　当然、このような反政府活動は官憲にマークされたので、1896年に自分自身の劇団「川上座」を旗揚げして、今度は芝居を通じて政治批判を開始した。芝居も当たって全盛期には、政治家の金子堅太郎、伊藤博文や皇室までファンになった。ビジネスセンスのあった川上は、公演の際には本邦初のチラシやビールも販売して収益を上げた。国民的芸能人となった川上は、1893年に本場の近代劇を勉強するためにヨーロッパに洋行することを決心してフランスに1カ月滞在した。

　そのうち劇団経営が苦しくなり、いろいろ新しいものを取り入れる努力をしたがうまくいかなかった。今度は政治と思い立ち衆議院選挙に立候補したが落選し、借金の返済に劇団も売ってしまった。そこで、解決策として海外公演を思いつき、1900年アメリカ経由でフランスに入り第5回パリ万博に参加して音二郎と妻の貞奴とが活躍した。現地風の仕掛けをした劇であったが、海外ではもの珍しさもあって歓迎された。

　パリの成功はアメリカまで届き、帰りに寄ったワシントンでは駐米公使の小村寿太郎のパーティに招かれ、マッキンリー大統領来席前で公演するなど好評であった。ヨーロッパに渡った後、ロンドンではエドワード皇太子に招かれるなどの栄誉を受けた。その後、川上音二郎と貞奴はフランスに入ったが、万博は世紀の変わり目にふさわしく映画、自動車、照明などの新しい開発商品が展示され、地下鉄が開通し、アール・ヌーヴォーの全盛期でもあり街中が新しい技術や文化で輝いていた。

132　第1部　日仏交流の歴史

日本の近代女優・貞奴

　劇団の主演女優を務めた貞奴は日本橋の質屋の娘であったが、幼いときにその店がつぶれ15歳で芸者となった。美人で芸妓にすぐれ才色兼備であったので、伊藤博文や西園寺公望のひいきとなり芸者名をこのとき貞奴と変えた。やがて、民権思想を普及するために芝居をしていた川上音二郎と知り合い1894年に結婚と同時に芸者を廃業し舞台俳優に転じた。パリ万博での公演は5カ月間の長丁場であったが大評判で、特に貞奴はエキゾチックな風貌と演技で「マダム・サダヤッコ」と大人気であった。芝居を見に来たロダンやピカソは絶賛し、大統領のエミール・ルーベも貞奴の踊りに感激し園遊会を開きねぎらうほどであった。パリ社交界の評価も高く、川上と同郷で博多出身の栗野新一郎公使の援助もあり、貞奴は政府から優れた芸術者に与えられるオフィシエ・ダカデミー（教育功労勲章）を受け、貞奴だけでなく川上劇団の地位は文化使節団の地位に上がった。
　川上音二郎と貞奴は、パリ万博での公演後に日本に凱旋帰国した。すぐに、ロシア、スペイン、ポルトガルなどヨーロッパで1年間の公演をしたが、フランス公使からロシア公使に転じた栗田の努力でロシアではニコライ2世の前で公演しダイヤモンド入りの金時計を受けた。川上は1907-8年の2回目のパリ公演の帰国後興行師に転向し、シェークスピア演劇を日本に進めるためにシェークスピア作品の「オセロ」や「ハムレット」の翻訳劇を「正劇」と名づけて公演し、女優として出演した貞奴は日本初めての女優となった。
　1908年、貞奴が中心となって東京・芝の理髪店2階に帝国女優養成所を開所したが、開所式には渋沢栄一など各階の代表が集った。この養成所が新劇の中心となり多くの女優が育った。1911年に川上は長年の無理がたたり、48歳の若さで死亡した。貞奴は川上の死後、世間の嫉妬と演劇界やマスコミの攻撃が激化したため女優を引退し、幼馴染で電力王といわれフランスを知りクレマンソーと仲の良かった福澤桃介（福澤諭吉の女婿）と一緒になった。女優を引退後は、1924年に児童福祉文化の向上のために川上児童劇団を発足させ、1933年、岐阜県の鵜沼に貞照寺を建てて入山した。終戦直後の1946年に、「日本の近代女優第1号」貞奴は熱海で75歳の生涯を閉じた。

(2)　大正・昭和初期の洋行

　大正が始まってすぐに、自然主義文学の代表作家であった島崎藤村（1872-1943）はパリを訪れた。島崎のパリ来訪は日本からの逃避であった。島崎は家事手伝いにきていた姪の「こま」との不倫が世間に知られ、それを逃れるために1913-16年までの3年間パリですごした。近くのホテルには経済学者の川上肇や画家の藤田嗣治などがホテルに宿泊しており交流があった。島崎はパリではやや逃避的な生活を好み、交友も少なく静かな生活をすごした。逃避的な生活のわりにはパリを愛して

いた島崎が自分より閉鎖的な川上に「もっと，欧羅巴を知ろうではありませんか」と語りかけたが，川上が「愛国心というものを忘れないで居てください」といった話は有名である。帰国後は早稲田大学講師になって『新生』(1918) を発表した。

前衛詩人で「どろまみれの詩人」といわれた金子光晴 (1895-1975) は 1920 年と 1930 年にパリに滞在した。早稲田，東京美大，慶應義塾と三大学に行ったが卒業せず，読書，放蕩にあけくれた。ボードレールの詩「旅」に「ただ行かんがために行かんとするものこそ，真の旅人なれ (Mais le vrrai voyageur sera ceux qui partent pour partir)」いう一説に影響され，フランスには最初は 7 カ月，2 回目の旅では約 1 年半と通算 2 年をパリですごした。(76)

飽きっぽくて，放浪癖のある金子のパリ行きは常に逃避的な出たとこ勝負の放浪旅行であった。1930 年代，私生活では妻千代や愛人との三角関係の清算に苦しんでいたので，自分としては何も目的をもたない旅にこそ意義があると考え旅に出た。パリでは生きるためになんでもやったが，1970 年代に旅のまとめとして三部作を出した。その第 2 部で 1973 年に出版したのが『ねむれ巴里』で，上海，香港，マレー，ジャワからパリへとの逃避旅行，パリでのぎりぎりの生活，同化できない人生の破壊的な悲哀を描いた旅行記は話題となった。

大正時代の後半，1920 年は明治以降の日本の大転換点であった。日本は新しくできた国際連盟の常任理事国となり列強国の仲間入りをし国際的地位が大いに躍進した時期であった。各界での洋行熱は高くなったが，まず，洋行の先陣を切ったのは天皇家であった。大正天皇 (1879-1926) は健康上の理由で学習院を中退し，韓国のほか外遊はできなかったが国内は各地を訪れ，皇室ではフランス語，国学，漢文を習っていた。1921 年大正天皇はヨーロッパに巡遊されることになっていたが病状が悪化し，山県有朋や西園寺公望の強い勧めで大正天皇に代わって皇太子裕仁(ひろひと) (1901-89) が，天皇の名代としてヨーロッパに 7 カ月の訪問旅行に出てフランスをはじめイギリス，ベルギー，オランダ，イタリア，バチカンなどを訪問した。

イギリスでは国王ジョージ 5 世，ロイド・ジョージ首相とバッキンガム宮殿で会見した。国王が海軍軍人時代に日本を訪れ，明治天皇に謁見したときの思い出話をしたので，皇太子は親密に感じた。2 カ月後の 1921 年 5 月に皇太子はパリを訪問

した。エリゼ宮でミルラン大統領主催の歓迎午餐会があり、フランス語を得意とした皇太子はヨーロッパ王室共通語であったフランス語を話す機会を得た。一般観光客と同じようにエッフェル塔、地下鉄などを見学し、レストランではエスカルゴを食べた。2カ月後皇太子はバチカンを訪問し、イタリアに移って国王のヴィットーリオ・エマニュエーレ3世と会見しするなど皇室外交に努めた。

皇太子のヨーロッパ主要国の訪問は、日本の皇室を理解してもらうことと、日欧関係の促進に大いに役立った。当時20歳の若さで、日本史上初の皇太子としての訪欧であった。第一次世界大戦後のヨーロッパではドイツ、ロシアなど君主制度が崩壊した国も出てきていて、また、日本では自由民主活動が活発になって天皇制批判が始まっていたので、天皇制の維持を心配する声があった。皇室では皇太子の欧州訪問を反対するものもいたが、首相の原敬、元老の山県や西園寺が尽力して日本の皇室の認知とイメージ向上のために皇太子をヨーロッパに送り出した。皇太子は、スコットランドの貴族が夜の晩餐会で国民に親しくふれる現場を見、パリでは人間としての自由を満喫し、皇太子にとってこの半年間の洋行は、後世に残る青年時代の貴重な経験であった。

1920年以降も、多くの学者、文学者、芸術家がフランスを訪れた。京都学派の哲学者九鬼周造（1888-1941）は大正末期から昭和初期の1924-28年の間パリに滞在し、哲学者アンリ・ベルクソンの指導を受け、若い哲学者のジャン・ポール・サルトルからフランス語やフランス哲学を直接教えてもらった。1930年には日本人と日本の美を哲学的に世界に訴えた『いきの構造』をフランス語で出版した。九鬼はドイツでは哲学者のハイデガーに師事し現象学を学び、三木清や和辻哲郎とともに日本で最初に「現象学」や「実存」という哲学語を使って普及させた。

京都学派を代表する哲学者三木清（1879-1945）は、1924年にドイツ経由でパリに着き約1年間滞在した。三木は兵庫県の裕福な農家に生まれ、京大時代『善の研究』の西田幾太郎に師事しパスカルの研究で哲学界にデビューした。法政大学文学部教授時代には、マルクス主義に傾倒し、その哲学的な理論展開は近代思想上画期的ととらえられた。パリでは芹沢光治良などわずかの人と交際しただけで、もっぱらフランス語の習得と論文、読書ですごした。ベルグソン研究もせず、長年研究

したパスカル研究に没頭した。哲学的思想をまとめた『構想力の論理』(1929),『哲学入門』(1940),『人生論ノート』(1941) は多くの学生や研究者を哲学にひきつけた。1945年,治安維持法にひっかかった共産党の容疑者をかくまった理由で検挙・拘留され,獄中で45歳の若さで死んだ。

　小説家の芹沢光治良 (1896–1993) は,東大卒業後,勤めていた農林省を退職して妻と1925年にパリに到着し3年間滞在した。ソルボンヌ大学で貨幣論を学んだが,途中で肺結核に倒れて現地で治療した。パリでは日本人とあまり付き合わなかったが,画家の佐伯祐三と哲学者の三木清とは親交があった。1930年の懸賞小説『ブルジョア』でデビューし,1943年にパリの経験を書いた『パリに死す』はフランス語（森有正訳）にも訳され日仏でベストセラーとなった。1965年川端康成の後を継いで,日本ペンクラブの会長になり97歳の長寿で亡くなった。

　詩人で仏文学者の西條八十（さいじょうやそ）(1892–1970) は,1924年にパリに到着し,ソルボンヌ大学でポール・ヴァレリーなどと交遊した。早稲田大学英文科卒業後詩人をめざして勉強し,自費出版した『砂金』で象徴詩人としての地位を固めた。帰国後は早稲田大学文学部の教授をつとめ,ランボーなどを研究のかたわら歌謡曲の詩を書いた。多才な西條は大正から昭和にかけて童謡の「カナリヤ」や歌謡曲「東京行進曲」「青い山脈」「蘇州夜曲」「愛染かつら」「同期の桜」「誰か故郷をおもわざる」「王将」など多くの歌謡曲をヒットさせた。詩人としては,北原白秋,野口雨情とならぶ童謡,民謡,歌謡曲の詩人で金子みすゞらの発見者であった。1962年には日本音楽著作権協会の会長を務め,1970年に78歳で亡くなった。

　小説家 林芙美子（はやしふみこ）(1903–51) は,昭和初期の流行作家で1931年後半からロンドンを含めて6カ月間フランスを訪れた。1923年に広島尾道の高校卒業後の放浪生活を描いた『放浪記』がベストセラーになり一躍有名になった。パリでは建築家と恋におち左翼運動に参加し,その生活を『巴里日記』に描いた。戦後は随筆や小説を書き『晩菊』(1948) で女流文学者賞をとり,『浮雲』(1949) は雑誌「文学界」に載り,両小説とも映画化された。1951年,47歳の若さで亡くなったが葬儀委員長は川端康成が務めた。自分に正直な作家で,パリのコーヒーは最高で,パリはヨーロッパで一番自由であるがお上りさんの国とし,8カ月いたのにフランス語は片言

しかできず，自分のパリ感も「片言」のいきを脱していないと告白した。

小説家・俳人の横光利一（1898-1947）は，若いときは菊池寛に師事して川端康成などとともに「文芸時代」を創刊し新感覚派を形成した。ベルリン五輪取材のため新聞社の特派員として1936年から半年間ヨーロッパを旅行して3カ月半パリにとどまった。横光は1936年5月の総選挙で社会党党首レオン・ブルムを首班とする「人民戦線」が生まれる瞬間や，8月には「ヒットラーのオリンピック」といわれたベルリンでオリンピックを見た。これらの動乱の時期をベースに書き上げ，翌年から連載された『旅愁』は話題になった。横光がパリに行く1930年代は昭和恐慌がはじまり，日本の軍国主義が進み，日本がアメリカと対立し侵略戦争を始め国際的に孤立しはじめたときであった。満州事変（1931），上海事件（1932），国際連盟脱退（1933），2.26事件（1936），日中戦争（1937），国家総動員法（1938）と日本は戦争に入り込んでいった。

1941年に日本はアメリカ，イギリス，中国，オランダのABCD包囲網をとられエネルギー源を断たれた。日本は短期決戦にかけ，真珠湾攻撃をしてアメリカとイギリスに宣戦布告をした。日本とフランスは直接対峙することはなかった。フランスでは1939年にドイツとの戦争が始まり，1940年にはフランス軍は降伏し，1942年にはドイツ軍が全フランスを占領した。日本はドイツ側にいたため，日仏間での交流が断たれた。

6. 日本で活躍したポール・クローデル

日本から多くの文化人，芸術家がフランスに洋行して活躍していたとき，日本で活躍していたフランス人がいた。その人はフランスで有名な詩人，劇作家・外交官のポール・クローデル（1868-1955）であった。クローデルは大正末期から昭和の初めの7年間（1921-27）駐日大使を務めた。クローデルの大使としての目的は，日本に対するフランスの政治的，経済的影響力を拡大することであったが，それ以上に，日本人にフランスという国，フランス語とフランス文化を普及させることにあった。したがって，彼が1924年に渋沢敬一など政府，財界，教育界の支援で立てた「日仏会館」は日仏関係と彼の業績のシンボルであった。

クローデルがフランス文化とフランス語普及に力を入れたのには理由があった。日本のお手本となった西洋の教師が時代とともに変わり，幕末以来緊密な関係を保っていた日仏関係は弱くなっていた。ヨーロッパの盟主であったフランスが普仏戦争（1870）でプロイセンに負け，鉄血首相といわれたビスマルクがドイツの首相（1871）になった項から日本は多くの面でフランス方式からドイツ方式に転換していた。特に，陸軍と官僚を抑え絶対的な権力をもっていた山県有朋はヨーロッパ視察中に普仏戦争を見て1878年にそれまでのフランス軍制をドイツ軍制に変えた。イギリスとドイツ留学経験のある実力者伊藤博文は1889年に大日本帝国憲法をドイツ式にした。

クローデルは衰退するフランスのイメージを支え，フランス文化，フランス語をなんとか日本人に伝えたかったのである。しかし，その後の日本は富国強兵と殖産興業で力をつけ，日清戦争（1894），日露戦争（1904），第一次世界大戦（1914）の戦勝国となり20世紀初頭には世界の四大国の1つに成長した。日本は日英同盟（1902）以降イギリスと緊密な関係で海軍はイギリス方式をとり，外交，経済に強いアメリカはベルサイユ会議（1919），ワシントン会議（1921）で新しい国際体制の覇者となっていた。独自の方向を模索していたクローデルは，自分とフランスの特徴を生かしながら日本と協調関係を保ち文化交流を前面に押し出す方向を探った。

クローデルは，フランス北部エーヌ県の小村に大蔵省地方税務官の息子として生まれた。姉のカミーユ・クローデルは女性彫刻家であった。パリの公立ルイ大王高等中学校，国立政治学院，パリ大学法学部に学び，小説家のロマン・ローランは旧友であった。若いときにランボーの著作及び，パリ，ノートルダム大聖堂のミサに啓示を受け，熱心なカトリック信者となった。1890年に外交官試験に首席で合格して，外務省商務部に配属されプロの外交官としての道を歩んだ。海外はアメリカのニューヨーク，ボストン，中国は上海，福州，北京，天津，オーストリア・ハンガリー帝国時代のプラハ，ドイツはフランクフルト，ハンブルグ，イタリアはローマなどを領事として回り，ブラジルのリオ・デ・ジャネイロでは公使，デンマークでは全権大使を経て日本では駐日大使となった。

日本駐在の後はアメリカに戻りワシントンで駐米大使，最後はベルギーのブリュッ

セルで駐ベルギー・フランス大使を務め1935年退官した。合計45年間の外交官以外に劇作家，詩人，著作家としても活躍し，1955年にパリの自宅で86歳の生涯を閉じたがその卓越した貢献によってノートルダム寺院で国葬が行われた。クローデルの交友範囲は広く，大統領のシャルル・ド・ゴール，小説家・詩人でノーベル賞作家フランソワ・モーリアック，詩人・小説家でノーベル賞作家アンドレ・ジッド，作曲家で秘書のダリウス・ミョー，ロシアの世界的に有名だった天才的ダンサー，ヴァーツラフ・ニジンスキー，理想主義的ヒューマニストでノーベル賞作家ロマン・ロラン，俳優・演出家・劇場主でクローデルの「繻子の靴」を演出したジャン・ルイ・バローなどがいた。

多くの作品を残しているが，信仰という視点から世界の秩序を見て，「共生」という概念で超越的な世界と一致させようという試みを詩で展開した。代表的作品としては詩集「五大賛歌」，劇作「昼間に分かつ」「マリアへのお告げ」「繻子の靴」「火刑大のジャンヌ・ダルク」，評論「朝日の中の黒鳥」などがある。1927年の散文「炎の街を横切って」や「朝日の中の黒鳥」には関東大震災の様子が生々しく書かれていて，崩壊した横浜の300人のフランス人への安否や，同僚外国人の無残な死，日本人への熱烈な愛情が描写されている。震災の経験はクローデルに衝撃的であり，本国に宛てた外交書簡では桜木町駅近辺で見た光景を「なんたる光景！ 横浜にはもはや何ひとつ残っていませんでした。日本人の住む街全体が破壊され，平らになり，ぺしゃんこになってしまいました」と報告した。[78]

クローデルが日本に着任したときは，国内では皇太子が欧州に巡遊され，政友会の原敬首相が東京駅で暗殺され，高橋是清が新しい首相になり，普通選挙を獲得するための運動が盛んなときであった。国外では四大国になった日本は，ワシントン会議に海軍大臣加藤友三郎と全権大使幣原喜重郎が出席したが，欧米主導の会議で主力軍艦は制限され，日・英・米・仏の4カ国協定の成立で大国と認められたが日英同盟は解消させられ，欧米主導のアジア・太平洋地域の国際秩序が形成された。

クローデルはアングロサクソンがアジアに進出していく過程での日本の苦境，苦悩をよく理解していたが，徐々に「ロビンソン・クルーソー化」していく日本の姿をみて危険性と同情性を同時に感じた。クローデルは詩人で外交官であったがビジ

ネセンスも持ち合わせており，日本がフランスの航空産業，大砲，戦車，毒ガス，高射砲などの武器の大切な客で，フランスとの取引をする専門商社の設立にも動き，日仏関係を進めるべきとの提言をしていた。

　クローデルが渋沢栄一とつくった日仏会館（1924），稲畑勝太郎とつくった関西日仏会館（1926）[79]は，その後の日仏関係の重要な柱となった。クローデルは関西日仏会館が京都につくられるときも，本省の予算配分を気にして「二つはいらないのではないか」と主張する反対派を抑えた。新館が建ったあとにフランスがドイツに降伏すると，担当の二人の教授，オーシュコルヌ領事と宮本正晴（後の大阪市立大教授）が官憲に引っ張られ官憲で拷問を受けたがクローデルの支援で乗り越えた。日仏会館にはクローデルの強い精神と意志が込められていて，それらの精神が時代を超えて日仏交流の強力なバックボーンになっているのである。

7. パリで活躍する日本人画家

　ヨーロッパでは普仏戦争終結（1871）から第一次世界大戦開始（1914）まで約半世紀間，戦争も起こらず繁栄期を迎えていた。フランスでも第一次世界大戦勃発まで好景気が続き，戦前の10数年間はよき時代「ベルエポック」と呼ばれた。戦後の1920年代は，特に景気がよく1929年の世界恐慌までの約10年は狂乱の時代「レザネフォル」と呼ばれた。ベルエポックと狂乱の時代には，パリは世界の磁石になり世界中から芸術家が集った。当然，フランスで学んだ日本人画家も多数いた。

　ベルエポック以前にフランスに学んで明治・大正期に活躍した画家には「日本近代洋画の父」といわれた黒田清輝（1866-1924）がいる。東京外国語学校フランス語科の学生だった黒田は明治の中期（1884-93）まで9年間フランスに滞在し，外光派でジャポニズムの画家でもあったラファエル・コラン（1850-1916）[80]に師事して西洋絵画を本格的に学んだ。日本に帰国後，1898年に東京美術学校西洋画科教授になり，その後貴族院議員や帝国美術院院長を務めた。

　黒田がフランスに行った動機は，フランスとフランス語が大好きで開成高校卒業後フランス法を学ぼうと渡仏した。しかし，絵の才能のほうを認められ，パリの画家や美術商に薦められて画家に転向した。黒田は変化する光と大気の躍動を明るく

微妙に画き分ける外光派を代表し，作品としては「湖畔」(1897),「智・感・情」(1899) が重要文化財となった。フランスに約10年いてフランス及び日本画壇で成功し，日本の画家が洋画で成功するためにはフランスに行って勉強するという成功モデル「黒田モデル」をつくり出し，後輩をフランスに送り出した。黒田のあとには藤田嗣治，梅原龍三郎，佐伯祐三，岡本太郎などが続いた。

　大正時代にフランスに入って，大正，昭和と活躍した画家に藤田嗣治（つぐはる）(1886-1968) がいた。藤田は大正初期の1913年に東京美術学校西洋学科を卒業し，黒田の影響を受け結婚してからすぐにフランスに渡った。この時代には日本人画家は少なく，フランスにいた日本人画家は20人程度であったが，藤田の着いたフランスでは，出身国や画風は違うがパリを中心に活躍していた「エコール・ド・パリ」と呼ばれる芸術家グループがいた。そのなかには，後に有名になるシャガール，モディリアーニ，ピカソなどがいたが，彼らに引かれて多くの日本人の画家がパリに集まった。

　その頃のパリは，自由な雰囲気で輝いており芸術家にとって憧れの都で，画家だけでなく多くの才能のある外国人芸術家がパリに集まっていた。アメリカの小説家ヘミングウエーはそのようなパリの魅力を「もし君が幸運にも青年時代にパリで暮したならば，君が残りの人生を何処で過そうとも，パリは君についてまわるだろう。なぜならパリは移動祝祭日だからだ」[81]と賞讃した。藤田の渡仏後，第一次世界大戦で日本の円高が進んだこともあるが，1920年代には多くの日本人の画家がパリに来はじめ，昭和の初期の1929年にはフランス在留邦人2000人のうち藤田のような画家が300人に増加した。

　そのほかフランスで学んだ画家としては，黒田が亡くなったあと梅原龍三郎 (1888-86) が1908-13年の期間に5年間フランスに留学し，ルーヴルでルノワールの模写をしているうちにルノワールの指導を受けるようになった。ルノワールの近くに住居を構えルノワールのお供をするほど親しくなった。フランスで影響を受けた鮮やかな色使い，豪快なタッチ，自由奔放の作風で昭和の末期まで洋画界で活躍した。

　天才画家の佐伯祐三（1898-1928）は，東京美術学校で藤島武二に師事し二科展

世界が認めた画才・藤田嗣治

　藤田の家は江戸時代から名門の家柄で，父は文豪森鷗外の後の軍医総監を務めた陸軍の軍医であり，母は徳川慶喜の側近の幕臣でフランス派の小栗上野介の縁戚に当たり，母方の従兄は劇作家小山内薫であった。父は藤田を医者にしたかったが，藤田は幼いときからフランスと画家に憧れフランスで画家になることをめざした。教育大付属中学，暁星高校を経て東京美術学校西洋画科を卒業して27歳でパリに渡った。暁星中学の夜間部でフランス語を学び，東京美大ではフランス派の黒田清隆が学科主任で，永井荷風の『フランス物語』を読んで育ち，いずれフランスに行く宿命の環境にいた。東京美術学校の卒業時に雑誌「白樺」でモネなどの印象派の作品を見たことも大きな理由であった。大学では，岡本太郎の父，岡本一平と同級生であった。

　藤田は30歳まで父の送金に頼ったが，自立するために30歳で親の仕送りを断わり，その後は生活と出世のためにまさに命がけで絵に打ち込んだ。藤田は自立心が高く，「今までの日本人画家は，パリに勉強しにきただけだ。俺は，パリで一流と認められるような仕事をしたい」[82]というのが口癖だった。1年でたくさんの友人ができ，やがて最初の妻と離婚して1919年にモデルのフランス女性フェルナンド・バレーと結婚した。

　やがて，個人画廊で個展を開けるようになり，1921年に再開された「サロン・ドトーヌ」に出展した「自画像」「裸婦」「私の部屋；目覚まし時計のある静物」が入選し絶賛された。美術館も藤田に興味をもちはじめ「裸婦」はベルギー王立美術館に，「寝室の裸婦キキ」はパリ市の近代美術館に収蔵された。ネコと女性の絵を得意として「乳白色の肌」と東洋学的な雰囲気の画風を打ち立て「エコール・ド・パリ」を代表する画家といわれた。

　藤田は，パリで外国人や日本人との交流を広げ，日本人画家の集まりである「仏蘭西日本美術家協会」の会長（1929）となり日本人画家のための展覧会を開いた。協会の創設者は，藤田と親交のあった実業家の薩摩治朗八であった。藤田は，この年に奔放な北欧系フランス美人のユキと結婚した。パリでの成功の後，一時期中南米に住んだりしたのちの1933年，47歳のときに日本に戻り活動を開始し，そこで純日本風で24歳年下の堀内君代と結婚した。パリで知り合った島崎藤村の家の近くにアトリエを構え制作活動に励むが1939年にパリに戻った。その年に第二次世界大戦が始まり，1940年のパリ陥落前に日本に逃亡した。1949年に「日本画壇は早く世界的水準になって欲しい」とアメリカに出発，アメリカ経由でパリに入ったとき64歳になっていた。フランスでは，再び戻った藤田の帰国を「かつて一大中心だったが今は一つの大通りでしかないモンパルナスに一人の亡霊がやって来た」と冷たい目で迎えた。

　1955年にはフランス国籍を取得し，カトリックの洗礼を受け名前もレオナルド・藤田と改名した。晩年はランスのノートルダム・ド・ラ・ペ礼拝堂の設計や壁画を手がけ，1957年にはフランス政府からレジオン・ドヌール・オフィシエ勲章を受賞し，ベルギー王立アカデミー会員となったが，1968年にスイス・チューリッヒに移り82歳で亡くなった。画才と友人にめぐまれた藤田は，フランスではサロン・ドトーヌ審査員にもなりレジオン・ドヌール勲章，日本では勲一瑞宝章を受章した。

などで入賞していたが、1924－26 年と 1927 年と 2 回パリに滞在した。初期の作品は「フォーディズム（野獣派）」のブラマンクからアカデミズムすぎるとけなされたが、住んでいる村や街頭をモチーフとし冴えた色彩とするどいタッチのもった絵は何点かサロンド・オートヌに入賞した。その鋭い観察力を小説家の横光は「佐伯ほど巴里をよく見た人はあるまい」と感嘆した。体が弱く死を意識した佐伯は、1928 年 30 歳のとき結核で死ぬまでに 390 点の作品を残した。

8. アール・ヌーヴォー

装飾美術や芸術の分野でも日仏関係が進展した。それは、19 世紀末から 1910 年にかけ流行した新しい装飾美術アール・ヌーヴォー（Art Nouveau）、1910 年代半ばから 1930 年代にかけて流行したアール・デコ（Art Déco）であった。アール・ヌーヴォーもアール・デコもそのスタイルの完成過程で日本美術の影響を受けた。アール・ヌーヴォーは万国博覧会を原点としてフランスに発生し世界に広がっていった。まず、ジャポニズムの影響を受けたアール・ヌーヴォーの歴史を見てみよう。

東洋で独特な文化を発展させていた日本の文化が世界に正式に発信されたのは、ヨーロッパで開かれた万国博覧会であった。第 1 回は 1851 年にロンドン、第 2 回は 1853 年にニューヨークで開かれたが、当時は国際博覧会と呼ばれていた。第 3 回から規模が拡大され 1855 年のフランス国際博覧会から万国博覧会と呼ばれ世界の物産、技術、文化、芸術の登竜門となった。フランスの物産展や博覧会は有名で、古くは 12－13 世紀のフランス北部のシャンパーニュの市で行われていた物産展をはじめ、1475 年にはルイ 16 世がロンドンでフランス物産展を開くなど万国博覧会に熱心な国であった。したがって、1800 年代に 13 回開催された万国博覧会はパリで 4 回も開催されイギリスの 2 回を凌駕していた。

日本が初めて万国博覧会に視察団を派遣したのは、横浜が開港し海外貿易が盛んになった第 4 回ロンドン万博（1862）であった。日本が初めて参加したのは、徳川幕府崩壊の 1 年前に開かれた第 5 回パリ万博（1867）で、フランスでは 1855 年についで 2 度目の万国博覧会であった。この万国博覧会は舞台裏では徳川幕府と薩摩藩の主権をめぐる争いがあったが、現地では、徳川幕府と薩摩藩のそれぞれが競っ

て日本の美術品や工芸品を出品して大きな話題になった。日本の美術品や工芸品の研ぎ澄まされた美しさ，質素と高尚の対比などが大きな話題を呼んだ。日本政府が本格的に参加したのは明治維新後に開かれたウィーン万博（1873）で，その後もパリの万国博覧会には1878年，1889年に参加した。

　当時のヨーロッパ人にとって日本文化は珍しく，万国博覧会で初めてふれた人がほとんどであった。しかし，そのなかでもフランスで日本美術を商売にしていた林商会の林忠正（1853－1906）やいち早く日本文化を理解していた親日家でユダヤ人古美術商のサミュエル・ビング，小説家で劇作家ゴンクール兄弟らは早くから日本美術のすばらしさをいろいろな雑誌や刊行物に書いて宣伝していた。3人はお互いに友人であり，「日本美術研究会」を結成して定期的に日本美術の研究会を開催していた。ゴングール兄弟は浮世絵の発見者として有名で，1850年代から浮世絵，刀の鍔，絵付けなど日本美術や工芸品に強い関心をもちコレクションをつくっていた。彼らのお陰で日本美術・工芸品はパリを中心に発展し，日本に対する熱い想いがやがて「ジャポニズム（日本美術愛好趣味）」に展開していった。[83]

　明治新政府が本格的に参加したウィーン万国博では，政府は博覧会事務局をつくり，総勢111人を派遣した。日本館の内庭には茶屋や日本庭園もつくられ伝統的な日本の生活文化が紹介された。日本館は大成功に終わり，万国博覧会の終了後には出品作品はほとんど売切れてしまった。ウィーンの新聞「ダニューブ」はその様子を「各国の品の内，見物人の最も多く集い来るは日本の品なり。陶器，漆器，寄せ木細工の如きは，欧羅巴にてはもっとも珍しく美しいとするものなり。支那の品にももものありといえども，日本の右に出ること能わざるべし」と手放しで誉めた。[84]

　日本政府はウィーン万博の大成功に自信をつけ，5年後パリ万博（1878）に参加した。フランス政府はこの万博のためにトロカデロにシャイヨー宮を建設し，その対岸のシャンド・マルス公園に巨大なパビリオンを建て，36カ国から1616万人を迎えた。日本政府は万国博覧会事務局に政府関係者を送り，総裁松方正義以下13名，出品関係者39名，大工3名と少なかったが，出品者は総数262名，出品点数4万5316点に及んだ。トロカデロ宮殿内に1000坪の日本館をつくり，陶磁器，金銀銅器，漆器類が展示され，これらの工芸品は単なる異国趣味を越えた影響をもち，

やがてアール・ヌーヴォー運動の原因となった。特に，花鳥を中心にした上品な絵付けの深川の瓢池園、対照的な有田の香蘭社，名古屋の七宝会社もこの博覧会に設立されたが，このパリ万博では陶磁器で瓢池園，香蘭社が金賞に輝いた。

フランスでの日本美術のプロモーターであった林忠正は，大学南校（後の東京大学）でフランス語と理学を専攻していたが，中退して美術工芸品の商社である起立工商会社に入社しパリ万博で通訳兼販売人として働いていた。パリ万博後解雇されたが1884年に起立工商会社の副社長で古美術商であった若井兼三郎と連携してパリのドウヴィル街に日本美術品を扱う美術店を開いた。

林は雑誌「パリ・イリュストレ」に日本美術を紹介し，当時パリで活躍していたモネ，ドガ，ルノワールなど世界的に有名な画家と親しく付き合うようになった。また，同じ雑誌に日本美術を紹介していたエドモンド・ゴングールと知り合い日本の浮世絵を紹介した。林は「近代洋画の父」といわれた黒田清輝の才能も見出して金銭的に支援をした。1900年にはパリ万博博物館の日本館事務官長となったが，1902年に日本の古美術や工芸品の高騰で商売にメリットがなくなりパリの店を閉めて日本に帰った。林はフランス人だけでなく西園寺，伊藤（博文），原敬などとのつきあいもあり，西洋近代画を収集して日本初の西洋美術館をつくろうとしていたが，志し半ばで1906年52歳で亡くなった。

林の友人に日本の文化や美術品を欧米の知識人たちに浸透させたパリの美術商サミュエル・ビング（1838-1905）がいた。ビングは「ビングのアール・ヌーヴォー (maison de l'art nouveau de Bing)という名の店を経営して，鉄やガラスの素材を使った自由な曲線の組み合わせを表す新しい芸術品を売っていた。そのなかには，日本の美術品の影響を受けた作品もあった。アール・ヌーヴォーはその店の名前からきている。ビングはフランス人でなく，ドイツのハンブルグ生まれの美術商で，サミュエルのドイツ名はジーグフリートであった。もともと，ハンブルグで陶磁とガラス工場を経営していたが，普仏戦争後にハンブルグで工芸美術館館長の友人の影響を受け日本美術を扱う貿易商となった。

これが当たって1870年代に東洋工芸品を扱う店を開いた。1889年に，ビングはゴングール，林などと協力してパリで浮世絵展を開いた。この浮世絵展が発展して，

日本美術とヨーロッパ美術が混ざり合った新しい美術であるアール・ヌーヴォーが生まれた。アール・ヌーヴォーは，歌川広重，葛飾北斎に代表された浮世絵の平面的で装飾的な空間構成を取り入れた。日本美術を愛したビングは1888-91年までの3年間，自費で英独仏三カ国語の月刊雑誌「芸術の日本（Le Japon artistique）」を発行しアール・ヌーヴォーを宣伝した。

　アール・ヌーヴォーの日本への普及は，もっぱらパリに渡った日本の文化留学生が持ち帰ったものから始まった。一種の逆輸入のかたちになったが，最初に，絵画，建築様式に現れ，ロートレック，グラッセ，ミュシャなどのアール・ヌーヴォーのポスターや挿絵，美人画の竹久夢二，三越のグラフィックデザイナー杉浦非水，夏

アール・ヌーヴォーの芸術家たち

　1889年にフランス革命100周年を記念した万国博覧会がパリで開かれ，これに合わせてエッフェル塔が設立され，トロカデロ，シャンド・マルス，ケドルセー地区が会場となった。25カ国から3225万人が参加した。この博覧会に浮世絵などの様式の影響を受けたナンシーのエミール・ガレは大量の作品を出品し，ガラス部門でグランプリ，陶器部門で金メダル，家具部門で金賞を獲得した。ガレは，アール・ヌーヴォー様式を定着させナンシー派を設立し初代の会長となった。

　そのほか，パリのウジェーヌ・ルソー，ロンドンのゴドウィン，ビアズリーたちが新しい表現方式をもって登場した。1895年12月，パリで第1回のアール・ヌーヴォー展が開かれた。この機会に，アール・ヌーヴォーという言葉が一般に広がった。ビングの店にはアール・ヌーヴォー様式を用いて作品をつくる芸術集団が集りはじめ，このグループをアール・ヌーヴォー派と呼んだ。1900年のパリ万国博覧会ではアール・ヌーヴォー様式が完成したかたちで展示され爆発的な美術運動となった。

　アール・ヌーヴォー派には多くの芸術家が参加した。例えば，ガラス工芸ではエミール・ガレ以外にルネ・ラリック，絵画・デザインではアルフォンス・ミュシャ，ウジェーヌ・グラッセ，ポール・ベルトン，建築ではエクトール・ギマール，ベルギー人のヴィクトル・オルタ，ヴァン・デ・ヴェルデ，パリ派のグループでは版画家のフェリックス・ブラックモン，陶芸家のウジェーヌ・ルソー，ジャン・キャリエ，アクセサリーのルネ・ラリック，家具ではアレクサンドル・シャルパンティエ，エクトール・ギマール，ウジーヌ・ガイヤール，ナンシー派のグループでは家具のルイ・マジョレル，ガラス工芸のヴィクトール・プルーヴェ，ガラスのドーム兄弟，ミュラー兄弟，ステンドグラスのジャック・グリューベルなどがいた。しかし，1904年にガレが，林が亡くなる一年前の1905年に創始者のビングが亡くなり，アール・ヌーヴォーはパリから日本などに移っていった。

目漱石の本の装丁家橋口五葉,美人ポスターの北野垣富,イラストの藤島武二などの作品にアール・ヌーヴォー様式が見られた。しかし,日本の場合には「ヨーロッパのアール・ヌーヴォーが,過去との断絶,伝統文化との決別を示し,非伝統,不連続性をもって,明日に現代への志向を見せたのに対して,伝統を絶つことも無く,歴史の流れから外れることも無く,従って,既存の造形美術の世界に強いインパクトを与える力も無く,舶来文化の一現象として終わってしまった」[85]。

9. アール・デコ

1920年代にアール・ヌーヴォーと重なるように流行したのが,新しい装飾スタイルのアール・デコである。アール・デコは,1910年代半ばから1930年代にかけて第一次世界大戦後に都市を中心に誕生した新しいファッションやデザインであった。19世紀末から20世紀初頭に流行したアール・ヌーヴォーはゴシック美術や日本美術の影響を受け,鉄やガラスを使った流れる曲線を特徴としていたが,アール・デコは簡潔さと合理性に重点をおき,幾何学的な線とパターン化した模様を混ぜた知的な表現が特徴で工芸品,建築,絵画,ファッションなどすべての分野に波及した装飾様式であった。

アール・デコは,1925年に開催された「パリ万国装飾およびインダストリアル現代美術展 (Exposition Internationale des Arts Decoratifs et Industriels modernes)」が本格的な出発点で名前もこの博覧会からとられ「1925年様式」ともいわれている。その頃のパリはエコール・ド・パリの呼称が生まれた頃で,アール・デコでも発生中心地となり,当初,フランスのデザイナーでは高級品家具のエミール=ジャック・リュルマン,ロベール・マレ=シュテヴァン,建築家のル・コルビジエ,アイリーン・グレイなどが活躍していた。

アール・デコは日本の影響だけ出なく,キュビズム,ドイツバウハウス,古代エジプトの装飾模様,東洋美術など入り混じった国際的なデザイン・装飾で,日本では1930年代に建てられた東京都庭園美術館(旧朝香宮邸),伊勢丹新宿店,聖路加国際病院,交詢社ビル(銀座),三信ビル(有楽町),大阪ビル(日比谷),東京クラブ(浅草),同和病院(神田)などがその影響を受けた。アメリカでは1920–30

年に花が咲き,エンパイアー・ステートビル,クライスラービル,ウオルドルフ＝アストリア・ホテル,エッセックスハウス・ホテル,ラジオシティー・ミュージックホール,RCA ビルなどが有名である。

　アール・デコの特性はいろいろなところで用いられた。企業,ホテル,劇場,映画館など近代的な生活の場ではアール・デコのデザインや装飾が用いられ,若い女性の持ち物,リップスティック,コンパクト,香水ビン,ハンドバッグ,アクセサリーなどもアール・デコのデザインが用いられた。世界のデパートもアール・デコの家具や食器を売り出した。パリでは,ロシアバレエ団のスターセルゲイ・ディアギレフがバレエの世界にアール・デコ採用した。

　ポール・ポワレ,ココ・シャネルはファッションの世界で採用し,ポワレは直線的なシルエットもちシンプルで裾が極端につぼまった「ボブル・スカート（よちよち歩きの意味）」を発表して,1910年代の女性を熱狂させた。アール・デコ様式は応用範囲も広く,そのほか,デザイナーのジャン・デュナン,ガラスに転向したルネ・ラリック,ポスターではカサンドル,ジャン・カルリュ,ポール・コラン,バルビエなどがその様式を採用した。ルネ・ラリックはアール・ヌーヴォーとアール・デコの2つの時代を生きた。こうして,フランス発のアール・デコは日本をはじめ世界中に影響を与えた。

第5章
第二次世界大戦中の日仏関係

　1923年には関東大震災が日本を襲い，1927年には金融恐慌が起こった。その間，1926年12月に48歳の若さで大正天皇が崩御されて，新しい元号の昭和が始まった。第一次世界大戦後，戦勝国になった日本を取り巻く環境は日々厳しくなった。1921年，アメリカはアジアにおける日本の軍事的膨張を防ぎ，日米英間での建艦競争を防ぐために，ワシントン会議を開いた。

　しかし，軍部が力をもち始めた日本は，中国での排日運動を理由に，1927年から山東出兵など中国への進出を本格的に始めた。1928年に関東軍の支援を受けていた張作霖(ちょうさくりん)が欧米に寝がえったために謀殺されると，日本に対する排日感情が高まり抗日運動がますます盛んになった。中国での武力行為に対する世界的批判が高まったために，日本は戦争の拡大を防ぐ目的で同年パリにおいて開催された多国間の戦争拡大を防ぐパリ不戦条約に調印した。1930年には列強海軍の補助艦（巡洋艦，駆逐艦，潜水艦）の削減を目的にしたロンドン海軍軍縮会議でアメリカの妥協案（要求の70％）に調印した。一方では，ロシアが1922年にソヴィエト社会主義共和国連邦を成立させ，1941年から人民委員会議長スターリンが主権をとり南下を狙い始めた。

　1931年，中国北部支配をねらっていた関東軍は，満州を支配下にしておくべく南満州鉄道建設をめぐって満州事変（柳条湖事件）を起こし5カ月間で全満州を占領した。中国は国際連盟に提訴して，日本製品のボイコット運動を始めた。関東軍は日本政府の反対を無視して1932年に満州国建国宣言（1932－45）をした。1932年に関東軍によって買収された中国人が日本人僧侶を襲撃することによってはじまった上海事件で，日中の衝突が起こり多数の死者が出たため，日本政府は陸軍を上海に派遣した。

　これに対して国際連盟はリットン調査団を派遣し調査の結果，中国主権の自治政

府をおき，日本を中心とする列強の管理下におくという妥協勧告を出した。しかし，満州国を樹立していた日本は 1933 年に勧告を正式に拒否して国際連盟から脱退した。日本はハルピンを占領して 1934 年に満州国帝制を実施し，滅亡した清国最後の皇帝である愛新覚羅溥儀を皇帝（1934－45）につけた。

　軍部の暴走は日本経済の悪化にも原因があった。日本経済は第一次世界大戦で好景気を経験したが，反転して大正から昭和初期にかけて長期不況に陥った。1920 年の経済恐慌，1923 年の関東大震災で不況は慢性化した。1927 年からは片岡蔵相の失言「渡辺銀行が破産した」から金融恐慌が起こり休業銀行が増え，1930 年には円相場安定のために金本位制復帰をめざす金解禁を行ったが経済は回復しなかった。株式と物価の暴落で企業倒産によって失業が増え，1930 年代から統制経済に入った。農業恐慌も起こり，東北の凶作地では娘の売買問題も起こった。1934 年ごろから右翼の労働運動が起き，共産党を中心とした人民戦線が出現し，世の中は騒然としはじめた。

　国内不況，政党の腐敗，財閥の富の独占と対外的孤立から軍部が力をもち始めた。政府や財閥に対するテロが相次ぎ起きて，1930 年の浜口首相狙撃事件，1932 年の 5.15 事件での犬養毅首相暗殺，1936 年の青年将校が首相官邸，陸軍大臣官邸を襲撃するという 2.26 事件が起きた。一連の事件は天皇を怒らせたが，陸軍統制派の東条英機が実権をにぎり，陸軍が政治に関与するようになった。1937 年の盧溝橋事件をきっかけに大日本帝国と中華民国政権との間で日中戦争（1937－45）が勃発した。日本軍は蒋介石の国民政府首都南京を陥落させるが，蒋介石は重慶で徹底抗戦をし，中国共産党の八路軍もゲリラ戦で日本軍を苦しめた。日中の全面戦争で日本軍は 41 万の兵士を失い，中国では軍と国民合わせて約 2000 万人の命が失われた。

　一方，ヨーロッパではドイツで独裁者ヒットラーが台頭して，1939 年にポーランドに侵入し第二次世界大戦がはじまった。日本では国家総動員法（1938）が第一次近衛内閣によって発令され，総力戦の火ぶたが落とされた。第二次近衛内閣では「大東亜新秩序」に基づく「大東亜共栄圏」政策がだされ，戦争圏が日本，満州，支那から東南アジアに拡大した。1940 年には日独伊三国軍事同盟条約が調印され，日本は東南アジアのフランス，オランダ，イギリスの植民地に原材料や石油をもと

めて侵攻した。そして，1941年の真珠湾攻撃に始まる第二次世界大戦がはじまった。

1921年に原敬が東京駅で暗殺されてから第二次世界大戦の終了まで，21人（23回）の首相が変わった。戦時中は海外との交流は途切れ，海外に駐在した経験のある首相は9人と半分以下となり，首相の経歴も時代を反映して軍人上がりが多くなった。海外駐在も大使館の武官としての駐在でそれも同胞国ドイツが多かった。例をあげると，高橋是清は若いうちにアメリカ，財務官としてロンドン駐在し，若槻礼次郎がロンドン・パリ駐在，斎藤実が武官としてアメリカのワシントン，広田弘毅がアメリカのワシントンに駐在後，オランダ大使，ソヴィエト大使を務め，阿部信行が武官としてドイツ，オーストリアに駐在，米内光政がロシア語が堪能な武官としてポーランド，ロシア，ベルリン，中国に駐在し，東条英機が駐在武官としてスイス，ドイツに，小磯国昭が内モンゴル，鈴木貫太郎がドイツに武官として，東久邇宮稔彦王はフランスの陸軍大学を卒業している。
<small>ひがしくにのみやなるひとおう</small>

フランスに関係ある首相は，わずか若槻と東久邇宮だけである。若槻は政府財政委員としてパリに短期間駐在し，東久邇宮は日本の士官学校を卒業したあと結婚し，その後にフランス陸軍大学に留学したが愛人ができたため秩父宮が強引に日本に連れ戻したという逸話がある。このように，戦時中は日本でのフランスの存在は薄かった。

1. インドシナをめぐる日仏関係

第二次世界大戦の前半に仏領インドシナ（仏印）の支配権を巡って，日本とフランスの利害がぶつかった。日本軍の進駐は1940年の北部，1941年の南部と2回にわたって行われた。日本が進駐するまで，フランスは19世紀後半から現在のベトナム，ラオス，カンボジアを合わせた地域（仏領インドシナ）を植民地としてもち，フランスから派遣されたインドシナ総督が統治していた。日本とインドシナとは16-17世紀に朱印船貿易を活発に行い，徳川幕府の鎖国令がでるまではトンキン，ハノイ，サイゴンには日本人居住地があった。明治維新後に，一時ベトナムが日本に優秀な若者を送り，ベトナムを独立させる人材を育てるという「ドンズー（東遊）」

プロジェクトがあったが日仏の協定のため実現しなかった。

　1937年に北京の盧溝橋でおきた発砲事件（盧溝橋事件）が15年にわたる日中戦争の引き金となり，日本は中国を支援していたフランスと対峙するようになった。当時，中国の蔣介石は南京から四川省重慶に遷都して，米英の資金や軍事物資・武器を得て日本軍に抵抗していた。日本軍は重慶の蔣介石を援助する「援蔣ルート」を遮断するために，天然物資が豊富なインドシナを治めていたフランスと協定することを考えた。日本軍にとってインドシナのゴム，鉄鉱石，スズ，石炭，木材，米などは最重要な戦略物資であった。

　一方，ヨーロッパでは1940年6月にドイツがフランスに侵攻してパリが陥落し，翌月ドイツの傀儡政権であるヴィシー政権ができた。日本はフランスの降伏直後にヴィシー政府と現地のフランス総督府と交渉をして，インドシナにおけるフランスの主権を認める代わりに，2万5000の日本軍を北部仏印（トンキン：現在のベトナム北部）に進駐させた。また，日本は仏印進駐の4日後に「日独伊軍事同盟」を結んだ。1941年，ドイツがソ連に侵攻したので軍部はドイツがソ連を制圧すると考え，今度はインドシナを東南アジア侵攻基地にするために南部仏印（現在のベトナム南部とカンボジア）に進駐し，インドシナはフランスと日本が共同管理するという変則的な管理方式をとった。

　日本は対ソ戦準備のために，満州，朝鮮に80万人の大部隊を送った。日本の仏印進駐の際，日本は平和進駐のつもりであったが，一部の陸軍参謀がフランスとの交渉に手間取っているのを見て一気に仏印軍を撃破しようと突入し，仏印軍と銃火を交え停戦までに数百人の死傷者を出してしまった。交渉に当たっていた西原少将は，その状態を嘆き「統帥乱れて信を内外に失う」と陸軍の失態を憂いた。仏印進駐の前に，日本は武力で東南アジアの豊富な石油，ゴム，ボーキサイトなどの資源を獲得しようとしている戦略を読まれアメリカとの関係が悪化していた。アメリカ，イギリスはこの事態を重くみて屑鉄・鉄鋼や石油の対日禁輸を決め，中国への借款を増額し，在米日本人の資産も凍結した。

　イギリスが日英同盟を破棄したあと，日本の南進を止めないとアメリカと太平洋の安全のために重大な影響がでることを危惧したルーズベルトはアメリカ，イギリ

ス，中国，オランダの「ABCD包囲網」を敷いた。日本はこの措置に反発して日米交渉を試みたが実らず，1941年12月にアメリカ，イギリスに対して宣戦布告をして，タイを除く東南アジア全域を占領した。しかし，1944年になると，太平洋戦線はアメリカ軍に分断され敗退が続き，サイパン陥落，ビルマ戦線及びフィリピン戦線の失敗でインドシナの死守が生命線になった。さらにアメリカはフィリピン，インドから，イギリスはビルマなどから仏印を空襲してくるようになった。

1944年8月には連合軍がドイツ軍に勝利してヴィシー政権が解体され，ド・ゴールの自由軍と連合軍が統治するようになった。インドシナも仏印政府はフランス寄りになりド・ゴール派の工作員も仏印に入ってくるようになった。米仏軍の侵攻と現地政府の反発を恐れた日本は，1945年3月に仏印武力処理を目的とする「明号作戦」を実施して日本政府の松本大使がフランスのドクー総督にたいして軍隊を含む全機能を日本軍の統一指揮下におくよう通告を行った。フランス政府の回答が遅れたために，日本軍は武力制圧をしてフランス軍を武力解除しドクー総督らを抑留した。

仏印軍は北部と中部で抵抗し日本軍と戦闘をしたが，特に激戦地のランソンでは仏印軍の3000人が捕虜となった，その内将校300人が日本軍によって処刑された。フランスが連合軍に解放され，連合軍がインドシナ上陸を計画するようになると，日本はクーデターを起こしてグエン朝のバオ・ダイ帝にベトナムの独立を宣言させ，国名をアンナン（安南）からベトナム（越南）に改称した。インドネシア総督には日本軍司令官がなり総督府には日本人がついた。カンボジアのシアヌーク国王，ラオスのルアンプラバン国王は独立を宣言したが実質的な統治は日本軍の手にあった。

1944年の秋から1945年の春にかけてベトナム北部に飢饉が起き約200万人の餓死者が出た。これは，ベトナム人の日本に対する恨みもあったが，フランス軍が日本軍に抵抗するために米を隠蔽し，そのうえ華僑の米商人が流通を抑えるという投機的行為が起きたために被害が大きくなった。このように，インドシナを巡ってフランスと日本が対峙し，その結果ベトナムに多くの犠牲者を出してしまったことは日仏史にも汚点が残った。しかし，このインドシナにおける戦争は，日仏史のなかにおける最初で最後の戦争であった。

1945年，長崎と広島に原爆が落とされ，日本の敗戦とともに日本軍は降伏し撤退した。日本軍の撤退後，ホー・チ・ミンは「ベトナム民主共和国」の独立を宣言し，世界に自由・平等・博愛を掲げるフランスが80年以上ベトナムを苦しめたことを訴えた。しかし，フランスはベトナムの独立を認めず阮朝最後の国王バオ・ダイをたて，フランス領ベトナム国を発足させる一方，ハノイでベトナム民主共和国と全面戦争を開始した（第一次インドシナ戦争：1946－54）。1949年中華人民共和国とソ連がベトナム民主共和国を承認し軍事援助を始めたので，ベトナムの軍事力は増強された。1954年フランスは55日間の「ディエンビエンフー」の戦いで大敗し，ジュネーブ協定でベトナムと休戦協定（インドシナ休戦協定）を結びベトナムから撤退し，ベトナムは北緯17度線を暫定的軍事境界線として南北に分けられた。

余談になるが，ジャーナリストの奥野修司の「東宝舞踊隊：12・8開戦秘話」（文芸春秋2010年1月号）によると，日米開戦前夜の12月8日は海軍の真珠湾攻撃が有名だが同じ日に陸軍は仏領インドシナに日劇ダンシングチームの踊子たちが特別任務で送りこまれたことを明らかにした。彼女らは「東宝舞踊隊」と呼ばれ，総勢30名がハノイの市立劇場でフランス人，安南人を含む大観衆の前でレヴューダンス，フランスの歌，フレンチカンカンを踊り現地人を感激させメディアで激賞された。

この成功の裏には軍の策略があり，真珠湾攻撃の情報阻止とハノイ，ハイフォン，サイゴンの要人の軟禁，部隊の前線への移動が目的であった。レヴューは朝の3時まで続き，フランスの将校が異変に気がついたのは午前4時だった。動機は不純であったが日仏の親善が戦場で行われた珍しい例であった。

2. 中島知久平とフランス

(1) 日本航空業界の恩師フランス

第二次世界大戦前まで世界の航空技術を牛耳っていたのはフランスであった。日本人でフランスから航空技術を学び，三菱とならび世界最高の戦闘機をつくった人がいた。その人物とは中島知久平（1884－1949）で，第二次大戦前後に活躍した航空機・エンジンメーカーである中島飛行機（1917－50）の創業者であった。

中島飛行機は，太平洋戦争終戦までは三菱航空機を凌ぐ東洋最大，世界で有数の航空機メーカーで，世界に名をはせた「零戦」の基になり真珠湾攻撃に参加した九七式艦上攻撃機，全零戦に使用された高性能の「栄」エンジン，陸軍の主力戦闘機一式戦闘機「隼」，海軍の夜間戦闘機「月光」，陸軍最後の傑作機でアメリカから最優秀日本戦闘機といわれた四式戦闘機「疾風」，特殊高速特攻機「剣」，使用されなかったが終戦末期に開発されたＢ－29を凌ぐ巨人機「富岳」，海軍で日本初のターボジェット攻撃機「橘花」などを開発した。

中島飛行機は，陸海軍の主力工場の１つで1937年から終戦までの９年間に生産された日本の戦闘機生産台数３万578機のうち54.8%，１万6763機を生産していた。また，主力戦闘機である零戦総生産数１万425機のうち63％を生産した。中島飛行機が生産を始めた1918年から終戦までの28年間では，機体・発動機合わせて100機種以上，２万5935機の機体だけでなく４万6726台の発動機を生産した日本最大の航空機メーカーであった。[86] 戦後は財閥解体の対象となり12社に分割され，主要部分は富士重工業に統合された。中島飛行機は終戦直前にはジェットエンジンやロケットの独自開発も行っていて，その技術はプリンス自動車工業，日産自動車宇宙開発部門，アイ・エイチ・アイ・エアロスペース（石川島播磨重工業傘下）に引き継がれた。

中島飛行機とフランスの関係は強い。それは，第一次世界大戦前後の航空業界はアメリカとフランスが支配していて，日本の航空業界はフランスに依存していたからである。飛行機の歴史はフランスとアメリカの複葉機の飛行競争から始まった。1901年にデュモン（フランス系ブラジル人）が飛行船にのり，エッフェル塔を一周した。1903年には，アメリカのライト兄弟の複葉機「フライヤー号」が飛行距離36メートル，滞空時間12秒であったが人類初の動力飛行に成功した。1906年にはデュモンが自作の飛行機で25メートル飛んでライト兄弟に続いた。

明治の後期，1908年ごろから，それまでの複葉機主導から単葉機主導になり，世界の航空業界はフランスを中心として活況を呈しはじめた。1909年にはフランス人のブレリオがはじめて単葉機でドーバー海峡を38分で横断し時速75キロを記録した。ライト兄弟もたびたびフランスに招待され世界記録に挑戦していた。日本

は世界の流れから遅れていたが，1910年12月に陸軍からフランスに留学していた徳川好敏大尉が代々木の練兵場の上空をフランスのアンリ・ファルマン式複葉機で高度70メートル，3キロの距離を4分間飛んだのが日本最初の飛行だった。日本は大正初期，第一次世界大戦時にも純国産機をもたず，フランスからの輸入機や改良機で中国山東省青島（チンタオ）を攻撃していた。

日本政府は，本格的に国産機をつくることを決心したのは第一次世界大戦中であった。1919年に航空先進国フランスからフォール大佐を団長とする総勢57人の教育団を招聘して実践的な訓練を受け，複葉機ニューポール練習機を購入し，翌年には陸軍航空部は機材購入を含みフランスを範とする方針を決めた。また，1921年にはワシントン軍縮会議が開催され海軍主力艦の制限が課せられたため，いよいよ航空機時代に突入した。

このとき民間では中島飛行機，三菱工業，川崎工業の3社があったが，中島飛行機が傑出していた。中島飛行機創業者の中島知久平は，海軍機関学校時代の1910年，日本の空を飛行機が初めて飛ぶ8カ月前にフランスの航空業界を視察した。1912年からは「海軍航空技術研究委員会」のメンバーとなり，1914年に海軍造兵局工場長を最後に海軍を去り，1917年には群馬県太田町に中島飛行機の前身「飛行機研究所」を設立した。中島は日本航空業界の先駆者でフランスを中心とする世界の技術傾向をよく知っていた。

(2) 日本航空業界の指導者・中島

中島知久平は，1884年に群馬県太田市の農家に生まれた。先祖は家老職であったが，両親は農業と蚕の兼業農家であった。生来頭がよく勉強好きで幼いときから海軍に興味をもち，自己努力で海軍機関学校に入った。中島は世界情勢に敏感で，世界の航空機時代の到来をすでに見通していた。日本が日本海海戦以来の「大艦巨砲主義」政策をとっていることに不満があり，早くから上層部には「近い将来飛行機の時代になるので準備を進めるべきである」と進言していた。当時はフランスが航空業界をリードしていたので，フランスの飛行機を研究し，フランスに行くチャンスを狙っていた。

中島の最初のフランスとの出会いは、1910年のフランス40日間の滞在であった。当時、中島は海軍機関中尉で、ロンドンで開かれる日英博覧会での式典に参加するために最新の駆逐艦「生駒」に乗船する機会があった。マルセイユ寄港時に、パリで行われた国際飛行大会を視察する理由で上司に頼んで次の帰港日までパリでの特別滞在許可をもらった。現実には、開催日程が合わなかったので大使館で駐在武官に会いフランス飛行機界の話を聞き、アンリ・ファルマンの学校ではファルマンに会い最新機を見学し、そのほかアントアネット会社、ブレリオ機体工場、アンザニーの発動機工場も見学した。中島は、この見学の8カ月後に徳川・日野大尉によるフランス機での日本初飛行を目撃した。

こうしてフランスで火を付けられた中島の飛行機への情熱はその後も続き、1912年、海軍大学校を卒業後、海軍が購入するアメリカのカーチス機整備の勉強に4カ月出張し、その間に日本人で3人目の飛行ライセンスを取得した。1900年代前半、フランスは自動車と航空機技術でヨーロッパをリードして海軍はフランスに飛行機を発注していた。1914年に造兵監督官となったが、今度は海軍が購入した飛行機と発動機の引取りと航空業界視察のためにフランスに出張を命じられ、1年すごしたところで第一次世界大戦が勃発したために急遽帰国した。帰国後、中島は飛行機工場長としてフランスのファルマンやアメリカのカーチス製飛行機を改造して国産練習機をつくっていた。しかし、なんとしても純粋の国産機をつくりたかった。

中島は1917年に海軍を退官して群馬県太田市に中島飛行機株式会社の前身飛行機研究所を設立し、中島自身の設計による複葉機中島式一型機をつくった。日本はフランスの航空技術の導入に必死であり、ちょうど元老西園寺公望がベルサイユ条約でパリに行ったとき、友人のクレマンソー大統領に頼んでフランスの航空教育団（ジャック・ポール・フォール団長と50人）を日本に招聘した。西園寺は日本の航空業界の発達にも貢献したのである。

航空教育団は、1919年に来日し、日本陸海軍に航空技術を1年にわたって指導をした。中島は資産家の川西清兵衛から出資を受けて規模を拡大したが、経営方法を巡って対立し、結果的に中島が経営権を獲得して三井物産と提携した。営業と資金の心配はなくなった中島は順調に発展し、陸軍だけでなく海軍から初の注文も入

り中島式五型機を陸海軍合計150機も納入した。1920年から7年間弟の中島乙未平を技術導入，飛行機材導入，市場調査のためにフランスに駐在させた。

1921年のワシントン軍縮会議のころから日本は飛行機の自社生産のほうに眼を向けだし，エンジンの自主開発も始めて中島の事業も軌道に乗ってきた。中島飛行機は海軍や陸軍から外国気を編集した練習機をつくっていたが，陸軍航空部が中島の技量を高く評価して，1922年からフランスのニューポール29CIなど合計100機を輸入し，民間から中島飛行機を選び陸軍砲兵工廠と654機をライセンス生産し1933年頃まで，陸軍主力戦闘機として用いた。

中島は1926年に，日仏間の航空事業の発展に尽くした理由でフランス政府からシェヴァリエ・コマンダーの勲章をもらった。1931年には，フランス人技術者アンドレ・マリーと日本技術者が共同設計した陸軍最初の国産戦闘機九一式（高翼単葉戦闘機）が採用され，満州事変，上海事変，日中戦争にかけて活躍した。中島飛行機はその後，九一をモデルに「ノモンハン事件」に端を発する対ソ攻略機九七戦闘機，太平洋戦争で零戦と一緒に使われた隼，末期に活躍した重戦闘機である鐘馗，疾風などの名機を開発した。

しかし，世界航空業界も昭和初期の1935年ごろにはフランス主導からアメリカ，ドイツ主導となっていった。アメリカではルーズベルト，ドイツではヒットラーの台頭があり，日本の軍部と張り合っていた。フランスは社会主義系の政府「人民戦線」が台頭し国力も落ちた。戦闘機の内容も大きく変化して，各国の主力戦闘機は複葉から単葉機へ，高翼単葉機から低翼単葉機へ，軽量型戦闘機から重量型戦闘機へと変化していった。空中戦法も九七や零戦が得意とした狭い空間で戦う巴線から，大きな空間で戦う空中戦になっていった。アメリカのグラマン，ロッキード，ドイツのメッサーシュミット，イギリスのスピットファイアーなどが主流になり，フランスは遅れてしまった。

日本も，鐘馗，飛燕，紫電，疾風，烈風，紫電改など重量級のモデルを出したが，間に合わず，1942年のミッドウェー海戦の敗退で空母，飛行機や多数の乗組員を失い，ガダルカナル撤退で有能なパイロットを失い，山本五十六長官の機上戦死でモラルを失ってしまった。中島は最後の最後まで自社技術開発を諦めず，終戦直前

にはB29を凌ぐ巨大機「富岳」、ドイツ技術なども参考にした日本初のターボジェット攻撃機「橘花」「火龍(ひりゅう)」、特攻戦闘機「剣」等を、三菱は「秋水(しゅうすい)」を開発したが実戦には間に合わなかった。

　中島は政治力をもち日本の航空政策に影響をあたえたいと47歳のときに政治家になることを決心し、1930年衆議院選挙に群馬からでて第1位で当選した。満州事変が起こり航空需要が増大し事業も軌道に乗ったので、中島は翌年中島飛行機を法人化して弟の中島喜代一を社長にし営利事業の代表をすべて返上した。政党は政友会に属し鳩山一郎などと一緒に活躍し、1938年には鉄道大臣、1945年には軍需大臣、商工大臣となった。

　戦後、中島はその政治活動でGHQよりA級戦犯に指定されたが1947年解除された。会社は財閥解体を受けて社名を「富士産業株式会社」として、弟の中島乙未平が取締役社長となった。しかし、その富士産業も新興財閥とみなされ解体を命じられ、中島知久平一族の個人財産も管理されて耐乏生活を送った。中島は、1949年に中島飛行機研究所内の寓居「泰山荘」で脳出血に襲われ65歳で亡くなった。中島の哲学や精神はスバル自動車やプリンス自動車工業などのエンジニアに継承された。スバルやスカイラインの斬新的なデザインと機能に、中島のフランス性を感じるのは筆者だけではないだろう。

第6章
第二次世界大戦後の日仏関係

　幕末，明治，大正，昭和前期までの日仏関係に比べて，第二次世界大戦後の日仏関係は比較的薄い。第二次世界大戦で日本は敗戦を喫した。戦争を放棄した平和憲法が発布され，日本は非軍事化され天皇は象徴的存在となった。新しい民主主義政策が実施され，勝利国アメリカを中心とした政治・経済の国際的秩序や枠組がどっしりと日本の上に降りかかった。1951年には連合国48カ国とサンフランシスコ平和条約と日米安全保障条約が結ばれ日本は主権を回復した。

　政治も成熟して，1955年には保守の自由党と革新の日本社会党が政策で戦う二大政党制度（55年体制）ができ上がった。軍事力を捨てた日本は経済復興に邁進した。1952年には国際通貨基金（IMF）や国際復興開発銀行（IBRD），1956年には国際連盟などの国際機関に参加し国際政治，国際経済や貿易関係も復活した。日本の戦後復興も早く，米ソ冷戦で起こった朝鮮戦争（1950）の特需景気と国民の勤勉さによって，日本経済は1955年に戦前の経済レベルに達した。アメリカの技術導入，積極的な設備投資，安価なエネルギー価格（石油），旺盛な消費意欲が1955-75年の20年間にわたる長期の高度経済成長をもたらした。

　1963年には先進国として認められ経済開発協力機構（OECD）に加盟し，1968年には日本の国民生産（GNP）はアメリカ，ソ連に次ぎ世界第3位（自由主義圏では第2位）の経済大国になった。1964年の東京オリンピックを機会に日本の国際化が始まり，持前の技術力と産業転換で1970年代のオイルショック，ドルショックを乗り越え，1980年代には円高不況も経験したが，前半は旺盛な輸出，後半は国際化と投機によるバブル景気で日本は世界で一番の資産国になった。1993年には初めて55年体制が崩れ，一時的に細川連立内閣が成立した。1990年代初期のバブル崩壊で未曾有の不景気になり多くの銀行や企業が倒産したが，それも積極的な金融や構造改革，産業編成，技術革新である程度まで克服した。

しかし，2000年初頭からグローバル化の発展とＩＴ技術の進歩で世界はフラットになった。世界のどこかで起こったことが瞬時に世界のほかのところに影響を与える「同時的世界」に突入した。2002年以来日本は着実に景気を回復していたが，2008年9月アメリカ発のリーマン・ブラザースの経営破たんに始まるサブプライム・ショック（低所得者用の高金利住宅ローン）で世界の金融市場が乱れ，消費が落ち込み日本を含む世界経済は大きく後退した。いままで個別，地域的に起こっていた世界不況が世界を同時に襲い，金融危機が実体経済に影響する時代となった。世界はアメリカを中心とする政治・経済体制に深く組み込まれている。日本は特に戦後65年間，ほかのどの国よりもアメリカとの友好関係が一番深かったので，アメリカの影響を一番早く，そして重く受ける国となった。

　一方，日本とフランスの関係は日米関係とは比べ物にならないほど弱くなった。特に，1993年に設立された「欧州連合（EU）」の出現で日仏関係の形態も大きく変わった。フランスはEU組織に組み込まれ，フランスと日本という関係よりもEUと日本という関係が重要になった。かつて，詩人の萩原朔太郎が「ふらんすに行きたしと思えども，ふらんすはあまりにも遠うし」といった時代は終わり，物理的にはいつでもフランスに行ける時代になったが，EUができたことで，逆にフランスとの実質的，精神的な距離が遠くなった。

　日本はフランスとの直接貿易や直接投資による現地進出を行ってきたが，日仏経済関係もEU市場を中心としたビジネスが多くなった。日本企業の日本からフランスに対する売上高は総輸出売上の3－6％であるので，数字的にはそれほど大きくはない。しかし，フランスのEUにおけるリーダー国としての強さや，日本におけるフランス技術の信頼，味覚に富んだ食品，高級商品の普及，ハイレベルの文化等でフランスの存在価値は高い。すなわち，フランスを無視できないのはマーケットシェア（市場に占める割合）としてはそんなに大きくはないが，フランスのマインドシェア（心に占める割合）は非常に大きい。また，先端的なハイテック産業，多様なサービス産業，高付加価値商品に強いフランスは，製造産業中心でサービス産業に弱い日本と補完関係にある。そのうえ，フランスは外交，文化政策に強く，経済では中近東，アフリカに強く，貿易では第三国貿易や投資に強いので，今後の日

本のお手本となる国である。この章では，戦後の日仏関係を追ってみる。

1. 1945－60年の日仏関係

(1) シャンソンによる日仏関係

　戦前のインテリはフランス文学や詩とシャンソンに浸ったが，戦後はアメリカ文学と流行歌に取って代わった。戦前はボードレールやその弟子のランボー，ベルレーヌ，マルメラなどの散文的，退廃的しかし美的な詩を朗読し，シャンソンを歌いフランスに行くのがモダンの象徴だったが，戦後はアメリカ文学を学びポップス，ジャズ，ロック，カントリー，ハワイアンを聴いてアメリカに行くのがモダンになった。しかし，アメリカ化が進むなかで貧困，失恋，別離，幸福，夢，批判，抵抗などを歌ったシャンソンは戦後混乱期に必死に生きる人々の心をとらえ，特に日本社会に絶望していたインテリ層に受けた。

　日本には戦前から単発的にシャンソンは入ってきていた。ダミアが「暗い日曜日」「人の気も知らないで」，シャルル・トレネは「詩人の魂」「ラ・メール」などでヒットを飛ばし，戦時中にはエディット・ピアフが「バラ色の人生」を歌っていた。日本では宝塚歌劇団がシャンソンをいち早く取り入れた。劇団歌として「モンパリ」(1927)や「すみれの花咲くころ」(1930)を採用し，ダミアの暗く深刻な歌「暗い日曜日」(1936)は日本でも多くのファンを魅了した。「すみれの花咲くころ」は戦前2年間フランスに留学し宝塚レヴューを完成して「レヴューの王様」といわれた白井鐵造の訳詩であった。放送局やレコードが一般的になると，「巴里の屋根の下」(1930)，「人の気も知らないで」(1930)，「巴里祭」(1933)，「ラ・メール」(1938)などが映画の主題歌あるいは単独のシャンソンとしてヒットした。シャンソンの歌い方も，時流や歌手とともに変わった。ジャズを取り入れたり，リズムを早めたり，ルンバやタンゴ，カンツォーネを取り入れたりした。

　戦前の日本人シャンソン歌手としては，宝塚レビューからシャンソン歌手となった橘かおる，葦原邦子，淡谷のり子等が有名だが，特に淡谷のり子(1907－1999)は東京音楽大学出身でバタ臭く，アンヌイに溢れる大正モダン的な歌い方をして，シャンソン「ドンニャ・マリキータ」(1935)をヒットさせ日本のシャンソン歌手

第1号といわれている。淡谷のシャンソンでの成功が、彼女の最初のヒット曲「別れのブルース」(1937)の大成功の下地となり日中戦争後の大流行につながった。太平洋戦争の末期の1943年には葦原英了を中心として「東京シャンソン・クラブ」が設立され、そこがシャンソン愛好家の溜まり場になり、戦後のシャンソンの起爆剤となった。

戦後になるとそれぞれの国で歌謡曲が流行した。日本では流行歌、フランスではシャンソンが盛んになり、アメリカのアメリカンポップス、カントリーウエスタン、ジャズなどと対抗した。海外では経済力のあるアメリカンポップが強く、文化力のあるシャンソンは2番手であった。日本でも歌謡曲は盛んになったが、外国で有名になった歌はジャパンポップスを歌った坂本九以外にほとんどなかった。シャンソンでは、イベット・ジローの「あじさい娘」(1946)、エディット・ピアフの「バラ色の人生」(1946)、イブ・モンタンの「枯葉」(1946)、「パリで」(1948)、ジャクリーヌ・フランソワの「巴里のお嬢さん」(1948)が流行した。

しかし、1950年代には個性のあるシャンソン歌手が出現してシャンソンの最盛期を迎えた。特に、「シャンソンの女王」といわれたエディット・ピアフ(1915–1963)はシャンソン界の頂点で、その後アンドレ・クレボーの「ばら色の桜んぼの木と白いリンゴの木」(1950)、「ドミノ」(1950)、ピアフ自身の「愛の賛歌」(1950)、「パダンパダン」(1952)が続いた。ピアフは後輩を養成するのが上手で、配下からはイヴ・モンタン、フランシス・ルマルク、ジルベール・ベコー、シャルル・アズナブール、ジョルジュ・ムスタキ、シャルル・デュモンなどをシャンソン界に送り出した。アズナブールは「ラ・マンマ」(1963)で大ヒットを出し、ムスタキは「ミロール」(1957)をピアフのために作詞し、作曲家のデュモンは「水に流して」(1960)を作ってピアフを20世紀の大スターにした。

日本でシャンソンが一般的に歌われ始めたのは、1946年から始まった「NHK紅白歌合戦」がきっかけであった。「暗い日曜日」で世界的に有名になったダミアが1953年に来日し、渋谷公会堂でコンサートを開いたが、日本人はここで初めてフランス語で本場のシャンソンを聞くことができた。日本人シャンソン歌手も育ってきて、NHK紅白歌合戦では芦野宏がフランス語で「ドミノ」を歌った。終戦後

に淡谷のり子や高英男が中心となって「日本シャンソン・クラブ」が結成されて，日本人にあったシャンソンを歌うシャンソン普及運動を始めた。メロディーはシャンソンだが，詩はわかりやすく日本人の心理，心情を歌い上げたものが多かった。シャンソンは日本化してちょっとモダンでシックな「フランス演歌」となった。

　淡谷，高に続いて，1940年代後半には石井好子，越路吹雪，1950年代には中原美紗緒，岸洋子，金子由香里などの女性歌手が活躍した。高，石井，芦野は1950年代にフランスに渡り，高はソルボンヌに学び帰国後「雪の降る町を」(1953)でヒットを出し，芸大出身の石井は，日本で初めて「パリ祭」(1963)を開き，「日本シャンソン協会」(1991)の会長となった。芦野も芸大出身で，NHK「虹のしらべ」でデビュー，東洋人として初めてパリのオランピア劇場に出演した。高，石井，芦野は日本におけるシャンソン普及に尽力したことでフランス政府からコマンドール，オフィシエなど功労勲章を受けた。越路は宝塚出身で「セ・シ・ボン」「愛の賛歌」「ラストダンスは私に」などを独特なムードで歌って人気があった。シャンソン歌手は宝塚，芸大・音大出身が多いのも特徴であった。

(2) 映画による日仏関係

　戦後復興の1945年から高度成長期に入った1960年までの日仏関係は，主に映画を通しての文化的な関係であった。政治・経済・文化では圧倒的にアメリカが強く日本のアメリカ化が進んだなかでの日仏関係であった。フランスは常にアメリカ文化に抵抗するが映画でも米仏競争が始まっていた。第二次世界大戦前の1930-40年代はハリウッド全盛時代で，「風と共に去りぬ」「幌馬車」「市民ケーン」など名作が日本でも紹介されたが，フランス映画も黄金時代を迎えていた。

　1930年代の黄金時代には，ルネ・クレールの「パリの屋根の下」(1931)，「自由を我らに」(1932)，「パリ祭」(1933)，ジュリアン・デュヴィヴィエの「商船テナシチー」(1934)，「最後の億万長者」(1935)，「舞踏会の手帖」(1938)，「望郷」(1939)，ジャック・フェデールの「ミモザ館」(1936)，「女だけの都」(1937) など約10年間フランス映画が「キネマ旬報」の批評家投票で1位あるいは2位を占めるほど人気があった。しかし，第二次世界大戦への準備で敵国の映画が大幅に減少

し、日本ではジュリアン・デュヴィヴィエの「幻の馬車」(1940) が 10 位に入ったのみであった。

　第二次世界大戦後、アメリカからは「巴里のアメリカ人」「雨に歌えば」などのミュージカル、「ローマの休日」「アフリカの女王」などの海外ものが日本に入ったが、フランスからも良質の映画が輸入された。最初に輸入されたのは 1948 年にジャン・コクトー演出の「美女と野獣」とデヴィヴィエの「旅路の果て」であったが、日本でヒットしたのは 1949 年に封切られたジャン・ルノアール監督の「大いなる幻影」(ジャン・ギャバン主演) であった。この映画は第二次世界大戦中のドイツ捕虜収容所を舞台にしたヒューマニズムを描いた話題作でヨーロッパでは大評判となり 1937 年に輸入されたが反戦映画として公開されず戦後解禁になったフランス映画であった。1956 年に日本が国際連盟へ加入すると、それを契機にアメリカ以外の映画が全面的に解禁されフランス、イギリス、ソ連、イタリアものが入ってきた。フランス映画は特に日本のインテリジャンスを喜ばせた。

　1950 年の朝鮮戦争の特需で景気もよくなり、日本人の娯楽追求心が高くなることによってより多くのヨーロッパの映画が輸入された。技術の発展で民間放送 (1951)、NHK や民間放送会社によるテレビ放送 (1953) が始まった。フランスでは、1950 年にアルプスに暮らす神父を描きカンヌ映画祭 (1946) でグランプリをとったジャン・ドラノワ監督の「田園交響楽」、パリ解放後の奔放な戦後派女性を描いてベネチュア映画祭でグランプリをとったジョルジュ・クルーゾー監督の「情婦マノン」、1951 年には知的で難解なルネ・クレール監督、ジェラール・フィリップ主演の「悪魔の美しさ」、アカデミー賞作品賞をとったアメリカ・ミュージカル「巴里のアメリカ人」などが次々公開された。

(3) 料理を通じた日仏関係

　フランス料理も日仏関係促進に大きな役割を果たした。戦前に活躍したフランス料理人は、大部分のシェフが太平洋戦争で戦地に赴き、亡くなった人も多かった。戦後は人々はフランス料理を味わう余裕もなく料理人は活躍の場所がなかった。しかし、1949 年に飲食営業緊急措置令が解除され、理論的には誰でもフランス料理

1950年代を彩る映画文化

　戦後は，戦前と違って経済力とハリウッドをもつアメリカ映画が圧倒的な人気があった。1952年には，総輸入外国映画本数の約7割（208本の内152本）がアメリカ映画であった。しかし，生活も豊かになり，消費趣向が多様化して，インテリを中心に徐々にヨーロッパ映画の名作も見るようになった。イギリスの「第三の男」，イタリアの「自転車泥棒」「にがい米」，アメリカの「真昼の決闘」，日本映画も国際的に評価されはじめ，1951年にベネチア国際映画祭で「羅生門」がグランプリをとった。フランス映画ではマルセル・カルネ監督の「天井桟敷の人々」，クロード・ララ監督，ジェラール・フィリップ主演の「肉体の悪魔」，ジュリアン・デュヴィヴィエ監督の「パリの空の下セーヌが流れる」が「キネマ旬報」でトップテンに選ばれた。

　日本でカラーテレビ本放送が始まった1953年には，立体映画「シネマスコープ」が始まり，さらに左右19メートルの「シネラマ」（1955）も始まり，映画がさらに立体的になった。フランス映画では，世界的ヒットとなったルネ・クレマン監督の「禁じられた遊び」が公開され，日本でもこの年の興行第1位となり，ベネチア映画グランプリ，米アカデミー外国映画賞など総なめにして日本の「キネマ旬報」でも第1位となった。1954年には，アンリ・クルーゾ監督，イブ・モンタン主演，カンヌ映画祭グランプリをとった「恐怖の報酬」，マルセル・カルネ監督，シモーヌ・シニョレが主演しベニス映画祭で銀賞をとった「嘆きのテレーズ」，ルネ・クレマン監督，ジェラール・フィリップ主演，カンヌ映画祭特別賞の「しのび逢い」が封切られた。

　1955年には鉄道員のレジスタンス運動を描いたルネ・クレマン監督「鉄路の闘い」，1956年には，同じルネ・クレマン監督がマリア・シェル主演でナポレオン3世統治下の下町での怠惰な男女関係を描いた「居酒屋」，1958年には，当時25歳の新人監督だったルイ・マル監督がモーリス・ロネ主演で新感覚のスリラーに挑んだ「死刑台のエレベーター」，ジャック・タチ監督主演で高級住宅に住む伯父さんと子どものユーモラスな交流を描き，アカデミー賞（外国語），カンヌ特別賞（審査員）をもらった仏伊合作「ぼくの伯父さん」が公開された。

　1959年にはルイ・マル監督，ジャンヌ・モロー主演で，夫に不満な人妻が青年と情熱の一夜をすごす美しい映画「恋人たち」，クロード・シャブロル監督，ジェラール・ブラン主演で，性格も生き方も違ういとこ同士の生活を描く「いとこ同士」が公開された。1953－55年にかけてアメリカの「シェーン」（アラン・ラッド），「帰らざる河」（マリリン・モンロー），「エデンの東」（ジェームス・ディーン），「ローマの休日」（オードリー・ヘップバーン），「ライムライト」（チャップリン），イギリスの「旅情」，日本の「七人の侍」（黒澤明監督），「雨月物語」（溝口健二），「二十四の瞳」（木下恵介），「浮雲」（成瀬巳喜男）「ひめゆりの塔」（今井正），「東京物語」（小津安二郎）など内外の名作が公開された。1954年に公開された「ゴジラ」は，特撮怪獣映画として空前のヒットとなった。

店を開いてもよい時代になったが，実際にはその職場も需要もなかった。フランス料理の主な職場であったホテルは米軍に接収され，開業するには資金がなく屋台で商売をしていたものも多かった。

　1950年の朝鮮戦争の特需で景気が上昇し，人々の生活も余裕が出てきたので，ようやくフランス料理を食べる人が多くなった。かつての名コックも徐々に現場に復帰できるようになり，東京會舘「プルニエ」の初代料理長だった田中徳三郎はパレスホテルの料理長になり，フランスで18年間も修業していた志度藤雄は「メゾン・ド・シド」「花の木」を開店した。戦地から復員した小野正吉も，「アラスカ」「コックドール」などで腕を振るうようになった。

　日本のフランス料理発展にはスイス出身のフランス料理人，サリー・ワイルの大きな貢献があった。ワイルは1925年にパリのホテルの招聘で来日したが，日本を気に入って横浜のホテル・ニューグランドの初代料理長となり，1934年までは東京グランドホテルと合わせて約20年間勤めた。その間，本場のフランス料理を伝えるとともに，日本のフランス料理界に革命を起こし本格的フランス料理を伝えた。食空間のエンターテイメント化，アラカルト料理，調理場の標準化などを進め，イタリア三色旗にヒントをえた米を使った料理「ドリア」を考案した。

　スイスに帰国したあとも，海外渡航の厳しいときに日本の若いシェフの面倒を現地で見て「スイス・パパ」として慕われ，その門下生にはホテル・オークラの小野正吉，帝国ホテルの村上信夫，東京プリンスホテルの木沢武男，横浜ニューグランドの入江茂忠，大阪東洋ホテルの木村健蔵，日活ホテルの馬場久などの名料理人が出て，これらの功績で日本政府から勲五等瑞宝章を受章した。

　志度藤雄はワイルの弟子ではなかったが，1950年代に活躍したフランス料理シェフであった。志度は昭和の初期に密入国でヨーロッパに入り，18年間ヨーロッパで修業した。パリでは「ル・コルドン・ブルー」などで経験を積み，1950年代の名首相吉田茂の料理人として活躍した。志度は在日フランス大使や日本の政治家にかわいがられ北京や南京でも活躍した。官邸での務めのあとは自分で「メゾン・ド・シド」「花の木」「レストラン四季」を開いて名フランス料理シェフとして有名だった。その後，伝説のシェフの息子が南青山にワインと料理のコンビネーションが楽

しめるフランス料理店「仏蘭西酒場志度」をつくった。

(4) ル・コルビジエの弟子たち

日本の建築家でフランスから学んだ建築家も多い。特に，1959年にフランスで活躍した建築界の巨匠であるル・コルビジエ（1887-1965）は優秀な日本人の門下生を輩出した。国立西洋美術館はル・コルビジエが設計して，その弟子の前川國男，板倉準三，吉坂隆正が実施設計・監督して完成した。国立西洋美術館は日本で唯一のル・コルビジエ美術館である。

ル・コルビジエはスイス生れ（後にフランス国籍取得）の建築家で，コンクリートを使い，装飾を省いた平面的壁処理，伝統と対峙した合理性を尊重したモダニズム建築で「近代建築の始祖」といわれている。1925年のパリ万国博覧会（アール・デコ博）で衝撃的なデビューを果たして，1920年代に活躍した建築家で近代建築の三大巨匠[87]といわれている。

前川は東京大学工学部建築学科卒業後フランスに渡り，1928年にル・コルビジエ事務所で働き，1955年にル・コルビジエ来日の際には彼の事務所に立ち寄った。前川は，国際文化会館（1955），国立国会図書館（1961），東京海上ビルディング（1974），ケルン市東洋美術館（1976）などの作品を手がけモダニズム建築の旗手として，第二次世界大戦後の日本建築界をリードし，その門下生には丹下健蔵，木村俊彦，早間玲子がいる。前川レポートを出した元日銀総裁前川春雄は彼の実弟である。

板倉は東京大学で美術を専攻し卒業後パリに渡り，パリの大学で学び1931年にル・コルビジエ事務所に入所した。彼の作品にはパリ万国博覧会日本館（1937），東京日仏学院（1951），渋谷駅（1954），国際文化会館（1955），新宿駅・広場・小田急百貨店（1966），新宿駅西口広場（1967）などがある。吉坂は早稲田の理工学部から第1回フランス政府給府留学生として渡仏しル・コルビジエ事務所で働いた。帰国後は早稲田大学の教授となり，1973年には日本建築学会の会長を務めた。その作品には日仏会館（1960），アテネ・フランセ（1962），大学セミナーハウス（1965）やいろいろな地域開発に携わった。

間接的ではあるが，ル・コルビジエに強い影響を受けた丹下健蔵は高度経済成長期に多くの国家プロジェクトを手がけて「世界の丹下」として活躍した。広島平和記念資料館・平和記念公園（1955）で有名になり，東京カテドラル聖マリア大聖堂（1964），東京オリンピック国内総合競技場（1964）は日本の建築デザイン技術を世界のトップレベルに引き上げた。パリでもイタリア広場，パリ・セーヌ左岸計画などのプロジェクトを担当し，丹下の門下生から磯崎新，黒川紀章などの多くの人材が育った。

(5) 花開く日仏関係

映画以外の日仏関係では，フランス語の「アプレゲール（戦後の意味）」という言葉が流行し，戦前の山の手インテリの溜まり場だった劇場「ムーランルージュ新宿座」が再開された。ファッションに敏感な洋裁学校の生徒は日比谷の GHQ（連合国総司令部）の CIE（民間情報教育局）図書館で「ヴォーグ」などフランスやアメリカのファッション誌をコピーし，クリスチャン・ディオールが発表したロングスカートがアメリカ経由で日本に届き開放の象徴となっていた。1949 年，フランスの独立芸術家のサロンにならった「アンデパンダン展」が日本で初めて開催された。労働の世界では，ルイ・サイヤン団長の率いる世界労連日本視察団が来日した。

1950 年にパリ音楽院教授で日本の有名ピアニストを指導したラザール・レヴィが日比谷でピアノ演奏会を開き，これが戦後初の来日音楽家演奏会となった。フランス絵画では 1951 年に，それまで閉ざされていた海外美術が復活し東京国立博物館でアンリ・マチス展とパブロ・ピカソ展が開かれた。マチス展では 44 日間に 15 万人の観覧者を集めた。1953 年に日本政府はフランス政府と戦後初の「日仏文化協定」を結び，戦後初の仏豪華客船「ラ・マルセイエーズ号」が観光客 204 人を乗せて横浜に入港した。パリのディボー音楽コンクールのピアノ部門で田中希代子が 4 位に入賞したのもこの年である。

1953 年の日仏文化で一番大きな出来事はクリスチャン・ディオールのファッションショーが丸の内の東京會舘，大丸デパートで行われたことであった。洋画 200 円

時代にディオールの入場料は1000－3000円であったが日本全国から1000人の観客が集まった。日本で初めてのファッションショーであったが，当時文化服装学院や杉野ドレスメーカーなど洋裁学校が2000校あり，生徒が26万人，服装雑誌が復刊され，東洋レーヨンなどの新しい素材の開発，食住の時代から衣の時代への転換もありディオールのショーは大成功であった。ファッションモデルも職業化され，日本人女性の体格も国際的になり伊東絹子がミス・ユニバースで日本人初の3位に入賞した。

1954年には日仏文化協定が結ばれ，日本で最初の「フランス・ルーヴル展」が開かれた。翌年，パントマイムのマルセル・マルソーが来日しパントマイム・ブームを起こした。1956年に通産省は「経済白書」で「もはや戦後ではない」と戦後復興期の終了宣言をして，新しい「技術革新」による日本経済の本格的発展をうたった。設備投資だけでなく，輸出増加，消費革命によって神武景気，岩戸景気と景気が拡大し日本は高度経済成長へ入っていった。

マイカー時代も始まり，スバル360（富士重工），スカイライン（日産），トヨペットコロナ（トヨタ）などの車が人気を博した。1955年にはトヨペット・クラウン，1959年には日産ブルーバードが発表されマイカーブームが起こり，日本の製造技術は世界の水準に近づいた。日仏間の貿易拡大で日仏支払協定が調印され仏フランによる支払いが可能になり，歌ではペギー葉山の歌ったフランスシャンソン「ケ・セラ・セラ」がヒットした。

1957年にはフランスの歌手イベット・ジローが来日して各地にシャンソンブームが起き，人気映画女優の岸恵子が仏映画監督イヴ・シャンピとパリで結婚式を挙げ，フランスから購入した天然ウランが茨城の東海村原子力研究所に到着した。仏新開潜水艦「バスカチーフ」は宮城県金華山沖で震度3000メートルの海底に到達するという記録を達成した。1958年にはパリのエッフェルタワーを真似た東京タワーが完成した。

1959年にはル・コルビュジエ設計の西洋美術館が一般公開され1951年に仏政府から返還された松方コレクションを展示し初日に8000人も入場した。小沢征爾が仏ブザンソン国際指揮コンクールで1位に入賞し，パリのロン・ティボー国際コン

クールでピアノ部門では松浦豊明が1位，バイオリンの部門では石井志都子が3位と日本人初の入賞となりった。ファッション志向の若い女性対象の雑誌「マドモアゼル」が創刊され，フランスをこよなく愛した永井荷風が79歳で亡くなった。

2. 1960－70年の日仏関係

フランスは政治的にも経済的にも力をつけた。労働生産性が向上し，高度成長が続いて1943－73年まで「繁栄の30年（Trente Glorieuses）」を迎えた。1958年に第5共和制が発足し，大統領にはシャルル・ド・ゴールが選ばれた。ド・ゴールはフランスの威信を示すために，1960年にフランス領サハラで初の原爆実験を行い，1962年にはアルジェリアの独立を承認した。日本では保守の岸信介首相のもとで保守政権が安定し，アメリカと日米安全保障条約（1960）が結ばれ日米関係がますます強固になった。

調印後，岸内閣から池田内閣に政権が移り，池田内閣は「国民所得倍増計画」（1960）を打ち上げ積極的な経済政策がとられた。岩戸景気につづいて消費・レジャーブームが生まれ，日本は豊かになり「黄金の60年代」が始まった。アメリカでは民主党でアイルランド系の「若きホープ」ジョン・ケネディが大統領（1961）に選ばれ，米ソ対立はキューバ閉鎖をめぐって頂点に達したが2年後にダラスで暗殺された。

日本では貿易自由化が本格的になり，1962年には88％の貿易自由化を達成した。1962年貿易促進のために池田首相はヨーロッパ7カ国訪問したが，フランスでド・ゴールに会ったときに世界初のトランジスタラジオ（ソニー製）を送ったがド・ゴールは売り込みに熱心な池田首相を「トランジスタセールスマン」と揶揄した話は有名である。大国になったフランスにとって，東洋の日本はまだ高度成長を続けている小さな国であった。

翌年，対仏関税率是正のための日仏通商協定が調印され，1964年の東京オリンピック前後から日本の本格的な国際化が始まった。1963年に経済開発協力機構（OECD）に加盟，ガット11条国に移行して先進国の仲間入りをし，1964年には国際通貨基金（IMF）8条国に移行し日本は本格的な開放体制，国際競争時代に入っ

た。

　1960年代初頭に景気の後退が始まり、炭鉱の閉鎖を巡って三井三池争議が広がり全日本労働総同盟（1964）が発足し労働組合の政治闘争化した。企業では、労働者に対抗できる大企業とできない中小企業との格差が生じた。日本は高度成長を続け東京オリンピック（1964）、万国博覧会（1970）を開催する力をつけ、日本のGNP（国民総生産）は西側諸国では第2位（1968）となり、1969年には長期的な好況が続く「いざなぎ景気」が始まった。

　1965年から佐藤栄作が首相になり、一方では日米関係を強化し、ケネディ・ラウンドで貿易を推進したが、他方では日韓条約批准、日ソ貿易協定、日中総合貿易協定（MT）などを締結して近隣国との関係を緊密にした。しかし、このころから高度成長の陰の部分が顕著になった。政府は水俣病を公害病（1968）として認め、初の「公害白書」（1969）を出した。

　フランスは景気回復に苦しみ、フラン不安からヨーロッパ為替市場が混乱して、ロンドン・パリなど各地の為替市場が一時閉鎖された。フランスは外交を強化しアメリカ依存の脱却をめざし中ソと連携を深め、中華人民共和国（1964）を初めて承認し、ド・ゴールがソ連を訪問し「仏ソ共同宣言」（1966）を出し、NATOから正式に脱退（1966）した。ド・ゴールは中南米10カ国を歴訪してアメリカ依存脱却を説いた。

　軍事的に米ソと対抗するフランスは南太平洋で初の水爆実験（1968）に成功した。同年、日本はアメリカから小笠原列島が返還され、次いで日米貿易経済合同委員会（1968）が開かれ、日米関係は政治的にも経済的にもより緊密になった。政治、経済的には日仏関係は希薄であったが、1968年にフランスのパリ大学で起きて全国に広がった学生デモを機会に発生した「5月危機」を境に文化面で影響があった。

(1) ヌーヴェル・ヴァーグ

　1950年代の後半から1960年代かけてフランスに若者の革命「ヌーヴェル・ヴァーグ（新しい波）」運動が起こり日本だけでなく世界に衝撃を与えた。ヌーヴェル・ヴァーグという言葉自体は、フランスの週刊誌「レキスプレス」誌が盛り上がる若

者の新しい文化運動を表紙のタイトルに「新しい波がくる」(1957) と使ったことに起因する。当時，戦後世代がそれまでの世代と比べていろいろな面でギャップを感じ，その差を社会問題として取り扱い，特に新しい考えをもった映画監督が作品を取り上げた。ヌーヴェル・ヴァーグ映画の特徴はその即興性，同時録音，ロケ中心，安いバジェット，ジャンプカットなどがあり，若者は従来の映画と差別化し自分たちの主張を新しい型で取り入れた。

　形式に捕らわれない新しいタイプの映画「ヌーヴェル・ヴァーグ」の初期の作品にはカイエ派（パリ右岸に住む右岸派）が多くクロード・シャブロル監督の「美しきセルジュ」(1958)，「いとこ同士」(1958)，ジャン＝リュック・ゴダール監督，ジャン＝ポール・ベルモンド，ジーン・セバーグ主演の「勝手にしやがれ」(1959)，フランソワ・トリュフォーの第1回作品「大人は分かってくれない」(1959)，ルネ・クレマン監督，アラン・ドロン主演の「太陽がいっぱい」(1960) など商業ベースでも脚光を浴びた。これらの作品は日本でも公開されたが，「太陽がいっぱい」は大ヒットしアラン・ドロンは若い女性のアイドルとなり，ニーノ・ロータの主題歌もベストテン入りした。

　その後も，フランス映画の隆盛は続き，1960年には，マルセル・カミュ監督，ブレノ・メロ主演，フランス・ブラジル・イタリア合作映画でカンヌ映画祭金賞，カカデミー賞（外国語）に輝いた「黒いオルフェ」，アラン・レネ監督，ベネチア映画祭グランプリ映画「去年マリエンバートで」，アンリ・コル監督，カンヌ映画グランプリ映画「かくも長き不在」などが封切られた。その後，1962年にはジャン・リュック・ゴダール監督「女と男のいる舗道」，1963年にはアンリ・ベルヌイユ監督，アラン・ドロン，ジャン・ギャバン主演の「地下室のメロディー」が公開された。1964年にはジャック・ドウミ監督，カトリーヌ・ドヌーブ主演の「シェルブールの雨傘」，ルネ・クレマン監督，アラン・ドロン，ジェーン・フォンダ主演「危険がいっぱい」，アンリ・ロッシェ監督，ジャンヌ・モロー主演「突然炎のごとく」などの名画が紹介された。

　フランス映画の影響を受けて，アメリカでもヌーヴェル・ヴァーグ映画が多数封切られた。それらの映画は，「アメリカン・ニューシネマ」と呼ばれテレビに押さ

れたハリウッドの独立プロや新人の監督によるものが多かった。1967 年にはアーサー・ベン監督，ウォーレン・ビーティ，フェイ・ダナウエー主演の「俺達には明日はない」，マイク・ニコルズ監督，ダスティー・ホフマン，アン・バンクロフト主演の「卒業」，1969 年にはデニス・ホッパー監督，ピーター・フォンダと監督自身主演の「イージー・ライダー」，ジョージ・R・ヒル監督，ポール。ニューマン，ロバート・レッドウフォード主演「明日に向かって撃て」，ジョン・シュレンジャー監督，ジョン・ヴォイト，ダスティー・ホフマン主演の「真夜中のカーボーイ」などが封切られた。

　日本でもヌーヴェル・ヴァーグの影響があったが，どちらかというと時代遅れ，タブーだった伝統的な社会的慣例批判から始まった。時期的には，フランスと同じ時期の 1950 年代末から 1970 年代初頭に出現した。古くは市川昆監督の「処刑の部屋」(1956)，中平康監督の「狂った果実」，川島雄三監督の「幕末太陽伝」などがあるが，本格的なヌーヴェル・ヴァーグ作品は大島渚，篠田正浩，吉田喜重の三人に始まるといわれている。作品としては，大島渚監督の「青春惨酷物語」(1960)に始まる。その後，今村昌平監督の「豚と軍艦」(1961)，「日本昆虫記」(1963)，「赤い殺意」(1964)，「神々の深き欲望」(1968)，鈴木清順監督の「肉体の門」(1964)，勅使河原宏監督の「砂の女」(1964)，篠田正浩監督の「心中天網島」1969)，吉田喜重監督の「エロス＋虐殺」，大島渚監督の「愛のコリーダ」(1976) などがあるが，製作会社の権力が強く権力闘争に敗れて独立し力を失っていった監督が多い。

(2) 反体制文化と若者革命

　1960 年代からは日本，フランスとも政治経済が安定し国際貿易が盛んになったため日仏文化交流が活発になった。1961 年に「実存主義者の女神」といわれたシャンソン歌手ジュリエット・グレコが来日し，パリで開催された第 3 回世界柔道選手権ではオランダのヘーシンクが日本以外の選手として初優勝した。1962 年には人気絶頂の歌手イブ・モンタンが来日し，絵画ではピカソ展が開催された。1963 年には文化使節として渡欧した田中千代がパリでファッションショーを行い，パリで活躍中のモデル松本弘子を使った着物ベースのコレクションを紹介し大好評を博し

た。

　デパート業界では婦人服部門でパリモードが大流行し、1964年には日本で東京国際オリンピックが開催され日本は先進国世界の仲間入りをした。東京オリンピックには世界93カ国から約6000人が参加し、日本の金メダル獲得数は16個で米ソに次いで第3位であった。オリンピックの年にド・ゴール大統領時代の首相ジョルジュ・ポンピドーが来日した。文化的な活動としては、パリで1962年にパリ国際大学都市日本館の35周年記念が開かれ、日本館を寄贈した薩摩治朗八の記念碑が建てられ、翌年には別館「きょうと」が完成した。東京と京都では「ミロのビーナス」が特別公開されて約2万人が来場した。

　1965年にフランス、ロン・ティボー国際コンクールバイオリン部門で久保陽子が第2位に入賞し、ビートルズが来日した1966年には、フランスの哲学者サルトルと作家のボーボワール女史が来日し、慶應義塾大学で知識人のあり方について講演した。1969年には英仏共同開発の超音速ジェット機「コンコルド」の初飛行がツルーズで成功裡に終わった。悲しい話としては、1968年パリに帰化した画家藤田嗣治が死去した。日本映画では藤純子主演の「緋牡丹博徒シリーズ」や渥美清主演の「寅さんシリーズ」などがヒットしたが外国映画、日本映画とも興行収入が減り、大映が倒産して日本の大手映画製作会社が6社から5社になってしまった。しかし、1968年6月に文部省外局として文化振興と保護のための「文化庁」が発足した。

　政治では1968年からアメリカでは長引くベトナム戦争（1959–75）、黒人運動指導者キング牧師暗殺事件（1968）に端を発した反体制学生運動が起こっていた。その影響は大きく人権主義に敏感なフランスの若者を動かした。まず、教授独占体制に反対するストラスブール大学で大学の民主化を要求して学生運動が起こり、パリ大学ナンテール分校では学生が大学の改革だけでなくベトナム戦争反対を唱えた。同調したソルボンヌ大学も学校閉鎖を行い、学生はカルチェラタンでバリケードを挟んで警官と衝突した。フランス全土の労働者も巻き込み約1000万人が自由、平等、自治を求めたゼネストを起こしフランス交通システムは閉鎖状態となった。

　ド・ゴール大統領が軍隊を出動し国民議会を解散させ、総選挙を行うことで事態

は収拾した。しかし，この5月危機は教育制度の問題だけでなく1960年代の政治，社会，文化的問題を浮き彫りにしてフランス革命以来の文化革命となった。1969年にド・ゴールは辞任したが，この学生運動から始まった文化革命が遠因とされている。日本の学生に対する影響も大きく，日本では日米安全保障条約（1960）に反対した安保闘争につぐ大きな大学紛争となった。

　フランスの5月革命で日本の反体制運動やベトナム戦争反対運動に拍車がかかり，1968年6月には年初に起こった東京大学医学部紛争が拡大して大学が学生に占拠されるなど全国的な大学紛争となった。このフランスの学生が起した運動の影響は大きく，世界の学生が既存社会の権威主義と既成秩序に反抗して新しいタイプの自由を勝ち取った運動であった。

(3)　映画を通じた日仏関係

　1959年のヌーヴェル・ヴァーグ運動で，1960年になると日本に新しいフランス映画が多数入ってきた。従来のクレール，ルノアール，デュヴィヴィエ，カルネなどの巨匠とは違った新しいフランス映画であった。戦後外国映画は，アメリカGHQによって統制されアメリカ映画だけが輸入できたが，1947年にフランス以外にイギリス，イタリア，ソ連からの映画も公開されるようになった。そのとき許可を受けた輸入業者には川喜多長政の東和映画を筆頭に，NCC（日本ヘラルドの前身で「赤い靴」を輸入），新外映（「太陽がいっぱい」），イタリフィルム（「道」）であった。その後は，東和映画と日本ヘラルド（2006年に角川映画に吸収）の独占となった。

　なかでも川喜多ファミリーは，家族3人が1960-70年代にフランス映画を熱心に日本に紹介した。ドイツ留学経験のある川喜多長政は映画制作者，輸入業者，国際的映画人として活躍し，映画輸入会社東和商事（1928）を設立して，1930年代にフランス映画の「自由を我らに」「巴里祭」「望郷」，ドイツ映画の「会議は踊る」「民族の祭典」などを輸入した。社名を東和映画（1961）に変え1945-60年代に「天井桟敷の人々」「禁じられた遊び」「居酒屋」「肉体の悪魔」などを輸入し初期のフランス映画市場形成に貢献し，フランス政府からレジョン・ド・ヌール（シュ

ヴァリエ）を受けた。

　川喜多長政の妻，川喜多かしこは，東宝東和株式会社（1975）を通じて長政と一緒にフランス映画の買付・促進に貢献した。1961年の外国映画解禁に乗ってフランス映画中心に外国映画の促進に努めた。1970年，フランス文相アンドレ・マルローが来日の折には，マルローから日仏映画ライブラリーの要望がありフィルム・ライブラリー助成協議会を組織してフランス映画を含む外国映画名作の収集・保存を行った。1970年には唯一国立の映画資料館である東京国立近代美術フィルムセンターの創設に貢献し，1981年に私財をなげうって川喜多映画文化財団をつくり，日本の日仏会館などでのフランス映画を通じた国際交流を図り，フランス政府から文藝勲章（オフィシエとコマンドール）と国家功労賞を受賞した。

　娘の川喜多和子は，1967年に柴田俊の経営するフランス映画社に副社長として入社し，フランス映画をはじめヨーロッパ映画の輸入に貢献するとともに，溝口，黒澤のあとの大島渚，柳町光男，小栗康平などの優秀な日本映画監督を世界に紹介した。和子のパートナーである柴田はフランス映画社（1967）を設立して有名無名にかかわらず世界のベスト作品を「BOWシリーズ」（ベスト・オブ・ワールド）として本当に映画が好きな人を対象にミニシアターを中心に紹介し「ミニシアターブーム」をつくった。フランス映画ではヌーヴェル・ヴァーグの旗手ジャン・リュック・ゴダール監督の作品を輸入し，大島渚監督が日仏の話題映画「愛のコリーダ」（1976）を製作し，その後日仏映画の橋渡しの役を担った。大島監督は，ゴダールの「映画史」（1988-98）で溝口健二，小津安二郎，勅使河原宏とともに選ばれ，2001年にフランス政府から芸術文化勲章（オフィシエ）を受賞した。

(4)　フランス料理ブーム

　1960年代になると東京オリンピックをきっかけに国際化が進みフランス料理全盛期に入る。この時代のフランス料理人にはサリー・ワイルの弟子が多かった。田中徳三郎は，戦前パリの「プルニエ」で修行をして京都ホテルのシェフを務め，戦後，東京會舘やパリの「リッツ」で修行をした。1961年にパレスホテルの初代料理長になり，パレスホテル開業までの間を利用して西洋料理のバイブルというわれ

ている『西洋料理事典』を著わし「日本のエスコフィエ」と呼ばれた。西洋料理事典は版を重ねてフランス料理の教科書として今日でも使われている。

　小野正吉はホテル・ニューグランドを経由して，1961年にホテル・オークラに入り取締調理部長（総料理長）に就任した。1971年にフランス料理を普及させるため，25人のシェフとともに日本エスコフィエ協会を創設し初代会長となった。日本のフランス料理の発展に尽力した功績で，文化長官表彰（1989），国家功労賞シュヴァリエ（1995）を受賞した。日本エスコフィエ協会は2007年から社団法人になり，港区芝の自社ビルの1階には最新式のTEPCO電化厨房を備え，図書館にはフランス料理に関する1400冊の本を蔵書している。会員も増え，2009年現在1800人を有している。

　村上信夫は1940年帝国ホテルに見習いで入ったが，持ち前のセンスと努力でメキメキ上達し，1955年にベルギー大使館のシェフとして活躍，その後パリのホテル・リッツで2度修業（1957，1969）し，1964年の東京オリンピックでは女子選手村の総料理長を務め300人を監督した。男子村は同じ師匠サリー・ワイルの弟子で，日活ホテルの馬場久がいた。1969年に帝国ホテル第11代目の総料理長になり，役員も兼職して専務取締役まで昇進した。日本エスコフィエ協会では第2代目の会長を務め，NHKの料理番組ではやさしく親切な教え方が好評で，フランス料理の普及に対する貢献にフランス政府から農事功労賞（2000）を受賞した。

　田中，小野，村上がサリー・ワイルから学んだのは料理方法だけではなかった。当時，コース料理だけであった日本の洋食界にアラカルト方式を紹介し，厨房でも丁稚的な修行を排してローテーション制にするなど近代的な料理法を教えた。また，研修は経営面にも及び，フランス料理は料理だけでなく接客やサービスの質が大事であることを教え，シェフが客席に行ってサーブし，顧客の反応を聞くなどはサリー・ワイルの影響が大きかった。

3. 1970－80年の日仏関係

　1970年代はアメリカのドル防衛政策，世界的な石油危機などがあり，世界的不況が進展し新たな国際秩序が模索された時代であった。フランスのジョルジュ・ポ

ンピドー，ジスカール・デスタン両大統領は景気回復政策と EC の拡大に力を入れた。1971 年昭和天皇が歴代天皇としては初めて，ご自身では 50 年ぶりに欧州旅行の一環としてフランスを訪問された。翌年には日本とフランスとの間で原子力平和利用協定が結ばれ，フランス先端技術の象徴である超音速ジェット機「コンコルド」が羽田空港に飛来し航空関係者を驚かせた。

　日本は 1970 年代前半まで高度経済成長を続けた。政治的には 1972 年の沖縄返還，田中角栄首相による日中国交正常化，日中の貿易増加と交流，日本列島改造計画による国内需要開拓などの政策があり，日本経済はさらに大きく伸びるはずであった。しかし，1971 年のニクソンショック（ドル防衛政策）で世界の通貨不安が高まり先進 6 カ国による通貨会議（スミソニアン体制）で，日本円の新しいレートは 1 ドル 306 円となり，変動相場制に移行した。

　通貨危機とその後に起きた石油危機の二つの世界的ショックのために，1974 年の GNP は戦後初めてマイナスを記録し，物不足と狂乱物価で日本の高度経済成長が止まった。この年に，佐藤栄作元首相はノーベル平和賞をもらい，ニクソン大統領はウォーターゲート事件で辞任し，フォード副大統領が大統領に昇格した。日本でも 1970 年代前半には飛ぶ鳥を落とす勢力のあった田中角栄がロッキードスキャンダルで退陣し，1974 年にクリーンなイメージで調整型の三木武夫が首相になった。1976 年，田中元首相が逮捕されたことにより，自民党は強いリーダーを失い大きく議席を失って官僚的な福田赳夫内閣が成立した。

　一方フランスでは，1970 年に戦後の巨星ド・ゴールが死去した。1974 年にはド・ゴールを継いだポンピドーの急逝により保守派のジスカール・デスタン（在位：1974-81）が大統領に選ばれ，ジャック・シラク首相と保保政権が確立した。ジスカール・デスタンのイニシアチブで第 1 回の先進 6 カ国首脳会議（サミット）がランブイエで開催され，フランスの外交能力を世界に示した。日本からは三木武夫首相が参加した。円高・石油高不況で 1 ドル 250 円を割り，日本経済は戦後最大の不況に陥り大企業の日本熱学工業の倒産を引き起こした。

　1976 年，英仏共同で開発されたコンコルドが，エールフランスのパリ－リオデジャネイロ間，イギリス航空のロンドン－バーレーン間で就航した。アメリカでは

民主党のカーター大統領 (1977) が就任し，同じ年にソ連はブレジネフ政権が確立した。1976年末，「戦後の高橋是清」と称された名蔵相水田三喜男が亡くなった。日本では円高，ドル安が進み1977年には1ドル250円を割り，翌年には180円となった。不景気は続き永代産業，筑摩書房などが倒産し，不二サッシなどの利益粉飾決済や官公庁の不正などが発生し社会的モラルの低下が露呈した。フランスではジスカール・デスタン政権が新体制を組み，首相には経済学者のレイモンド・バールが選ばれた。野に下った首相のシラクは旧ド・ゴール派を集めて共和国連合 (RPR) 政党をつくった。

　1979年に日本で初めて開かれた主要国首脳会議「東京サミット」にカーター大統領やジスカール・デスタン大統領が来日したが，ジスカール・デスタンはフランスの先端技術を見せるためコンコルドで羽田空港に到着した。成田空港は前年に開港されていたが，東京へのアクセスと便宜を考え羽田に変更された。1979年には米中国交が成立し，イギリスでは保守党のサッチャー女史が首相に選出される一方で，ソ連がアフガニスタンに侵攻した。欧州化が進み，EEC諸国は欧州議会最初の直接選挙を実施した。世界経済混乱期に，フランス，日本ともそれぞれの適応能力を発揮した時代であった。

　ジスカール・デスタンは一言でいうと華麗な大統領であった。貴族出身でエリート，48歳の若さで大統領に選ばれ，「フランスのジョン・F・ケネディー」と呼ばれた。ルックスもよく，おしゃれでフェミニスト，避妊や離婚の自由の拡大，選挙年齢の引き下げ (21歳から18歳)，社会保障充実をおこなった。毎日新聞専門編集委員の西川恵の「フランス料理を"文化"にしたジスカール・デスタンの慧眼」(Foresight　2009年6月号) によると，ジスカール・デスタンは文化を大事にし，そのなかでも1975年にヌーヴェル・キュイジーヌのシェフ・ポール・ボキューズに料理界で最初の国家功労のレジョン・ドヌール勲章を与えた。またエリゼ宮で記念の昼食会を開き，ボキューズの他にも有名なシェフを招いてエリゼ宮の厨房で競作してもらった。

(1) 日本デザイナーの活躍

1960年にパリやロンドンなど海外の最先端のファッションを紹介する雑誌「ハイファッション」（文化出版局：2010年4月号で休刊）が発売となった。1970-80年にかけて日本のファッションデザイナーがパリ・コレクション（パリ・コレ）で活躍した。パリ・コレには伝統的なオートクチュールコレクションとプレタポルテコレクションがあるが，日本人が活躍したのは主に後者であった。フランスのオートクチュール（haute couture：高級創作衣装）は，18世紀にポンパドール公爵夫人やマリー・アントワネット王妃など宮廷の女性たちによって始められた歴史あるファッションである。宮廷ファッションをリードしていたアントワネットのデザイナーであったローズ・ベルタンや20世紀初頭ベルエポック時代に活躍したイギリス人フレデリック・ウオルトのオートクチュールは，20世紀にポワレ，ビオネ，シャネル，スキャパレリ，ディオール，バレンシア，カルダンなどによって受け継がれ1910年頃からパリ・コレとして発表していた。

しかし，1960年代にはファッション・リーダーが上流社会の女性から一般女性に替わり，高い注文服のオートクチュールから安くて高級感のあるプレタポルテ（prêt-à-porter：高級既製服）がファッション界の主流になった。この変化の原因としては，オートクチュールをサポートしてくれた伝統的な裕福な顧客層が衰退したこともあるが，1968年の5月危機を境にアメリカでは「ジーンズ革命」が起こり，フランスのファッション雑誌「エル（ELLE）」等が服装革命を支援してより簡易なプレタポルテの時代になった。したがって，1960年代からパリコレはプレタポルテ・コレクションをさし，オートクチュールコレクションと区別されるようになった。パリコレも変化しパリだけでなくミラノ，ロンドン，ニューヨーク，東京の5カ国5都市で開催され，200近いメゾンが参加するようになった。

この頃にフランスのファッション・デザイン界で，フランス人に混ざり日本人デザイナーが活躍しはじめた。高田賢三（ケンゾー），三宅一生（イッセー），山本寛斎（カンサイ）の3人がパリで頭角を現しパリコレで活躍した。1970年代初めにはケンゾーがラガーフェルド，エマニュエル・カーン，ソニア・リキュエルなどと活躍し，1970年代後半には三宅一生，山本寛斎がクロード・モンタナ，ジャン＝

ポール・グルチェなどと活躍した。1980年代には山本耀司，川久保玲が続いた。森英恵は「HANAE MORI」，高田賢三は「KENZO」，三宅一生は「ISSEY MIYAKE」，川久保令は「COMME des GARÇONS」，山本耀司は「Yohji Yamamoto」ブランドをそれぞれ立ち上げ有名になった。

　伝統的なオートクチュールも消滅したわけではなかった。顧客が少なくなったこともあるが，ショーをするのにも莫大な金がかかり，第二次世界大戦直前にはオートクチュール店が108店もあったが，1980－90年代の大量消費，大衆化で激減し2002年時点で23店となった。なかでも昔ながらの技術と資本を備えた伝統的オートクチュール店は10店以下になった。しかし，残ったオートクチュール店は歴史の重みでそれなりの伝統と威厳を保っている。イヴ・サンローランは二兎を追い成功した例で，1970年代に「YSルック」でオートクチュール業界を再活性したが，同時にプレタポルテ既製服をつくりはじめ，その後にギ・ラローシュ，クーレッジ，ランバン，バルマンが自社生産を始めた。

　オートクチュールのファッションショーも時代の洗礼を受け変化した。1972年からギ・ラローシュがファッションに初めて音楽を入れ始め，1973年からオートクチュールとプレタポルテ業界が歩み寄り組合をつくり，ルーヴルの中庭，レアル広場，ポート・デ・ベルサイユ国際見本市市場などで盛大なファッションショーを開いた。オートクチュールはフランス語と同じようにフランスの文化遺産なので，簡単にやめるわけにはいかなかった。

　オートクチュールの活性化には日本も貢献し，1977年に資生堂が日本にデザイナーを呼んでショーを開いた。同年，日本のデザイナー森英恵がオートクチュール界に日本人として初めてデビューしフランスの業界を驚かせた。パリで活躍する画家で，かつて日本人唯一のオートクチュール公認のジャーナリストであった赤木曠児朗画伯によると「オートクチュールの組合は20店ぐらいに限定され，組合員になるには立候補してから2年間の間に，4回コレクションを開き，パリで縫製製作をして，パリにお客の注文を聞く為のアトリエを維持でき，経営実力が証明できてから承認される」というほどハードルが高かったので森の進出は快挙といわれた。森はファッションを通じてフランス文化に貢献したことで，2000年にフランス政

府から国家功労賞オフィシエを受賞した。

　オートククチュールのパリ・コレでは，ファッションモデルの松本弘子が1970年代に活躍した。松本は身長164センチ，ボーイッシュ，エキゾチック，抜群のプロポーションで人気が出た。1950年代に新進デザイナーのピエール・カルダンに見いだされ，1970年には映画監督のフランソワ・トリュフォーにかわいがられ，彼の映画「ドワネル」シリーズの家庭編に出演した。パリ・コレでは東洋人として初めて超一流のモデルとして成功したが，1960年後半フランス人と結婚，またプレタポルテの時代に引退し一時ファッション評論家になった。フランスファッション普及のために，フランスの一流ファッション誌「ヴォーグ」の日本担当編集責任者（1974），10年後には日本語版を創刊（1984）させた。待望のファッション・ブティックを開いたが病魔に襲われ，2003年にパリの病院で67歳で亡くなった。

(2)　フランス文化の盛り上がり

　1970－80年代日本の洋画界は相変わらずアメリカ中心で，外国映画が配給収入全体の56％を占めていた。良質の映画が多く，特にアメリカ映画ではヒット作品が目白押しで，「イージー・ライダー」「明日に向かって打て」「ある愛の詩」「スティング」「タワーリング・インフェルノ」「ゴッド・ファーザー」「キャバレー」「ダーティー・ハリー」「ジョーズ」「エクソシスト」「ポセイドン・アドベンチャー」「スティング」「タクシードライバー」「カッコーの巣の上で」「ロッキー」「スター・ウォーズ」「サタデー・ナイト・フィーバー」「ディア・ハンター」などの映画がヒットした。

　フランス映画は，1960年代に比べヒットが少なかったが話題作が封切られた。クロード・ルルーシュ監督，カトリーヌ・アレーグル，フランシス・レイ主演「恋人達のメロディー」，同監督，リノ・ヴァンチュラ，フランソワ・ファビアン主演「男と女の詩」等があったが，その中でも1974年に封切りされたジュスト・ジャカン監督，シルヴィア・クリステル主演の「エマニュエル夫人」は大ヒットした。甘いマスクのアラン・ドロンは人気は絶大で，フランス映画際（1963）でトリュフォーなどと初来日し，1970年代でもCMなどの仕事で日本を訪れテレビ番組に出演し

た。日仏合作では1976年に大島渚監督の「愛のコリーダ」が大ヒットしたが，日本映画は不作で，わずか「伊豆の踊り子」「砂の器」「仁義なき戦い」「忍ぶ川」がヒットした程度であった。

映画以外でも日仏関係は盛り上がった。1970年，東京・銀座通りがパリのシャンゼリゼと姉妹通りになり，富士銀行はピエール・カルダンデザインの制服，日本航空はフランスで活躍する森英恵デザインのミニスカートを採用しユニフォームの新しい時代が始まった。フランスのリビエラ海岸でデビューした「ビキニ」がすっかり定着して，このころから海辺におなかやおへそむき出しのビキニ姿やホットパンツの女性が見られるようになった。一方1971年には，マクドナルド第1号店が東京銀座三越の1階にオープンし，日本のアメリカ化の象徴といわれた。

漫画界にフランスブームが起きた。漫画家池田理代子のヴェルサイユを舞台にした王朝物語「ヴェルサイユのばら」(1972)が中学，高校生を中心に大ヒットし，少女漫画シリーズの単行本は260万部(1975)を売って空前のヒットとなった。宝塚でも公演され若い人たちの間でのフランスブームとフランスへの憧れが起きた。池田の漫画は宝塚劇場で公演(1974)され140万人を動員しちょっとしたフランスブームを起こした。

日本人も欧米の料理を食べる機会が増えワインを飲む機会が多くなり，ワインブームが起きた。1969年には5525キロリットルだったワインの消費量は急速に増加し，1972年には3倍の1万4545キロリットルを消費した。このワインブームは「着るおしゃれから食べるおしゃれ」といわれ，日本人が一億総グルメの時代に入った象徴であった。欧米ファッションも盛んになり，1973年には東京原宿にデザイナーが自分の店を開きはじめ，原宿は一躍フランスやアメリカのファッションのメッカになった。この年，歴史小説家で「パリ燃ゆ」の著者として有名な大佛次郎が亡くなった。

1974年にフランスでは，ポンピドー大統領が62歳で病死し，ジスカール・デスタンが新大統領になった。翌1975年に日本では，フランス象徴詩を学び天衣無縫の「反骨の詩人」といわれた金子光晴が79歳，ルネッサンス文化やフランソワ・ラブレーの研究家で東大などの教授を努めた渡辺一夫が73歳で亡くなった。渡辺

は串田孫一，菅野昭正，辻邦生，清岡卓行，大江健三郎などのフランス派文学者を育てた。この年，資生堂が銀座七丁目におしゃれビル「ザ・ギンザ」を出してフランスのソニア・リキエルなどヨーロッパのブランドを直輸入で販売し若者に人気になった。フランスでル・コルビジエの弟子の女性デザイナー早間玲子が日本人として難関の試験をとおって建築士第1号となった。

1976年には，パリ日本館館長を務め日仏交流に尽くした独創的哲学者で「はるかなるノートルダム」を書いた森有正が定住先のパリの病院で65歳，パリをはじめヨーロッパで活躍し薩摩治朗八，吉田茂などの親しかったオペラ歌手の藤原義江が77歳で死去した。

1977年には，森英恵がパリに進出しオートクチュールの店を開店させ，高田賢三がニットを主体とした新作でパリ・コレに出展し「ケンゾー」の名声を高めた。また，パリ国際ギターコンクール演奏部門で，日本の山下和仁が第1位をとった。

同年日本では，平凡社が子育ての若い夫婦（ニューファミリー）を対象としてフランス名の「クロワッサン」という雑誌を創刊した。その傾向は続き，現在でも女性誌のランキングでは「アンアン」「ノンノ」「キャンキャン」「ヴィヴィ」などフランス語あるいはフランス的名前が多い。1936年に誕生した東京有楽町の日劇ダンシングチームがフランス名のレビュー「ボンジュール・パリ」を最終公演として41年間の歴史の幕を閉じた。フランスではフランス・パリ－トルコ・イスタンブール間を走るオリエント急行が廃止になり94年間の幕を閉じた。

1978年に政府はドル減らし対策として東京国立近代美術館などのために，アンリ・ルソーなどの絵画7点，総額8億5000万円の輸入を承認した。文化庁も海外の美術品購入に20億円の予算を組み，地方自治体は地方美術館のために世界の名画を競争で購入した。高級デパート三越はノートルダム聖堂など2カ所でコンサートと晩餐会を行い，日本から1000人余りの人が参加するなど日本は第1次バブル景気を迎えていた。フランスでリヨン大学など8年間絵の勉強をし，帰国後二科会会長をつとめフランス政府から文芸勲章をもらった東郷青児が81歳で亡くなった。

映画「ロッキー」「ディアハンター」などアメリカ映画が続けて大ヒットしたこともあり，パリファッションがニューヨークファッションに移行しはじめ，西武デ

パートがラルフ・ローレン，高島屋がジェフリー・ビーンズ，伊勢丹がリズ・クレイボーンなどと提携した。フランスファッションでは森英恵が東京原宿にファッションビル「ハナエ・モリ・ビル」(1978) をオープンした。1979 年には評論家でフランス文学者の中島健蔵が 76 歳で亡くなったが，中島はヴァレリーやボードレールなどの翻訳で有名だが，進歩的知識人として反戦運動，日本文藝協会の再建，著作権保護，日中文化交流に尽力した。東大仏文科同期には，今日出海，小林秀雄，田辺貞之助，三好達也などがいた。

4. 1980－90 年の日仏関係

1980 年代の前半，世界は大きく動き戦後体制が崩壊した。1979 年の米中国交樹立，ソ連のアフガニスタン侵攻，1980 年のイラン・イラク戦争とともに，米ソの第 2 次冷戦が始まり世界のリーダーも代わった。1979 年にイギリスはサッチャー首相，1981 年アメリカは俳優出身の共和党のレーガン大統領が登場した。フランスでは社会党のミッテラン大統領（在位：1981－95）が登場し，共産党と組んで連立内閣を形成したことに驚き，一部のフランス人は国を捨ててアメリカやカナダに移住した。ドイツでは 1982 年にヘルムート・コールが首相に就任し，ソ連では最高会議幹部議長のブレジネフが亡くなったことでソ連の民主化が始まった。

ヨーロッパのリーダーたちは，自由主義経済を再構築して活性化した社会を創るために新自由主義政策をとり規制緩和，民営化，税制改革などを進めた。日本の政界でも 1982 年に自民圧勝の選挙を受けて，中曽根政権（在位：1982－87）が生まれた。1970 年代からの第 2 次石油ショック，1980 年代初頭の円高不況で大沢商会，リッカーミシン，三光汽船などの伝統企業が倒産した。同年，フランスのミッテラン大統領は日本を訪問したが，労働組合をバックにした社会党出身の大統領で国内経済政策と欧米優先的な外交路線をとったために日仏関係は進展しなかった。

当初ミッテランは，国内では社会主義政策をとり，主要産業の 5 大企業グループ，36 銀行の国有化を進め，地方分権を進め，労働者の権利を拡大し，最低賃金・社会手当ての引き上げを行った。翌年，自由主義的政策に転換するが，総じて日本に対しては保護主義政策をとったことで名を残した。1982 年に日本の花形輸出品で

あったビデオデッキがポワチエの税関で止められ日仏間で緊張感が走ったが，1984年に首相に社会党の若手ホープのローラン・ファビウス（在位 1984-86）が選ばれ市場重視政策がとられ，フランスに進出した住友ゴムは仏タイヤ大手のダンロップ買収を行い欧州全域でのダンロップ製品の製造・販売権を獲得することができた。

　日本では中曽根首相が 1985 年に民営化を進め，日本電信電話株式会社，日本たばこ産業株式会社を誕生させ，1987 年には国鉄を分割して JR グループを発足させた。アメリカのドル安でアメリカが対外不均衡解消をねらった先進 5 カ国の蔵相・中央銀行総裁会議（1985）がニューヨークのプラザホテルで行われ，各国が協調した「プラザ合意」（日本はドル高・円安）が決まってから一時的に貿易や国内景気に誘導され異常景気にわいた。しかし，1986 年のニューヨーク株式大暴落に始まる世界の景気後退が起こり，日本では経済企画庁が景気後退宣言をし，フランスではパリでの爆弾テロや国鉄を始めとする公共部門の大型ストが続いた。この年，総選挙で保守連合が勝利してジャック・シラクが首相になったが，ミッテランと政策があわず首相を降りパリ市長として再出発した。

　1988 年にミッテラン大統領が再選され国会議員選挙で再び社会党が過半数をとったため，ミッテランは同じ社会党で政敵のミッシェル・ローカル（在位 1988-91）を首相に選んだ。アメリカの思惑どおり円高が進んだが，日本は円高を機会ととらえハイテック・高付加価値・省エネ製品を開発し，生産設備の ME 化・ロボット化で効率を上げ，マイコン搭載した新製品を次々海外市場に出した。しかし，電卓，VTR，ラジカセ，カメラ一体型ビデオ，ファクシミリをはじめ半導体，車などの貿易が特に増加しアメリカの対日赤字は解消せず，日米間の貿易摩擦は構造問題まで発展した。アメリカは対日経済制裁措置（1987）を発表したが円高が加速し 130 円台になり円高倒産は 1000 件を超えた。日本では景気が回復し，金余りと財テクブームで株価や土地でもうけた企業や個人の成金が続出した。

　自由主義・民主化の波は共産圏にも波及し 1987 年にはソ連ではペレストロイカ改革が始まり，1989 年には中国で天安門事件が起こった。同年，日本では昭和天皇が逝去し，また電気業界の天皇といわれた松下幸之助が 94 歳で亡くなった。1989 年はフランス革命 200 年祭に当たり，フランスでは革命記念行事が盛大に行

われたが，日本経済は円高，低金利，輸出が好調で国内需要も旺盛で金が余りはじめ，全体的にバブル景気に酔って消費税の値上げ（3％）を行った。

(1) 日仏自動車産業

　フランスの車は一部の熱狂的カーファンをもっているが，日本でもアメリカでも苦戦している。そのことが如実に表れたのは1980年代である。1980年に日本の自動車生産台数が1100万台を突破してアメリカを抜きトップになった。対米輸出は急増し市場シェアが25％を超えて輸出自動車規制の圧力が高まった。反対に，フランスは日本車の進出やアメリカ市場の競争激化などで1985年にシトロエン，1987年にルノーがクライスラーに売却してアメリカから撤退した。

　日本市場には，フランスの自動車は輸入されていたが台数は少なかった。1910年にルノーが先に日本市場に参入し，日野ルノーが1953年から10年間の契約で「4CV」ライセンス生産しタクシーなどに使い好評だった。1980年代には「ルノー5」などが輸入されたが，輸入代理店が頻繁に変わりルノーの輸入数は減少した。1993年から外車輸入大手ヤナセが「トウインゴ」などを輸入したが成功せず，日産の経営危機で1999年の日産とルノーのアライアンス成立以後，2000年からルノー100％子会社ルノー・ジャポンが日産の販社を中心に展開しているが苦戦している。

　フランスで最大の自動車会社プジョーは，アメリカ車に比べると遅く1950年ごろから輸入されたが当初，同じフランス車のシトロエンにも及ばなかった。シトロエンは1974年にプジョーに吸収合併されたが，日本には早く入り特徴のある車は評判がよかった。特に，1948年に発表された「2CV（ドゥー・シェ・ボー）」は外観が亀のような独特なデザインで，前輪駆動，小型，計量構造，優れた走行性能，居住性，経済性など満足させ第二次世界大戦後，フランスの国民車としてではなく，世界中の人から愛される車となった。日本でも人気があり1988年の生産終了までの約40年間で386万台生産された。

　プジョーの車としては，1983年に発売された「205GTI」が高性能とキュートさで大評判となった。1998年に発表された後継車「206」も評判がよく，プジョーの車は2003年には1万5330台（日本自動車輸入組合統計）売れた。フランス車は当

初故障が多く，下取り相場が悪く，輸入業者が不安定との評判があったが，1990年以降は品質も向上し3社の販売体制も整備された。しかし，2007年の輸入車新規登録台数を見ると，フランス車の合計は9013台で，その内訳はプジョー8284台，ルノー2470台，シトロエン2339台であった。これは，全輸入車登録数26万5086台の3.4%で低い数字でBMW，フォルクスワーゲン，メルセデス・ベンツの3社で約60%を占めるドイツと大きな開きがある。

(2) 小粒で光るフランス映画

1980年代の映画は，アメリカ映画と日本映画が主流でフランス映画の話題作は少なかった。しかし，スケールは小さかったがヒットしたフランス映画も多かった。アメリカ映画では大作が多く，スティーブン・スピルバーグの「E.T.」(1983)が史上初の観客動員1000万人を越え，興行収入129億円と日本映画市場最高記録をあげ，ベトナム戦争を扱った「地獄の黙示録」(1980)，妻に逃げられた男の子育てを描いた「クレーマー，クレーマー」，SFX（特集撮影）を使った映画スピルバーグの「バック・トゥ・ザ・フューチャー」「ゴースト・バスターズ」(1984)などの大作が高収益をあげ，そのほかでは「エレファント・マン」(1981)，「アマデウス」(1985)，「プラトーン」(1987)等の話題作があった。

1980年代のフランス映画は同じ時期に封切られたアメリカ映画と比べるとヒット数は少なかったが光る映画があった。フランス映画で大ヒットした映画では，クロード・ピノトー監督，ソフィー・マルソー主演の「ラ・ブーム」が450万人動員する大ヒットになり，1981年のフランソワ・トリュフォー監督，カトリーヌ・ドヌーブ，ジェラール・ドパルデュー主演「終電車」はその年のセザール10部門の受賞に輝き，1985年のコリーヌ・セロ監督，ローラン・ジロー，アンドレ・デュソリエ主演「赤ちゃんに乾杯」はセザール作品賞を受けた。

1986年のジャン＝ジャック・ベネックス監督，ベアトリス・ダル主演「ベティーブルー愛と激情の日々」はモントリオール映画際グランプリを受賞し，有名歌手のゲインズブールの娘シャーロット・ゲインズブールが主演し新人女優賞を獲得したクロード・ミレル監督の「なまいきなシャルロット」(1985)と「小さな泥棒」

(1988)は「シャルロット旋風」を巻き起こした。1988年にはブルーノ・ニュイッテン監督、イザベル・アジャーニ、ジェラール・ドパルデュー主演の「カミーユ・クローデル」が話題になりセザール賞作品賞、アジャーニはベルリン国際女優賞を受賞した。同年封切られたリュック・ベッソン監督、ジャン=マルク・バール、ジャン・レノ主演の「グラン・ブルー」は世界中のダイビングファンを魅了した。

(3) ポストモダンの流行

1980年代に「ポストモダン主義」（訳してポモとも呼ばれる）という思想がフランス中心に起こり、世界の哲学、思想、文学、建築の分野に影響を与えた。モダン（近代）が終わったあとの時代をさし、人々に共通する大きな価値観でなく、各人がそれぞれの考え方や趣味を生きる時代をさした。ドイツのニーチェ、ハイデッカー、フロイトなどの思想を源泉とし、フランスではサルトルの実存主義批判から始まった。

グローバリゼーションや情報技術の発展で人々の価値観が変わり、一方向への思想や歴史の進歩に向かう人間はなくなり、哲学者リオタールは「人間性と社会は、理性と学問によって、真理と正義に向かって進歩し、自由がますます広がり、人々は解放されていく」と人間的な解放、内面的な発展、個性の尊重を訴えた。

ポストモダンは、フランス中心に起こったモダニズム（近代主義）を批判する過程で生まれた文化運動で、その源泉はニーチェ、マルクス、フロイド、ハイデッカーとした。ポスト構造主義の思想傾向に似ており、マルクス主義、実存主義、近代主義など大きな体系（唯一思想）の時代は終わったことを告げた。デリダは高度情報社会ではメディアによる記号・象徴の大量消費が行われること、フーコーは絶対的真理を否定して知の役割を強調し本来あるべき人間像や社会像の発展を唱えた。

建築界のポストモダンでは合理的、機能的モダニズム建築が単調的、画一的として批判され、反動として現れた装飾的、折衷的、過剰的建築を意味した。建築モダニズムの作品としては、フィリップ・ジョンソンのニューヨークのAT&Tビル（1984、現ソニービル）、磯崎新のつくばセンタービル、菊竹清訓の江戸東京博物館、原広司のJR東京駅、隈研吾の東京メモリードホールなどがある。

ポストモダン文学は合理性，秩序性，明晰性，簡潔性，普遍性などへの反省から，物語の矛盾を敢えて肯定して，無秩序，放蕩性，破壊性，記号性を尊重した文学をさした。日本のポストモダン文学は，1980年に文藝賞を受賞した田中康夫の『なんとなく，クリスタル』が象徴的で，その後群像新人賞をとった高橋源一郎の『さよなら，ギャングたち』(1981)，ロシア文学に詳しい島田雅彦の『優しいサヨクのための嬉遊曲』(1983)，歌舞伎に詳しく海燕新人文学賞を受賞した小林恭二の『電話男』(1984)などがあり，この3人は作風の独自性からポストモダン文学の三旗手と呼ばれた。

(4) 拡大する日仏関係

1980年にフランスでは，行動する実存主義哲学者のサルトルが74歳で死去した。日本では，宝塚出身で「愛の賛歌」や「サン・トワ・マミー」をトレードマークとして歌っていたシャンソン歌手の越路吹雪が56歳の若さで死去した。黒沢明監督の「影武者」がカンヌ映画祭でグランプリをとった。日本和菓子の老舗「虎屋」がパリのサンフロランタン通りに出店したのもこの年で，キントンや饅頭はなんとか現地化して売ったが，ようかんは最初飾り物と見られなかなかフランス人に売れなかった。

1981年にパリでは，パリ大学日本人留学生がオランダ人女子学生を殺害する事件が起き世間を驚かせた。第18回ロン・ティボー音楽コンクールピアノ部門で日本の清水和音が第1位となった。1982年頃から日本ではフランス高級品のコピーが輸入されたり，広告にフランス商品のコピーが利用されたりしはじめ意匠登録や知的財産の問題がクローズアップされた。パリのシャネル社と日本の総代理店はシャネル風やシャネル調という表現を商標権侵害とみなし業界紙などに発表し厳しく取り締まりを始めた。1983年にはEC駐日代表部と英仏伊各大使館の代表が偽欧州ブランド商品の取締り強化を警視庁に申し入れた。

1983年には日本の女性の間でワインブームがおき，ワイン経験率は女性50%，男性46%で消費量は10年前の2倍の9000リットルとなった。カンヌ映画祭で今村昌平監督の「楢山節考」がグランプリをとり，1984年にパリで開催されたパリ

のシネマテークでは日本映画回顧フェスティバルが開催され1年半の間に500本の映画が上映された。日仏技術協力の一環として1985年に仏潜水調査船「バスカチーフ」が海底5961メートル潜り世界最深の静物群集を確認した。

1986年に藤原由紀乃がパリのロン・ティボー国際コンクールのピアノ部門でグランプリを獲得し，パリのポンピドー・センターでは「前衛芸術（アバンギャルド）の日本」展が開幕した。1987年，安田火災海上保険会社がロンドンの競売で絵画史上最高値の58億円で手に入れたゴッホの「ひまわり」が公開された。バブル時代のジャパンマネーの強さを証明するイベントであったが，安田火災はその後一般公開を始め展示とフランス文化の紹介に力を入れた。

1986年にはフランスに5年間留学しルノアールに指導を受け，また親交を暖めていた洋画家梅原龍三郎が98歳の長寿で亡くなった。フランス文学の重鎮であり京大教授でスタンダールやアランの文学研究者であった桑原武夫が1988年に84歳，芸大を主席で卒業フランスに留学した洋画の小磯良平が85歳で同じ年に亡くなった。1889年にはフランス，クレモンフェオンで行われた世界理容選手権で，日本の理容師蔵田紀夫が日本人として初めて優勝し，パリの世界フィギュアスケート選手権のシングルスで日本の伊藤みどりが日本人として初めて優勝した。

5. 1990－現代までの日仏関係

1990年代は世界の政治や経済が大変革を起こし急速にグローバル化する時代に入る。1990年には西ドイツが東ドイツを吸収した東西ドイツの統一があり，1991年にはEC首脳会議があり，翌1992年に欧州連合（EU）創設のための「マーストリヒト条約」が調印された。1991年に，ゴルバチョフの指導するソ連が消滅し，新しいロシア共和国が誕生して大統領にエリツィンが就任した。このような大変化の環境のなかで日仏関係は新しい進展を見せた。

2期目に入ったミッテラン大統領は国民の人気を取り戻そうとして，1991年に秘蔵っ子のエディス・クレッソンをフランス史上初めて女性の首相に選んだ。しかし，クレッソンはナショナリストで欧州担当相時代から日本の欧州進出に対して対日批判を繰り返していた。首相になってからも日仏関係だけでなく仏英関係を悪化させ

るような発言が目立った。日本に対しては「日本人はアリ」, イギリスに対しては「英国人はホモ」など感情的な発言を繰り返した。ミッテランは国内政治よりも EU 創設に力を注ぎ, ドイツとの和解, 欧州各国との協調, マーストリヒト条約発効準備に専心していたので, クレッソン発言を軽視し, 逆にクレッソンがミッテランの心情を代弁していたこともあって特に手をつけなかった。

当然, クレッソンの過激な発言に対して外国と国内からの批判があり, クレッソンは 1992 年初頭に辞任させられた。あとを継いだのは経済のベテランであるベレゴヴォア (1993 年自殺) で, 日仏政府は相互の関係改善と貿易促進に一層力を入れ, 1992－2000 年まで日仏間輸出促進キャンペーンが三段階で実施された。1993 年の総選挙では保守党が圧勝したため保守派のバラデュールが首相に選ばれて社保内閣 (大統領が社会党と首相が保守党) が発足した。マーストリヒト条約が発効し欧州共同体統一市場ができ, 欧州通貨機関 (EMI) が発足した。

1995 年に, 大統領を 2 期 14 年務めた社会党のミッテランに代わって保守・共和連合のジャック・シラク大統領が誕生し, 首相には同じ保守党のアラン・ジュッペが選ばれ久しぶりの保保政権が誕生した。親日派のシラクが大統領になったことで日本人の期待は高まったが, シラクは就任直後に南太平洋ムルロア環礁で核実験を行ったため世界の非難を浴び一時日仏関係は中断した。1996 年にミッテランが死去し, フランスは NATO 軍事機構に復帰した。1997 年の総選挙で今度は社会党が勝利したため社会党のリオネル・ジョスパン (在位：1997－2002) が首相に選ばれ, また保革コンビの「コハビタシオン (共生)」政治が行われた。

シラクの努力で 1997 年の欧州連合 (EU) 単一通貨 (ユーロ) の実施 (1999) が決まり, 同年 EU の強化のためのアムステルダム条約が調印された。1998 年にフランスがサッカーワールドカップで初優勝をし, 2002 年にシラクが大統領に再選された。総選挙でも保守派が大勝しシラクは党内のベテラン議員ピエール・ラファラン (在位：2002－05) を首相に選び再び保保政権を樹立した。2003 年にはシラクがイラク戦争参戦をめぐって国連でアメリカと対峙しアメリカの一国支配を非難した。この論戦で, 多国主義, 国連中心主義を唱えた外相であったドミニク・ド・ビルパン (在位：2005－07) の活躍が目立った。

しかし，政治の混乱と経済の低迷で2004年の総選挙で保守派が惨敗を喫し，2005年には国民投票で懸案のEU憲法批准が否決されラファランが辞任し，外相を務めた保守派のド・ビルパンが首相に選ばれた。ド・ビルパンは国連での活躍で一時は国民的ヒーローになり次期大統領と期待された。しかし，2005年の移民の若者によるパリ郊外暴動事件や2006年に強行採決した若者雇用を救済する目的で出された初期雇用契約（CPE）は，2年以内の雇用に関しては雇用主の解雇権を認めたため不評で全国的なストライキを呼んだ。結局大統領判断でその法案を撤回するという醜態があったため大統領の芽をつぶして，その間隙をぬって非伝統的な現大統領のニコラ・サルコジが2007年の大統領選で勝利したのである。

EUができてからフランスは大いに変わった。シラクは大統領として2期12年大統領を務めたが，フランスはド・ゴール時代の「フランスのためのEU」から，協調的な「EUのためのフランス」に変わった。ド・ゴールは核抑止力をもとに築き上げた防衛力で米ソと対立したが，ミッテラン，シラクは自立したフランスとEUのリーダーとしての国連中心の多国間協調を全面に出す政策をとった。イラク戦争でヨーロッパを代表してアメリカと対峙したのもその一環であった。

日仏関係も変化して，21世紀に入った2000年以降新しい局面を迎えた。日本は従来の対米重視政策とともに新しい市場を求めてアジア，中国，ロシア，インド市場を重要視しはじめた。小渕恵三首相はこれらの国と積極的な外交を進め，1999年には日中韓初の首脳会議，中国訪問，2000年には日韓首脳会談，ロシアのプーチン大統領来日があり，2002年には小泉純一郎首相がASEANを訪問し，シンガポールと自由貿易協定を調印し，北朝鮮の金正日総書記と会談し，ブッシュ大統領を招いた。フランスはEUに力を入れEUでの政治・経済力を拡大した。しかし，政治力は増大したが，肝心のフランス自身の経済力が落ちてしまった。フランスの経済力は「OECD 2005」によると1980－90年のGDPは年率2.4%であったが，1991－2000年は1.9%，2001－05年は1.8%と低下した。これは，フランスの技術，産業競争力の低下と国家財政力の低下に原因があった。

2007年，アメリカとの信用回復，国際経済及び雇用力の増強，保護主義の打破を政策として掲げる新しいタイプの保守派政治家ニコラ・サルコジ（在位：2007－

現在）が大統領に選出された。親日家といわれたシラク大統領は再出馬も考えていたが引退した。サルコジは非伝統的大統領で，出自もユダヤ系移民，非伝統的エリートで，新保守主義を信条とした親欧米派大統領である。アジアや日本には基本的に興味はなく，アメリカ以外ではヨーロッパ，中東，アフリカに興味がある。サルコジはシラクと歴史的確執があり不仲で，そのためシラクの好きな日本に対して冷淡である。ヨーロッパや世界外交では存在感が強く，アジアや日本では存在感が薄い。しかし，経済やビジネス的な観点から，サルコジは成長著しい中国に注目している。

一方日本は，1990年代は平成時代の幕開けであった。バブルの後遺症やグローバル化の深化で日本経済は長期的な不況に陥ち入り，政治は混沌として18年の間に13人の首相が出た。在任期間も1人当たり平均1年3カ月と短く，景気も悪いこともあってヨーロッパや世界に与える影響力も少なかった。バブルのはじけた1993年に非自民党の細川内閣（日本新党）が誕生し自民党主導の55年体制が一度は崩壊し新しい政治が始まるはずだったが，長つづきはしなかった。その後の混とんとした政局転開のなかで，各首相は銀行債務，企業再生，雇用・生産調整などのバブル処理に追われ，外交的にはイラク戦争支援などアメリカ追従型の政策がとられた。

1990年代の後半から2000年初頭にかけては中国・インドなどを中心としたアジアの強い景気に助けられ，アジア市場が拡大し日本の国際化は一気に深化した。しかし，国内市場の経済不況は長期化し企業の合併や再編，リストラ，雇用調整が行われ，伝統的な日本経営が崩れ始めた。2003年からの小泉金融改革によって金融セクターが再編され国際競争力が戻ったが，23の全国ネットワークをもった伝統的な大銀行が3メガ銀行に集約され，ITなどの新しい技術はアメリカに抜かれ，日本の量産技術はアジアに追いつかれ日本全体の産業力は弱体化した。さらに，ようやく景気回復基調に入り始めた2008年に，アメリカ発の「サブプライム・ショック（金融不況）」を受け，またしても経済の低迷が続いている。

フランスがEUに向き，日本がアジアとアメリカに向いている状況下，日仏関係はフランスよりもEU関係のコンテクストで語られることが多くなり，日仏関係のパターンも変化してきた。政治的にも，親日家といわれたシラク大統領が退任して，

日本に関心が薄いといわれているサルコジ大統領が選ばれたこともあり，日本人のフランスへの関心は後退している。しかし，ヨーロッパでフランスがドイツとともに EU のリーダーになり世界のリーダーとしても活躍しているのに比べて，2009年 9 月に誕生した鳩山政権下日本のアジアでの存在価値は中国の台頭で影が薄くなっている。このような環境のなかでの新しく永続的な日仏関係の構築が望まれているのである。

(1) フランス派政治・経済人の活躍

　シラク大統領在任期中は，日本にとって日仏交流が特別に盛り上がった時期であった。シラクのイニシアチブで 1997-98 年には「フランスにおける日本年」が始まり，パリに日本文化会館が創設され，初代館長に元 NHK ディレクターの磯村尚徳が任命された。1998-99 年の「日本におけるフランス」年はシラク大統領と橋本首相コンビで日仏の直接投資や企業進出が増加し最高の経済効果をもたらした。

　1999 年にはフランス人でルノー副社長のカルロス・ゴーンが日産の最高執行責任者（COO）として着任し，日本にアメリカとは違った新しい経営改革を起こした。瀕死の自動車大手日産の再建を成功させたゴーンは 2001 年に日産の最高責任者（CEO）となり，日産の再建を成功させた功績によって，2001 年本国のルノーの CEO に昇進し日産の CEO を兼任した。生まれはベイルート，育ちはブラジル，高等教育はフランス，アメリカのミシュランでビジネスを修業し，企業はフランスのルノー，日本の日産を経験した。まさに，生まれながらの 21 世紀型の異文化経営者で，あまり日仏関係を意識しないで結果的に日仏関係の促進をした。

　日本のスポーツ界にも新しいフランス人スターが誕生した。フィリップ・トルシエは 1998 年のサッカー世界選手権ワールドカップフランス大会後に日本代表チームの監督に選ばれ，2002 年のワールドカップで若い日本チームをベスト 16 まで進出させた。フランス名門のサッカー監督研修所出身のトルシエは，監督技術力が高く日本のジャーナリスティックな批判に耐えて若いサッカー選手を世界レベルまでに育てた。シラク，ゴーン，トルシエの「フランス人トリオ」のお陰で 1990 年代の日仏関係は促進し，日本におけるフランスとフランス人の存在はより高くなった。

しかし，残念なことに1990年末に産業界でフランスに力を入れた2人の社長がこの世を去った。1人は1999年にソニーを創設した盛田昭夫で1999年に78歳，もう1人はサントリーの佐治敬三が80歳で亡くなった。盛田は保護貿易激しい時代にフランスに投資をしてパリに本社，アルザス，バイヨン，ダックスに工場を設立し当時3500人のフランス人を雇用し，フランスからヨーロッパ諸国にビデオ，オーディオ製品を販売した。佐治は長年ウイスキーで会社を成長させフランスのワイン畑の買収，レストランの進出などフランスへの投資を通じてサントリーを世界的な文化会社にした。

2000年以降，日仏ビジネス関係に新しい動きが出てきた。経済では日仏経済関係を牽引していた主役が家電から自動車に代わり，2001年に自動車大手のトヨタがフランスに大型投資をしてヴァランシエンヌに進出した。トヨタがこの工場でヨーロッパ主力モデル「ヤリス（日本名ヴィッツ）」を本格的に生産することになりトヨタ傘下の部品，サポート会社が大挙進出をした。また，化粧品の世界的ブランドをめざす資生堂はパリ本社を中心にM＆Aなどを行いフランスの有名ブランドを傘下に治め，自身でも工場をもってヨーロッパ向けの製品を生産しはじめた。1990年以降は，それまでの家電，自動車，機械，金融などの業種とは違って，新しくサービス産業関係の会社，ソフト，広告，コンサルタント会社など中小企業も含めて進出しはじめ製造業一色から脱皮しつつある。

2001年からは，日仏投資促進キャンペーンの標語も「ル・ジャポン・セ・ポシブル（日本，それは可能だ）」から「フランス＝ジャポン，エスプリ・パルトネール（日仏パートナー精神）」に代わり，新しいパートナー関係が始まった。2003年にはフランスのエビアンでサミットがあり小泉首相が参加し，2008年には新駐日フランス大使として現役の外務省事務次官であったフィリップ・フォールが着任し，その後，フランソワ・フィオン首相が来日し，北海道洞爺湖サミットにはフランスの新大統領サルコジが参加したが，残念ながら東京には立寄らなかった。

日仏関係はこのように成熟期にかかっているが新たな問題をかかえている。それは，21世紀の日仏関係を担う人材が日仏両国の政界にも財界にも育っていないことである。戦後の日仏関係の第一ジェネレーションで活躍した政治，財界人が亡く

なり，あるいは第一線を引退して日仏関係の強力な牽引者がいなくなった。フランス側も同じで，シラク大統領退陣後，日仏関係を牽引する強力なリーダーがいない。

　日本経済界で日仏派として過去にはソニー会長の盛田昭夫，東京電力会長の平岩外四などがいたが，現在ではトヨタ会長の張富士夫，資生堂名誉会長の福原義春，元パリ日本文化会館長（元 NHK 特別主幹）磯村尚徳などと限られ新しいジェネレーションが育っていない。フランス人では，特にシラク大統領が日本文化に特別の興味をもち日仏交流に熱心であった。シラク人脈のジュッペ元首相も政府レベルの「日仏交流委員会」の委員長をしていたがスキャンダルなどで辞任して日仏関係のパイプは細くなったのは残念である。このようなことが重なり，フランスには現在 400 社に上る日本企業が約 600 の拠点を開設し，約 5 万 5000 人の雇用を創出しているが，最近の対仏投資は年々減少ぎみで，2006 年にはアジア地域からの投資額では中国が日本を抜いた。

(2)　フランス映画の復活

　1990 年代はフランス映画復活の時代であった。1950-60 年代に一時，東京で開催されて中断していた「フランス映画祭」が 1993 年に第 1 回「フランス映画際（横浜）」として横浜で復活した。1970-80 年代はアメリカ映画に押されていたが，1990 年代になるとフランス映画は息を吹き返した。劇場でヒットした作品も多く，フランス映画ファンがまたフランス映画に戻った時代であった。

　1990 年にジャン＝ポール・ラプノー監督，ジェラール・ドパルデュー，アンヌ・ブロッシェ主演でドパルデューがカンヌ映画祭男優賞を獲得した「シラノ・ド・ベルジュラック」，パトリス・ルコント監督，ジャン・ロシェフォール・ガリエナ主演で日本初公開のルコント映画「髪結いの亭主」，1991 年にはレオス・カラックス監督，ドニ・ラヴァン，ジュリエット・ビノシュ主演「ポンヌフの恋人」が公開された。1991 年末に歌手で映画俳優のイヴ・モンタンが心臓麻痺で死去した。

　1992 年にはジャン＝ジャック・アノー監督，ジェーン・マーチ，レオン・カーフェイ主演でマルグリッド・デュラス自伝の映画「愛人・ラマン」，レジス・ヴァルニエ監督，カトリーヌ・ドヌーブ，バンサン・ペレーズ主演でアカデミー賞外国

映画賞候補になった「インドシナ」などが話題になった。1993年にはクロード・ベリ監督，ジェラール・ドパルデュー，ミュー＝ミュー主演でフランスのセザール賞を総なめにした「ジェルミナル」，クシシュトフ・キュシロフスキ監督，ジュリエット・ピノシュ，ブノア・レジャン主演でベネチア映画祭金獅子賞を獲得した「トリコロール青の愛」などの力作が公開された。

しかし，日本映画では1990年代から異変が起こり，アニメーション映画が流行し一時的に日本映画の劇場映画収入の50％はアニメーションであった。「クレヨンしんちゃん」「ルパン三世」「名探偵コナン」「ポケットモンスター」「ドラえもん」などの人気シリーズが製作された。アニメ映画は，「おもひでぽろぽろ」（1991），「虹の豚」（1992），「平成狸合戦ぽんぽこ」（1994），「耳をすませば」（1995），「もののけ姫」（1997），「ポケットモンスター」（1999）などでほぼ毎年興行成績トップになった。もとはといえば，アニメーション映画の発祥地はフランスで，画家エミール・コールが1908年に「ファンタスマゴリー」というアニメーション映画をつくったのが最初で，日仏の何かの因縁を感じる。日本はフランス生まれのアニメを見事に発展させて，1997年の「もののけ姫」，2001年の「千と千尋の神隠し」（アカデミー賞，ベルリン映画祭賞）など国際的にも成功したアニメ映画が製作できるようになった。

1994年はアメリカ映画の反撃があり，スピルバーグ監督の「シンドラーのリスト」がアカデミー賞の10部門獲得し大ヒットし，フランス映画も1995年のレジス・ヴァルニエ監督，エマニュエル・ベアール，ダニエル・オートイユ主演「フランスの女」，クロード・ベリ監督，イザベル・アジャーニ主演，仏伊独合作映画「王妃マルゴ」，1996年アルノー・デプレシャン監督，マチュー・アマルリュック，エマニュエル・ドウヴォス主演で長編の「そして僕は行為をする」，ジル・ミモーニ監督，ヴァンサン・カッセル，ロマーヌ・プーランジェ主演の「アパートメント」などの秀作で反撃した。

しかし，同時代にフランス映画界の巨匠が相次いで亡くなった。1995年には「死刑台のエレベーター」でデビューして，フランス映画界の「ヌーヴェル・ヴァーグ」を切り開いたルイ・マルがアメリカのロサンゼルスで，また映画を好み変化を

大事に大統領を2期14年務めたミッテラン大統領が亡くなった。1996年には「愛人・ラマン」でゴングール賞をもらうなど34篇の小説と16本の映画を残したマルグリット・デュラス,「禁じられた遊び」(1951),「居酒屋」(1955),「太陽がいっぱい」(1959)など戦後フランス映画の黄金時代をつくったルネ・クレマン,「パリの屋根の下」(1930)の助監督などをへて「北ホテル」(1938),「天井桟敷の人々」(1945)などで史上最高の監督といわれたマルセル・カルネなどフランス文化・芸術の巨人やパトロンといわれた人たちが亡くなった。

　日本映画界でも,フランス関係でいろいろな出来事があった。日本映画では,1997年に今村昌平監督の「うなぎ」がカンヌ映画祭でグランプリ,北野武監督の「HANABI」はベネチア映画祭でグランプリを取った。さらに,宮崎峻監督のアニメ映画「もののけ姫」がヒットし興行成績が史上第1位となった。同年,フランス人にも愛された日本の世界的な男優三船敏郎が77歳で亡くなった。1998年には三船を世界的な俳優に育てた黒澤明監督が国民栄誉賞をもらった。アラン・ドロンは三船を「日本の兄」として尊敬し,1971年にはアラン・ドロン,チャールス・ブロンソン,三船と日仏米の3大役者競演の仏映画「レッド・サン」をつくった。

　2000年代のフランス映画界は,監督,俳優も一新した。2000年にはジョセ・ダヤン監督,ジェラール・ドパルデュー,ジョン・マルコヴィッチ主演で文豪ヴィクトル・ユーゴーの傑作「レ・ミゼラブル」がヒットし,ジャン・バルジャンはかつて演じたジャン・ギャバンではなかった。2001年にはジャン＝ピエール・ジュネ監督,オドレイ・トトウ,マチュー・カソヴィッツ主演「アメリ」が世界なかで大ヒットし,一風かわった主人公を演じたトトウは「アメリ旋風」を引き起こした。英語の上手なトトウはアメリカ映画「ダ・ヴィンチ・コード」でトム・ハンクスと競演し国際的な女優としての評価を得て,フランス人の「英語ベタ」という悪評をなくした。日本の映画では,2003年に長編アニメの「千と千尋の神隠し」がアカデミー賞(外国映画)をとり,2004年にカンヌ国際映画祭で14歳の柳楽優弥が最優秀男優賞を受賞した。2007年のカンヌ映画祭では,河瀬直美監督の「殯(もがり)の森」がグランプリを獲得した。

　ミヒャエル・ハネケ監督,イザベル・ユペール,ブノワ・マジメル主演でカンヌ

国際映画祭のグランプリと最優秀主演女優賞と主演男優賞を受賞した「ピアニスト」、ジェラール・クラヴジック監督、ジャン・レノ、広末涼子主演の「WASABI」、2005年にはリュック・ジャッケ監督が南極の皇帝ペンギンを追ったドキュメンタリー「皇帝ペンギン」、2007年にはオリヴィエ・ダアン監督、マリオン・コティヤール、シルヴィ・テスチュー主演でコティヤールがアカデミー賞（主演女優賞）をはじめゴールデングローブ賞、セザール賞などを総なめにした「エディット・ピアフ〜愛の賛歌」が世界的にヒットした。

　2006年からは日本で行われるフランス映画祭の内容が変化し、開催場所も東京と大阪に移り、2009年は東京のみの開催となった。当初は長編ばかりだったが、アニメや短編も加わった。2002年から日本で公開されたフランス映画で興行成績トップ5の作品にトロフィーが贈られるようになった。

(3)　パリ国立音楽院

　1990年代半ばから、フランスをはじめ世界で活躍した日本のピアニストが相次いで死去した。1940年代に活躍した世界的なピアニスト安川加寿子、ショパン・コンクールで日本人として初入賞した田中希代子が同じ1996年、伝説のピアニストといわれた原智恵子が2001年に世を去った。3人の共通点はパリ国立音楽院ピアノ本科の卒業生でラザール・レヴィ（1882-1964）の指導を受けた。パリ国立音楽院の正式名は「パリ国立高等音楽・舞踊学校（Conservatoire National Supérieur de Musique de Paris）」で通称、パリ・コンセルヴァトワールと呼ばれている。レヴィに指導を受けた日本の音楽家は多く、安川、田中、原以外にも松浦豊明、井上二葉、遠藤郁子などがいる。

　原は13歳で渡仏し、パリ国立音楽院でレヴィに師事し、日本人として初めて最優秀で卒業した。1937年の第3回ショパン・コンクールに日本人として初めて参加し聴衆を魅了したが、結果が15位だったため怒った聴衆が騒ぎ「特別聴衆賞」を受賞した。コルトー、ルービンシュタインに師事し内外で活躍し日本では川添裕史（後藤象二郎の孫で、イタリアンレストラン「キャンティ」の創業者）と結婚、離婚後スペインでチェロの巨匠ガスパール・カサドと結婚し、死別後チェロコンクー

ルで若手を育成した。

　安川は国際連盟事務局に勤めていた父の関係でフランスに育ち，1934年にパリ国立音楽院に入学，レヴィに師事し1937年に1等賞（プルミエ・プリ）で卒業した。ヨーロッパで活躍していたが国際状況悪化のために1952年帰国し，同年東京藝術大学教授となり多くの若手を育てた。フランス政府より学術勲章，文藝勲章，レジョン・ドヌール勲章など受章し，ローン・ディボー・コンクール審査員などを務めた。日本では毎日芸術院賞，日本芸術院賞などを受賞した。

　田中はレオニード・クロイツアー，安川加壽子に師事し，1950年にフランス政府給付金留学生第1号として渡仏しパリ国立音楽学院に入学した。安川の紹介でレヴィに師事したが結核を発症し療養しながら練習をして一等賞で卒業した。1952年にジュネーブの国際音楽コンクールで1位なしの2位（日本人初），1953年ロン・ティボー国際音楽コンクールで1位なしの4位（日本人初），1955年ショパン国際ピアノコンクール10位（日本人初入賞）と4年の間に3つの国際コンクール入賞という快挙を成し遂げた。当時23歳だったので地元メディアは「天才少女出現」と大きく取り扱った。パリやウィーンで華々しい活動を行ったが，1967年に膠原病に冒されピアノが弾けなくなり，1996年に64歳で亡くなった。現役時代から当時の皇太子妃（現皇后）が最も愛したピアニストである。

　そのほか，ビゼー，ドビッシー，サティーなどを輩出したパリ国立音楽院に学んだ日本の音楽家は多い。日本人として初めて1927年にパリ国立音楽院に留学した詩人高浜虚子の次男池内友次郎，芸大の門下生で1958年に卒業した三善晃，1950年に留学した別宮貞雄，1951年に留学したが1年で帰国した薫敏郎，1970年に卒業した尾高惇忠，歌謡曲の作曲家服部良一の長男でポップスが多い服部克久，女性では1960年卒業の江戸京子などがいた。

(4) クールな日仏関係

　1990年代は日本経済が停滞したときであったが，新しい日本文化が発展した時であった。映画，音楽，アニメ，マンガ，ゲーム，日本料理など「ジャパニーズ・クール」という新しい文化や産業が育ち，フランスの若者や新しいジェネレーショ

ンを魅了しはじめた。日本の新しい小説もフランスに紹介されはじめ，1994年には東大仏文科を卒業し，サルトルに大きな影響を受けた大江健三郎がノーベル文学賞を受賞し，1999年辻仁成の小説『白仏（Le Budha blanc）』がフランスの5大文学賞の1つであるフェミナ賞外国文学賞を日本人として初めて受賞した。

　ワインブームを反映して，1993年にはワイン専門家を養成する専修学校「日本ソムリエスクール」が神戸に開講されたが，本格的なワイン関係の教育関係では全国初であった。ワインブームは東京オリンピック（1964）から始まり，その後何回かのブームがあったが，大量に消費するようになったのは大阪万博（1970）あたりからである。安い1000円ワイン，ボージョレヌーヴォー，赤ワイン，非フランスワインなどのブームがあって今日安定したブームになっている。

　世界2大核エネルギー国である日本とフランスとの関係も緊密になり，1993年にはフランス発のプルトニューム輸送船「あかつき丸」が茨城県東海港に入港した。2005年に日本と争った「国際熱核融合実験炉（ITER）」の建設がフランスのカダラッシュに決定し，日本の青森県六ヶ所村には関連施設の「国際核融合エネルギー研究センター」（2007）が建設されフランスとの連携が始まった。1994年には競馬史上最年少（24歳10カ月）で通算800勝をあげた日本競馬界のエース武豊がフランスのムーラン・ド・ロンシャンロンシャン賞で初めてG1を制覇した。

　2008年はジャン・バプティスト・グロ男爵が日仏通商修好条約締結に証明してから150年周年で，「日仏修好150年」記念行事が日本全国で行われた。2008年にはパリ国立オペラが初来日し，ピカソ展が開催された。科学部門では，日仏共同企画の「ファーブルに学ぶ」「日仏学術交流の夜明け」が開催された。普段はなかなか気がつかないが東京・パリ，横浜・リヨン，新潟・ナント，金沢・ナンシー，福岡・ボルドー，仙台・レンヌなど姉妹都市間の記念行事も多く行われマスコミをにぎわした。また，日仏友好協会52団体，フランス文化施設8館，文科省JETフランス人参加者，全国フランス人留学生などの日仏ネットワーク間での交流や共催も盛んになってきた。1992年にフランスに駐在した主に官民の経済関係者が設立したパリクラブも大使館や在日フランス商工会議所と協力していろいろなイベントを行った。

1990年代から2000年代にかけて多くのフランス関係者が亡くなった。1993年に明治，大正，昭和の政界で活躍した首相で元老であった西園寺公望が86歳で，家族で日仏映画交流に活躍した川喜多かしこが87歳，『巴里に死す』(1943)で有名になった小説家芹沢光治良が96歳でそれぞれ亡くなった。芹沢は農務省の役人であったが，ソルボンヌに4年間留学し金融社会学を学び，『巴里に死す』は森有正によって仏訳されベストセラーになり，ノーベル文学賞候補にもなった。

1996年にはパリに留学した画家・彫刻家の岡本太郎が84歳で，リヨン大学で学んだ作家遠藤周作が73歳で，1997年にはフランス映画「レッド・サン」(1971)でアラン・ドロンと共演し，アラン・ドロンから「日本の兄貴」と慕われた三船敏郎が亡くなった。1998年には「影武者」(1980)でカンヌ国際映画祭で金賞を受けた黒沢明監督が亡くなり，1999年にはフランス文学者の辻邦生が73歳で，シャンソンを日本風にアレンジして独特なスタイルをつくった淡谷のり子が92歳で亡くなった。アメリカ派であったがフランスをよく知っていた国際的ビジネスマン盛田昭夫が78歳で，ワインでフランスと交流したサントリーの佐治敬三が亡くなり，2005年にはパリ大学で学びサガンの『悲しみよこんにちは』を訳しベストセラーになった朝吹登永子が88歳で，フランス料理界の重鎮村上信夫が84歳で，2006年には1990年代後半日本を代表して日仏関係に尽くした政治家橋本龍太郎が68歳で，2007年には財界の代表として日仏関係に貢献した平岩外四が92歳でこの世を去った。

第7章
日仏ビジネスの発展

　日本とフランスは幕末，明治，大正，昭和，平成と濃淡はあるが緊密な関係を保ってきた。日仏関係の分野も広がり，政治，文化関係だけでなく経済的な関係も濃くなり，多くの国際企業が日本とフランスに進出しはじめた。それまで，どちらかというと政治と文化に片寄っていた日仏交流であったが，現代の日仏交流においては経済や企業関係者の貢献も非常に重要となった。進出企業から派遣された代表者，駐在員，家族などが日仏民間外交や文化交流を促進し，政府だけでなく企業人も含めてフランス，日本で新しい日仏関係が展開されるようになった。

　特に，平成の時代になると日仏関係が大きく変化して，日本の産業界ではアメリカ人によって代表されていたビジネス界が大きく変わり，世界で活躍するフランス人が現れた。日仏関係ではルノー・日産のカルロス・ゴーンで，米仏関係ではビベンディのジャン・マリー・メシエであった。日仏交流の新たな発展として，この章では日仏の企業の進出状況と新しいフランス経営者の台頭を扱う。

1. 日仏企業の海外進出

　日本企業のフランスへの進出が本格的に始まったのは1950−60年代であった。ヨーロッパの市場は閉鎖的であったが，そのなかでもフランスは特に閉鎖的な市場であった。そのフランスに対して日本の商品を売るために三井物産，三菱商事，伊藤忠などの大手商社をはじめ，本田技研工業，日産自動車，松下電器産業，YKK，富士フィルムなどの国際企業が先陣を切った。現地の代理店を仲介としてビジネスを中心に展開していたが，貿易の拡大で自力で販売網をもつようになった。しかし，1970年代になると日本商品の輸出力と競争力が強くなり貿易問題が浮上した。日本企業は政治問題や輸出規制などの障害回避のために現地への本格的進出を始めた。特に，1985年のプラザ合意を機会に日本企業は国内生産と海外生産体制を統合し

フランスへ進出した企業リスト

年	企　業　名
1878	三井物産
1937	相模ゴム工業
1950	三井物産，キャノン
1956	アデランス
1958	オリンパス
1960	三菱商事，日本興和損害保険
1962	伊藤忠商事，ブラザー工業，東京三菱UFJ銀行
1964	日本電子，本田技研工業
1965	カネボー化粧品，東日本旅客鉄道，東京海上自動火災保険
1966	アマダ
1967	ぺんてる，タカラベルモント，YKK
1968	富士フィルム，松下電器産業（パナソニック）
1969	日産自動車，セイコーエプソン
1970	コマツ，日本郵船
1971	鹿島建設，日本精工，ギャルリーためなが，シャープ，トヨタ自動車，伊藤忠ファッションシステム，マキタ
1972	旭ガラス，テルモ，日揮
1973	ソニー，DIC（大日本インキ化学工業），NTN，NECエレクトロニクス，三城（ミキ），高島屋，ヤマハ，ジャルパック
1974	三共生興，味の素，クボタ，ジェーシー，ケンウッド，プリンスホテル
1975	富士写真フィルム，キャノン，日立ハイテクノロジーズ，住友商事，みずほコーポレート銀行，コニカミノルタビジネステクノロジーズ，ダイセル科学工業，ジェイテクト（光洋），東京放送（TBS）
1976	石川島播磨工業，日東電工，スリーボンド，アイコム，案心堂，ひらまつ
1977	三菱電機，イワキ
1978	武田薬品工業，ファナック，松下電工（パナソニック電工），高砂香料工業
1979	アリスタライフサイエンス，イッセイミヤケ，野村證券（野村ホールディングス），オムロン，西澤，三井住友海上火災保険
1980	虎屋，イトキン（2），アデランス，松下電工
1981	旭ガラス（11），バンダイナムコホールディング，アマダ，HOYA
1982	堀場製作所，江崎グリコ，東レ，東洋アルミニウム，旭ガラス，ジェイティビー
1983	東芝メディカル，サントリー，クラリオン，京セラ，キャノン，損保保険ジャパン
1984	日本ビクター，日本能率協会，スタンレー電気，ダイワ精工，スズキ，住友ゴム工業，ソニー，ヤマハ発動機
1985	曙ブレーキ，浜松ホトニクス，ミキハウス，日本通運，タカラトミー，デンソー，本田技研工業，カネボウ化粧品，ケンウッド，JSP，クレハ
1986	アイシン精機，アルパイン，アマダ（3），ミツトヨ，東芝，東芝テック，リコー，日本ガイシ，ミキモト，資生堂，ソニー
1987	田辺製薬（田辺三菱製薬），伊東電気，ニコン，日本圧着端子製造，ケイラインロジスティックス，アデランス，フジテレビジョン，ハリソン東芝ライティング，KDDI，リコー，東京ガス，豊田自動織機，ヤマハ

年	企　業　名
1988	ニディック (1988), ユニデック, メルシャン, 三菱重工業, 日本電気, 東洋炭素, ウシオ電機, DISCO, ファナック, ミニベア, 三洋電機, セガ, 東機貿, ヤマトロジスティック, 山崎製パン
1989	押野電気製作所, 中外製薬, 日立マクセル, 近畿日本ツーリスト, 小森コーポレーション, 明治屋 (2), ノーリツ鋼機, トプコン, ヤマザキザック, ヤンマー建機, 郵船航空サービス, 全日本空輸, 博報堂, ブリヂストン, 第一三共, ジェイティービー, 興和, 京セラ, 西日本鉄道, シャープ, サントリー (3), 竹中工務店, 東機貿
1990	アシックス, 応用地質, 稲畑産業, 住友化学, 日本特殊陶業, 日本ゼオン, 日立工機, 森精機製作所, 古野電気, ワコール, あいおい損害保険, ベルダン, キヤノン, ダイキン工業, 江崎グリコ, 近鉄エクスプレス, コニカミノルタテクノロジー, メルシャン, オプトエレクトロニクス, 資生堂(3)
1991	アンリツ, 小森コーポレーション, 積水化学工業, 日立製作所, 森永乳業, 日本カーバイド, 日本旅行, 理想科学工業, 味の素, アライドテレシスホールディング, ジェーエス・ユアサコーポレーション, ジェイテクト, 京セラ, 鹿島建設, カネボウ化粧品
1992	資生堂, 読売新聞東京本社, 日新, メニコン, 東洋インキ製造, 横川電機, 日立物流, エクシム・インターナショナル, エイチ・アイ・エス, コニカミノルタホールディングス, 三菱マテリアル, 日本特殊陶業, 日油, 沖電気工業
1993	キリンアグリバイオ, 住友・日産化学・日本農業 (2), トクヤマ, 任天堂, パイオニア, 大和総研, 三菱商事, ポーライト
1994	ANAセールス, 日立ソフトエンジニアリング, 荏原製作所, ニレコ, 商船三井 (3), セイコーインスツル, 雪印乳業, ジェイティービー, ジェイテクト, セイコーウオッチ, 図研
1995	ブリヂストン, タキイ種苗 (2), 豊田自動織機, 富士電機ホールディングス, 日本電波工業, SUMCO, 三菱電機, サンデン, ソニー, タカラバイオ
1996	サカタのタネ, アイホン, エフ・アール・ピー・サービス, 日本香堂, KDD (2), キッコーマン, エーザイ, 東芝テック (2), ワタナベウエディング, 富士通, 堀場製作所 (2), JSP, ジェイティービー, ミツバ, 三菱電機, 三菱重工, 日本ニューマチック工業, 小倉クラッチ, 東レ
1997	オリエンタルモーター, OSG, 日本出版貿易, 光生アルミニウム工業, 山田ドビー, HOYA, 日立製作所, 堀場製作所 (3), 日本ニューマチック工業, 東芝テック
1998	アサツ・ディ・ケイ, イーグル工業, KYB, 三菱レイヨン, 良品計画, エイ・ネット, 京セラ, ミズノ, 牧野フライス, NTN, サンデン, ショーワグローブ, テイエルブイ, トヨタ自動車 (2), トヨタ通商, タンロガイ
1999	アロカ, オートバックスセブン, 三桜工業, 豊田通商, アマノ, シャルマン, 大和証券, 丸紅, 東芝テック, エスエムビーシー, オンワードホールディングス, 八木通商
2000	愛三工業, ひらまつ (2), 海外新聞普及, 日本色材工業研究所, デジタル, 日本郵船, ローム, シマノ, 住友電気工業, サンスター, 竹中製作所, タムロン, THK, アベイズム, ADEKA, カシオ計算機, ジェイテクト (2), 日本電気, 日本ニューマチック工業, トリニティー工業, 資生堂, タムラ製作所, 東芝テック
2001	ダイキン工業, イビデン, スター精密, マルヤス工業, ヤンマー農機, トムス・エンターテイメント, 電通, アマダ, アーク, 中外製薬, 富士通, キリンアグリバイオ, マツダ, パイロットコーポレーション, サカタのタネ, SMK, ソミック石川・JTEKT, 帝人, 東芝 (2), 東芝テック, ヤマハ発動機

年	企 業 名
2002	尾池工業, 日本メナード化粧品, 大日本スクリーン製造, フジトランスコーポレーション・三井物産, フジシールインターナショナル, 三菱電線工業, 日産化学工業, 日立建機, アイダエンジニアリング, 味の素, 第一三共, 日産自動車 (2), ルネサステクノロジー, シバックス, THK, 豊田通商, ユニプレス
2003	臼井国際産業, オプテックス, 大日本印刷 (2), フェローテック, 日本電子材料, ジャトコ, 日立製作所, ジェーシービーインターナショナル, タイキ, ノーザンエクスプレス, 愛三工業, 味の素, アリタケジャパン, ブリヂストン, マルヤス工業, メニコン, 三菱電機, 三菱自動車工業, 三井精機, サンデン, TDK ラムダ, ユニプレス
2004	日本光電工業, ウェザーニュース, フィルティック, 富士機工, ブックオフ, ヤッパ, コンフィチュール・エ・プロバンス, 大日本印刷, エリジオン, フジキカイ, ひらまつ, インデックス (2), 丸山海苔店, 三好化成, 森精機製作所, バンダイナムコホールディングス, ナイルス, 大塚製薬, サカタインクス, 資生堂, 双日, スター精機, タキエス, テクノ高槻, 東映アニメーション, 豊田通商 (2)
2005	ホーコス, コーエイ, ナカニシ, ルネサステクノロジー, トヨタ紡織, 島津製作所, 豊田織機, ファーストリテイリング (2), アンリツ, アーク, アステラス製薬, カルソニックカンセイ, ファナック, インデックス, ジャステック, 三菱重工, 日本電気, 日本香堂, オイレス工業, サタオー, セイコーオプティカルプロダクツ, 雪印乳業, 双日・協和合金, 三井住友銀行, 豊田通商, ヴァンパッシオン, 郵船航空サービス, 日本ゼオン
2006	村田機械, 日本電産, オムロン・ヘルスケア, パラマウントベッド, 青丹社, ヨックモック, アリタケジャパン, ファナック, ファーストリテイリング, フジシールインターナショナル, 古野電気, 日立建機, 稲畑産業, バンダイナムコホールディングス, 日本郵船, 新道繊維工業, 東洋インキ製造, 豊田通商
2007	カナレ電気, 大日本印刷, 古河ユニック, アイペックス, 三菱重工業, リクルート, 島津製作所, 住金物産, 住友化学, 読売新聞東京本社, 東洋インキ製造, 郵船航空サービス, 隅研吾設計事務所, 日本水産, NTN (2), 日本輸送機, 二プロ
2008	味の素, 旭日化成エレクトロニクス, カルピス, セルシード, グローリー, 堀場製作所, 関西電力, 高級アルコール工業, 三菱商事, 三菱自動車工業, 森精機製作所, 日本電波工業, 大塚製薬, レオン自動機, サクラファンテックジャパン, 繊研新聞社, 東西サムテル, 東レ, トヨタ紡織, 郵船航空サービス, カプコン, CDS, 日本フィルコン, NTN, NTTドコモ, レイテックス, タビオ, ヤマハ, 高山リード

出所：対仏投資庁（日本）「フランス進出企業リスト」（2007及び2008）
注：同じ会社が同じ年に2カ所に投資した場合は(2)と計上してある。

て欧米に大量に進出していった。

　その後，日本企業のフランスへ直接投資が増加し，日本企業の進出件数は毎年着実に増加した。2008年12月末時点での日本のフランス進出企業はトヨタ，ソニー，資生堂，ブリヂストン，サントリーなど400社（内製造業130社）が625拠点に進出して6万3000人の雇用を生んでいる。2007年のフランス投資庁（AFII）報告によると投資案件の6割は自動車部門が占め，第2位の電子・電気・医療機器の

11%を大きく上回った。最近の動きではサービス業で衣類製造販売のファーストリテイリングの進出と三菱やソニー等のデジタル家電メーカーの一部撤退が目立つ。

逆に，フランスから日本に進出した在日フランス系外資の数は，432社あり13万2285人が雇用されている。フランス企業の全雇用者数は12.9%でアメリカに次いで第2位であった。業種別雇用を見ると金融・保険が17.2%，卸売・小売業・飲食店が15%，製造が14.9%であり，ドイツのそれぞれ2.3%，10.4%，22%と比較するとフランスはサービス系の雇用が多いのが特徴である。

このように，日仏ビジネス関係はグローバル時代を迎えお互いに緊密に結ばれるようになった。日本はアジアのゲートウエー，フランスは南・中欧，アフリカ，中近東などの第三国へのゲートウエーとなり，21世紀には新しいビジネス展開が期待されている。

2. 新しい経営者の出現

近代の日仏関係を経済の視点で見ると時代区分は大きく7期に分けられる。約80年前に外国商工会議所としては日本でヨーロッパ最大の在日フランス商工会議所（1918）が創立されたものの，文化，高級商品やイメージが先行してフランス人経営者自身が目立った活躍をすることはなかった。傑出したフランス人経営者が出始めたのは1990年後半からである。

①第1期（1860-70年代）

江戸末期には日仏修好通商条約が結ばれ，少数であるが横浜の居留地を中心にフランス人商人が活躍していた。駐日フランス公使ロッシュなどが徳川幕府と組んで政治・外交的だけでなく，経済分野でも鉄工所，造船所，製紙工場，軍事訓練，仏語研修所などの西洋的インフラを築いた。しかし，このときのフランス人経営者はヴェルニ，ブリューナ，コワニエのようなエンジニアであった。

②第2期（1880-90年代）

維新政府が招聘したお雇いフランス人の代表であるボアソナード，ブスケ，アペールなどが日本の近代化に貢献ししたが，彼らは法学が専門家であった。そのほか領事のデュリー，軍事のシャノワーヌがいたがビジネスマンはいなかった。政府は不

平等条約解消と列強に追いつくため脱亜入欧を目標に鹿鳴館などをつくり西欧化を進め，フランス料理，洋服，食料品，飾りものなどを消費した。経済では，フランス留学組が日本近代化の基礎づくりに貢献し，その代表者として第一国立銀行などをつくった渋沢栄一，仏学校経営者としての中江兆民などがいた。

③第3期（1900－40年代）

日本は日清，日露戦争に勝利し大国となり，第一次世界大戦でも戦勝国となり国際的地位も上がり西欧列強とならんだ。陸軍，空軍でフランス方式を入れ，フランスから航空機や船舶，武器などを調達した。

1918年には在日フランス商工会議所が設立され，フランスの経営者たちがネットワークを使って経営や政府との交渉をするようになった。日本の皇室も騎馬・乗馬の馬具にはフランス製品のエルメスを使うようになり，皇族・華族もルイヴィトン，ショウメ，フレデリック・ウオルトなどのフランス製品を愛用するようになった。ポール・クローデルは駐日大使であったがビジネスマンでもあり，ワシントン条約で日本が戦艦数を制限されるとフランス飛行機を売り込んだ。しかし，軍部の意見が強くなりフランスよりもドイツ，イタリアとの関係が強くなった。

④第4期（1950－60年代）

戦後復興のあと高度経済成長期を迎え日米経済が中心であったが，フランス文化であるフランス映画やシャンソン，フランスの誇る「生活美学（アール・ド・ヴィーヴル）製品がインテリや富裕層を中心に浸透した。1960年代にミニスカートはイギリスから日本に伝わったが，フランスからはプレタポルテが若者中心に広がった。

1960年代後半にソルボンヌの学生運動から生まれたヌーヴェル・ヴァーグ世代のトリュフォーやアラン・ドロンなどが日本の若い世代に大きな影響を与えた。たびたび起こった消費ブームではフランス製品が有名になったがフランス人ビジネスマンの顔は見えなかった。レジャーブームも起こりヨーロッパ，特にフランスに旅行する日本人が増加した。

⑤第5期（1970－80年代）

高度経済成長で日本文化の情報発信が始まり，日本発のファッションデザイナー，森英恵，三宅一生，高田賢三などが活躍した。日仏関係では日仏のグローバル企業

の活躍が目立った。ソニー,資生堂などがフランスに進出を始め,フランスに駐在する人が増加し多くの日本人がフランスビジネスや経営方式を直接体験した。一方フランス企業も1970-90年代にアジアマーケットを重要視して日本に進出した。政治・文化だけでなく企業やビジネスが主役になったのは初めてであった。しかし,ファッション業界は別として,その他の業界では商品やサービスが見えてもその裏にいるフランス人経営者の顔は見えなかった。

⑥第6期(1990-2000年代)

親日派のシラク大統領が国を代表するリーダーとして日仏関係を促進した。また,スポーツ界では,サッカーのワールドカップ代表トルシエ監督がサッカーを盛りたてて活躍した。ビジネス界では,太平洋側でゴーンが日産自動車で,大西洋側でジャン・マリー・メシエがアメリカのメディア業界で活躍し,フランス人ビジネスマンの顔が見えるようになった。在日フランス商工会議所も発展し2008年末で570人以上の会員をもちヨーロッパ最大の商工会議所となった。

日本からはアニメ,漫画,ゲーム,音楽などを主体とした「クール・ジャパン」文化がフランスに起こり,コンテンツビジネスが飛躍的に伸びた。「ジャパン・エクスポ」などのイベントが日仏関係を促進し,最近のエクスポでは16万5000人の日本ファンを集めた。フランスの若者が漫画やアニメをとおして日本に興味をもち,日本を訪問したり留学をするようになり,留学ビジネスを拡大した。

⑦第7期(2007-)

2007年にフランスの大統領が変わり日仏経済関係は7期目に入った。フランス人はフランス人であると同時にヨーロッパ人となり,ヨーロッパ内を自由に移動できるようになった。サルコジは対日関係を大事にしたシラクとは異なり,親米,対EU,対中国政策を優先するようになった。サルコジは,フランスの政治・経済プレゼンスを上げようと,世界の主要国際機関にフランスの主要人物を送り込んだ。主要国際機構である世界貿易機構(WTO)のパスカル・ラミー事務局長,国際通貨基金(IMF)のドミニク=ストロスカーン専務理事そして欧州中央銀行のジャン=クロード・トリシェ総裁などが世界的に活躍している。

このように,近年フランス人の国際的ビジビリティーは上昇してきた。ゴーンと

メシエは世界のフランス人のビジネスイメージを変え、サルコジはフランス外交・政治観を変え、ラミー、ストロスカーン、トリシェはフランスの外交力の強さを再認識させ、日本人、アメリカ人そして世界の人に「新しいフランス人像」を植えつけた。この章では特に注目された変化として新しい経営者ゴーン、メシエをとりあげ、第8章冒頭ではサルコジをとりあげ新しい時代のフランスの活動を追ってみたい。ゴーンが1954年、サルコジが1955年、メシエが1956年に産まれており年齢も近く、共に戦争を知らず、戦後の高度成長期に育ち、フランスに変革を求めた3人の生き方にフランスの将来性と日仏関係の将来が見える。

⑴ **カルロス・ゴーン**

ゴーンが日本のビジネス界に登場するまでは、日本人のフランス観は「外交・歴史・文化は一流だが経済、ビジネスは二流」というステレオタイプ的見方が多かった。フランスの政治、文化、歴史は知っていも、フランスの経済や経営は知らないビジネスマンが多く、ルノーから来て日産再建を成功させたフランス人のゴーンがそのイメージを完全に崩した。

ゴーンは経営危機の日産を一年繰り上げ再生させ、日本人経営者がなかなかできなかった新しい型の「経営改革（ルネッサンス革命）」を起こした。日本での成功を買われて、現在はフランスのルノー本社と日本の日産の社長・CEOである。ルノー傘下の日産、サムスン、ダチアなどを入れると2006年度の売上では約17兆円で世界第4位、自動車販売台数は590万台で世界第3位、従業員総数31万人の会社の頂点に立った。[92]

異文化経営者・ゴーンの生い立ち

レバノン系ブラジル人の父とフランス人の母の間にブラジルで生まれ、教育も中等教育はレバノン、高等教育はフランスのトップグランゼコールであるエコール・ポリテクニークとエコール・ド・ミーヌを卒業した。伝統的なフランス人とは異なり、幼少のときから異文化教育を受けた異文化経営者である。卒業後、まずフランスのタイヤ大手ミシュランに入社し、ブラジル・ミシュラン工場社長となり、エンジニアの才能を

発揮し，次のミシュラン北米子会社では統括社長としてユニロイヤル・グッドリッチの買収を円滑に処理して経営者としても一流であることを証明した。

ゴーンはアメリカにいるときには，フランス企業の長所とアメリカ企業の長所を絶妙に融合し高度な異文化経営の能力を示した。すなわち，フランス企業の長期的な分析力とアメリカ企業の短期的な実務力を融合し，アメリカとフランス2カ国の異なった部署からの人材で構成する「クロス・ファンクション・チーム（CFT）」を組織化して互いの長所を生かす組織をつくり会社の業績を拡大した。日産でのCFTの原型は，すでにアメリカで実証済みであった。

ミシュランは典型的なフランスの家族企業であって外部の人は社長になれない企業である。そうは思っていたがアメリカにいたとき，フランソワ・ミシュラン会長から息子の社長研修を頼まれたとき，実際社長になれないことを知った。1996年，ゴーンが42歳のときにルノーから声が掛かった。幸運なことに事業国際化のために国際的なフランス人ビジネスマンを探していたルノー会長のルイ・シュヴァイツアー（Louis Schweitzer）にスカウトされた。ゴーンの希望もあり，最初は研究・製造・購買担当の上級副社長となった。

激戦区のアメリカで実践的な経営を学んだゴーンはルノーに入社早々，大胆なコスト削減を実行し「コスト・カッター」と異名をとった。特に，ベルギーの主力・最新工場であったビルボード工場を「全体から見て効率が悪い」と判断し3500人解雇することを発表したが，閉鎖したときはフランスとベルギーの政治問題まで発展した。いろいろ余波はあったが，結果的にこの大胆なイニシアチブが社内のコスト意識を高揚し，ルノー全体の利益向上に貢献した。

ゴーンの経営能力を高く買ったシュヴァイツァーは1999年3月に日産・ルノー提携を正式に発表したとき，躊躇なくゴーンを日本に送り込んだ。ゴーンは日産自動車の最高執行責任者（COO）となったが，早期に実績をあげ2001年には社長兼CEOに就任した。

ゴーンは日本で着任早々，アメリカでテスト済みであった横断的なクロス・ファンクション・チーム（CFT）を設置して社内組織を固め，日産改革戦略である「日産リバイバル・プラン（NRP）」を発表した。1兆円のコスト削減，部品や資材サプライヤーの数の半減，負債の半減（2002年までに1兆4000億円から半分の7000億円），新車投入（2002年までに22種の新モデルを投入），社員削減（全世界で社員2万1000人削減）などの大胆な経営計画の発表をした。ゴーンにはすでにミシュランやルノーでの実績があったが，次々打ち出す日本企業の系列廃止，年功序列を廃止，実績連動の成果主義導入，組織の簡素化，社員のコミットメントに対する意識改革，公式ビジネス言語の英語化などの大胆なNRP計画は伝統的な経営から脱皮できなかった日本企業や経営者に大きな衝撃を与えた。

ゴーンの積極的なマネジメントでNRPは1年早く実現し，2002年4月からは新

しい経営計画「日産180」が実施された。180の「180」は業績を180度転換し,「1」は3年間（2001－2004年）に販売台数を100万台増加し,「8」は営業利益率を8％にして,「0」は自動車事業の純負債を零にする計画であった。移行期に打ち上げられた日産180は1年遅れたが2005年に完遂し,次のステップである長期的な利益と成長をめざした「日産バリューアップ」計画が打ち上げられた。日産バリューアップは2005－07年の毎年度グローバル自動車業界トップレベルの売上営業利益率を維持すること,グローバル販売台数を2008年度末まで420万台にし,投下資本利益率を3年平均で20％以上確保するとうことであった。成熟市場の伸び悩み,高いレベルの販売インセンティブ,材料費の高騰などで環境が変わったが1年後に達成した。

　ゴーンの積極的で大胆に方向転換をする経営改革は日本の経営に大きな教訓を残した。それは,ゴーンが次のことを伝統的な日本の企業経営者に示したからである。①個人の力で会社は変えられる,すなわち経営者次第で不振の企業は変えられる,②国籍は関係ない。すなわち言語や文化が違っても一人の強烈な改革者がいれば会社は変えられる,③グローバル経営者でなければならない。これからの企業経営は日本だけのマーケットで勝負せずマルチカルチャー（多文化）,マルチリージョナル（多地域）,グローバル（国際的）を理解し対象とした経営をしなければならないということであった。ゴーンの経営方法,すなわち人を信じかつ引きつける「人間力」,難しい問題に果敢に挑戦する「チャレンジ力」,多文化を統合する「文化統合力」,コミットメントを達成する「完遂力」,コミットメントを達成できなかったらやめる「いさぎよさ」は,よく考えると日本的でかつ西洋的な和洋折衷の経営方法であった。

　シュヴァイツアーの決断力とネットワーク力も見逃せない。当時,フランス政府がルノーの44％（現在は5％以下）の株をもち,政権担当の首相は社会党出身のリオネル・ジョスパンであり,下手に発表すれば政府内部の保守派や労働組合からの猛反対が必死であった。同業者のPSAプジョーシトロエン前会長のジャック・カルベは「資金上のリスクはもちろんのこと,これだけかけ離れた文化をもつフランス人と日本人を一緒に働かせるなんて,並大抵のことではない」と危惧した。し

かし，ENA出身の高級官僚であったシュヴァイツァーはENAの先輩であるジョスパンの了承をもらい「人生最大の決断」をゴーンにかけた。この賭けは結果的に成功して，「日産は"強い工場，弱い本社"から"強い工場，強い本社"をもつ国際企業に変身した」のである[93]

(2)　ジャン・マリー・メシエ

　ゴーンが日本で活躍していたころ，太平洋とフランス間で有名になったフランス人ビジネスマンがジャン・マリー・メシエであるが，日本でメシエを知っている人はフランス通の人たちだけで財界人でも知らない人が多い。しかし，当時は仏米関係のメディアでスターになったメシエはゴーンより有名であった。ゴーンと同世代のメシエは，1956年にグルノーブルで生まれ，父が企業の重役をしていた関係で早くからエリートとして育てられた。しかし，大学受験では最高峰といわれるポリテクニーク受験に失敗し，いったん同じグランゼコールのエコール・サントルに入学したが，満足できず再受験してポリテクニークに入りなおした本格的なエリート志向の人間である。

　ポリテクニークからENAに進み卒業後は財務省に入るという，いわゆる「フランス的超エリート」として政界に入り，1986–88年の間バラデュー経済相の顧問の1人として民営化を手伝った。優秀であったが政界には向いていないと判断し民間に転じた。フランスの一流投資会社ラザール・フレールで6年間過ごし，大企業のM&Aを手がけたあと，1994年，コンパニー・ジェネラル・デ・ゾー（CGE：リオネ・デ・ゾーの前身）にスカウトされ，1996年に40歳の若さで伝統的な会社の社長になった。

　CGEは水道事業，エネルギー，産業廃棄物事業中心とし150年の歴史をもつ伝統的な会社でであったが，メシエは水道業の限界を知り，さらに発展させるためにメディア産業や通信産業に目をつけた。まず，フランス最大のケーブルテレビ会社，カナルプリュス，広告会社アバスに出資し，次に将来有望な携帯電話会社SFRを買収して通信会社コジェジェテルを設立した。古い名前を一新するためにモダンな「ビベンディ」という名に社名変更し，本社の主な活動をメディアと電気通信部門

に焦点を絞った。古いイメージの水道や廃棄業を分社して「ヴェオリア・エンヴァイロメント」とした。2000年にはユニヴァーサル映画，ミュージックをもっているカナダのシーグラムを340億ドル（3兆6000億円）で買収してタイム・ワーナーに次ぐ世界第2位のメディア企業となった。

44歳のメシエは一時期550億ドル（約6兆円）の売上，約25万人の会社の頂点に立ち，自伝『J6m.com：ニューイコノミを恐れてはいけない』という著書を出版し，そのタイトルの『J6M (Moimême, maître du monde: Myself, master of the world)』（私自身，世界の主，世界の盟主の意）の名前でメディア界の寵児になった。やがてメディアのメッカアメリカに進出して放送会社大手USネットワークス，衛星放送2位のエコスター・コミュニケーション，出版会社ホートンなどを買収した。

アメリカ事業の比重が多くなり2001年9月から家族でアメリカに移り，マンハッタンのパークアベニューに20億ドルの豪邸を購入してそこから会社を経営した。現地メディアからは「アメリカ人よりアメリカ人らしい経営者」として賞賛され，本人も「フランス文化の例外性は死んだ（L'exception culturelle française est morte）」といってフランスの閉鎖的な文化を批判した。

しかし，栄華は長く続かなかった。ビベンディの過大投資とアメリカのニューイコノミーの崩壊でビィベンディ・ユニバーサルは2002年度の決算で136億ユーロ（約1兆6000億円）の負債を出した。これは当時，フランス歴史上最大の規模の負債であったため，会社の株も一挙に落下して，メシエ自身の経営者としての信頼性も急落した。また，カナルプルスの創始者であり人気のあるピエール・レスキュール社長を解任したことで業界や一般大衆の批判を浴び，ル・モンドをはじめフランスメディアはメシアのフランス文化非難に対して一斉に攻撃しはじめた。その年の大統領選挙では社会党のジョスパンを応援していたために余計右派からの攻撃を受けた。2002年の7月に経営責任を問われ解任され，アメリカに住んでメディアで世界を征服しようとしていたメシエの夢も終わった。

メシエは短い期間であったが，アメリカ人より有名なフランス人経営者となり，オーストラリア人でアメリカのフォックス・テレビをもつメディア王ルーパート・

マードックに次ぐ「アメリカのメディア王」とささやかれた。メシエはアメリカのメディア界に本格的に入った初めてのフランス人で，ハリウッドとフランス文化をミックスしようとした努力をアメリカ人は高く評価したが，アメリカ嫌いのフランス人には理解されなかった。メシエが解任されてもアメリカのメディアはメシエに最後まで好意的で，メシエの退場をニューヨークタイムズ（2002年7月5日）は「（メシエは）アメリカモデルのターボチャージ版で，ハリウッドモデルであった」と惜しんだほどであった。

しかし，よくいわれるように「映画は水もの」である。映画は水や飲料関係の会社に縁があり，ソニーが買ったコロンビアは清涼飲料のコカコーラがもち，ビベンディが買ったユニヴァーサルはアルコールのシーグラムがもち，シーグラムからユニヴァーサルを買ったビベンディの全身は水道事業であった。優秀で実力のあったメシエでもこの水の流れは止められなかった。

注
第1章
(1) 勘定奉行，勘定吟味役それぞれ2名などで構成される海外防衛担当の経済官僚。
(2) 西周（1829-1897）。津和野藩医の家に生まれ，幕末から明治初期の啓蒙家。1862年に幕府蕃書調所の教授方出役であった津田真道や軍艦操練所の榎本武揚など15人と一緒にオランダ留学した。西は津田とライデン大学で2年間法学，経済，哲学を含む「治国学」を勉強し1865年に帰国した。帰国後，徳川慶喜の政治顧問，沼津兵学校初代校長を務め，明治政府では軍事，文部，宮内省の官僚を務め，1873年には福沢諭吉，森有礼などと明六社を創設した。東京学士院会長，貴族議員議員を務め，1897年68歳で亡くなった。西がつくった翻訳語では哲学，芸術，理性，科学，技術などがある。
(3) ベルグソン（Henri Bergson）1859-1941。高等師範講師，コレージュドフランスの教授，アカデミーフランスの会員，国際連盟知的強力国際委員会長を務める。フランス唯心論的実在論に属し，直感，持続，自由，創造，生を尊重して，主知主義や機械論を批判した。1927年ノーベル文学賞。
(4) The Economist Pocket 「World in Figures 2007」
(5) 2008年度の国別ランキングでは，アメリカ153社，日本64社，フランス39社，ドイツ37社，イギリス34社。中国29社，韓国15社，インド7社となっている。
(6) ぴあ総研「エンターテイメント白書2005」，Tableaux de L'èconomie Française 2006
(7) Fortune2007年8月13日号，2005年7月25日号，2005年度の第1位はアメリカ176社，第2位は日本81社，第3位はフランス39社，第4位はドイツ37社，第5位はイギリス35社（オランダの合弁含むと37社）。
(8) フランス外務相広報誌「Label」2005年1-3月
(9) ジェトロ『ジェトロ貿易投資白書2005年版』

(10) Invest in France「対仏投資7つの理由」2003年3月
(11) 財務省税関統計では2000-2007年総計で見ると輸出は全輸出の1.37％，輸入は1.7％。ジェトロ「投資・貿易白書」では2005年度はフランス対内投資の0.6％，対外投資の2.4％であった。日本企業のフランスへの売上は日仏経済委員会（パリクラブ）の2008年4月の調査による。
(12) ジェトロ対日投資部「平成16年外資系企業雇用調査（2005）」外資比率10％以上の外資系企業及びその子会社が対象。この調査によると，日本におけるフランス系企業は432社あり，従業員は13万2285人いる。日本における外資系企業全体では4276社あり内フランスは432社（10.1％）で，従業員全体では102万3441人で内フランス人系企業の従業員数は13万2285人（12.9％）であった。
(13) 1997-98年「フランスにおける日本年」，1998-99年「日本におけるフランス年」を開催し日仏の政治，経済，文化の多面的な活動が促進された。
(14) 最初に名前を付けたのは外交専門誌「フォーリン・ポリシー」の編集長だったDouglas McGrayダグラス・マックグレー氏で2001年ジャパンソサエティーの招聘2カ月間日本の若者の取材を元に記事を2002年5・6月号「フォーリン・ポリシー」に「Japan's Gross National Cool（日本のクールな文化力）」と題した記事を載せ大変話題を呼んだ。毎日新聞（2003年12月5日付）「欧米を魅了する調和の文化—ジャパニーズ・クール」による。
(15) 杉山知之『クール・ジャパン：世界が買いたがる日本』祥伝社，2006年。15兆円の内訳は，出版関連（5兆円），放送産業（3.6兆円），キャラクター（2兆円），音楽産業（1.6兆円），ゲーム産業（1.1兆円），映像産業（0.7兆円），マンガ（0.5兆円），アニメ（0.15兆円）。

第2章

(16) 支倉常長。仙台藩士山口常成の子で支倉時正の養子になる。支倉常長出発後まもなく幕府がキリスト教の布教を禁じ（1614）キリスト弾圧の方針を出した為，支倉常長は使命を果たせずメキシコ貿易も許可されず，スペイン滞在も8カ月，メキシコ，フィリピン滞在後1620年に帰国し1622年に病没した。支倉は慶長時代に日本を出発したため「慶長遣欧使節」と呼ばれている。
(17) 田中英道『支倉六右衛門と西欧使節』丸善，1994年
(18) 渡邊一民『フランスの誘惑』岩波書店，1995年
(19) フォルカード 中島昭子・小川早百合訳『幕末日仏交流記』中央公論社，1993年
(20) レオン・ロッシュ（1809-1901），フランスの外交官。アルジェリアのチュニス総領事を経て，1864年4月に駐日フランス公使として来日，1968年6月に帰国。将軍徳川慶喜を支援し，軍事教育団の招聘，横須賀製鉄所設立，横浜仏語伝習所設立などに力を尽くしたが，フランス本土の対日政策の転換により帰国。帰国後は公職を辞し，悠々自適の生活を送った。
(21) レオンス・ベルニ，日本滞在期間1873-95年。横須賀造船所（幕府・海軍省雇用先）創立以来の造船所所長。
(22) メルメ・カション，宣教師。ジェスイット派司祭として中国伝導後，1858年通訳として来日。函館で語学塾を開く。1862年江戸に移りロッシュ公使の通訳となる。横浜仏語学校を建てた。
(23) クリスチャン・ポラック『絹と光：知られざる日仏交流—100年の歴史』アジェット婦人画報社，2002年
(24) フィリップ・フランツ・フォン・シーボルト（1796-1866）。ドイツ貴族出身の医師で，1822年オランダ経由で来日し長崎オランダ商館医となった。西洋医学を教育し高野長英などを育て，医学以外に野ほんの自然や地形の研究をした。日本人女性との間に娘楠本イネと息子アレキサンダー（長男）とハインリッヒ（次男）がいた。父は後にオランダ女性と結婚しオラ

ンダ貿易顧問として再来日し帰国前に幕府顧問を務め，アレキサンダーは英大使館通訳，後に井上馨外務卿の特別秘書となり，ハインリッヒは日本人と結婚して通訳者，考古学者と一家で日本の外交にかかわった。

(25) イギリスでは日本語取得通訳制度が1860年にできていて，サトウ以外にアストン，ウイルキンソンの2人が日本語通訳官としていた。明治維新の1年ぐらい前からロッシュの情報は幕府側通訳に限られ「個人外交」を展開していた。フランスはカションが横浜仏語学校を建てたのが1865年なので5年遅れた。萩原延壽『外国交際：遠い崖―アーネスト・サトウ日記抄 (5)』朝日新聞社，2007年

(26) モンブラン，フランスの伯爵で外交官。1858年，61年と日本に来て日本語を勉強した。1865年に渡仏中の薩摩藩五代才助などの留学生とベルギーで会い，兵器などの輸入商社の設立をする。当時のフランスでの日本学の第一人者。1867年薩摩藩軍制改革顧問として再来日，日本総領事エラールの後任として大阪で公務弁理職となった。

(27) 萩原延壽『大政奉還：遠い崖―アーネスト・サトウ日記抄 (6)』朝日新聞社，2007年
(28) 童門冬二『小説小栗上野介』集英社，2006年。徳川宗英『最後の幕閣』講談社，2006年
(29) 同上書
(30) 萩原延寿，前掲 (27)
(31) 実際に開港された港は，神奈川では横浜，兵庫では神戸であった。
(32) 英字新聞。最初の商業的新聞は1861年長崎居留地で発行された「ナガサキ・シッピング・リスト・アンド・アドヴァタイザー」で，その次は同年横浜からだされた週刊新聞「ジャパン・ヘラルド」，1960年代の半ばにでた「ジャパン・タイムズ」であった。この「ジャパン・タイムズ」は後の「ジャパン・タイムズ」とは関係なく，アーネスト・サトウの「英国策論」を掲載して倒幕派の下級武士に多く読まれた。その後，1960年代には「ジャパン・エクスプレス」，ジャパン・コマーシャル・ニュース」が発行され，明治になり横浜では「ジャパン・ヘラルド」「ジャパン・ガゼット」「ジャパン・メイル」が三大英字紙と成った。しかし，発行部数は数百部の単位であった。有隣堂のホームページニューズレター「有隣」（平成12年10月10日第395号）藤田昌司著「新聞と神奈川 (2)」から。
(33) 田中彰『日本の歴史15：開国と倒幕』集英社，1999年
(34) クリスチャン・ポラック，前掲 (23)
(35) 斎藤龍『横浜・大正・洋楽ロマン』丸善，1991年
(36) フルベッキ，オランダの法学者，神学者，宣教師。ユトレヒト大学卒業後，アメリカで神学校に入学，上海経由で長崎に来日。英語伝習所（斉美館），致遠館教師として大隈，伊藤，大久保など明治維新に活躍した若者を教えた。英仏独蘭語に堪能で，特に欧米への遣外使節団を大隈，岩倉に進言して，最終的に岩倉がこの案を実施した。
(37) ユネスコ東アジア文化研究センター編『資料御雇外国人』小学館，1975年
(38) 宮永孝『日本史のなかのフランス語』白水社，1998年
(39) 横須賀製鉄所の前身で1871年に横須賀造船所と改名された。製鉄所は造船所の意味。
(40) マシュウ・カルブレイス・ペリー（Matthew Calbraith Perry）。ロードアイランド州ニューポート生まれ，海軍に入った後ブルックリン海軍工廠造船所長を皮切りに出世して東インド艦隊司令長官となり，1852年に日本に派遣され日本に開国を求めた。軍艦と大砲外交で日本に，1) 遭難，避泊したアメリカ船乗組員の生命・財産保護，2) 船舶への薪水，食料の補給，3) 日米貿易を求め交渉し，日米和親条約 (1854)，日米修好通商条約 (1858) を締結した。
(41) 野口武彦『井伊直弼の首』新潮社，2008年

第3章

(42) 中村哲『日本の歴史16：明治維新』集英社，1992年

(43) ドナルド・キーン『明治天皇を語る』新潮社，2003年
(44) 渋沢栄一は1840年武蔵国地洗島（埼玉県深谷市）の豪農の長男として生まれる。1864年一橋家に出仕，御用係となる。1866年12月将軍慶喜の弟昭武に従いパリ万国博覧会に参加。経済，銀行の知識を学ぶ。1867年欧州歴訪後1968年11月維新動乱のため帰国，1869－1873年年明治政府民省。1873年日本発の株式会社，第一国立銀行創設，1975年一ツ橋大学創立，1888年貴族院議員，1891年東京商工会議所会頭，その他王子製紙会長，東京ガス会長など務め，アメリカ大統領ルーズベルト，タフト，ウイルソン，ハーディングと会見。1931年日本女子大学長，11月91歳で死去。
(45) 木村昌人『渋沢栄一：民間経済外交の創始者』中央公論社，1991年
(46) 佐野眞一『渋沢家三代』文藝春秋，1998年
(47) 渋沢栄一『論語と算盤』図書刊行会，1985年
(48) 井上勝生『シリーズ日本近現代史１　幕末・維新』岩波書店，2006年
(49) 勝田政治『廃藩置県』講談社，2000年
(50) 高橋正『西園寺公望と明治の文人達』不二出版，2002年。木村毅『西園寺公望』時事通信社，1985年
(51) 伊藤之雄『元老西園寺公望』文藝春秋，2007年。岩井忠熊『西園寺公望』岩波書店，2003年
(52) 松永昌三『福沢諭吉と中江兆民』中央公論新社，2001年
(53) 伊藤正雄『明治人の観た福澤諭吉』慶應義塾出版会，2009年
(54) 杉田玄白原著・緒方富雄『現代文蘭学事始』岩波書店，1984年
(55) 九州のキリシタン大名，大友宗麟，大村純忠，有馬晴信がローマに８年間派遣した４人の少年使節団で天正遣欧少年使節と呼ばれている。彼らが最初に日本にグーテンベルク印刷機を持ち込んだ。
(56) 緒方洪庵（1810－1863）。備中藩士の三男で，医師，蘭学者である。大阪船場に適塾を開き明治維新に活躍する人材を育てた。
(57) オランダは約20年間フランスの支配下となった。革命軍によるバタビア王国（1795－1806），ルイ・ナポレオンによるホラント王国（1806－1810），ナポレオン１世によるフランス第一帝政（1810－15）。
(58) 岩下哲典『江戸のナポレオン伝説』中央公論新社，1999年
(59) フランシス・マクワン，尾本恵子訳『日本の開国：エミール・ギメ』創元社，1996年
(60) 斉藤兆史『英語来襲と日本人：えげれす語事始』講談社，2001年
(61) フェートン号事件。イギリスは平戸の商館を通じて貿易をしていたが，平戸の商館が経営不振に陥り商館を閉鎖して対日貿易を中止した。イギリスは再び日本に進出する目的で，本国がフランスに併合されたオランダの長崎商館を乗っ取り対日貿易を再開しようとした。問題は，イギリスが本国から送られた軍艦フェートン号のマストにオランダ国旗を立てて長崎奉行所をごまかして入港しようとした。入国手続きに出向いた長崎奉行の役人と出迎えのため同行したオランダ人２人がイギリス側に捕らえられた。オランダ人２人はまもなく釈放されたが，肝心の長崎奉行はフェートン号を逃がしてしまったため，その責任を取って長崎奉行や鍋島藩の家老数名が切腹するという事件である。
(62) 寺子屋の数は富田・西堀著『日本とフランス』（三修社，1980年），私塾の数は宮永著『日本史のなかのフランス語』（白水社，1998年）参照。1871年に文部省ができて届出制度になったため，『私学開業願書』『家塾開業願書』『私学明細票』などによって具体的な数字が収集可能になった。
(63) 株式会社『関口フランスパン』（http://www.sekiguchipan.co.jp/）水質のよい井の頭の湧

き水が関口の大洗堰で上水（神田川上水）とそのほかの水に分けられところから関口が屋号として使われた。また、近くの関口地域でもおいしいパンづくりに欠かせない良質の湧き水が湧いた。
(64) 進々堂のＨＰ（http://www.shinshindo.jp/）

第 4 章
(65) 岡崎久彦『陸奥宗光とその時代』ＰＨＰ研究所、1999 年
(66) 竹村民郎『大正文化帝国とユートピア』三元社、2004 年
(67) 渋沢健『巨人・渋沢栄一の「富を築く 100 の教え」』講談社、2007 年
(68) 岩井忠熊、前掲（51）
(69) 三浦信孝編『近代日本と仏蘭西』大修館書店、2004 年
(70) 博報堂の最高顧問である近藤道生によると、後年近衛公は「ハワイで軍艦を 10 隻や 20 隻沈めたといって国民は舞い上がっているけれど、アメリカと戦いを始めたのはいかにもまずい。陸軍は私に対米交渉をやらせまいとするし、アメリカは最後になって、中国大陸から一兵残らず撤退しろとプリンシプルにこだわり、極めて挑発的だった」と軍部に押し切られての開戦だったと述べたことを伝えている。日本経済新聞（2009 年 4 月 2 日付）「私の履歴書」。
(71) 藤原義江（1989－1976）。下関のイギリス人貿易商ネール・リード（グラバーの友人）と芸者坂田きくとの間にできた混血児で日本を代表するテノール歌手。フランスとの関係では、少年時代 11 歳のときに 3 年間フランス系暁星小学校に入学したためフランス語も喋れ、オペラ歌手としてフランスも含むヨーロッパで活躍した実績で 1942（昭和 17）年フランスからレジョン・ドヌール賞を受けた。イギリスでは当時駐英日本大使館の一等記書官であった吉田茂、薩摩の友人でイギリス三菱支店長であった植松、フランス（パリ）では薩摩の世話になった。
(72) 村上紀史郎『バロン・サツマと呼ばれた男』藤原書店、2009 年
(73) 瀬戸内寂聴『伝記小説集成第二巻：ゆきてかえらぬ』文藝春秋、1989 年
(74) 大久保喬樹『洋行の時代』中央公論新社、2008 年
(75) 明治になってから福沢諭吉や外国流学者の影響で西洋の自由思想が広まっていた。特に、1874（明治 7）年に板垣退助、後藤象二郎が提出した『民撰議員設立建白書』が自由民権運動のきっかけになった。1887（明治 20）年の保安条例、新聞紙条例、出版条例などで言論自由が抑圧されると、弾圧を潜り抜けて辻説法する政治風刺演歌師が出現し、政治講談、路傍演歌、壮士芝居などが現れ、明治の半ごろからは上京苦学生の書生節がはやった。大正時代には浅草オペラの替え歌が流行した。川上は壮士芝居であったが、壮士演歌師、辻演歌師としては 1891（明治 24）年ごろから活躍していた添田唖蝉坊（1872－1944）が昭和演歌師の草分けで『ああ金の世や』（1907）『ノンキ節』（1918）が有名である。
(76) 三浦信孝編、前掲（69）
(77) 明治政府は 1870（明治 3）年に陸軍はフランス式、海軍はイギリス式を採用した。明治陸軍の軍制をフランス式と決めたのは大村益次郎で、1868（明治元）年に将校育成のための陸軍士官学校をつくった。明治陸軍が雇用したフランス軍人は 1870（明治 3）年から 1889（明治 22）年までに 67 名に達した。山県有朋がドイツ式に変えることができたのは当時ドイツ公使館付武官をしていた桂太郎の尽力が大きく、1885（明治 18）年にはドイツからモルトケ参謀総長の愛弟子メッケル少佐を招き実践的な戦略・戦術を教わった。海軍は 1870（明治 3）年に招聘したイギリスのダグラス海軍大佐を団長とするダグラス教育使節団から学び、第 1 期生は「日本海軍の育て親」と呼ばれた山本権兵衛であった。伊藤隆『明治の群像』実業之日本社、1997 年
(78) ポール・クローデル　奈良道子訳『孤独な帝国：日本の 1920 年代』草思社、1999 年
(79) 1936（昭和 11）年に京都の九条山から吉田泉殿に移転して新館を建てた。九条山は研究者

交流・宿泊施設『ヴィラ九条山』として蘇ったが，初代から日仏交流に熱心な稲畑産業が関西財界人を中心に寄付金を集めた。関西日仏会館は2003（平成15）年にリニューアルオープンした。関西日仏学院ＨＰ（http://www.ifjkansai.or.jp/）。
(80) エコール・デ・ボザール出身で教授となった。印象派の明るい外光描写と明暗法をまぜ，外光下の優雅な夫人像の描写で有名になった。黒田清輝，久米圭一郎，岡田三郎助，一簗雅三などの日本画家を育てた。
(81) 近藤史人『藤田嗣治：異邦人の生涯』講談社，2006年
(82) 同上書
(83) エドモンドとジュール・ド・ゴンクール（Edmonde de Goncourt: 1822-1896, Jules de Goncourt: 1830-1870。18世紀のロッコ美術と日本美術のコレクターで，彼らが始めた1903年からフランスにおける最高の栄誉であるゴンクール賞を行っている。
(84) 由水常雄『ジャポニスムからアール・ヌーヴォーへ』中央公論社，1994年
(85) 同上書

第5章
(86) 前川正男『中島飛行機物語：ある航空技術の記録』光人社，1996年。青木邦弘『中島戦闘機：設計者の回想』光人社，2005年。青木のメーカ別戦闘機生産台数表によると，中島飛行機は54.8%で，三菱は16.8%，川崎重工が10.3%であった。戦闘機搭載エンジンでは，中島88%，川崎10.4%，三菱1.6%と中島のほぼ独占であった。零戦は中島の6545機，三菱の3880と中島のほうが生産数で多かった。10年間の米，独，英，露，日の比較では，アメリカ10万機，イギリス3万機，ドイツ4万6000機，ロシア3万機，日本3万機で航空機の数で圧倒されていた。

第6章
(87) 三大巨匠とは，フランク・ロイド，ミース・ファン・デル・ローエとル・コルビジュである。
(88) 会社としては，1951年フランスに進出し，2002年に100億の負債を抱えて倒産し，プレタポルテ部門は三井物産が100%株を持ち継続している。
(89) 赤木曠児朗『私のファッション屋時代』エディション・赤木，2002年。赤木伯はパリ国立高等美術学校留学後パリで活躍する画家で1979年パリ市立カルナバレ美術館で日本人として初めて「赤木・モン・パリ展」を開催，上野美術館，三越ギャラリーなどで展示会を開催する国際的な画家。著書には『パリ百景』『新パリ百景』（講談社）などがあり絵ではフランス大統領賞（1975）なども受賞。

第7章
(90) 在日フランス大使館対仏投資庁「フランス進出企業リスト2009」
(91) ＪＥＴＲＯ対日投資部「Ｈ16年（2004）度外資系企業雇用調査」
(92) 2008年度（2009年3月期）の決算は，世界的景気後退と金融危機の影響で，売上高8兆4370億円，当期純損失2337億円となった。
(93) カルロス・ゴーン，フィリップ・エリス『カルロス・ゴーン経営を語る』日本経済新聞社，2003年。東京大学藤本隆宏教授の言葉。

第2部
現代のフランス

フランスは，いち早く実現した市民革命であるフランス革命と遅れて実現した産業革命を統合した国である。したがって政治意識は高く，経済に対する挑戦意識は強い。第二次世界大戦中に頭角を現したド・ゴールは，戦後の混乱した世界情勢のなかで大統領の権力をより強くした第5共和制をつくった。ド・ゴールは「永遠に偉大なフランス」「第三勢力としてのフランス」を求めフランスを一流国にして確固たる地位を築いた。しかし世界情勢や歴史的変化によってフランスの政治，経済，社会，文化や人々の伝統的価値観も大きく変わった。

経済的分岐点は戦後の産業発展による栄光の30年であり，社会的分岐点は若者が主体となって起こした1968年の5月革命であった。政治的分岐点は戦争直後から始まった米ソ冷戦（1947），サハラ砂漠の核実験（1960），ド・ゴールの再選（1965），NATO軍からの脱退（1966）など米ソと距離をおく第三勢力としての独立した強いフランスであった。歴史的分岐点は社会党政権の誕生であった。ミッテランが長期政権（1981-95）を実現し，強いフランスの維持と国民や労働者の福利・厚生を主体とした体制をつくった。

ヨーロッパの大国となったフランスはドイツと組んで欧州連合（EU：1993）を創設しフランスが主導権を握る政策をとった。EUの基礎ができた後，1995年に政権は保守派に戻り，ド・ゴールの流れをくむゴーリストのジャック・シラク大統領が誕生した。保守派のシラクは社会党出身のジョスパン首相とコハビタシオン（共生）を組み，保守，革新双方で歩み寄り協力してEUの発展に力を注ぎEUでのフランスの指導力を増した。

しかし，EUの構築と発展は，自立と国のかたちを大事にするフランスの自己矛盾を招いた。EUの輪郭が明確になるほどフランスのアイデンティティが希薄になり，国としての国際競争力維持が課題になった。フランスの市民権にEUの市民権が加わり，国の通貨で伝統のシンボルであったフランに代わり単一通貨ユーロが流通し，国境がなくなり，人，物，金が自由にヨーロッパを動くようになった。好む好まざるにかかわらず，国家としての権限や役割とEUとしての権限と役割の折り合いをつけなければならなくなった。フランス国民はフランスだけでなくEU市民として欧州議会に参加し，かつ責任を果たすという2つの責任が求められるように

なった。

　フランスは悩みはじめた。折合をつけるために，新しい価値観を求めて何度かの右派・左派両立政権であるコハビタシオン形式をとり，政治・経済の安定と国民生活の向上に努めた。また，フランスをさらに発展させるために政治家はEU統合をリードしたが，国民はさらなる統合を恐れて2005年の国民投票でEU憲法批准に反対するという判断をした。フランス人は表面的にはEUの統合とフランスのEUでのリーダーシップに賛成していたが，心の底では国家統合でなく国家集合体を求め，市場主義経済でなく国家が介入する混合経済を好み，社会的には利益主義よりも福利厚生を大事にする「フランス型モデル」を求めた。より強力な欧州構築とフランスの自立性，競争力維持のバランスが大きな課題となった。

　このように第5共和制は変遷を重ねフランス独特の二重体制のなかから新しい大統領が生まれてきたのである。日仏関係も当然影響受けるようになった。第2部では，現代フランスの現状と変化を述べる。

第8章
第5共和制の変化

1. サルコジ大統領の登場

　最近の第5共和制の変化を象徴しているのは，2007年に選ばれたサルコジ大統領である。イギリスのフランス政治研究者であるJ.E.S. ヘイワード教授は「(フランスは) 無政府主義的個人主義と中央主権国家主義が組み合わさっており，単一国家と分裂国家の永遠に対話している国」[94]と描写しているように，フランスは常に個人と国家，単一国家と分裂国家の選択で闘っている国である。しかし，フランスは単一と分裂，統一性と多様性，中央と地方，伝統と近代性などがからまってその対立と葛藤のなかから革新が生まれてきた伝統をもつ国でもある。

　ド・ゴールによる第5共和制が発足してから約半世紀が経って，サルコジが選ばれたのは偶然ではなく常に変化をもとめるフランスの要請でもあった。国民にとってサルコジが現代の市民的利益代表であり，市民は第5共和制の特徴である中央主権国家主義からくる欠陥を改善してくれることを期待した。

　新しいタイプの大統領サルコジがなぜ生まれたか。選ばれた理由を詳しく分析するとフランスの方向性が見えてくる。サルコジ大統領が生まれた理由は次のようにいえる。

　第1の理由は，経済の長期停滞に飽きたフランス人が「大きな変化」を求めていたことである。フランスは1990年代から長期にわたって景気の停滞，高い失業率などを経験し，それにEUの責任や負担が加わり社会が不安定であった。2000年に実質GDPが4.1%を記録してから長い間1-2％台が続き，失業率も9-10%台で改善せず，特に移民や若者の失業率は高かった。12カ月以上失業状態にある長期失業者率も全労働者の半数近くあり，労働者や移民の社会的疎外や貧困の問題，大学の施設の問題，フランス人勤労者の所得減，社会的不安の問題などが山積して

いた。

　このような状況のなかで，若者の不満が一気に爆発した。2006年末にはパリ郊外で起こった移民系若者の連鎖的暴動があり，翌年には若者の新しい雇用法提案である「若者雇用法（CEP）」法案に対する大学生の大掛かりなストがあった。郊外の移民系若者は，長期の失業に腹を立てて車を焼くなど連鎖的な暴動を全仏に起した。CEPは若者の雇用を支援する目的で提案されたが，若者は雇用者が雇用後1年以内に理由なく解雇できるという解雇権に反対し大規模なストに発展した。政府は，郊外での移民系若者の暴動は抑えたが，具体的解決策を提示せず，CEPは最終的にシラク大統領が介入して法律の批准を撤回して終わった。この2つの事件で，シラクの正統後継者とみられたド・ビルパン首相が大統領選参加の資格を失った。

　伝統的な保守党支持者も変化を求めていた。選挙結果を見るとサルコジに票を投じたのは農業，商工業，高所得者，高齢者などの保守層と働きざかりの若者（特に25－34歳）であった。社会党の大統領候補セゴネール・ロワイヤルは学生一般や低所得者の支持を集めたが，若者層や中流階級は社会主義的な政策に将来を任せられないと，厳しくともサルコジの変化の政策に投票した。

　第2の理由は，社会党の分裂と中道派の票の「サルコジ化」である。ENA出身で53歳のホープであるセゴネール・ロワイヤルが，党員投票で元首相のローラン・ファビウスと元財務相のストロスカーン（その後IMF専務理事に転出）を大差で破って正式に社会党の大統領候補に承認された。しかし，社会党は分裂していて，ミッテランのような党内をまとめるリーダーがおらず，ジョスパン前首相は力を失い，当時ロワイヤルの夫で後に離婚したホランド党首は党をまとめられず，社会党では最後まで内紛が続いた。
(95)

　社会党幹部は「エレファント（巨象）」と呼ばれ，それぞれが首相や大臣の経験者で過去の実績に頼り行動し，ロワイヤル候補を助けようとはしなかった。社会党内分裂の影響は政策のみならずテレビ討論会での準備不足に現れ，ロワイヤルの打ち出す政策は実現性に乏しい印象を与えた。そのため，テレビ討論でロワイヤルの発言は，理論が整理されておらず回答に困ると感情に走る面が多く見られた。一方のサルコジは，保守派の支援を受け，着実で冷静，地に足の着いた発言が目立ち多

くの支持者を得た。結果的に票が割れ，社会党支持者の票の一部がサルコジに流れ，第2回目の投票では第1回目の投票で健闘した中道派民主連合（UDF）のバイル候補の支持票が，サルコジに反対の姿勢を示していたバイル候補の意向にもかかわらずサルコジに多く流れた。

　第3の理由は，サルコジの登場がヨーロッパのリーダーの交代期にあたった。ヨーロッパの大国は，期待したヨーロッパ統合後の成長が見られず同じ指導者の支配にマンネリを感じていた。各国の経済不況，企業家や若者に不満が起こりフランスの周辺の国では新しいリーダーが生まれた。ドイツでは，シラク大統領とEU統合を推進したシュレーダー首相が落選して，連立政権を組んだアンジェラ・メルケル女史と交代した。イタリアでは，いつもシラクと冗談を言う仲であったシルヴィオ・ベルルスコーニ首相がロマノ・プロディ首相と政権を交代（2008年にベルルスコーニ再選）した。

　イギリスでは，トニー・ブレアー首相が経済で実績を残したにもかかわらず，アメリカとの密着とイラク戦争に固執しすぎ信用を落とし，労働党ライバルのゴードン・ブラウンに首相の座を譲った。この外部的要因もフランスの新しいリーダーの選択に影響を与え，伝統のゴーリズムやフランス的社会モデルを継続すべきとするシラク派の候補であるアラン・ジュッペやド・ビルパンの目を摘んだ。

　第4の理由は，サルコジの出自と経歴による人気である。家庭も父方がハンガリー下級貴族，母方がフランスの医師の娘でギリシャ系ユダヤ人（祖父の第二カトリックに改宗）であり，移民やマスコミの多いユダヤ系からの支援があった。そして離婚した母は自力で弁護士になり，貧乏ながら3人の息子を立派に育て上げた。兄は繊維会社の社長で一時フランス経団連の副会長を務め，弟は小児科医で後に生物学者になった。サルコジの経歴もグランゼコール－ENA出身のエリートではなく，パリ大学出身でグランゼコールの政治学院を中退したノンエリートであったことが，逆に国民のシンパシー（共感）を呼んだ。サルコジの自分の能力と実力で勝負するひたむきな努力，大きな野心，飛びぬけた実務能力，万全な気配り，多彩なネットワークなどが効果を発し政治の頂点に上りつめた。

　サルコジのハングリーな生き方は生まれだけでなく彼の家庭環境からきていた。

サルコジは幼いときに父母が離婚したため，母と祖父に育てられた。母は弁護士として1人で息子3人を育て，最初は住居も移民の多い17区に住んだが生活は苦しかった。生活が安定した後に，富裕層の多いヌイイ・シュール・セーヌ地区に移った。苦学生であったサルコジは，中学，高校，大学とアルバイトをしながらパリ大学（ナンテール校）の法学部を卒業した。

その後，グランゼコール政治学院（シアンスポ）に進学したが，英語が不得意で中退したため英語にはコンプレックスをもっていた。しかし，その裏側にはアメリカに対するあこがれがあった。その間に弁護士試験に受かり弁護士（ビジネス及び家族法専門）の道を選んだ。したがって，裕福な家庭に育ち，ENAを出た正統派エリートのシラクやド・ビルパンとそりが会わず，とりわけENAに対する偏見は強かった。

逆境をはねのけるサルコジの魅力

恵まれない家庭的環境で育ったサルコジには同年代の若者と比べて苦労も多く，性格的にも強いコンプレックスをもっていた。人を容易に信じず，機をみて人を裏切る欠点をもっていた。幼少のころ父親に捨てられたこと，上背が1メートル65センチと低かったこと，貧乏だったこと，グランゼコールを中退したことなどで常に劣等感があった。しかし，サルコジが人と違っていたのは，その劣等感をバネにして強い野心と努力でより高い地位を獲得していったことにある。ときには，その野心から手段を選ばず，1983年，政治家として面倒を見てくれたチャールス・パスカ（コルシカ出身）の紹介で，コルシカ島の医者の娘マリ・キュリオリと結婚したが，ヌイイの市長選ではパスカを裏切り市長になった（1986）。

ヌイイ市長時代には，最初の妻を裏切り当時ワイドショーで人気のあったテレビ司会者のジャック・マルタンの妻で元モデルのセシリア夫人（父はロシア，母はスペイン）を奪い，1995年の大統領選挙では，サルコジに目をかけていたシラクを裏切り保守中道のバラデュール候補を支援した。しかし，「裏切り者は裏切られる」という言葉のとおり，2005年に今度はセシリア夫人に裏切られ，夫人は広告会社の社長とニューヨークに駆け落ちするという事件があった。一度はよりをもどしたが，サルコジが大統領になっても18カ月間の断絶は回復できず，2007年，セシリア夫人は私生活を優先しサルコジと離婚した。変わり身の早いサルコジは，翌年の2008年1月にはイタリア出身の歌手で実業家の娘カーラ・ブルーニ嬢と結婚をした。

第5の理由は，サルコジはコミュニケーションが上手で，実務的政治家であることである。弁護士出身で責任感が強く，非常に実務的で，弁舌さわやかで庶民から金持ちまで人気があった。アルコール，タバコをたしなまず，スポーツはジョギングというスポーツ系イメージで選挙前は得をした。大統領になってからも新しい方法を試み，エリゼの執務方法を変えて「前（シラク）とは，まったく違うサルコジ方式をとる」と表明し，当初はエリゼ宮に住まずヌイイの自宅から通った。

　シラクのように朝入念に洋服やネクタイを選び鏡の前で長い時間を取らず，朝のエリゼへの出勤は8時，人数を絞った側近とのミーティングは8時半に始めた。(96) 執務室は，シラクの場合は「城」であったが，サルコジは「事務所」として使った。上下関係は厳しいが気配りはいい。ENA出身の事務総長のクロード・ギュアンをはじめ側近とは親しげな感覚でチュ（tu：愛称）で語りかけ，側近以外には大統領閣下（Monsieur, le Président）と呼ばせた。しかし，基本的には自由な討論を心がけた。弁護士出身で，長年いろいろな職業の人と付き合っているだけに，人の意見を引き出すのは上手であった。

　第6の理由は，幅広いネットワークとメディアの使い方の抜群のうまさである。パリ近郊の高級住宅地ヌイイに住んでいたため，多数の影響力のある友人をもっている。大統領選挙でシラクを裏切りバラデュールを支持したことによって一時シラクに干されたが，弁護士時代にヌイイの大企業の実業家，有名人の民事や不動産訴訟を手がけたためその当時からの友人が多く，このコネクションが大統領選挙戦に力になった。ヌイイは比較的新興住宅地でユダヤ系の成功者が多く，実業家，マスコミ，芸能人などが多く住む地域でもあり，この地域に長く住むサルコジは親しい友人が多く，彼らが現在の支援者になっている。また，メディア人に鍛えられたサルコジは，常にメディアを意識し絶妙なタイミングでカメラポーズをとるのでカメラマンには好評である。

　ポンピドー，ジスカール・デスタンは大企業家の意見をよく聞き，ミッテラン，シラクは企業家と距離をおいたが，サルコジはビジネスに敏感で大小問わず企業家の意見をよく聞くので企業家の信頼が厚く，フランスの大企業CAC40のほとんどの社長や会長と交流がある。特に，フランス経団連会長のローランス・パリゾー

(中退した政治学院時代の知己), アーノルド・ラガデール (ラガデール会長), セルジュ・ダッソー (ダッソー会長), アン・ローベジョン (アレバ会長), マーティン・ブイグ (ブイグ会長), パトリック・クロン (アルストム会長) などとは深い交友関係がある。また, ビジネス界との関係を保つために内閣経済担当局長にはHEC・ENA 出身でビジネス界出身のステファン・リチャードをすえたことも異例であった。

第7の理由は, 長年の政治生活での実績である。1995年にシラクから対抗馬のバラデュールに走ったため4年間干されたが, 得意のネットワークで1999年にRPR 副総裁に復帰し, 2002年シラク大統領再選時にはド・ビルパンの口添えもありピエール・ラファラン政権の内務相として入閣した。2007年の大統領選を意識して, そこから得意の弁舌とコネクションで頭角を現し, 在任中に軽犯罪取締りの「サルコジ法」を実施し, 不法労働者規制, 警察官増員など, 厳しい治安対策で実績と名を上げた。

2004年, 財務相および「国民運動連合 (UMP)」総裁抜擢され, 翌年, ド・ビルパン内閣ではナンバー2の内務相として活躍しフランス人が心配している社会的な安全の保護に実績を示した。特に, フランス社会のルールを守らない暴動者を「社会のクズ」と呼んだことで問題はあったが, その厳しい態度は好評で不法移民を取り締まる法案を導入は歓迎された。

2. ロワイヤルの敗因

社会党の分裂は, サルコジに有利に動いた。社会党の大統領候補ロワイヤル女史は, 美人, エリート, 華麗で弁も立ち一時期サルコジより人気があった。フランスでの初めての女性大統領の誕生が十分可能であったが, 後半サルコジに追い詰められ大統領選挙では46.94%の得票しか獲得できなかった。ロワイヤルの強さは, ENA を卒業した超エリートでありながら市民側に立った視線をもち, 女性問題を中心に社会的な問題に真剣に取り組む市民派の代表であった。また, 女性としての魅力も備えメディアの演出が上手であった。放送業界をはじめマスコミにも受けがよく, インテリジェントであるがセクシー, ファッショナブルでセンスがよいとの

評判で外国メディアも好んで取り上げ，ある雑誌でロワイヤルは世界で第6番目にセクシーな女性に選ばれた。

　サルコジと同じく，ロワイヤルも変化を呼べる候補であった。国民がフランスに変化を求めていた時，社会党からタイミングよく「セクシーで母親みたいな強力な女性」ロワイヤルが現れたのである。彼女のホームページ「未来への希望（Désirs d'avenir）」にはいろいろなファンが訪れるが，フランス国民はフランスを変えるために，とにかくまずロワイヤルに選挙に勝ってもらいたい，そうすれば「社会が貴方のすることを支持します」と全幅の信頼をおいている若者が多かった。ジャンヌ・ダルクやポンピドー夫人に代表されるように，女性がフランスを変えたことも多かったので当然であった。

　選挙戦前の戦いでは，イメージで互角，あるいはサルコジを抜いていた。しかし，テレビ討論のある「最後の15日間で勝負が決まった」（2007年5月10日号「ル・ポワン」）。環境，教育相を経験したロワイヤルは市民や主婦との対話は得意であったが，政治や経済の政策論争はあまり上手ではなかった。中道派のバイルやサルコジとのテレビ討論会で具体的な政策論争になると不利で，理論的なプロの政治家対議論好きな「気難しい教師」の印象を与えてしまった。社会党にはリオネル・ジョスパン前首相，ローラン・ファビウス前首相，ドミニク・ストロスカーン前蔵相という3人の「エレファント（象）」と呼ばれる実力者がいたが，それぞれが自説を曲げず社会党の党員投票で60％の票を得たロワイヤルを政策面でもモラル面でも助けようとしなかった。

　ロワイヤルの打ち出した政策「100のプラットフォーム」も高い理想の政策であったが，社会党として意見がまとまらなかったために，数字的裏づけの弱い提案となった。国民年金の最低額を5％引き上げ，最低賃金の月額を1500ユーロにし，障害者の特典を増加し，最貧者を優先し国家的補助を与え，大学生には卒業後6カ月間仕事や職業研修を保障し，若い女性には無料避妊薬を配布し，若者全員に1万ユーロまでの無利子ローンの便宜を与えるなど革新的提案であったが，資金の源泉が明確でなく選挙向けの公約的な印象を与えたので党内の幹部からの支持を得られなかった。

ロワイヤルの選挙スタイルは，多分に彼女の経歴に起因する。軍人の父をもちフランス統治下のセネガルの首都ダカールに生まれた。8人という大家族の出身で，地元の大学を卒業後政治学院（シエンスポ）に進み，さらにENAを卒業した。超保守的で厳格な軍人家庭に育ったので反発心も強く，成人してから母と離婚しない父を裁判にかけるなど勝気な性格をもっていた。ENAでの同級生には，後の夫になるホランド（大統領選挙当時の社会党書記長）や後の首相になるド・ビルパンがいた。

ENA卒業後に裁判官になったが，社会党ミッテランの補佐官を務めていたジャック・アタリに見いだされミッテラン大統領の政策スタッフになった。1988年に初めてド・セーヴル県から国民議会選挙に出て当選した。1992年，ヴェレゴヴォア首相のときに環境相として初入閣し，1997年，ジョスパン首相のときクロード・アレグル教育相について教育担当相などを務めた。2004年，右派ラフラン首相の地盤でポワトウ・シャラント地域圏知事となり，2007年には大統領選挙に備えるため国民議会議員は辞任した。

セクハラに厳しいフェミニストな面，4人の母として家庭や社会秩序を守る保守的な面，社会党党首のホランドと結婚をせず同棲（大統領選挙後離婚）を守り，ブログで自分の政策を発表するなど進歩的な面，社会党が打ち出した35時間労働の改正など非社会党的な面など多面性をもつ政治家である。産業政策では研究開発費の促進や環境保護重視の産業政策，政府補助を受けた企業の海外移転を制限する愛国経済主義もうたっていた。しかし，最大の欠点は，経済と外交が弱くビジョンや答弁に明確さがないとの批判があった。

しかし，ロワイヤル女史の魅力には目立つ容姿とコミュニケーション能力があった。議論好きで，話は上手である。しかし，インテリにありがちな内容よりレトリック（修辞法）にたよる癖があり，ともすると説教的になったために「学校の先生」の印象を与えた。ゴーンと同じで現場を大事にし，いろいろな市民会合に気軽に出かけて人に会い，わかりやすい言葉を使ってコミュニケーションをした。大きなトピックより環境，福祉，教育，子育て，ポルノの法律的禁止など身近なまたローカルな問題に焦点をあわせて直接話した。そのため，ロワイヤル女史は多くの女性支

持者を獲得したが，プロフェッショナルな女性に人気がなく，彼女らが実際の選挙ではサルコジへ投票したため女性票は約半分の48％しか取れなかった。

彼女の自伝『マダム・ロワイヤル（Madame Royal）』を書いたダニエル・ベルナール氏は，選挙前に「ロワイヤル女史は勝ったも同然である。それは，彼女の存在自身が男性社会に対する復讐でもあり，彼女が話すときは（政治家が話すのではなく）"フランスのママ"が話しているからである」とジャンヌ・ダルクやマリアンヌ崇拝にみられるようにフランス人の母性本能への回帰願望を満たしていると述べていたが，実際には彼女の支持者になるべきリーダーポジションの女性の年配層はサルコジに流れた。フランスの諸状況は，すでにロワイヤルがフランスのママに頼れないほど悪化していたのである。

3．オブリの台頭

大統領選における社会党の敗北は深刻で，次期大統領選挙の2012年に大きな課題を残した。今回の敗北は社会党にとってミッテランが引退してから3回目（1995，2002，2007）の敗北であり，ロワイヤルは「次の選挙（2012）をめざす」と公言したが，実際には大統領選挙後の社会党は再度分裂した。2008年11月の社会党党大会で異変が起き，社会党の新しい党首にはロワイヤルでなく58歳，ミッテラン時代の経済相でENA出身のマルチーヌ・オブリ女史が僅差で選ばれた。

社会党の問題は，ミッテランの長期政権に基因する。ミッテランは2期14年の長きにわたって大統領を務め，独裁政権を確立するために周りにいた政敵を追い払ったため継続性が失われた。また，ミッテランは若い幹部を首相や閣僚に早くから登用したために，彼らが早い段階でそれぞれの派閥を形成して党内がまとまらなかった。大統領候補には，ロワイヤル以外にも元首相のジョスパン，元蔵相のストロスカーン（現在IMF事務局長），元夫で元社会党書記長のフランソワ・ホランド，元首相のローラン・ファビウス，元首相のロカール，元労働相でリル市長のオブリ，パリ市長のベルトラン・デラノエ，若手のブノア・アモンとたくさんいた。

第1回投票では，ロワイヤル42％，オブリ35％，アモン23％で，ロワイヤルが下馬評どおりリードしていたが，決選投票ではオブリにジョスパン，ファビウス，

ストロスカーンなどのエレファントがつき，デラノエ，アモンの票がオブリに流れ，最終的にオブリ50.2%，ロワイヤル49.98%と42票の差でオブリが勝った。ロワイヤルは投票の数えなおしを求め，結果的に102票の差で党議会がオブリの勝利を認めた。人気のロワイヤル対実力のオブリ，メディアのロワイヤル対政治のオブリ，中道のロワイヤル対伝統左派のオブリと二人に共通点はなかった。ロワイヤルは渋々認めたものの，二人の対立が余計社会党の党内問題を浮き彫りにしてしまった。

オブリは1950年にパリ17区に生まれ，父親はミッテラン大統領時代の経済閣僚で，後に欧州委員会委員長を務めたジャック・ドロールであった。父親の影響もありパリ政治学院，ENAを卒業後に政界入りし，1991-93年エディット・クレッソン内閣の労働相，1997-2000年にジョスパン内閣の雇用・連帯相に就き，就業時間を週39時間から35時間に短縮という画期的な法案（35時間法）をとおした。また，フランス人や外国人が公平な社会保障を受けられる普遍的医療保障制度（CMU）制度を施行した。2001年にはピエール・モーロアを継いでリル市長になり，中央政界を退いた。2002年の総選挙で敗れ，今回の選挙で担ぎ出されるまではもっぱらリル市長として活躍していた。

エレファントの退場，ロワイヤルの敗北，オブリの再登場，ニューフェースの台頭などで，社会党はまだ混乱していた。選挙直後のアンケート（2008年11月27-12月3日号「レキスプレス」）も，社会党の混乱を示していた。54%の人が今回の選挙結果を受け止めているが，最も影響のある政治家としては，49%の人がパリ市長のデラノエをあげ，オブリは2位の47%，ロワイヤルは4位の38%であった。問題は，同じアンケートで，2012年社会党の大統領候補として誰が適当かとの質問に対して，一般はストロスカーンが32%，オブリとロワイヤルは19%で2位だった。社会党の党員は30%がロワイヤル，27%がストロスカーン，20%がオブリと票が割れた。

したがって，まだまだ予断が許されない状況が続いていた。この状況を見てサルコジは「社会党は分裂し，我々は団結している。彼らはお互いに憎しみ，我々は愛し合っている」(98)と皮肉った。したがって，社会党は早いうちに体制を立て直し，一人の大統領候補のもとに結集しなければならない状況にあった。

4. サルコジの政策

(1) 変化と変革の政治

　サルコジは「変革」をキーワードにさっそうと登場してきた。フランスでは変革を唱える大統領は少なく，メディアではサルコジの変革路線を「開放と変革」（ルモンド），「静かな大革命」（レ・ゼコー），「新たな時代の夜明け」（フィガロ）などとタイトルをつけて取り上げた。戦後では，保守的政策を継続し優先してきたフランス政治では珍しい路線変更であった。フランスの代表的な雑誌の「ル・ポワン」（2007年5月10日号）は，表紙に「歴史的な大統領」とサルコジの写真を掲げた。

　しかし，サルコジの登場はフランスが変化するために必然性があった。歴史家によっては，サルコジの登場は1789年のフランス革命による第1共和制の誕生，1848年の2月革命による第3共和制の誕生，1958年のド・ゴールによる第5共和制の誕生と匹敵する新しい大統領の誕生といわれた。事実，フランスは変革が必要だった。1990年代から約20年間停滞を続け「ヨーロッパの病人」となり，ミッテラン，シラク時代からの経済政策のツケがたまり景気の回復，失業率の低下，労働市場の柔軟化（特に若者），欧州統合，所得減税，社会保障，社会格差，安全確保など改革すべき案件が山積していた。苦しんでいる国民にとっては不幸の連続であったが，大統領になろうとしていたサルコジにとって幸運な改革案件が十分揃っていた。

　サルコジ世代は，「欧州での戦争を体験せず，生まれた時には欧州統合が始まっていた」[99]時代に育ったので，いわゆる伝統的な「フランスモデル」にあまり固執しなかったことも幸いした。また，フランスの取り巻く環境もインフォメーション・テクノロジー技術の発達やグローバリゼーションの急速な進化で大きく変わった。また，フランスは激しい世界競争に巻き込まれ，変わらなければならないという焦りがあった。人々は，フランス的伝統主義よりも実利，理想主義より現実が優先，ナショナリズムよりグローバリズムの成果を第一優先することに徐々に妥協しはじめ，特に若い年代はサルコジを支持した。

　サルコジは，大統領当選スピーチで「強いフランス再建にともに力を携えよう」

と力強く宣言し，フランスのプライドの高揚，フランスの近代化，ヨーロッパとの深い連携，アメリカとの関係修復，アフリカを含む地中海同盟の形成などの積極的な政策を打ち上げフランス人の伝統的精神を鼓舞した。主な政策としては，①イギリスのサッチャー的な新自由主義的政策，②アメリカとの関係を修復する対米重視外交，③反イスラム主義と不法移民の規制，④トルコのEU加盟反対，⑤EU憲法推進派，⑥経済の促進と新産業の育成，⑦治安維持，⑧週35時間労働制の改正，⑨景気浮揚のための減税，⑩原子力発電の継続などが掲げられた。

外交政策は特に力を入れ，シラク＝ド・ビルパン路線を否定して「親米親欧」政策を明確に打ち出し機敏な外交を展開した。5月就任当日の午後にはドイツに訪問し，メルケル首相と欧州憲法の建て直しに取り組むことを決め，ドイツで行われたハイリンゲンダム・サミットに初参加し，欧州の指導者のイメージを高めた。また，11月には関係の悪かったアメリカに公式訪問し，アメリカとの関係修復を図った。ホワイトハウスで開かれたブッシュ米大統領夫妻主催の晩餐会で「フランスとアメリカはこれまでも友人だったし，今後もずっとそうだ」と仏米関係の重要さを強調した。

(2) 伸びない経済成長

フランス経済は，数字だけを追うと決して悪くない。1995－2005年の平均経済成長率（INSEE）は2.2％で，イギリスの2.9％に次ぎドイツの1.3％をはるかに凌駕した。2006年も2.2％と景気を維持したがドイツは3.0％，イギリスは2.8％とフランスを超えた。シラク＝ド・ビルパン政権は政治的，社会的問題は多かったが経済的にはそれなりの成績を残し，2007年も結果的には2.1％で終わった。内容を見ると問題は多く，内外需要がすでに落ち，インフレの進行，アメリカやユーロ経済の停滞，初期サブプライム問題の進行などがあり，サルコジ新政権は経済政策を第一優先し積極的に取り組んだ。まず，長年停滞している国内景気に取り組み，景気回復のための経済政策を先行させ，本来のEUと歩調を合わせる改革を後回しにした。

フランスは，ようやく2005年からユーロ信任指標である「安定・成長協定（財

政協定）」の規定を対 GDP の 3％以下に抑えられるようになっていたが，サルコジはフランス国内経済を優先した。景気浮揚のために主要改革法（2007 年 8 月）を成立させ，総額 115 億ユーロ（1 兆 9000 億円）の一連の減税策を打ち上げた。しかし，欧州の財政政策を無視した一方的な政策変更に EU 内での批判が出て，欧州中央銀行（ECB）のトリシェ総裁は「フランスはヨーロッパ一の金使いが荒く，早期財政健全化でユーロ圏は合意済みなのにこれに反する」と批判をした。

　企業の支援を受けて当選したサルコジは，社会党出身のジョスパン首相時代にオブリ雇用・連帯相のイニシアチブでつくられた週 35 時間労働法にも手をつけた。週 35 時間労働は従業員の労働時間を制限し企業及び労働者の障害になっていたが，減税項目として週 35 時間を越える残業時間賃金に対する所得税を緩和し，その他相続税，住宅ローンの一部，社会保障目的税などの税の軽減をした。また，サルコジの支援団体である富裕層を優遇するために，所得税に上限を設け最高課税限度を 50％に抑え，国内消費を刺激した。この税制変更で，企業家は新規雇用せずに労働力を確保でき，労働者は生活向上のための追加収入を稼げると感謝された。

　富裕層の減税は国家税収の減少を長期的に止めるためにとられた措置で，それまで富裕税は所得の 60－71％もとられたため，一部の有名企業家や芸能人などがベルギー，スイス，イギリス，ドイツなどに逃避しはじめていた。特に，ベルギーには高額の所得税を逃れるために 16 万人（2007 年 10 月 18 日号「ル・ポワン」）のフランス人がいて，総額 2000 億ユーロ（2007 年 8 月 2 日号「ル・ポワン」）の税金の税収減となっていた。

　しかし，一連の減税政策を実施するための資金繰りは大変であった。減税政策の予算は約 140 億ユーロで，税収効果以外に不足資金は国営企業の民営化による収入を当てた。フランステレコム株の 5％売却利益，電力大手 EDF，原子力アレバなどの政府保有株の売却が見込まれた。財政赤字はすでに赤字になっている国家予算の 410 億ユーロ加えると合計 550 億ユーロの負担となった。

　フランスの景気がシナリオのように進めばサルコジ政策の大成功の可能性は高かったが，大統領就任後に外的条件が急変してしまった。1つには，サルコジの政策作成段階では，経済成長率の前提は 2－2.5％であったが条件が大幅に変化した。ア

メリカのサブプライム問題，原油や素材の高騰などがあり，特に原油は1バレル73ドルで見込んでいたものが100ドル以上となり，ドイツにならった2009年からの付加価値税（TVA）増加（5％上げて24％）も見送られた。

改革を掲げるサルコジは，公的負担の軽減にも手を入れた。2007年9月から一連の「社会制度改革案（nouveau contrat social）」を提言した。公務員削減政策に関しては，ラガデール経済相から教育省と防衛省の役人2万2800人の公務員削減が提案されたが，早すぎる改革とあいまって国民の不満の誘発原因となり，大規模のストライキが起こる可能性もあり，フィオン首相は却下した。しかし，サルコジ大統領は2015年までに約54万人の公務員が退職するので，代案として「2012年公務員計画（service public 2012）」を紹介し，2012年まで定年退職者の充当は2対1（定年退職者2人に対して1人の補充）とすることを提案し実施することとした。

ただ削減だけでなく，給料の上昇とキャリアアップを考え少ない人数で効率がよいことを前提とした提案であった。実際，フランスの公務員数が，財政負担になっているのは確かである。フランスの公務員数は，人数的には568万人でアメリカ(100)（2165万人）やドイツ（574万人）より少ないが，1000人当たりの公務員数では95.8人でOECD国1番であり，日本（42.2人）の倍以上いる。

医療保険改正にも手をつけた。厚生関係の支出は，2006年にGDPの11.1％に達していた。財政赤字の過半数を占める医療保険の収支改善をすべく民間サラリーマン向けの医療改革を進め，薬剤費や緊急車輸送時の患者自己負担を上げ，かかりつけ医以外で受信した際の保険給付割合を60％から50％に下げた。また，懸案だった公務員の年金優遇廃止に正式に議会で発表し労働協議を始めた。

民間での年金受給年齢は61歳であるが，公務員は特別で，鉄道，地下鉄，電気，ガス，鉱山労働者，オペラ座職員などの公共部門の職員には「重労働」とみなす特別制度があり，年金の受給年齢が55歳（国鉄運転士は50歳）で国からの補助が多額に昇っていた。特に国有鉄道のSNCF，地下鉄のRATP，電力会社EDF，ガス会社GDFをあわせると，年金支払い総額の6％に達していた。改革案は，2012年までに満額受給の資格をえるための年金代金払い込み期間を民間に合わせて37年

半から40年とした。さらに，年金の払い込み期間を現行の40年から41年に延長することも検討された。

また，公的機関の効率化も検討した。例えば，失業保険部門には公的部門の属するANPE（公共職業安定所）と民間部門に属するUNEDIC（全国商工工業雇用組合）があり窓口が2つであるので，これらの窓口を統合し，公共交通機関ストライキの際，最低限の運行を義務づける法案も正式に提案された。これらの改革に当然，公務員からの抵抗がありSNCF，RATP，EDF-GDFなどがストを起こした。上記問題以外にも給料の全体的低下，購買力の低下，SMIC（共通最低賃金）[101]の支払いの遅れもあり，大都市では約30万人のストに膨れ上がった。その規模は1995年アラン・ジュッペ首相の社会保障改革プログラム反対の時のストライキの規模に発展した。そのほか，消費促進のための商店の日曜営業緩和，原発の促進などアメリカ的な市場開放論を進めた。

5. 経済ナショナリズムの台頭

フランスは，自由主義と保護主義の両極端をもった国である。したがって自国にとって都合の悪いことが起こると，他国より簡単に防衛策をとる傾向にある。フランス経済はもともと農業が主体であり，産業革命がおくれた関係上，産業は重商主義や保護主義をとり，経済は国家が主導して重要産業を保有あるいは資本参加をする混合経済をとっていた。しかし，産業力，技術力が進み国際競争力がつき，EUの統合で市場が拡大すると，方針と転換して資本の自由化政策を取るようになり，外資の導入や外国投資が活発になった。ヨーロッパ内の規制も緩和されM&Aが実施しやすくなったことで，フランスの産業界は流動的になった。しかし，進展した規制緩和で新しい問題が発生した。

1つは，EU域内での自国企業を守ろうという「経済ナショナリズム（patriotisme économique）」の台頭である。事の発端は，2005年7月にアメリカのペプシコがフランス乳製品の大手ダノンの買収に動いたことから始まった。結果的にペプシコが買収を断念してその場は収まったが，フランス政府（ド・ビルパン首相）は「経済愛国主義」を掲げて買収を阻止し，重要企業の買収を阻止すること

を盛り込んだ法案を発表した。2006年2月にはイタリアのエネルギー大手エネル社がフランスのスエズ買収を表明した。エネルはスエズが前年に原子力事業を手がけるベルギーの電力大手であるエレクトラベルを買収したのでそこに目をつけた。

しかし、フランス政府はエネル社のスエズ買収は国益に反すると判断し、買収を防衛するために仏企業同士のスエズとフランスガス公社（GDF）の合併を発表した。結果的にEUの欧州委員会がこれを援護し2007年11月スエズとフランスガス公社の合併計画を条件付で承認した。サルコジ政権下の2008年7月に国内資本の統合で、売上高640億ユーロ（約10兆円）、株式時価総額700億ユーロを超えるヨーロッパ第2位のエネルギー企業「GDF－スエズ」が誕生した。このようなフランス政府が自国経済を守るために過多の介入した保護主義政策は批判を集めた。

もう1つは、EU内多国籍企業におけるマネジメントの問題の発生であった。国境を越えて行われるM&A自由化による合併・買収会社の増加は新しい経営問題を露出した。事の発端は、エアバスの親会社であるEADS（独仏資本が共同で設立した防衛大手企業体）の共同CEOの一人であるフランス人CEOのノエル・フォルジャールと同社の子会社であるエアバスでフォルジャールの指揮下にあったドイツ人CEOギュスタフ・フンベルト両氏が7月にインサイダー疑惑スキャンダルで辞任した。

新しく、フランス国鉄（SNCF）のルイ・ガロア総裁がEADSの共同CEOに、仏素材大手サン・ゴバンの元最高執行責任者クリスチアン・ストレイフがエアバス社長兼CEOに就任した。EADS／エアバスのドイツ人とフランス人の「たすきがけ人事」が慣例であったので、フランス人の新エアバスのストレイフCEO・COOは留任しているEADSのドイツ側の共同CEOであるトマス・エンダーの傘下についた。

ストレイフは、グランゼコールのエコール・デ・ミーヌ（鉱山学校）出身の52歳、11年間のドイツ生活を含み欧米の経験も長くサン・ゴバン時代から将来を嘱望されていた。その実力を高く評価されていて、1996年には旧知のルノーのシュヴァイツァーから、カルロス・ゴーンがリクルートされる前に「ルノーにこないか」と誘われていた逸材であった。2006年にストレイフは、ティエリー・ブルトン仏

経済・財務・産業相（当時）の要請で当時不振のエアバスに入った。積極的な経営力は定評があったが、本来ガラスビジネスが専門で航空ビジネスはまったくの素人であった。超大型機「A380」の生産計画の遅れを取り戻すことを含み大胆なリストラを試みたが、ドイツ人の経営陣配下で裁量権も限定され、ドイツ政府やフランス政府の反対もあって入社100日後の10月に辞任してしまった。

　ストレイフはエアバスのあとにプジョーに引っ張られ、退任するジャンマルタン・フォルツ会長を継いでプジョーの会長CEOとなった。この一連の政治劇にあきれたドイツ人アナリストは「ドイツ人の関心は能力にあり、フランス人の関心は政界へのコネにある」といってフランス政府の人事を批判し、この件に関してはフランスがドイツ政府の信頼を失った。結果的にEADSの共同CEOはフランス人CEOのルイ・ガロワとドイツ人CEOのエンデとなり、エアバスの共同CEOは始めて2人ともフランス人で、ガロワがCEO、その下にガロアを援助するNo.2として元ユーロコプター（EADSの第2の子会社）COOのファブリス・ブレギエ（Fabrice Brégier）を社長代理として抜擢した。ユーロコプターには初めてドイツ人のルツ・ベーリングがCOOとして着任しEADSのドイツ人CEOにリポートした。

　独仏マネジメント問題の上に第三の問題が出てきた。それは、EU域内でのサービス自由化である。独仏が当初心配していた自由化による最低賃金については、各国の最低賃金を導入することで決着がついたが、サービスの自由化に関しては難航していた。EUは2006年12月11日に、約3年かけて審議していた建設工事や不動産、観光業などのサービス分野の域内自由化を最終採択し2009年から正式に実施することを決めた。EU域内サービス自由化は重大な決定で、ここにEU諸国の経済活動の70%を占めるサービス活動の域内自由化ができることとなった。対象になるサービスは建設工事、観光業、設計、経営コンサルタント、飲食業、広告などで、金融・保健や通信、運輸、人材派遣、託児施設、警備、賭博などの自由化は見送られた。欧州委員会によると、このサービスの域内自由化で2009年には60万人と雇用創出を見込んだ。[102]

　このように、EUの経済・市場の自由化はかつて経験したことのない新しい問題を露呈しはじめた。国とEUの間での資本取引、マネジメントを含む人材交流、サー

ビスの自由化など1つひとつの問題を解決しながらEU化が進んでいる。フランスの掲げる「経済愛国主義」はフランスだけの問題ではなく，EU統合の運営上重要な課題になってきた。

6. 学生，移民，中産階級の不満

フランス政治で注意しなければならないのは，学生，移民，中産階級に対する経済政策である。この三者は，戦後フランス政治の「地雷」であった。彼らが1981年のミッテランの社会党政権を生み，シラク＝ド・ビルパン政権を苦しめ，2007年のサルコジ政権を生んだ。2007年の大統領選挙でも，彼らは長期保守政権によるフランス政治不安定化と，なかなか回復しないフランス経済に大きな不満をもっていた。学生，移民，中産階級にとって大学の環境はグランゼコールに比べて悪く，大学を出ても就職は厳しく，移民や移民系のフランス人若者の就職は難しく，家族の生活は苦しく，仕事があってもなかなか生活が豊かにならないという不満と悲鳴があった。その発露が雇用を巡る郊外移民暴動，雇用法を巡る学生の大規模デモ，国営企業の中産階級のスト，ストはしないが民間企業の不満となって表面に出た。

ド・ビルパンはこの浮動票の犠牲になり，サルコジはこの浮動票の一部の支持を受けて大統領になったわけだが，全幅の信頼を得て当選したわけでなかった。サルコジを支持したのはどちらかというと高所得者，農業，商工業のような伝統的保守党の支持者で，ストやデモを起こす失業率の高い学生（18－24歳），低所得者層（工場労働者，学生，失業者）は完全に社会党のロワイヤルが勝利していた。所得別に見ても低所得者はロワイヤルを支持し，中産階級の所得者の支持率はサルコジとロワイヤルで拮抗していた。サルコジは，この事実を意識して当選2カ月後の7月に法定最低賃金（SMIC）を2.1％上げた。しかし，消費者物価と賃金購買力の上昇率に政府が経済成長の報償分を上乗せするという方式に限界があり，算定方式や今後の賃金交渉のあり方について諮問委員会を設置した。フランスには最低賃金で働く人は250万人いて，民間で働く給与所得者の17％，従業員20人未満の零細企業で働く従業員の30％を占めているので無視できない。

移民政策とその雇用政策は長年フランスの大きな問題であった。移民問題の背景

には近年急速に増えたアフリカ系移民，スキルをもたない移民，不法移民の増加，移民の都市集中化，移民の低所得がある。フランス統計局（INSEE）の「2004年—05年移民人口統計」によると海外圏を除く本国の移民人口は493万人で，人口の8.1％を占め1990年度に比べ18％増加した。1990年度に比べて約100万人が新規移民となるが，ヨーロッパからの移民は49％から40％に減少し，アルジェリア，モロッコなどのマグレブ地域（アフリカ北西部）からの移民が17％増加し全移民の30％を占めた。特に，サハラ以南（サブサハラ）旧仏領アフリカ諸国からの移民は45％増加した。移民人口の60％はイル＝ド＝フランス，地方ではローヌアルプス，プロヴァンス＝コートダジュール地方に集中していて，内40％が首都圏のあるイル＝ド＝フランスに集中している。

　イル＝ド＝フランス圏のセーヌ・サン・ドニ県は大都市パリに隣接しているが，移民の比率が高く低所得者が多くそれだけ暴動の可能性は高い。全世帯の4分の1以上が移民で，人口の4割が低所得者住宅（HLM）に住んでいる。全体の失業率は13.2％（2005）であるが，若者の失業率は20％以上ある。2005年10月にここで移民2世による暴動が起き全国に広がった。サルコジは内相時代（2006）に移民流入の抑制，選別の促進，移民社会の統合政策強化などを目的にした移民法を成立させ，「移民・統合・国家アイデンティティ・共同開発相」（2007：ブリス・オルトフ）を創設した。移民増加の原因となっている家族移民に対して，家族呼び寄せに対する制限などさらに厳しい新しい移民法「サルコジ法」[103]を導入した。

　サルコジはテレビ放送で，「移民の数を決めるのはフランスである。また，移民はフランスに必要な労働者であるべきで，その数は現在総移民数のたった7％である。将来は，このフランスにとって本当に必要な労働移民者を50％にもっていきたい」と発表した。サルコジは，態度で示すために移民系の女性3人を閣僚に任命して自分の意思を伝えた。法務相のラシダ・ダティ（モロッコとアルジェリア人の父母をもつ移民），ファデラ・アマラ都市政策担当閣外相（アルジェリア系移民），ラマ・ヤド人権担当閣外相（セネガル出身）である。EU統合後移民に対する考え方は変わりつつあり，イギリスをはじめヨーロッパでは移民をただ単なる労働補充的な移民から「選択的移民」（各国が必要に応じて補充する）という考え方にシフ

トしている。しかし一方では，2005年のEU域内サービス自由化をうたったEU「サービス指令」（ホルシュタイン指令）によるEU域内の労働者の自由移動拡大政策により，旧東欧諸国の労働者の大流入がEU域内の労働者の仕事を奪うという問題もありフランスの移民問題は一筋縄ではいかない。

若者の雇用に対する不満も依然大きい。2006年に出された「初回雇用契約（CPE）」に対する若者の抗議デモとシラク大統領，ド・ビルパン首相（共に当時）による最終的な法案撤回はその象徴であった。INSEEの統計によると若年労働者（15－24歳）の失業率は，2005年に21.4%あり2007年には弱冠低下したが18.2%と20%近く，特に中卒者や職業高校卒業者の失業率が高い。現在でも全体の失業率は8－9％を下廻らず，卒業後1－4年の失業率でも大卒以上の男性の11.5%，女性の10.3%が失業している。

また，若年労働者は見習い，研修，派遣や有期雇用の雇用形態をとるので雇用の不安定は常に存在する。15－29歳の若者労働者のうち安定した雇用契約である「無期限雇用契約（CDI）」を受けられるのは，全雇用者数の63.6%である。学生がCPEに抗議したのはこうした長年の不安定雇用を経験し，さらに試用期間中の解雇権を雇用者がもつというCPEの解雇規制は若年雇用の根本的な解決にならないと反対したのである。

中流階級の不満も蓄積していて，彼らが大統領の人気を左右する。フランスの有力雑誌「ル・ポワン」（2006年9月14日）は早い段階から中流階級の不満の高まりに注目し，「中流階級の怒り」を特集していた。フランスの中流階級は労働者全体の40%を占め，月額所得は1200ユーロ（140円で換算して16万8000円）から1840ユーロ（25万8000円）の間である。この層が「働いても，働いても生活水準が上がらない」事実に不満をもっている。今までの誰でもある程度昇進できる「社会的階段（ascenseur social）」も，時代的に当てにできず給料の昇給が期待できなくなった。1960年代は労働者が幹部の給料に追いつくには30－40年かかるといわれたが，人生の後半にそのときの幹部給料レベルになんとか追いつくことができた。しかし，2000年代では150年かかるといわれているので，到底追いつけないという失望感がある。

進歩的な中流階級はサルコジの改革に期待したが，サルコジの政策は高所得者や上流階級を対象にした政策で，中流階級への対策は後回しになっている。そこで何もしてくれない保守党に愛想をつかして，社会党やFNに流れた中流階級も多い。社会党のロワイヤルはこれらの中流階級を意識して教育制度の改善，代替エネルギー利用による環境保護，若者の就職率の向上などを打ち出し，中流階級の最低線を保障する政策によって，世論を意識した「市民参加型の民主主義（démocratie participative）」を打ち出した。

　その結果は，選挙の投票率にはっきり現れた。フランス人は基本的に「夢」や「理想」に導かれ，その夢と理想を実現してくれる人を大統領に選ぶ。今回の選挙では，中流階級の票はサルコジとロワイヤルに分かれたが，9カ月後のアンケートではサルコジの経済改革も進まず支持率は41%に落ちた。サルコジが学生，移民，中産階級を失望させればさせるほどフランス人は，次回は英雄待望論からロワイヤルやオブリを現代の「ジャンヌ・ダルク」と祭りあげて，彼女らを大統領とする可能性は高くなる。

7. サルコジの人気

(1) 落ちはじめた人気

　大統領当選直後のサルコジ人気はすごく，国民の約70%がサルコジを支援した。しかし，2007年半ごろから，「変化を起こす」「フランス人を目覚めさす」といったサルコジの改革に対して雑音が出はじめた。問題は「サルコジを信じる」「フランスにはサルコジのような変革者が必要だ」といっていた同じ人たちからサルコジの進める改革に不満が出てきた。サルコジの改革はアングロサクソン的で，スピードが速すぎ犠牲が多い割には結果が伴ってないとう批判であった。

　そして，2007年10月に支持率が60%を切り，さらに国民だけでなく政府内でもサルコジの人気が落ちはじめた。閣僚は，権限を委譲せず細かい政策まで介入するサルコジのマネジメントスタイルに不満をもちはじめ，権限の委譲を主張するフィオン首相との権力争いも表面化した。年が変わって2008年1月には経済の悪化や私生活（セシリア夫人との離婚）に対する非難が増加し，大統領支持率は初めて50

%を切り47%に低下した。逆にフィオン首相は同情票を集め，支持率は51%に上がった。

　多くのマスコミが，サルコジの結果の出ない経済政策に疑問を投げかけた。主要経済誌である「レキスパンション」（2007年11月号）は，「滝のようにたくさんの公約はするけど本当の改革はしてない」「サルコ，どこへ行くのか？」と彼の改革計画に疑問を投げかけ，18世紀ルイ16世の財政総督で財政赤字の改革に取り組み穀物取引自由化など自由主義経済政策を行ったが結果的に貴族や僧侶の反対にあって失墜したチュルゴになぞらえた。

　一般誌で最初に疑問を投げかけたのは有力雑誌「ヌーベル・オブザヴァテール」2008年1月10－16日号）で，フランス人とサルコジ改革に関する世論調査を取り扱い，フランス人の本音と建前を明らかにした。サルコジの「フランス社会モデル」改革には93%の人が賛成しているが，全面的にという人は27%にすぎず，必要な部分だけ改革すべきという人が66%という結果であった。労働者のなかにも，「一度に5つも6つも改革をするのは一流の政治家ではない」というような意見も多くなり，社会党は当然，メディア，労働者，一般の庶民から苛立った声が多くなった。

　同誌の調査では，サルコジの性急に出される政策に関しては反対者が多く，「労働市場の近代化」に関しては50%の人が「信頼をしていない」と応えて「信頼している」が48%であった。要するに，「改革はしてもいいけど，全部やるのではなく一部にして，極端にするのでなく徐々にやれ」というメッセージをサルコジは取り違えているというのが国民の大多数の意見であった。また，12月の歌手・モデルのカーラ・ブルーニ女史との交際や，実業家の招待によるカプル中東旅行などが市民の反発を招き，同誌は2月にもサルコジ特集を組み支持率が41%に下がったことを伝えた。

　「レキスプレス」誌（2008年2月7－13日号）はサルコジの顔と「失望（La Déception)」の文字を重ねサルコジに対する失望の特集が組まれた。同誌がいうには，サルコジが大統領になって9カ月たったが，「政治は混迷し，経済は回復せず，政治スタイルには批判が多く，内閣での不一致が多く，国民の期待に応えてない」と手厳しい批判がなされた。たしかに，サルコジは大統領になるまで25年間

苦労しただけあって立ち上がりは早かったが，2007年末にはいろいろな問題が未解決で「ガス欠」状態に陥った。「レキスプレス」誌は早くも「サルコジの"マジックタッチ"は終わりエリゼ宮には"冬の時代"が訪れた」と切り捨てた。

　特に首相，閣僚との信頼関係の揺らぎは問題であった。なんでも自分で解決しようとするサルコジ手法に弊害が出て，2008年春にはサルコジとフィオン首相，外務相ベルナール・クッシュナーとの不仲説が伝えられた。国民の不人気と首相，閣僚との軋轢で，ブルーニ女史との結婚で，支持率は2008年2月に過去最低の36％まで落ちた。この時点からサルコジは政治の仕方を変えた。4月のテレビ放送で政治，経済，国民とのコミュニケーションの仕方を素直に謝罪し，しばしば街頭に出て庶民と交流し，景気の早期回復，雇用の増加，財政赤字の削減，購買力の向上を約束した。

(2)　外交と金融危機に救われたサルコジ

　サルコジの人気低下を食い止めたのは，外的環境の変化と外交イニシアチブであった。サルコジは，国内の不人気を外交力でカバーした。ドイツのメルケル首相がEUの議長のときには「リスボン条約」（2007年12月調印）の簡素化でイニシアチブをとり，2008年7月からフランスがEUの議長国になったときには，批准失敗したアイルランドに行って早期の再投票を促し，地中海沿岸と欧州43カ国の代表が参加した「地中海連合」を発足させ，アラブ諸国とイスラエルを招へいしてシリアのバッシャール・アサド大統領とイスラエルのエフド・オルメルト首相の中東和平ムードを演出した。サルコジは，イスラエルとアラブの双方に話ができる大統領との印象を世界中に植えつけた。この地中海連合は，グリーンランドの海岸からヨルダンの砂漠まで43カ国，7億5600万人が住む大連合となった。

　9月にはグルジアとロシアの戦争で，ロシアのメドベージェフ大統領と交渉して和平6原則を取りまとめ1カ月以内のロシア軍撤退を実現し，10月にはパリでインドの新首相と会い仏印の原子力協定に調印した。10月に起こったアメリカ発の金融危機では議長国の大統領として活躍し，ブリュッセルで加盟国27カ国の首脳会議を開き金融危機対応の横断的取り組みを採決し，EU全体で約10兆円規模の

公的資金の金融機関への注入を決めた。国内政策では不人気であったが，EU議長国という立場をフルに利用して「強力な指導者」としてのイメージをつくった。

イギリスの「フィナンシャル・タイムズ」(2008年12月22日)も「EUが重大な挑戦に直面するなかで，議長としてのサルコジ大統領の指導力が成功を収めたことは疑いない」とサルコジの行動力を賞讃し，アメリカの「ロスアンジェルス・タイムズ」(2008年1月22日)は「フランス大統領，危機的状況で輝く」とヘッドラインで讃え，EU委員長のバローゾは「サルコジは偉大なエネルギーだけでなく，稀有なリーダシップ力をもった大統領」とフランスの新聞「ル・フィガロ」に語った。しかし，国内の人気は約50％前後までにしか回復しなかった。

(3) 前途多難なサルコジ

サルコジの外交的活躍にもかかわらず，サルコジ人気は上がらなかった。大統領就任以来2年間，サルコジは超スピードでフランスを変えようと努力したが，フランス人には早すぎ，2009年5月の時点でも結果的に65％の人が不満に思っていた。経済も思うよう回復せず，2008年通年の実質GDP成長率は0.7％で，前年の2.1％から急落した。

サルコジは，2009年の経済対策として公的資金による大手6行へ105億ユーロ（約1兆4000億円）資本注入，公共投資計画の前倒しや公営住宅の増設などを柱にした260億ユーロ（約3兆円）の大型予算，不振の自動車産業救済のために総額78億ユーロ（約9000億円）の大型景気浮揚対策を打ち出した。自動車産業支援としては電気自動車やハイブリッド車の開発プロジェクトで，総額2.5億ユーロの低利融資制度を導入し，すでに発表された研究開発などの政府支援を入れると総額約10億ユーロ（約1350億円）に達した。

2009年2月にフィオン首相は，サルコジの政策を受け景気浮揚策の具体案を打ち出し，2009-10年の2年間に総額260億ユーロ（約3兆円）を公共投資などのインフラ整備，中小企業支援，住宅関連投資にあて，その75％を2009年に前倒しで使うことを発表した。しかし，社会党と主要8労組は政府の救済があまりにも構造改革に偏り，国民の生活救済に対する援助が足りないとして，2009年1月末か

ら2月にかけて全国規模のゼネストを実施し統計100−200万人が全国200カ所で街頭デモをした。

　2月には総額26億ユーロ（約3000億円）の生活支援策を発表し，一時帰休手当を給与の60％から75％に引き上げ，失業者が失業手当を短期で受け取れるように，2−4カ月働いたことが証明できれば500ユーロの特別給付金を支給することなどを決めた。3月には，シラクが外食需要拡大のために公約していたレストランのサービスにかかる付加価値税（VAT）を現行の19.5％から5.5％に軽減した。しかし，国民は満足せず3月には2度目のゼネストを実施し，前回を上回る人数が参加した。製造業を中心に雇用削減，工場閉鎖などを発表したソニーやコンチネンタルタイヤなどいくつかの工場では，経営幹部が一時監禁されるなど従業員による直接的な過激行動が起こった。

　6月から26歳未満の若年層を対象に総額13億ユーロ（約1700億円）の緊急雇用対策実施し，休職中の約5万人の若年層に職業訓練を受ける便宜などを与え，7月には最低賃金（SMIC）を1.3％引き上げた。前年度は3.2％であったが，2008年後半からの物価下落が反映された結果での調整であった。地方活性化のために観光地域では懸案であった日曜営業が全業種でできるようになった。カトリック信者が多いフランスで日曜日営業を許可したのは異例のことであったが，それほど地方の疲弊が大きかった。

　しかし，それだけでは問題は解決しない。EU内での信用不安の拡大，消費低迷，企業業績の悪化は日増しに強くなり，サルコジは危機対応に乗り出した。まず，6月下旬に足元を固めるために内閣改造を行い，フィヨン首相，ボルロー環境・エネルギー・持続可能開発相，ラガルド経済・産業・雇用相などサルコジ側近をはじめほとんどの閣僚を留任させ，クリスチャン・エストロジ産業担当相，フレデリック・ミッテラン文化・通信相，バレリー・レタール国会関係調整担当相，ブノア・アパリュ住宅・都市計画担当相，マリーリュス・パンシャール海外県・海外領土担当相，ピエール・ルルーシュ欧州問題担当相，ノラ・ベラ高齢者担当相，ミチェル・メルシエ農業地域・国土整備相など8人を新たに入閣させた。いろいろ問題を起こした移民出身の若手で前外務・人権等担当相のラマ・ヤドはスポーツ担当相に更迭され

た。

　フランスの唯一の救いは，伝統的経済システムが突発的なアメリカ発の金融ショックに強かった点である。もともと国家が経済に干渉する混合経済システムである保護主義的資本主義をとっていたので，2008年9月アメリカ発のリーマン・ショックの影響が他の国と比べると大きくなかった。金融資本主義のアメリカの金融界が崩壊し，新自由主義のシンボルであったイギリスが大打撃をうけるなかで，フランスのBNPパリバやソシエテ・ジェネラルなどの銀行は最終黒字を確保し，乗用車の新車販売も小型車の好調に助けられ205万台を販売し，前年比0.7％減にとどまり，また，2009年1–3月での企業設立件数が前年同期比で43.2％とサービス業で大幅に増加した。

　しかし，サルコジの前途は多難である。景気回復，移民問題，失業問題，若年層の雇用，ヨーロッパの統合強化，東・中央ヨーロッパ問題などをかかえている。新自由主義を掲げ「フランスを変える」と登場した大統領が，国民の圧力で保護主義を掲げ「フランスを守る」といいはじめた。サルコジのこの変化は「イメージの崩壊（La panne d'image）」（「ヌーヴェル・オブサヴァトール」2009年5月7–13日号）と皮肉られた。海外出張，マスコミへの過剰露出，ジョギングをやりすぎで体調不良を訴えての緊急入院など軽度の神経失調で大事には至らなかったが，タフさを売り物にしていたサルコジのイメージは崩れた。ミッテランは散歩かゴルフ，シラクは美術鑑賞と相撲観戦から比べると，サルコジのジョギングは控えたほうがいいというのが，各国メディアの意見だった。

　日仏関係に関しては目立った活動はない。なにかと日本を気にしていたシラクと大きく違い，アメリカとEUを中心と考えるサルコジ外交からはフランスと日本との関係はほとんど聞こえてこない。嫌日ではないが，在日のフランス人からも不満が出るぐらいの無関心さである。政治では対日理解をしめし，2007年6月のハイリンゲンダム・サミット（ドイツ）での安部首相（当時）とサルコジの日仏首脳会談では，サルコジが日本の国連安保理常任理事入り賛成を表明して前政権との整合性はあった。しかし，フランス側に立ってみると対日利益は薄く，サルコジ外交政策の基本は，あくまでフランスのEUでの主導権確保が第一目標で，対外政策とし

ては関係の劣化した仏米政策の改善，フランス経済の発展のための仏中関係，旧植民地をもつ対アフリカ関係，エネルギーでは対ロシア関係を重視している。

　実利的なサルコジは，中国に関しても決して一方的な身びいきではない。経済や文化では友好的であるが，中国内のチベット民族反抗や人権問題になると中国に厳しく当たり，一時オリンピック出席不参加を表明した。対日関係を気にしたサルコジの消極的な対日政策に批判があるのを自覚して，昨年11月に現役のフランス外務省次官フィリップ・フォールを駐日大使と任命した。シラクの要請もあったが現役の次官を大使として送るのは異例のことで，サルコジは日本に気を使いはじめた証拠である。

　フォール駐日大使はパリ政治学院，ENA出身のエリートで，アメリカ，スペイン，メキシコ，モロッコの勤務経験がある。また，一時期民間企業に転出していたこともあり，政治的よりも経済的関係の強い日本での活躍が期待されている。2008－09年は日仏関係にとって記念的な時期で，この時期は主要国首脳会議（G8）の開催年，日仏修好通商条約150周年，横浜開港150周年，パリ・京都姉妹都市40周年にあたる。日仏関係の問題は政治，外交，経済，文化の問題だけではなく，人間的ネットワークの問題も存在する。

　日本側にフランスと近くサルコジとも親密関係がある政治家，財界人が少なく，また，日仏間での重要案件もなく，2008年7月の「洞爺湖サミット」もサルコジが東京を素通りするほどであった。フランス情報によると，2010年にサルコジが日本を訪問する予定があるというが，この訪問の成果を期待したい。

8. 2012年の大統領選

　2010年の州（地域圏）議会選挙で，サルコジが最も恐れていたことが起こった。国民の不満が爆発して野党第一党の社会党と左派連合の得票率が54％を超えて保守党に圧勝し，左派が大多数の州で勝利した。サルコジ大統領を支えた右派の国民運動連合（UMP）は36％と大敗した。経済成長率の落ち込み，依然高い失業率，中間層の不満，移民の問題などでの政策が不十分であったことが原因であった。

　この州議会選挙は，全体で約2000人近くの議員を選ぶ広範囲で重要な選挙であっ

たが，社会党，環境党などの左派連合は本国22州のうち21州で圧勝し，海外州4州のうち2州で過半数をものにした。UMPは本州で東部のアルザス州だけしか勝てなかった。1986年以来の過去5回の州選挙で最悪の結果となった。一方，極右の国民戦線（FN）は8.7％の得票率を獲得したが，出馬した州に限ると17.5％の得票率で，2007年の下院選での低迷（4％）をばん回した。国民の関心は低く投票率は1986年以来の平均（60～70％）を大幅に下回った（51％）ことも大きく影響した。

　サルコジは，新自由主義，改革路線をとり「よく働き，よく稼ぐ」のスローガンと，ヨーロッパと世界での「フランスの復権」のスローガンとで走り続けたが，世界的な金融・経済危機，外交へ傾斜のしすぎ，移民・失業・景気政策などの国内政策の失敗で，失業率は10年ぶりに10％（2009年12月）に入り，不法移民の大量就労問題などが露呈し，支持率は35％に落ちていた。歴史的敗北を受けて，政府は内閣を改造し，経済政策の重要課題である年金削減を担当する労働相（ダルコス）などを刷新した。

　一方，2012年の大統領選レースも激しくなった。同じ保守派からは，政敵で国民から人気の高いド・ビルパン前首相が「堅固な共和制（republique solidaire）」をスローガンに新党設立を表明し，大勝した社会党はサルコジ批判を高めている。オブリ第一書記は選挙のあとで「前例のない大勝利で，国民は政府を批判した。…我々は政権に政策の抜本的変更を迫り，有権者の期待に応えるべきだ」と党内結束と有権者へのアピールを強めた。「敗北に責任の一端を感じる」と表明したフィオン首相は，3月末にサルコジが環境政策の中心に位置づけていた二酸化炭素（CO_2）排出に関する新たな税金「炭素税」の導入を断念し，「成長，雇用，競争力の維持，財政赤字の削減を優先する」政策転換を発表した。しかし，「改革をストップするわけではない」と改革の意志は継続した。

　現時点では，2012年の大統領選でサルコジの再選は厳しいものがある。フランス有力週刊誌「レキスプレス」（2010年3月10日付）の調査（BVA）では，「2012年の大統領選には59％のフランス人が左派候補を望み，右派候補を望むのは37％である」と予想している。左派候補としては，社会党第一書記のオブリーが65％

で，前大統領候補のロワイヤルが 32% と 2 倍ほどの差でリードしている。右派のサルコジ，ド・ビルパン，左派のオブリー，ロワイヤル，ストロスカーン，それに中道派（Modem）のバイルー，そのほか環境派や極右などの参加もあり予断を許さない状況になっている。

第 9 章
フランス経済と経営

アングロサクソンのそれと違い、フランス経済と経営は特殊である。したがって、フランスの経済と経営を理解することは、フランス全体を理解するために必要である。フランスは、国家が経済に関与する混合経済システム、国家が経営に関与する国有企業の存在、高級官僚が政府と国有企業を往来するエリート官僚システム、経営者が一部のエリート校出身者に偏るエリート経営者育成主義など、ほかの先進国と一線を画している。

しかしその一方で、フランスは自由闊達な国である。世界で最初に市民革命を起こし民主主義を実現し、人権を尊重し、啓蒙思想を広め世界の文化の中心となった先進国である。豊かな農業と産業をもつフランスは世界第6位のGDPをもち、ヨーロッパのリーダーとして一流外交を展開し、統合ヨーロッパに民主主義政治と経済発展をもたらした。

近年では保護主義国から脱皮し、貿易・資本の自由化も進み2007年の対内投資では世界第4位、対外投資では世界第3位の国となった。企業活動も原則自由となり、フランスの第1部市場（CAC40）に上場されている40%が外国資本である。外国企業や外国人経営者も多く、かつては「市場はジャングル」といって閉鎖的であったフランス人もグローバリゼーションの波を受け徐々に変化してきている。

フランス経済を歴史的に見ると、17世紀にはコルベールの重商主義、18世紀はケネーの重農主義と農業、小工業や商業が中心で、その流通もパリ中心であった。19世紀になるとナポレオンの重商主義が始まり、20世紀初期には政府が経済に介入するディリジズム、生産制限による高い価格と収入を実現する経済マルサス主義、国家と産業の官民協調体制、重要産業の国有化（エタティズム）、恐慌を防止する計画経済、生活を保障する福祉優先が特徴であった。

しかし、第二次世界大戦後にフランスの経済、経営は大きく変化した。自由貿易

体制への移行，市場経済優先で近代化を進め，独仏連携によるヨーロッパ経済共同体（EEC: 1958）などを実現し，第5共和制形成（1958）から石油危機（1973）まではかつてない高度経済成長を経験した。1960年以降は，欧州共同体の形成，産業競争力強化を目標とした国家計画，官民協調型の混合経済システム，中央と地方の産業均衡の実現，農業近代化による都市と農村の格差是正などを進め共同市場の構築に努力した。

1970年代には，世界を襲った石油危機，ドルショックのあと，ミッテラン政権下で行われた社会主義的な国有産業の拡大政策（1981-82）や過剰な福祉拡充主義で経済は停滞した。しかし，1986年から始まる右派との最初のコハビタシオンで国有企業の民営化，市場主義経済へ方向転換がなされた。その後，フランスはドイツと単一市場形成へ連携し，1993年には市場統合が実現されEUが発足した。1990年代後半から2000年代前半にかけては，経済の自由化，グローバル化が急速に進展し，フランス企業を取り巻く経済・社会環境が大きく変化してフランス企業や経営者の国際化が進んでいる。

フランスが経験した経済と経営の変化を整理してみると，民営化による産業の活性化，外資導入による経済の国際化，アントルプルナーの出現による新産業創出，企業統治の採用による経営の近代化などがあげられる。

1. 急速に進む民営化

フランス経済と経営の第1の変化は，国民の自由経済への自覚と民営化の推進であった。

伝統的な混合経済政策のもとでは，政府がエネルギー，鉄鋼，通信，原子力，郵便，鉄道などの基幹産業を国有化し，手厚い保護主義政策で優遇して企業を発展させた。したがって，国有企業はもとより一般の大企業もタテに組織化されいて，経営者はENAやポリテクニーク出身の一部のエリートが牛耳る「ディリジズム」方式をとり，産業界は閉鎖的階級社会を構成していた。日本の天下りと違うのは，日本は定年近くなって政府系企業や民間企業への一方通行の天下りに対して，フランスでは訓練された優秀なエリートが若いうちから政府と産業界のトップに行ったり

来たりして独占的なキャリア形成を積む道ができていた。

　フランスは，長い間このディリジズムに頼ったため経営システムが硬直し，1980年代に市場主義を推進したイギリスやドイツに大きく水を開けられた。しかし，遅れに気がついたフランスは，1980年半ばのミッテラン社会党政権下において右派のシラク首相（在位 1986－1988）とバラデュール首相（在位 1993－1996）のイニシアチブで積極的な民営化が図られた。民営化は過去4回の波（1986－88，1993－96，1997－98，1999－2002）(105)があったが，先鞭をつけたのはミッテランと最初のコハビタシオンを組んだシラクが行った第1次民営化（1986－88）であった。シラクはミッテランの反対を押し切り，市場経済と企業の自由な活動を進め，優良国営企業の改革を旗印に5年間で65の企業グループを民営化する法案をとおした。

　この65の企業のほとんどは，1945年と1982年に国営化された銀行，保険会社と製造会社であったが，シラクは反対するミッテランと衝突し辞任するまでに29の企業の民営化を実現した。民営化された会社のなかにはパリバ，CCF，ソシエテ・ジェネラル，スエズなどの金融機関と，サン・ゴバン，CGE（アルカテル），マトラの製造会社とハバス，TF－1などのコミュニケーション会社など12の主要大企業グループを含んでいた。この間，関係企業や子会社をいれると合計1100社，50万人が国有企業から民間企業に流れ民営化への道をつけた。

　1988年からミッテランが再選した1993年までは，「NI－NI政策（民営かも国有化もしない）」で民営化は行われなかった。第2次民営化を行ったのは第2次コハビタシオンを組んだ右派バラデュールで1993－96年の間に行われた。バラデュールはリベラリストで，ENA出身の若手議員を中心に集めて法律を整備し，1993年に21の国営企業民営化の法案をとおした。財政収支の確保，欧州統合に伴う競争力強化のために民営化を積極的に進め，「ノワヨ・デュール（Noyau dur）」と呼ばれる中核戦略企業を選び，政府が保護するために民営化後も外資買収を避けて政府が安定株主となった。民営化した戦略的企業は，金融機関ではクレディ・ローカル（デキシア），BNP，UAP，AGFなど，産業ではローヌ・プラン，エルフ・アキテーヌ，ルノー，セイタ，ユジノール・サシロール，ペシネ，ブルなどであった。そのときの予算相で政府スポークスマンは，現在の大統領であるサルコジであった。

民営化の目的も時代とともに変化した。第1次民営化，第2次民営化とも比較的財務体質や成長性のある企業が選ばれたが，シラク大統領（在位：1995－2007），アラン・ジュッペ首相（在位：1995－97）の右派コンビが政権を担った1996年以降の第3次民営化では戦略を変えて，今度は財務的あるいは経営的に問題のある企業が選ばれた。しかし，1997年には社会党が圧勝したため，シラクとコハビタシオンを組んだ社会党のリオネル・ジョスパン首相（在位1997－2002）は，時代の趨勢と経済的な必要性から1997－98年に防衛，テレコム，宇宙，航空，通信などの競争がない連携の組める戦略的な産業を選び民営化した。その結果，ブル，フランステレコム，エールフランス，アエロスペシアル，クレディリオネ，CNPが民営化され，1999－2002年はトムソン・マルチメディア，EADS，ワナドウ，オレンジ，クレディ・アグリコール，ASFなどが民営化された。民営化されたのは有力企業が多く，2001年末の時価でCAC 40の会社の資本総額60％を占めていた。

　2002年の大統領選では，現職のシラクが圧倒的な強さを見せ80％以上の得票で再選された。右派でベテランのジャン＝ピエール・ラファラン（在位2002－2005）が首相に選ばれ，「小さな政府」路線を掲げたが財政上の理由から大型の民営化，自由化を進めた。エールフランスとＫＬＭオランダ航空の大型合併を実現し政府株の部分的売却で獲得した資金により，大手銀行クレディ・リヨネは完全民営化されクレディ・アグリコルと経営統合された。また，フランステレコム（1997年株式公開）の政府株保有率も50％以下にし，以後の株処理で政府の持株は全体で32.41％（2006）となった。

　2005年にはドミニク・ガルゾー・ド・ビルパン（在位2005－2007）が首相に選ばれ，フランス電力公社（EDF）の株の公開，60－80億ユーロ資本増加による民営化，フランステレコムの6％を売却するなど現実的，戦略的な判断で民営化を進めた。2006年にはド・ビルパンがフランスガス公社の民営化とスエズ社の合併を決め，2007年にはサルコジ政権下の首相フランソワ・フィオン（在位2007－）も財政上の必要性から，民営化には積極的で野党社会党や労働組合を抑えガス公社（GDF）とスエズを合併し新会社「GDFスエズ」を発足させた。ここに時価総額約900億ユーロ（当時），年間売上高700億ユーロ，市場資本総額で世界第4位の

エネルギー会社が誕生した。仏政府の持ち分は 35% となった。さらに大学教育近代化などへの資金捻出のために数パーセントの電力公社（EDF）株の処分（国家は 84.8% 保持）をして，航空エンジンのスネクマ，パリ空港，原子力のアレバなどの民営化やさらなる大型民営化を計画した。2008 年末にサルコジは，2009-10 年をめざしてラ・ポスト（フランス郵政公社）の一部民営化計画を公式に発表した。

この民営化による一部事業売却で 25-30 億ユーロ（約 3200-4700 億円）の収入を見込んでいるが，この背景には 2011 年の欧州郵政完全自由化がある。ラ・ポストは，すでに民営化したドイツポストに次ぐ売り上げ総額 208 億ユーロ（2007），従業員 30 万人の巨大企業であるので，そのインパクトは大きく反対意見も多い。また，ラ・ポストは 2008 年に日本郵政グループと包括提携を結んでいる。

政府の民営化の促進で，フランス国営企業の雇用数も急激に下がってきた。2007 年度の INSEE 統計によると，1985 年には，政府が所有している国営企業の数は約 3500 あったが，20 年後の 2004 年時点では 1288 企業と約 3 分の 1 になった。1288 社の内政府の直接経営している国営企業は 94 社である。雇用数は，1985 年には全給与雇用者数 20% であったが，2004 年では 4.2% の 91 万 4200 人となった。

2. 外資の対仏投資増加

第 2 の変化は，外国企業のフランスへの投資の増加である。かつての保護主義国フランスは国内産業の活発化，自由化のために，近年は積極的な外資導入政策をとっている。ジェトロによると対内投資は 2000-05 年の期間伸び率は約 2 倍で，2006 年（フローベース）にはアメリカ，イギリス，ルクセンブルクに次いで世界第 4 位の外国投資受益国となった。なかでも EU（25 カ国）域内での投資が多く，EU の対フランス投資は対内投資全体の 77.7% を占めた。その内オランダが対内投資全体の 19.3，イギリスが 17.8%，ルクセンブルクが 11.9% と 3 国で対内投資全体の 50% を占めている。

EU 以外の投資国ではアメリカが最大の投資国で 10.1%，日本がアメリカに次ぐ 1.1% で第 2 位となっている。フランスから外国への対外投資も積極的でアメリカ，オランダに次いで世界第 3 位の投資国である。対外投資も EU（25 カ国）向けの投

資が多く対外投資全体の54.1%で，そのなかでもイギリスへの投資が全体の13.2％，ベルギーへは10.1%，オランダに9.2%，ドイツに8.7%と上位4カ国で40%を占め，EU以外ではアメリカへの投資が16.1%で最大である。フランスから日本への投資は全体の1.9%と少ない。[106]

フランス対内投資の増加は政府・産業界が一丸となって行っている企業誘致政策によるところが大きい。2001年にはそれまで対仏投資を扱ったDATAR（フランスの国土開発地方振興委員会）に代わって「対仏投資庁（AFII）」[107]がつくられ，2003年からはラファラン首相のイニシアチブでAFIIが強化され，関係省庁と連携して「フランスの魅力」を促進する政府セミナーを開始した。第1回のセミナーで，フランスに赴任する外国人企業経営者や管理者及びその家族の受け入れ・滞在条件の改善など50の措置が発表された。

2004年の第2回には，労働時間の緩和，外国人居住者への課税制度などを始めとする35の新しい措置が発表された。新たに制定された法律によって，外資雇用者は労働時間を制限する悪名高い週35時間労働が緩和され労働者との交渉が可能となった。海外からのフランス赴任者の所得納税や年金も一元化され，ビザ取得も単純化され，研究型の新興企業は8年間の所得税免除が与えられた。

2006年の第3回は，ド・ビルパン首相の主催で行われ，フランスの魅力を高める約40の具体的措置が決議された。外国人上級官吏職の受け入れの改善，優秀な学生の誘致，優秀な研究者の誘致，流出した人材の呼び戻し，フランス法の競争力強化，進出手続きの簡素化の6項目を優先プロジェクトとした。8月には対仏投資庁長官が4年間務めたクララ・ゲマール女史からフィリップ・ファーブルに交代した。ファーブルは45歳と若く，ゲマールと同じようにENA出身で，クリスチーヌ・ラガルド貿易担当相の官房長官，また，経済財政産業大臣官房副長官を歴任した。

フランスを「外国企業にやさしい国」にするために，さらに21名の国際企業のCEOで構成される「首相諮問委員会」も設立された。これまでのフランスに見られない企業にやさしい，誘致に積極的なフランス政策のおかげで，フランスに対する外資の見方もかわりフランスへの投資が増加した。アーンスト・アンド・ヤング

フランスの対内直接投資額と対外直接投資額の推移

(単位：100万ドル)

	1980	1985	1990	1995	2000	2006
対内投資額	3,283	2,595	13,183	23,736	42,380	81,045
対内投資額	3,095	2,243	34,824	15,821	174,310	116,409
倍　率	0.94	0.86	2.64	0.67	4.11	1.44

出所：(財)国際貿易投資研究所「国際比較統計」

が2007年6月に発表した「2006年欧州魅力度スコアボード」では、外国企業トップ200人が魅力的な投資先にフランスをあげたが、労働法制や税制には依然不満があった。

日仏150周年にあたる2008年には、「イニシアチブ・フランス・ジャポン」という新しい日仏間の貿易・投資・産業協力促進キャンペーンが始まった。日本とフランスは特定地域での企業、大学、研究所の集積を促進し、R&D協力プロジェクトを立ち上げ、今までバイオ、ナノ、エネルギー、環境分野での協力を進めてきたが、2008年4月、フィオン首相訪日の際には「日仏クラスター協力の促進」が確認された。今後もいろいろな分野での協力が見込まれている。

3. 新しい経営者の出現

第3の変化としては、世界に通用する新しい経営者が出現したことである。日本では外国人経営者というと、アメリカ人経営者の独壇場でダイナミックなアメリカ人経営者の名前があげられるのが常であった。マイクロソフトのビル・ゲーツやGEのジャック・ウエルチなど、有名なアメリカ人経営者はたくさんいるが、ことフランス人経営者となるとほとんど知られていなかった。フランスの場合不幸なのは、経営者よりも商品のほうが有名で、ルイ・ヴィトン、シャネルといっても商品は知っているが経営者は知らない人が多かった。

経営学を学んだ人はアメリカの科学的管理学の創始者フレデリック・テイラー(1856-1915)[108]は知っているが、テーラーとの並ぶ偉大なフランス経営学者で管理経営学創始者アンリ・ファヨール(1841-1925)[109]を知っている人は少ない。また、

日本の経営者でもわずかルノーのルイ・ルノー，プジョーのアルマン・プジョー，シトロエンのアンドレ・シトロエン，ミシュランのフランソワ・ミシュランの名前をあげることができる程度である。

しかし，日産のカルロス・ゴーンが出現して事情が変わった。欧米型の合理主義的な経営とフランス的な社会的組織，人材育成や企業文化を大事にする経営をうまくミックスした経営で崩壊寸前にあった日産自動車を見事に再建した。改革的経営者としての実力とカリスマ的リーダーとしての人間的な魅力で古い日本型経営者に大きな影響を与えた。また，異文化経営を得意とするゴーンの経営方法は単にアメリカ的というのでなくて，日本的経営に通じるところがあった。

新しい経営者の出現で経営におけるコーポレートガバナンス（企業統治）の変化が起こっていた。その理由は，ヨーロッパのグローバル化，EU化に乗り遅れまいとする政府の積極的な投資誘致政策で外資企業が増加し経営の国際化が始まった。この積極的な投資政策で，現在では外国資本がフランス上場企業CAC40の資本の約46％を占めている。伝統的なフランス企業を経営する200家族の出身者やENA，ポリテクニークをはじめ，技術系グランゼコールを中心としたエリート・テクノクラートも新しい企業統治を学びはじめ，伝統である「ENA・ポリテクニーク」支配を継続しながらが徐々にアメリカ型の企業統治制度を採用するようになった。

また，グローバリゼーションの深化もフランスの経営方法に大きな影響を与えた。フランス企業の海外進出も盛んになり，国際的経営者が積極的に企業統治を採用した。特に，外国系企業や新興企業ではフランスの経営者のプロファイルも徐々に変わりはじめて，出身校も伝統的なENAやポリテクニークだけでなく新興の商業系グランゼコールのHEC，ESCP，ESSECなどの出身者が力をもちはじめた。企業の経営者や幹部もヨーロッパのハーバードといわれているINSEAD（フォンテンブロー），地方のグランゼコールやビジネススクール，パリ大学やリヨン大学ビジネススクール，欧米のビジネススクールなどさまざまな大学の出身者が活躍するようになった。代表的な例では，2002－05年までシラク大統領の元で首相を務めたラファラン前首相は，パリの商業系グランゼコールESCP出身であった。

フランス全体の新規雇用者数のうち，外資系企業による新規採用が占める割合も

増え，2006年には前年比33%増で約4万人を雇用し仏雇用全体の18%を占めた。年によって差があるが，フランス人雇用者の5人に1人が外資企業で働いている勘定になる。イギリス人の10人に1人，アメリカ人の20人に1人と比べるとフランスの国際化が目立つようになった。また，外国人経営者の台頭も目立ってきた。CAC40のフランス企業では，フランス人以外の外国人ディレクター数も増加し，1996年には全体の6%であったが，2001年には3倍の17%に増加しフランスを代表する企業の約20%がフランス人以外の外国人経営者であった。この現象は日本からフランスに進出する日系企業にもあてはまり，数は少ないがフランスに進出した日系企業の一部はフランス人以外の外国人が社長であることも珍しくなくなった。

経営手法も変化した。フランスの経営手法も英米にならいアングロサクソン的になり，長期的というより短期思考・合理性を第一に考え，人事でも成果主義を採用している企業が多くなった。また，フランス人の経営や労働に対する考え方も変化してきて積極的にアングロサクソン的経営・監督手法を導入している経営者も多くなった。商業系グランゼコール卒業生のように，まずアメリカ系の外資企業で経験を積んで国内企業に入りなおしたり，日本企業に転職したり，エアバスのようにドイツ人がトップでEU数カ国と組んで会社を経営するようなスタイルが増えてきた。

しかしながら，国内の一般のフランス人は，これら外資の進出に対し快く思っていない現実もある。ある統計によると一般人の72%がグローバリゼーションを疑い，約60%のフランス人がマルチナショナル（外資系）に対しよいイメージをもっていない。また，経営者は売上高で上位400社のうち約40%の社長と，CAC40上場企業の3分の2の社長が国産でENAかポリテクニークの出身という統計もあり，依然エリート伝統校出身が大企業の社長を占めている事実を表している。(110)フランスの社会学者ピエール・ブルデュー（1930-2002）がいうように，上品で教養のあるフランスブルジョア階級の「文化資本」が社会的優位や権力を継承する「社会的再生産」は，いまだに存在しているのである。

4. アントレプルナーの出現

第4の変化は，起業家（アントレプルナー）の出現である。フランスは，もとも

と起業家に向いていない国であった。カトリックが主たる宗教のため,ビジネスや取引を卑しいものと見る傾向があった。社会保障が手厚く,福祉施設が充実している一方で,冒険心や起業家精神が今一つ不足した国で,フランスの産業というと伝統的な大企業を思い浮かべるのが常であった。しかし,2002年にラファラン首相が導入した企業推進政策のおかげで,事業者に対する起業家の開業率が増えはじめ,1993年に27万2300件だった開業が2004年には31万8800件となった。開業率で見ると11.8%とから12.4%となり,アメリカの10.2%とイギリスの10%を凌駕している。

　もちろん,統計的には同じレベルで比べられない点もあるが,上昇気流にあることはまちがいない。2002年の起業推進政策には,従来の方針を簡易化して1ユーロ起業認可,申請書の簡素化,補助金支給などを出すようにした。ネットで会社が登録できるようになったことも開業率の増加に貢献している。企業内容は,初期投資が少ないサービス業関連に多く,コンピュータ,テレコム関連企業の開業が多く,2002－07年にかけてこの分野での起業が倍増した。

　若者の考え方が変わってきたことも開業率を押し上げた。「新しくビジネスを起業した人を尊敬するか？」の質問に対して,フランスの若者はアメリカの若者と並んで80％が尊敬すると応え,「失敗に対する恐れから起業を避けるか？」という質問に対してはドイツ,イタリア並に45％が起業を避けると応え,失敗を恐れず起業に挑戦する若者が増えた。日本は反対の傾向が出ていて,前者の質問には20％,後者の質問には60％であった。また,若者のなかにはフランス国内の環境に飽きたらず,海外で起業家をめざすフランスの若者も多くなった。アメリカの「ニューヨークタイムズ」(2008年3月)は,約50万人のフランス人がイギリスで働いていて,そのほとんどが35歳以下でイギリスの起業家環境を利用していることを伝えている[111]。

　フランスの国立統計経済研究所(INSEE)によると,フランスでの開業は3つのカテゴリーで①純粋開業,②法人の事業開業,③個人の開業に区分される。それらは,景気のよい期間に多くの新規企業が開業され,2004年の数字ではそれぞれ,①69.9％,②13.2％,③16.9％であった。企業開業数は景気やそのときの政策に影

響を受けるのが常である。1995年は企業倒産数が過去最高の年で5万2595件となり，倒産数を引いた実質開業数は過去最低となった。1993－2004年まで最近10年間の事業者数，開業，廃業，開業率をみると，平均11％台であったが，2002年から景気が上向いたこともあり新規開業数も急激に増えはじめ，2004年から開業率は12.4％と1％上がっている。2005年の全開業数は31万6829社と30万台を，倒産数も4万1744件と4万台を，開業率も12.1％と12％台を維持した。最近の統計では，2009年前半で27万1896社が開業し，2009年通年では2008年の32万7000件を50％上回る50万社を超す勢いである。社会保障料減免などの優遇策や，厳しい雇用環境が影響したとみられ，業種は小売，サービス，建設業が多く，3割強はサラリーマンからの転身であった。(112)

　2005年の統計内容を見ると，開業セクターはサービス業が多く，商業は全体の25％，建設16％，企業サービス19.9％，そのほかのサービス17.7％の順でこの4セクターで全体の70％を占め，開業企業全体の約半分の企業（51％）が5年以上存続した。フランスの問題は，15－24歳の70％が安定志向で公務員をめざし，アントルプルナーには女性が少なく全体の約74％が男性である。年齢構成は22％が仕事をもちながら開業し，12％が新卒の学生であるが，失業者も35％と多い。平均年齢は39歳，40％が30－39歳，20％が30歳以下，16％が50歳以上であった。学歴は42％が大学院卒，28％が大学卒で，2人以下の創業が95％と圧倒的に多いという特徴がある。

　フランスの新規開業者は年々増えているものの，新規開業率はEU諸国ではまだ下位である。企業家精神を象徴する民間雇用に占める自営業者の数は，8.8％でOECD平均の17.4％を下回りEUで27位である。雇用の中心である16－64歳の年齢層の開業率は2％で欧米主要国と比べると非常に低く，アメリカは9％，カナダ7％，アイルランド8％，スペイン7％，イギリスとデンマーク6％，ドイツ5％，スウェーデン，ベルギー，オランダ4％，イタリア，フィンランド3％であった。この年齢層においてはフランス人の安定志向が出ていて，ほとんどの先進国がフランス以上の開業率である。フランスの開業率2％は，日本と同じぐらいでEU諸国では開業における女性の参加率が一番低いのも特徴である。

開業の地域にも差がある。企業の創業に活発なのは北西部のブルターニュで，過去創業に成功した人たちが「クラブ・ド・トラント（30 創業者）」をつくり，ブルターニュ地方の産業発展と次世代の創業者を育てている。成功した創業者にはフランソワ・ピノー（百貨店・書籍），イヴ・ロシェール（自然食品），バンサン・ボロレ（金融，石油）などがいる。

しかし，全体的に見ると，フランスの若者アントルプルナーシップの将来は明るい。4 人に 1 人（2003 年 23%）のフランスの若者が自分の会社をもちたいと思い，若者のなかにアメリカ型のニューイコノミー・スピリットをもったアントルプルナーが増加している。年齢的な成功率をみると創業者の 30-40 歳の年齢層の成功率が 30 歳以下の 1.5 倍高く，若い人が経験を積むことによって成功率も高くなっている。EU も起業に力を入れだした。長引く経済不況で失業率が上がり，雇用の新しい受け皿が必要になった。2009 年 6 月に欧州委員会は雇用対策の基本方針をまとめ，そのなかに創業・起業支援のため総額 5 億ユーロ（約 680 億円）の融資枠を新設し，既存の欧州社会基金（2009-10 年で総額 190 億ユーロ）と柔軟に運用することを決めた。起業はフランスだけでなく，ヨーロッパの重要な問題となってきた。

5. 企業統治の変化

第 5 の変化は，企業統治（コーポレートガバナンス：corporate governance）意識の変化である。歴史的に社会主義的資本主義をとり政府介入の多いフランスにとって，資本主義の最先端をいく企業統治は長い間取り入れがたい経営手法であった。しかし，そのフランスも EU 統合，グローバリゼーションの進行，外国人株主の増加，経営者に対する期待の増加によって企業の経営態度が変化している。企業は商品やサービスを売り，利益を内部留保し，その一部株主に優先配当をする伝統的な経営から，短期的利益の追求を控え，株主に対して過剰でなく適性配当をし，顧客へのサービスを増加し，社会的地域貢献などを考慮した長期的な持続的成長を目的とする「企業統治」を目標とする企業が多くなった。

フランスが企業統治を意識しはじめたのは，アメリカやイギリスからくるアングロサクソン的外的要因が大きい。1992 年のイギリスのキャドベリー報告書では経

営者の監督業務と執行業務分離経営の影響を受け，1993年のEU発足では，EUの企業経営制度の標準化が始まり，1994年には企業経営に株主の意見を反映させるカルパース（アメリカ大手基幹投資家）のフランス市場進出が続いた。1990年後半からはフランスへの外国投資の増加で，一部上場フランス企業（CAC40）の46％が外資に支配され，企業の不祥事が続いたあと，アメリカの例を参考に1999年と2004年にOECD指針企業統治原則が策定されたことでフランスの経営制度は大きく変化していった。

　企業統治の導入は，外的要因だけでなくフランス内の内的要因も原因となった。近年ビベンディ，フランステレコムなど伝統的な大企業のトップの暴走や企業不振の問題，政界と業界の癒着や汚職，株価操作などが起こり企業の信頼を失う事件が続いた。最近ではソシエテ・ジェネラルのミドルマネジメントによる株価操作による大型不正事件などがあり，企業統治の甘さが企業に莫大な損害を招いた。こういう事件が連続し，それが連鎖反応を引き起こす危険性が多くなったので，企業統治の重要性が認識されはじめた。その影響で，既得権や伝統重視の従来のエリートシステムやフランス的例外が問題になり，メディアなどで議論された。

　このように内外の圧力を受け，経済団体であるフランス企業運動（MEDEF）[113]がイニシアチブをとり，フランス経営団体や大企業の経営者たちを中心として企業統治が始まった。保護的志向の強いフランス経済界には外資から経営を守る意味もあった。ピエノレポート（1995）以来，会社経営では単なる売上，マーケットシェアだけでなく，株主や社会を意識したガバナンス企業（統治），アカウンタビリティー（説明責任），コンプライアンス（法令遵守），リスクマネジメント（危機管理）の役割を意識するようになった。

　ピエノレポートは，当時のCEOたちが「公開企業の取締役のあり方」を提案したもので，その決定は個々の企業の状況に応じて決めるべきであると結論を出しつつも，各企業に監督業務と執行業務を分離し，独立取締役を選任し，取締役の兼任会社数を制限し，取締役内部に委員会をつくることを勧告した。その後，1999年には企業の枠組みを改善し，経済活動を推進するために経済協力開発機構（OECD）からコーポレート・ガバナンス原則が出され，フランスはそれに対応す

る第2次ピエノレポートを作成し，取締役会長と業務執行者の分離，上場企業幹部の報酬開示，取締役会・内部委員会の運営の3点を勧告した。このように法律が整備されフランスはコーポレートガバナンス指標でイギリス，アメリカについて世界の第3位（2000）に入った。[114]

2001年には，アングロサクソンの企業統治を下敷きにした新経済規正法（NRE: Nouvelles Regulations Économiques）が成立し，企業統治の組織の面が強調された。取締役の員数上限を24名から18名に引き下げ，取締役会は取締役会長と業務執行者職との分離を選択可能とし，取締役の兼任を上限8社から5社に引き下げ，少数株主の権利を強化し，社員代表の経営参加を求め，年次報告書における取締役報酬の個別開示を義務づけた。

2002年にはソシエテ・ジェネラル銀行のダニエル・ブートンPDGが独立社外取締役の定義を厳しくし，①過去5年以内から現在まで，当該会社の従業員または経営陣の一員でなく，②相互的に取締役を送り込んでいる会社に所属しておらず，③当該会社にとって実質的な役割を果たす顧客，サプライヤー，銀行でははなく，④経営陣の一員との姻戚関係がなく，⑤過去5年以内から現在まで当該会社監査役を務めていないで，⑥当該会社の取締役として12年以上在籍しないという厳しい条件を課した。

2003年には金融監査法（LSF: Loi de Sécurité Financière）ができて，独立した新設の会計監査機関による経営のチェック機能が強化された。新しく市場監督当局（AMF）が設立され，貯蓄商品の安全確保のほかに企業統治改革が盛り込まれた。特に会計監査人の独立性と倫理性を監視・監督する会計監査人高等評議会が法務大臣の諮問機関として設置され，同一監査グループの監査任が同じ会社の監査をできる期間を3年に限定し，会計監査人が会計監査とコンサルティングを同じ企業に同時に提供できないとした。しかし，取締役会の構成，社外取締役設置など企業の意思手続きフレームワークのあり方は，企業自身の自主性に任せるようにした。[115]

2004年には，OECDが改訂版の「コーポレート・ガバナンス原則」を発行し，企業の内部のチェック機能を強化する内部統制を構築するための指標を出した。このようなガバナンス強化によって，「神聖にして侵されない」最大の権限をもって

新しいタイプのフランス経営者のプロファイル

1）	変化予見力	6）	ポジティブさと包容力
2）	事業構築力	7）	高いコミュニケーション力
3）	高い道徳心と規律力	8）	強いモーティベーション力
4）	透明性と効率性	9）	冷静な危険管理力
5）	明確なビジョン	10）	利害関係者との信頼構築力

出所：「FRANCOSCOPIE」（「フランス人白書」）各号を参考に筆者作成

いたフランス経営者のトップである PDG が 2008 年には大量に退陣していった。それらは，トムソンのダンジェ，アルカテルのルッソ，サノフィ・アベンティスのル・ファー，デキシアのミラー，カルフールのデュランなどであった。

近年，総合的な企業の社会的責任（CSR）も強調されている。企業経営のマクロ的な方向として環境対策などを含んだ成長維持政策（dévelopment durable）を唱え，投資ファンドも環境ファンドをつくり企業の環境政策を投資の条件に入れはじめた。アングロサクソン的危機管理，倫理管理などのコンセプトも同時に導入された。会社が伝統的なフランスの権力のある PDG（社長）とエリートのインナーサークルの経営組織から社会的な責任組織になり，社外取締役をいれた取締役会や機能別の委員会制度などができて絶対権力者であった PDG 意思決定が段々牽制される仕組みとなってきた。

そのうえ，実務上でも出勤時間，服装，仕事の手続きなどの標準化，情報の透明性，新しい管理主義であるネオ・テーラリズム（neo-taylorism）などを採用する企業も増え，従来型経営者のメンタリティーの修正と新しい経営者の台頭が要求されはじめてきた。このような状況下で出現したフランスでの新しい経営者は，「新しいプロファイル」を要求されている。職務や業界の知識，豊富な経験，インテリジャンスなどのほかに，上の表のようなプロファイルが求められている。

第10章
フランスの経営スタイル

「フランスのマネジメントスタイルは？」と問われると，簡単には答えにくい。それは，フランスのマネジメントシステムが開放的な市場主義を基本とするアングロサクソン的経済システムとは違うからだ。フランスはヨーロッパで最も豊かな農業国であったため，工業経済と農業経済が長い間共存した。したがって，資本主義でも社会主義でもなく，絶えず国家が介入し，強い産業は支援し，弱い産業は保護をするような混合経済システムをとってきた。

企業もアングロサクソン経済のように私企業だけでなく，国有企業，私企業，家族企業があり，マネジメントスタイルも権威的であるが家族的な伝統的フランス型と合理的でアングロサクソン型に近い新しいフランス型が混在する。また，「フランスには石油はないが頭がある」といわれるように，フランスは石油や石炭のような資源があるわけでないのでアイデアを使うことに努力してきた。アリアン，エアバス，コンコルド，TGV，ミニテル，原子力など先端技術を開発する一方で，観光，高級品，ホテル，金融などのサービス業に革新を起こした。

第二次世界大戦後のフランスには日本のような財閥解体はなかったので，戦前からの独占資本が産業界の中心に残った。そして，その独占資本が1950-75年の高度成長期，1960年代末期から1970年代の初頭にかけての産業集中化の時代，1980年代の民営化，自由化の時代，1990年代の投資の時代を乗り越えてきた。株式資本と人的資本は集中しており，現在でも約15の伝統的家族が株式資本の35％を保持し，大企業経営者にENAをはじめとするエリート校出身者が多いことが特徴となっている。[116]

混合経済システムの象徴である国有企業数も相変わらず多い。国立統計経済研究所（INSEE）の「経済指標2006」によると，2004年時点で1288社あり，そこに働いている従業員は91万4000人，フランスの総就業者数の4.2％を占めている。

1993年以来，一部民営化が進んでいるもののEDF（電力），GDF（ガス），SNCF（鉄道），ラ・ポスト（郵便）など主力産業は政府の直接管轄下にあり，主力10社で国有企業従業員の75％を占めている。国有企業の範囲は広く，フランスはヨーロッパでも最もディリジズム（官僚統制）が浸透しいている国である。日産とアライアンスを結んでいるルノーも国有企業であり，国有企業の経営者は基本的に高級官僚で企業と政府の間を行ったり来たりしている。

一方，最近の傾向では，外国投資の受け入れも活発になり，株式市場にリストされた一流企業，CAC40企業のように外国資本が46％入り国際的な活動をしている企業も多くなった。フランス企業は国有と民営の両面をもっているので，通常の経営理論は当てはまらない。この章では，フランス企業管理者のタイプを分類し，それぞれのマネジメントスタイルの特徴を述べ，タイプ別のつきあい方のガイドラインをあげ，台頭してきた進歩型フランス人の紹介をしたい。

1. 企業経営者（管理者）のタイプ

フランスのマネジメントスタイルは，一般的には次のようにいえる。国有企業や伝統的な私企業にはフランス的な伝統を重んじる経営者が多く，海外と取引の多いグローバルな私企業には新しいタイプの経営者が多い。また，中間材生産の重工業や設備財産業には伝統的な経営者が多く，消費財産業や農業・食品産業では新しいタイプの経営者が多い。伝統的経営者は市場主義や利益優先的な考え方に賛同せず，企業をむしろ「社会的負債（déficit sociale）」と考えてフランスの国益を優先し保護主義になりがちである。

伝統的経営者は，社会的連帯，帰属地域，フランス的モラルと価値，個人主義，秩序などの伝統の維持を重要視し，外国に邪魔をされない長期的でかつ安定的な持続的成長を望んでいる。しかし，新しい経営者は反対に世界の競争相手に勝つために市場主義とグローバリズムを優先し，積極的にガバナンスによる経営，短期的利益優先，株主の優遇，成果主義などの新しい経営手法を取り入れる努力をしている。

したがって，フランス経営者の「プロファイル・スペクトラム（経営者像の範囲）」は多種で広くて長い。そのうえ，宗教（カトリック）からくる「お金」や「利益」

フランス企業における経営者のマネジメントスタイル

```
                    人的価値
                      │
         │  進歩型   │   内向型  │
         │          │          │
変化価値 ─────────────┼───────────── 伝統価値
         │          │          │
         │ 帝国主義型│   官僚型  │
         │          │          │
                      │
                    効率価値
```

に対する歴史的偏見があり一筋縄ではいかない。フランスのビジネスマンとつきあうときには「先入観」は禁物で、会社が国営なのか、私企業なのか、私企業のなかでも伝統的企業なのか家族経営なのか、経営者が官僚出身なのか民間出身なのか、エリート教育を受けているのかなど、よくその背後の組織の性格、経営タイプ、人と行動を見極めてつきあう必要がある。日本人のフランス経営者やビジネスマンの批判には両者を混同している場合が多い。それぞれの会社の性格を見分け、それなりにおつきあいをするとストレスが少なくてすむ。

フランス経営者のマネジメントスタイルは、歴史、参加資本、経営者のタイプなどをベースに「進歩型経営者」「帝国主義型経営者」「官僚型経営者」「内向型経営者」と4つに分類できる。必ずしもすべての状況に当てはまるわけではないが、このような分類を頭に入れておくとフランス経営者とつきあう場合の指針になる。それぞれの型の特徴は次頁の表のとおりである。(117)

2. マネジメントスタイルの変化

フランスの企業経営者のプロファイルは時代とともに変化している。1950年代からの高度成長による経済優先、近代化時代は官僚的なテクノクラート経営が全盛であったが、1968年の若者の反乱で衰えはじめた。1972−82年までの10年間はオイルショック、ドルショックを克服し経済低成長時代を迎え国民生活の量から質へ

フランス経営者の分類と特徴

1) 進歩型－未来指向（人的価値の向上と変化の価値を優先する）	3) 内向型－非競争者（フランスのよき伝統とフランス的人的価値を優先する）
・変化と人間性を進歩の要因とみる。 ・冒険心，柔軟，国際性，順応性がある。 ・英語能力あり外資系で働く人も多い。 ・対話，協力，協調など人間関係を大事にし対決，交渉にも強い。 ・明確な目標をもち人事考課は成果主義であるが，目標達成のための人間関係を大事にする。 ・学歴はHEC, ESSEC, ESCPなど国際ビジネスに力を入れている商業系，パリ大学など国立大付属（のビジネススクール，海外のビジネススクール出身に多い。 ・最近ではポリテクニーク，ミーヌ，シエンスポなどの伝統的な技術系グランゼコール出身でもグローバル派は数こそ少ないがこのカテゴリーに入ってきた。 ・IR（投資関係）にも力を入れ国際資本を利用し業績の拡大を図る。 ・ガバナンス（企業統治）に敏感である。 ・国際的な事件や影響を受けやすい欠点はある。 ・脱フランス企業を目指すグローバル企業に多い。 ・会社での市場主義，個人生活での家庭生活と職業生活のよきバランスを好む。	・活力，闘争性，攻撃性，野心の否定。 ・古き，よき時代のフランスの伝統を尊重。 ・受身で企業や官庁の目標より個人や人間的目標優先。 ・小心型，忠実でコネや人間関係や企業の永続性に依存する。 ・学歴は1－2流グランゼコール低成績あるいははみ出し者，その他の地方グランゼコール，大学卒業者，専門学校卒業者に多い。 ・外国人に自分の庭に入って欲しくない。
2) 帝国主義型－進歩的テクノクラート（変化と効率の価値の均衡を優先する）	4) 官僚型－没個性者（フランスの伝統と必要に応じた効率を優先する）
・ナショナリストあるいは愛国主義型で「ノメンクラチュラア（Nomenklatura）」[118]と呼ばれる人たちが多く年齢層が高い。 ・効率と変化のバランスを重視し，攻撃性，征服欲，権力指向に富むテクノクラートリーダー型。 ・あくまでも伝統的なフランスシステムのなかでの進歩的改革を望むナショナリストに多い。 ・協調性の少ない個人主義者で成果と有効性，成功と権力を求める。 ・バイタリティーはあり，個人・家庭生活より職業生活優先で進歩を信じている。 ・学歴はＥＮＡ，ポリテクニーク，ミーヌ，ポン，サントル，師範学校など伝統的 ・グランゼコール出身者で上級テクノクラートに多い。 ・国営企業，大企業や家族企業に多く，長期的権力を望む。 ・「フォーチュン500」の伝統企業志望が多く，外資系や海外にあまり興味ない。	・良きフランスの伝統や国を守るという愛国者が多い。 ・階級のなかで安定性，人間関係，秩序，継続性を重んじる。 ・実用・機能主義，慎重で要領がよくミスが少ない。 ・要求された範囲内での効率意識と階級的地位の保持に敏感。 ・学歴は1－1.5流グランゼコールとそのほかグランゼコール，大学卒業者に多い。 ・中級テクノクラート型で官庁では中堅幹部，企業では財務，人事など専門職。 ・官僚出身の経営者に多く，冒険を好まず外資に転向する人は少ない。 ・外国人は嫌いではない。

出所：マイク・バーグ『管理職と企業のライフスタイル』を参考に筆者が独自に作成

の転換が図られ、EC（欧州共同体）が拡大し、自由化で経営の国際化が進展し、ビジョンがあり、企業をリードできるエリート経営者が主役になった。

1980年代は初めての社会党政権下（ミッテラン）で主要産業の国有化が進められ、ディリジズム全盛の時代であった。大規模な国有企業を経営するENAやポリテクニーク出身の官僚型エリートが経済産業界の主流となっていた。ミッテラン政権が途中から方針を転換し、保守派とのコハビタシオン政策をとったため大規模な民営化が始まり、そのうえ、EU統合へ舵を切ってから大企業の経営者のプロファイルが変わった。当初は、エリート官僚からの天下りが多かったが、徐々に新しい世界観をもち、実務的な国際派経営者を育成する高等商業学院系のグランゼコールHEC, ESSEC, ESCP出身の民間上がり経営者が出現しはじめた。

1990年代は低成長時代であったが、市場統合（EU）の設立で欧州市場が急速にグローバル化、自由化をした。商品と資本の市場開放、構造改革による事業再編、外国投資やM&Aなどの増加があり、各国の成長はEUの成長とリンクしたため経営の国際化が進んだ。ENA、ポリテクニーク出身者の優位性は変わらなかったが、商業系グランゼコールの躍進とフランスの大学や外国の大学のビジネススクール出身者も多くなった。フランスとドイツの連携でEUも拡大し、EU27カ国全体の市場はとアメリカ主導のNAFTAより大きくなり、2008年度でGDPが11兆8750億ユーロ（日本3兆1650億ユーロ）、人口は27カ国で約5億人（日本1億3000万人）近くなった。

EU統合によって、国としてのフランス経済も閉鎖的な面と開放的な面の両方をもつようになった。閉鎖的な面は、外敵圧力にセンシティブな国有企業や伝統企業の経営者が国と歩調をあわせた「パトリオティズム（経済的保護主義）」をとる一方、開放的なグローバル経営者は積極的な外国投資や国際化による「リベラリズム（経済自由主義）」をとった。フランスの対外投資も対内投資も増加し世界で第3-4位の位置をしめ、フォーチュン500に入る国際企業も40近くイギリスやドイツを凌ぐほどとなった。当然、国際的な経営者も出現しはじめた。

このような経済や経営的発展を遂げた現在のフランスには、前述の4つのタイプの企業経営者が存在する。筆者の経験からフランス企業のモデルを分類すると、大

企業の経営者構成は帝国主義型タイプが約30％，官僚型は30％，内向型は約20％で進歩型は約20％ではないかと推定する。カルロス・ゴーン（日産・ルノー）等の国際的経営者は少数派の進歩型に属し全体的にみるとまだ少ない。国際企業，一部の家族企業，外資企業などには進歩型のタイプが多いが，軍事企業，国有企業，伝統的な民間企業や家族企業の幹部は帝国主義型が多い。政府機関，中小企業などには官僚型，内向型が多い。

特に国有企業では，帝国主義，官僚型，内向型が多い。これら政府の幹部が国有企業と政府の要職を行き来して官僚的シンジケートが構成され，その中心に絶対的権力をもったエリートPDG（代表取締役社長）がいて，一代で強いリーダーシップとカリスマでフランス経済や産業を引っ張ってきた。1966年の法律によってPDGに全権力が集中し，PDGとほかの取締役との機能と権限が明確でなくなった。明確な線引きをしているのは一部上場企業（CAC40）の25％，そのほかの市場の上場企業を含めると全体の5％といわれている。アメリカの50％と比べると大きな差がある。

しかし，時代は変わりつつある。1993年のEU統合以来，市場主義の発展と企業統治システムの採用で近代的な管理方式を採用しはじめてきている。PDGの権力と経営の透明化，会計監査役権限の強化，過半数の独立社外取締役導入などのガバナンス（企業統治）が強化され徐々にPDGの権限委譲が始まっている。また，外部環境も大きく変わりフランス企業の国際化，国際資本の導入，M＆Aによる業界再編，IT技術を中心としたグローバル・ネットワーク化の外部的影響をうけて進歩型経営者が多くなった。

伝統的な企業のなかでも若い経営者が登場して，ルノーのゴーンやビベンディのメシエのように会社の体制を構造的に帝国主義型から進歩型へ転向させる経営者出てくるようになった。ゴーンは西洋式改革と日本式改革を織り交ぜた和洋折衷モデルで日産の回復を成し遂げ，メシエは改革を急ぎすぎたために失敗したが，それまで難しいといわれた伝統的な水道産業から新しいメディア産業へと業態の変化や組織の進歩化に成功した。彼らの世界的な活躍が，若い経営者に与えた影響は大きかった。

第10章　フランスの経営スタイル　277

　また，フランスの産業構造の変化が企業のマネジメントに与える影響も大きかった。フランスは伝統的に，第2次産業の工業よりも第3次産業サービス部門が強く，サービス部門はGDPの75%を占めていてその経営方式は強い。また，世界上位500社のなかで工業とサービス両方の部門で世界のトップ企業が多くなったことも特徴である。また，有力企業も工業に特化した日本と違って，ガラスのサン・ゴバン，建築のブイグ，航空機のエアバス，航空サービスのエールフランス，小売のカルフール，高級品のルイ・ヴィトン，香水・化粧品のシャネルなどと産業が多様化している。

　EUの拡大，国際化の進展で経営者のマネジメントタイプは，内向型－官僚型－帝国主義型－進歩型へ徐々に移行しはじめている。経営者として伝統的な企業を近代的な会社にしたJ.M.メシエや古い体質のフランステレコムを世界一流の通信会社にしたミッシェル・ボン会長も進歩型であった。ボンはメシエと似ているところがあり，ENA出身の官僚として出発したが途中で実業界に転身した。帝国主義的経営体質を脱して進歩的経営を実践しようと，アメリカのモービルコム，オランダのオレンジ買収により固定通信から移動・ネットワーク通信重点を移し成功したが，メシエと同じく過剰投資で失敗し辞任した。ボンがメシエと違っていたのは，伝統的なポリテクニークなどと対極にある商業学校のグランゼコールESSEC出身で，その後ENAに行った経営者であったことである。

　ナポレオン時代の伝統的な200家族の力はまだ健在である。フランス中央銀行設立以来，200家族の血を引いた伝統的な家族企業は時代の浮き沈みはあるが，ブイグやミシュランのように成功している例も多い。ブイグは建設業界では世界一であるが，ブイグ家はそれぞれの時代に進歩的な経営手法を取り入れ伝統的な建設中心の会社を近代的な会社にした。帝国主義型経営者であった前社長フランソワ・ブイグの息子のマーティン・ブイグ社長は進歩型経営者の代表であった。国際競争に勝つために新技術や新企業に目をつけ，メディアではテレビ会社のTF1の買収，携帯事業会社ではブイグテレコムのサービスを開始し，重電では大手のアルストムへの資本参加などをして事業を多角化した。また，海外市場の開拓にも力をいれた。すでに，70カ国に約12万人の従業員がいる国際企業である。

世界第2位のタイヤメーカー，ミシュランも家族企業の代表であるが，進歩的経営を行い早くからグローバル化戦略をとり海外マーケットに進出した。2006年時点で19カ国に69工場と約12万人の従業員をもつ世界的企業となった。ブイグもミシュランもかたちは伝統的な家族企業であるが，進歩的経営によって成功した企業である。ルノー・日産のゴーンもミシュランの近代化に貢献し主力マーケットである北米市場で大活躍をした。

ルノーのシュヴァイツァー会長も進歩型の経営者である。もともとポリテクニーク，ENA出身の高級財務官僚出身で帝国主義型の経営者であった。しかし，ルノーに移ってからは数々の改革をして，ルノーを近代化し進歩型経営者となった。ルノーは国有会社であるが，世界の競争に勝つために民間的な手法を採用しボルボや日産と提携を推進した。シュヴァイツァーは自分の後継者として当初帝国主義型の経営者を探していたが，自分自身の経験と競争激化で進歩型の重要性を知り，異質の経営者であり海外オペレーションの才能にあふれた進歩型経営者のゴーンを副社長（当時）としてミシュランからスカウトした。

進歩型経営者の代表であるゴーンは，人と変化を大事にして日産を見事に再建させた。かつて，政府で財務相，国営企業サン・ゴバンの会長，ENAの校長を務めたロジャー・フォローは官僚出身の経営者について「（官僚は国家の安全弁で）冒険しない官僚のほうが外から来てかき回す経営者より安全である。しかし，官僚出身の経営者はポストに長くいすぎるので，やめるとすぐ後ろから撃たれるタイプが多い」(119)といったが，帝国主義型経営者の強さと弱さをよく著わしている。長期政権であったルノーのシュヴァイツァーは，官僚出身の帝国主義者にありがちな欠点に早く気づき，世の中の流れを早く読み，あえて進歩型のゴーンを入れて冒険をした珍しいケースである。

伝統的ガラス企業のサン・ゴバンからスカウトされて，エアバス社に入社したクリスチャン・ストレイフ共同最高責任者（CEO）も進歩型経営者である。しかし，この進歩型経営者も帝国主義的なサン・ゴバンでは実力を発揮できなかった。サン・ゴバン前社長に重用され副社長までなったが，彼を引いてくれた社長が退任したために浮いていた。そのとき，ルノーとエアバスにスカウトされたがエアバスに入っ

た。しかし，帝国主義的なエアバスに嫌気がさして，短期間で自由な私企業であるプジョーの社長に転出した。

そのほか，世界130カ国でビジネスを展開する大手通信インフラ・システム会社アルカテルは，かつて帝国主義型経営のメッカであった。しかし，2006年12月にアメリカのルーセント・テクノロジーを買収し，両社併せて約9万人，総売り上げ215億ユーロ（約3兆1840億円）の通信ソリューション・プロバイダー，アルカテル－ルーセント（Alcatel-Lucent）が誕生した。CEOにはアメリカルーセントのパトリシア・ルソー（2008年退任）[120]女史がなり，会長にはアルカテルのセルジュ・チュルクがなった。アルカテルは本社をパリにおき，アメリカ人の経営者とフランス人の会長による進歩型経営の会社に転向した例である。

3. タイプ別のつきあい方

フランスの企業体系が複雑なため日本人がフランスでビジネスをするとき，相手の経営者のタイプを知らないため苦労することが多い。しかし，1つの指針として，この4つのマネジメントスタイルを知っておくと便利である。グローバル化が進んでいる日本でもいくつかのタイプがあるが，フランスほど複雑ではない。

進歩型の日本グローバル企業の経営者が進歩型のフランス企業経営者と交渉するのはそれほど問題がなく，帝国主義型経営者もナショナリスティックな点を除けば交渉しやすい。英語もよくでき，国際経験も多く，フランス的例外を除いては仕事が比較的スムースに運ぶ。しかし，進歩型の日本企業経営者が，マネジメントスタイルの違う帝国主義型，官僚型，内向型の官庁，国有企業，家族企業，大企業幹部とつきあうにはいろいろな準備と心構えがいる。

日本人が最もてこずるのがフランスの官僚型，内向型経営者である。有名グランゼコール出身者が多く，最初からエリートとして育てられている自負心があるので，実務能力に比べてプライドのほうが高い人が多い。ナショナリストの多くは英語ができるが，「話せても話さない」タイプがいる。国際的感覚はないわけではないが，外国，すなわち日本や日本人の理解に欠ける。フランスのルールや習慣をタテマエに自分の要求を一方的に押しつけ，相手の言うことはあまり聞かない。常に相手を

自分の下に見たい性向がある。官僚的組織がそういうタイプの人間をつくってしまうのだろうが，このような官僚型，内向型の経営者とつきあうのは努力がいる。

しかし，こちらの姿勢に一貫性があり，要求事項を明確にして誠意と熱意をもって説得すれば成功の確率は高い。第三者の紹介をとおすのも一法である。帝国主義型の経営者は納得するまで時間が掛かるが，もともと優秀なエリートが多いので一旦納得すれば決定権がある立場にいるし行動が早い。また，帝国主義型経営者は規模の大きい伝統的企業に存在し，国際的マインドをもっている場合が多い。しかし，フランスは貿易にしろ直接投資にしろ，60-70％がヨーロッパとアメリカとの取引なので，1-3％のビジネスしかない極東の日本との関係には疎遠な幹部が多いことも注意しなければならない。「日本と取引しなくても十分やっていけるよ」という態度が見え見えであることがこのタイプの特徴である。

官僚型経営者，内向型経営者は，日本式ビジネスの仕方をよく知らない（知ろうとしない）ので説明・誘導・教育する必要がある。仕事を離れたつきあいでも権威的で，一緒にゴルフやっても文句が多いので楽しさを損なう。しかし，優秀な経営者は理解が早く，お互いを理解すればつきあいやすい。高圧的なコミュニケーションであるが，彼らの自慢話を聞いているとフランスとフランス人の本質がよくわかるので勉強になる。しかし，官僚型と内向型の経営者は，最後まで腹を割ったつきあいがむずかしい。

それは，これらの経営者が基本的に内向きの愛国者で，変化は認めるが，それを変える気はないのが普通だからである。国内産業は大部分ヨーロッパ域内取引に頼り，それで十分やっていける。当然，日本企業と取引は少ないので，日本人とあわせる必要性を感じていない。ちなみに2006年度の日本と貿易量で輸出は輸出全体額の1.5％，輸入は2.4％である。直接投資をみてもフランスへの対内投資は対内投資全体の0.6％で，フランスから外国への対外投資は対外投資全体の2.4％に過ぎない。このパターンは，長年続いている。

フランス駐在中に都心を離れて地方の企業を訪問したときに，これらの進歩型経営者以外の経営者タイプに遭遇した。地方に住むフランス人は「うまし国」に住み，フランスを愛し，豊かなフランスを誇りに思い，外国人に対して理解は薄く自分自

身の生活を大事にしている人が多い。都心の「仕事で粉々になる生活」よりも，家族を大事にして，地元企業に働き，地域の秩序を守り穏やかな生活を愛する。地方での成功とフランス的生き方に満足し，概して利己主義で外国人とうまくやるより隣人との関係を大事にする。ただ単に，外国人が嫌いだという人もいる。『南仏プロヴァンスの12カ月』を書いたジャーナリストのピーター・メイルは「プロヴァンスでは石を投げればグルメに当たる」といったが，フランスの田舎では「フランスでは石を投げれば愛国者に当たる」国なのである。

　USニューズ・アンド・ワールドの編集者，「ニューヨーク・デイリー・ニューズ」のコラムニストで元ニューズ・ウィークのパリ駐在員であったリチャード・Z・チェスノフ氏の最近の著作『The Arrogance of the French（高慢なフランス人）』によると，フランスでは正統派の「フレンチ・フレンチ（Franco Français）が主流で，そのほかの単純なフランス人「フランセ・サンプル（Français Simple）」という2つのタイプのフランス人がいてお互いに一線を画している。そして，この正統派とアフリカ，イスラム，アジア系などの非ヨーロッパ人の非正統派とが相対していて「愛憎経験」の問題が存在することを指摘している。シラクがトルコ系，ユダヤ系のフランス人に理解が薄く，移民・ユダヤ系の血を引く若い大統領サルコジを嫌ったのは，サルコジが1995年の大統領選でシラクを裏切り対立候補の支援に走ったためだけではなく，こういう出自とスタイルの違いに起因しているともいえる。

　政治の世界にマネジメントスタイルの表を当てはめると，シラクは帝国主義型経営者で，サルコジは進歩型経営者といえよう。サルコジは大統領選への造反でシラクに政治的に干され，復帰してからもシラクにいじめられた。自己主張の強いサルコジは，何度も行き過ぎた発言をしてシラクに注意されたがひるまなかった。サルコジが政党組織（UMP）の総裁と閣僚ポストの兼任が当然であるような発言をしたときに，シラクは「（そのような重要決定は）私が決めるのであって，彼はそれを実行する立場にしか過ぎない」と差別する発言をした。まさにこれは，帝国主義型経営者と進歩型経営者との対決であった。

　反対にサルコジは，大統領になってからの組閣に，政敵である社会党の大物ベル

ナール・クッシュネールを外相として入閣させたことが進歩派の証拠である。サルコジは、著書『アンサンブル（一緒に：Ensemble）』で「私の政治的信条は"区分"を超えることです。ちょうどフランス人が国旗の色を決めるときに、赤か白かの選択ではなく青を入れて三色にしたように」と述べ、彼の信条を説明している。サルコジの哲学は、崇高な目的の達成のためには保守党、社会党などのこだわらず必要なことをする方針で、正に政界における進歩派である。

しかし、フランスに帝国主義型経営者が存在するのは、それを支持し尊敬するフランス人が多いという現実があるからである。フランス人は正統派の英雄を好む性質があり、自分のボスがシラクのように「王様的に振る舞う」ことを内心喜び、常に「世界の中心にあり、注目されたい」という気持ちが大きい。同じようなことが、企業内の組織にもいえ、伝統的フランス企業では従業員もカリスマ的な帝国主義型の経営者を好む傾向にあり、また、そのように振る舞うのが経営者なのである。

一般的にフランス人は、つきあいがむずかしいというが、必ずしも正しくはない。結局、大事なことは個人の真心と真心のぶつかり合いで決まる。サルコジのいうように、フランス人は「ハートのある合理性（la raison avec le sentiment）と人間味のあるキャピタリズム（le Capitalisme avec l'humanisme）」を求めて行動する。日本的温情主義は通用しない。帝国主義的、官僚的、内向型のフランス人といえども、内心ヒューマニストが多いのでロジックとヒューマニズムをもってハートとハートでつきあえば、必ず道は開かれる。しかし、商売が成立する保障はない。なぜならば、フランス人経営者の頭には、「最終責任は組織にあるのであって、私にはない」というロジックがあるからだ。そのような管理職が支配している官僚的なフランスに愛想をつかせて、国外に避難するフランス人も多く、過去10年間に約26万人の有能な医師、エンジニア、科学者などがフランスを去った。

4. 進歩型フランス人の台頭

グローバル化の深化で、進歩型のフランス人も増えている。フランスの日系企業や在日フランス系外資企業で活躍しているフランス人トップマネジメントには進歩型が多い。外国が好きで長年その業界で活躍した専門家が多く、日本と日本人を理

解しているベテランもかなりいる。また，国際経験も豊富で，アメリカ人ビジネスマンとあまり変わらない若い進歩型のフランス人の台頭も著しい。外国に興味をもち，学生時代に欧米大学へ留学し他国でのインターンシップ，アルバイトを経験し，欧米のグローバル企業で働いた経験者も増えてきた。

　日本に留学・遊学中に，日本に興味をもち日系企業に残っている若者もいる。日本語を話し，日本を理解し，日本を愛する「ジャパノフィル（Japanophile）」のフランス人は，心強くよき日本の理解者である。しかし，フランスの日系企業や日本のフランス系企業に入社してくるフランス人が必ずしも親日派とは限らない。彼らは，日本とその文化に関係なく職業選択として日本企業を選び，しっかりした職業観とビジョンをもっている。日本の会社で働いているのはあくまでキャリアプランの一環で，大部分のフランス人は日本の企業に働くから日本の文化に合わせようとは思っていない。日本人が先入観をもって付き合うと，期待外れに終わるから注意が必要である。

　合理的なフランス人は，職業として日本企業に興味があって入社したのであり，日本の企業だからといって入ってくるわけではない。また，日本人のように長期間同じ企業に働く気持ちも少なく，プロフェッショナルとしての必要な経験を積んだら次の会社に移るつもりで働いている。フランスに誇りをもち，どんなに長く日本の企業にいても，祖国を愛する気持ちと理想を追う気持ちにはかわりはない。日本企業の伝統的な経営方式や例外的慣習に対して，常に批判的なマインドをもっている。キャリアを積むための職業選択の結果が，たまたま日本企業であったと考えたほうが辞めたときの失望感が少ない。

　したがって，長い間日本企業を渡り歩いても，日本の企業システムに批判的な人もいる。この傾向は，反対に日本や海外のフランス系企業で働いている日本人にも見受けられる。フランス大好き人間で，日仏間の問題も苦労とは思わず専門性を磨いて，その業界で第一人者となり活躍している人でも，フランスは好きだがフランス人とフランス企業と経営システムは体質に合わず，何年か働き早期に経験を積んでから日本企業に再就職する人も多い。外国に出る人には，単に経験を積みたいという「フロー（一時）」的な人と，その国でじっくり働きたいという「ストック

（長期）」的な人の二種類の人がいる。

　長年日本に住んでいるフランス人で，在日フランス系企業のトップを努める非常に優秀なビジネスマンに出会うことがある。フランスの植民地経営の血が流れているせいか，外国で生きるためのしっかりとした日本観，世界観，国際的処世術をもっている。日本の善いところと悪いところを正確につかんで，親しい日本人には正直に話す。こういう人は，日仏友好クラブや商工会議所の活動で活躍し日仏関係改善のために貢献している。また，日本に来たことがなくても「日本大好きフランス人」も多い，かつてラフカディオ・ハーンの『こころ』を読み，現在では村上春樹の『ノルウェイの森』や漫画，アニメなどの影響を受け「自分の日本」をもっている人たちである。

　日本人は，「知日派」「親日派」とうレッテルが好きで，外人をすぐどちらかに分けたがる。日本に長く住んでいるフランス人だからといって，知日派や親日派とラベルを貼ることは危険である。彼らは確立されたフランス人としてのアイデンティティとプロフェッショナルマインドをもっているので，彼らの意見はその時の状況によって異なる。ある時はフォー・ジャパン，ある時はアンティ・ジャパンになることもある。彼らは個人主義と利害関係をはっきり分離し，理性で判断するトレーニングを受けている。西洋哲学や思想を学ばないで，情緒的，感情的な観点から日仏関係を見がちな日本人は，否定的な意見をいわれると冷たいとか裏切られたと感じる傾向がある。

　もちろん，日系企業に働くフランス人のなかにも，純粋に日本と日本人を愛し日本語を使い最後まで日本と日本人を守ってくれる人もいるが，少数である。彼らが，日本と日本人を理解していないフランス人と日本人の間で問題の解決に努力してくれるときは頭が下がる。しかし，ジャパノフィルの彼らにも限界があり，彼らの思考はあくまでもフランス人であることを忘れてはいけない。愛国心や個人主義と直面している問題や利害関係は，彼らの頭のなかでは分離されているのである。

　しかし，フランスに進歩派の若者が多くなっている。若いうちの留学が，その大きな理由の１つである。毎年，多くのフランス人大学生が海外に留学して国際的な経営を学んでくる。2001－02年の期間に，アメリカへは約6500人，イギリスへは

6000人，スペインへは3000人，ドイツへは3000人，イタリアへは1000人のフランス大学生が留学し，新しいビジネスの手法を学んだ。[121] 遠い国日本へのフランス人留学生は，2007年には471人（留学生全体の0.4％）が留学した。[122]

　そのほか，ポリテクニーク，HEC，ESSEC，ESCPなど一流グランゼコール出身の進歩派エリートが，インターンシップで日本の企業で研修をし，自分の意思で日本のグローバル企業に入ってくるようになった。日本の企業の国際性が，それだけ認識されはじめているのである。また，大学システムの共通化で，ヨーロッパのエラスムスプログラムなどで多くのフランス人が他のヨーロッパの大学で学ぶようになった。1987年にEU内の学生交流を目的としてつくられたこの1年プログラムは，最初の20年間で200万人以上の学生が他国で学んだ。

　また，フランス人トップレベルの人たちでも，アジアの重要性を再認識して，日本に対して好意的な態度をとる進歩型エリートの人たちも増えてきた。フランス元大統領のシラクと元駐日フランス大使のグルード・モンターニュ（現，駐英イギリス大使）もその一人で，両者とも日本通といわれ日本文化に対する造詣が深い。日本の国連常任理事国入りを真っ先に支持してくれたのも，フランスでありシラク元大統領である。シラクもモンターニュもアジアにおける日本の戦略的重要性を理解し，機会があることに日仏関係のイベントに参加して，よい関係を築くために努力をしていた。筆者は，パリでシラク元大統領に日本のビジネス界代表の一人として何度かお会いしたことがあるが，そのスケールの偉大さと進歩的な知識と見識の深さに圧倒された。

　また，モンターニュ元大使は，大使就任前に上司のアラン・ジュッペ前首相（ボールドー市長）とソニー本社に来社した時お会いしたことがあった。本社には毎日多数の来賓があり，こちら側にはあまり記憶がなかったが，大使に就任され大使館で初めてお会いした時に，ソニー訪問のことをよく覚えていただけでなく日本の文化を非常によく理解していたことには敬服した。また，ミッテラン時代に一時期経済相をつとめたクリスチアン・ソテールは，若い頃フランス政府派遣の研究者として日仏会館（1971-72）に勤務していたが，本国に帰ってからも日本との関係を維持している進歩派である。

2007年に大統領に選ばれた進歩型大統領サルコジは、日本が嫌いといわれている。しかし、それは多分にマスコミ的な解釈で、日本との関係を重要視していることにまちがいはなく、ただ日仏間に重要な案件がないことが原因になっている。現に、国連での日本の常任理事候補に対してはシラク路線と同じく賛成の意を示し、日仏関係強化のために、2008年に駐日フランス大使としてフランス外交界第一線で活躍していた外務省次官フィリップ・フォールを大使に任命した。新大使は、パリ政治学院、ENA出身のエリートで、ワシントン、マドリード、メキシコ、モロッコの大使を務め、その間民間に転じてゴ・エ・ミヨーの社長、アレヴァ、EDF、CEAなどの取締役を務め、2006年からは外務省事務次官を務めたエリートである。日仏150周年の記念の年で、日本が7月に洞爺湖サミット（G8）のホスト国を務め、フランスがEUの議長国をつとめる大事な時に、現役の事務次官を駐日大使に任命するのは、サルコジの進歩性のある判断であった。フォール大使は、経歴からいうと帝国主義型であるが、文化やビジネスもわかるバランスのとれた先進型ともいえる。

ビジネス界では、日産の再建に成功し本社ルノーの社長に昇進したカルロス・ゴーンは、フランスでは進歩型経営者に属し、新しいジェネレーションのトップビジネスマン代表である。日本と日本人を理解し、日本の経営者たちに新しい経営スタイルを紹介した。ただ単なる知日家という古い定義を超えて日本をよく理解し、フランス、アメリカ、ブラジルでの豊富な異文化経営経験を生かした経営で成功した。西洋型のトップダウン式経営と日本型のボトムアップ経営を絶妙に組み合わせ、日本人の強さである人財力（献身力、誠実さ、謙虚さ、協調力、サービス力など）、フランスの創造力（デザイン、イノベーション、コンセプトなど）と欧米の企業統治力（合理性、組織力、決断力、分析力、迅速さ）を組み合わせたハイブリッド型異文化経営を行ったのは、進歩型をとおり越し「世界型」の経営者といえる。

ルノーのシュヴァイツァー会長は、帝国主義型から転向した進歩型経営者である。自分自身は官僚出身の帝国主義型であったが、帝国主義的なルノーを私企業に近い先進型の会社にして、外部から実力本位でゴーンを迎え入れた。ゴーンを全面的にサポートして、当初、やり手のゴーンでさえ、日産の社長含みで訪日する前は、

「成功する確率は五分五分」といわれたルノー・日産アライアンスを見事に成功させた。シュヴァイツァーがいなければ,ゴーンの成功はなかった。成功の要因は,シュヴァイツァーが日本の企業文化と伝統をよく研究して,ボルボ買収失敗の経験を生かしダイムラー・ベンツ＝クライスラーのような縦型の「買収」という形式をとらず,日産とは並行的な「提携（alliance）」という新しい形式をとったことだった。シュヴァイツァーの立派なところは,ルノーと日産の関係を「結婚や愛は,お互いの眼をまっすぐ見つめあうことではなく,同じ方向全体を見つめることだ」(サン＝テグジュペリ）と「柔らかい,包括的な関係」を求めたことであった。

また,シュヴァイツァーは,ルノー・日産アライアンスを成功させるために,フランスからはゴーン以外に17人（最終的には30人）の少数精鋭のコマンド部隊（フランス人管理職）を送り込んだだけだった。フランス人の占領的なプレゼンスを最小限に抑えるという心遣いと,早く立ち上げるために本社から精鋭部隊を送り込んだのである。フランスから直接送り込まれた役員は,最高執行責任者,財務担当役員,商品企画役員の3人で,ゴーン以外の重鎮には40歳代でルノーでも活躍していた第一線級の商品企画・デザイン担当パトリック・ペレタ,フランス財務省出身でルノーの財務専門家であったティエリー・ムロンゲがそれぞれ副社長,CFOとして活躍した。シュヴァイツァー会長自ら「ルノー本体に支障が出るのではないか」と心配したほど,思い切ったトップクラスの人材を投入したことも成功の要因であった。現在,日産で成果を上げて帰国した人たちは,皆本社に戻っても重要な地位で活躍している。

ルノー日産のアライアンスの成功は,シュヴァイツァーやゴーンなどトップマネジメントだけでなく,その次のレイヤーである部長級の補佐役にも実務的で優秀な人材を投入したことが功を奏している。具体的には,ゴーンの補佐はフィリップ・クラン,購買はバーナド・レイ,投資家向け広報はドミニク・トルマン,そして国際的人事開発はベテランのベルナール・ロンが担当した。筆者は,ゴーン社長以外ではムロンゲ副社長とル・ロン担当役員と会ったことがあるが,ムロンゲは静かな理論派で,ル・ロンは明るく国際的な適応力のある人であった。特に,ル・ロンは人事担当として自ら他のフランス役員から離れたところに住み,地元の人や商店街

の人と交流して日本文化を理解しようとしている姿には感銘を受けた。

第11章
新しい魅力「ソフトパワー」

　フランスは，一般的に「特殊な国」といわれるが，正確には「個性的な国」あるいは「自立した国」といったほうが正しい。自立して個性をもっているということは，行きすぎるとプライドが高く「高慢」「唯我独尊」的に見えるときもあるが，国のかたちとしてはしっかりした輪郭があり，アイデンティティに富む「美しい国」として見える。ちょうどフランス女性が見えないところで努力して，相手に媚を売らなくても独特な「自然美」と，きりっとした「自立美」をもって人をひきつけているように，フランスという国は見えない努力で他者をひきつけ「美しく，凛として見える」要素をもっている。

　しかし，その自然美や個性美の陰には，フランスとフランス人の歴史，文化の伝統維持と蓄積効果，教養，品格などフランス人のたゆまぬ努力の積み重ねがある。その努力が実って，近年，フランスは再び21世紀の「ソフトパワー国」として注目されているのである。

1. ソフトパワー・ランキング

　アメリカ有力雑誌「ニューズウィーク」が2004年2月にちょっと変わった「世界の国力ランキング調査」[125]を行った。世界の国の力を単に経済力や軍事力のハードパワーで評価するのではなく外交，文化，芸術などのソフトパワーを中心に評価した。そのランキングで，フランスは総合順位でアメリカに次いで世界第2位となった。ニューズウィークのランキングは，21世紀という時代に合ったまったく新しい基準を使って国の力を測定したことで注目され話題を呼んだ。

　新しい基準は，安全保障力，外交力，経済力，文化力，生活力，潜在力という新しい6つ指標を使った。特に，外交力，文化力，生活力などのソフトパワーを重視した評価になっていることが大事な点である。ソフトパワーという概念は，ハーバー

ド大学教授であるジョセフ・ナイが1990年代の前半に唱えた理論で,「武力や経済力ではなく,文化や歴史力で自然に他人をひきつけられる魅力」である。

　選ばれた国のトップ10の順位は,アメリカ,フランス,ドイツ,イギリス,日本,ノルウェー,スウェーデン,カナダ,オーストラリアそして中国の順で,総合的なソフトパワーの高い国がトップ10に選ばれた。フランスは,伝統である外交力,文化力が第2位と高く評価され,また安全保障力が第7位と高位に評価されたことが大きかった。そのほか,ハードパワーの経済力が第11位,生活力が第15位,潜在力が第18位であった。フランスが総合力で第2位となったのは,軍事や経済に偏ることなく,政治,経済,文化が,文化の発展と平和維持を基調とする21世紀型のバランスをもつ理想的な国として評価されたことによる。

　ニューズウィークの新しい基準は,国と国とのコミュニケーション力である外交力を重視し,外交力指標には環境条約批准数,ODA拠出額,国連PKO派遣人数,国連通常予算分担率,FTA締結数などを使った。そのなかでも,ソフトパワーの環境条約批准数でフランスは283件で第1位,ODA救出額では73.4億ドルで第3位,国連通常予算分担率も6％で第5位,国連PKO派遣人数でも561人で第5位,国連職員も96人で第6位と評価され総合外交力は第2位と高く評価された。

　同時に,フランスの伝統である文化力も高く評価された。文化力というのは,「その国がどのくらい優れた文化や歴史をもち,"他国をひきつける力"や"求心力"があるか」というソフトパワー能力で,文化的魅力度のバロメーターとして,外人観光客,国際映画受賞数,世界遺産登録数,五輪メダル数,年間新刊図書出版数,大学進学率,報道の自由度などの評価指標が使われた。

　具体的に見ると,外国人観光客数は年間7700万人で第1位,国際映画賞受賞数(カンヌ,ベネチア,ベルリン1995-2003)97本で第1位,歴史的な強さを示す世界遺産登録数では27件で第5位,五輪メダル数(バルセロナ-アテネ)では170で第7位,年間新刊図書出版点数では5万1877点で第8位と,総合文化力で高得点を獲得した。安全保障力は,ソフトとハードのバランスのある点を買われた。安全保障力を示すバロメーターは,国防費,食料自給率,エネルギー自給率,外貨準備高が評価対象となった。軍事力と多角的な危機対応能力をさす国防費は349億ド

ルで第4位, 食料自給率 (穀物) は176%で第3位であるが, エネルギー自給率と外貨準備高は少なくハンディになったが, 安全保障総合力で第7位と高位に入った。

　フランスのハードパワーである経済力やビジネス力も正当に評価された。経済力は, GDP, 1人当たりのGDP, 売上高上位500位内の企業, 1人当たりの労働生産性, 貿易サービス収支, 失業率, 政府債務GDP比などが評価されたが, フランス経済の評価結果はGDPが1兆6,660億ドルで世界トップクラスの第6位, 売上高上位500社以内に入る企業は37社でアメリカ, 日本に次いで第3位であった。一般的な印象とは別に, フランス経済もフランス企業も高く評価され, フランスの企業はグローバル化政策で海外市場を取り込み売上高も急速に増加している事実が評価された。

　1人当たりの労働生産性も5万8052ドル (2001) で第6位, 貿易サービス収支も268億ドル (2002) の黒字で第6位という高い結果であった。経済的な好結果の陰には, 10％を超える慢性的に高い失業比率があり, 国の借金である対GDP政府債残高も高く, 1人当たりのGDPも伸びがなくそれぞれトップ10に入らなかった。また, フランス特有の混合経済体制下での政府の役割も強く, 国有企業の民営化や国際化も遅れ気味で, また多く中小企業が十分に発展していない現実もあった。

　生活力の評価は, 経済停滞や不安定な社会情勢と直結していてあまり高くなかった。政府の社会保障支出, 平均賃金, 平均労働時間, ビッグマックの価格, 税金などの国民負担率, 医師数, 犯罪件数, 国民生活満足度がバロメーターとなっていた。生活力が高ければ, 国民の創造力, 発想力も豊かになり, 犯罪も減少し社会や政治が安定する。生活力の指標のなかで, 社会保障支出額が高く評価されていて, 対政府予算費44.3％で第7位であった。平均賃金, 平均労働時間, ビッグマックの価格, 税金などの国民負担, 医者数, 犯罪件数, 国民生活満足度などの点では他国に劣り, 移民問題, 貧富の格差などが出現し, 段々住みにくい国になっていることがわかる。

　その国の将来性である人口, 生産性, 潜在労働力などの潜在力も評価は低かった。フランスの潜在力指標を見ると, 指標のなかで目立つのは, 2.2％と第8位の対GDP研究開発費支出くらいであった (第1位はスウェーデンで4.6％, 日本は3.1

%で第3位，アメリカは2.8%で第5位)。しかし，過去の開発費と較べると減少しており，その分だけ先端技術の開発が遅れていることは否めない。最近，「フランス技術は遅れている」という声もちらほら聞くのは，この理由による。そのほかの潜在力指標であるインターネット利用者，若年失業率，女性の社会進出度，労働生産性向上率，人口増加率は評価されず，すべてトップテンに入らなかった。

フランスは全体総合力で，「自らの魅力を通じて欲しいものを手に入れるという能力」を示すソフトパワーのバランスに優れた評価を得た。冷戦が終わった現在，戦争も局地的になり軍事力の重要性は相対的に低下している。そのような状況下，魅力的な文化や外交力をもつフランスはそのソフトパワーインフラを十分使って世界にアピールし，どちらかというとハードパワー偏重のアメリカとは違った新しい力をもちはじめている。

2. フランスの外交力

(1) フランス外交の特色

フランスの外交力は，歴史的に定評がある。大国アメリカと対等に渡り合える外交力が「ニューズウィーク」ランキングでは第2位となっているが，第1位と評価されてもおかしくない。慶應大学教授細川雄一の『外交』によると，フランスは「外交の17世紀」にルイ13世の宰相をつとめたリシュリュー公爵が活躍して，ヨーロッパで最初に外務大臣や外務省をつくりフランス語を公用語にした。18世紀には，アカデミー・フランセーズのフランソワ・ド・カリエールが外交理論を確立し，彼によって，国際紛争や対立は職業外交官の理性，誠実さ，信頼度によって解決できるという外交方式が一般化した。

19世紀は「フランス外交の世紀」と呼ばれ，その文化力とフランス語力で華麗な外交を展開しヨーロッパの一流国として君臨した。外交の天才であったシャルル・ド・タレーランは，ナポレオン皇帝時代の外務大臣としてナポレオンを助け，ナポレオン失脚後はブルボン王朝復興に尽力し，ルイ18世の外務大臣としてウィーン会議 (1815) に出席し，「会議は踊る外交」で敗戦国フランスの利益を擁護した。ナポレオン3世の時代に，外務省はケ・ドルセー (1853) に移され近代的な外交組

織ができた。

　その後，経済発展をしたイギリスがフランスと並んで19世紀の外交中心になり，1895年にいち早くアーネスト・サトウなどの東洋通の外交官を日本に送った。20世紀初頭になると軍事力，経済力，工業力，資本力に勝るアメリカが世界外交の中心となり，ヨーロッパの古い外交を破壊して民主主義を唱える「アングロサクソン外交」を展開した。アメリカは，ウィルソン大統領が外交をイデオロギー化（ウィルソン主義外交）して世界の政治に関与していった。

　フランスは，国の戦略として常に世界に影響を与える外交を実施してきた。外務省外交官の山田文比呂『フランスの外交力』によると，パリ政治学院のシャリオン教授は外交スタイルを放射線外交，保護型外交，妥協型外交の3つの外交のスタイルに分類している。フランスをはじめアメリカ，イギリスと旧ソ連は大国として放射線型外交政策をとり，その国の政治的，経済的，文化的な影響力を他国に及ぼした。その外交の基本は，威信，栄光，偉大さ，パワーなどが概念であった。この4つの要素をバランスよくもっていたのはフランスであった。中国，インド，ロシアは，外部からの進攻や介入に対する防衛を第一義にする保護型外交政策をとった。その外交の基本は，安全保障や領土保全を優先した。第二次世界大戦敗戦国の日本やドイツは，過去の経験や歴史が障害になっていて思い切った外交が取れず妥協型の外交政策をとった。外交の基本は，協調的外交，国益，繁栄が優先した。

　文化力はフランス外交の特色で，文化的能力が最優先事項であり，政治家や外交官には文学者や文学的才能をもっている人が多い。言い換えれば，それらの教養がなければ，政治家や外交官になりにくいということである。政治家でロマン主義文学の先駆的役割をはたした作家シャトーブリアンは，ナポレオン失脚後プロイセン，イギリス，イタリア大使をして，その後外務大臣，教皇庁大使を務め，歴史の重要な局面で「華麗な外交」を展開した。そのほかに，ロマン主義詩人で臨時政府の外相となったラマルチーヌ，政治思想家で『アメリカの民主主義』を書き外相もつとめたトクヴィル，『赤と黒』の小説を書きトリエステ領事を務めたスタンダールが有名である。

　現代の外交関係の閣僚や顧問にも大物文化人がいる。作家で『人間の条件』を書

きド・ゴール政権の文相をつとめたアンドレ・マルロー，外交官であるとともに詩人，劇作家で日仏外交だけでなく日本文化にも貢献したクローデル駐日大使，小説家，政治思想家，哲学者でミッテランの顧問であったジャック・アタリ，外務省の官僚でありながら詩人・作家でシラク大統領のもとで外相，首相を務めたド・ビルパンなど多数いる。文化は，フランス大統領の最後の仕事で，歴代の大統領もフランスが常に輝くような文化遺跡を残すことに腐心した。

20世紀以後のフランス外交の基本は，自主独立外交であった。1950年から10年間大統領を務め米ソの間に入って独自路線をとり，フランス外交の基礎を築いたド・ゴールは「栄光の外交」，現代芸術を愛しポンピドーセンターをつくったポンピドー大統領は「文化外交」，1985年に初めて社会党から大統領になり2期14年を全うしEU統合に尽力したフランソワ・ミッテランは「EU外交」で活躍した。フランスのケネディといわれたジスカール・デスタンは，1975年に最初のサミットを提唱し「サミット外交」を行った。

ミッテランの後，1995年に保守政権を取り戻し大統領になったシラクは，大統領になるやいなや核実験をし「力の外交」でフランスの存在を示し，ドイツのゲアハルド・シュレーダー首相と緊密な「EU協調外交」を展開し，東欧を含んだEU統合を完成した。シラクは，イラク戦争を巡ってド・ビルパン外相と一緒に「国連中心外交」を唱え，アメリカと「対立外交」を展開し，「新しいヨーロッパ」論で21世紀の新しい外交として一時期世界の注目を浴びた。しかし，深追いしすぎ，仏米関係が悪化したのは汚点であった。

国によって外交スタイルは変わる。アメリカのブッシュ大統領は，アメリカ一国主義のハードパワー志向の「単独外交」が特徴で，イギリスのブレアー首相と日本の小泉首相は「アメリカ追従型外交」を展開した。ドイツのシュレーダー首相はアメリカに強く対峙し，イタリアのベルルスコーニ首相は柔軟な外交をした。フランス大統領の外交が際立っていたのは，常に国のイメージである「国家ブランド」（平林博元駐仏フランス大使）[126]を意識した発言に心がけたことである。フランスの外交は，他国の文化に対する理解と文化的教養をベースにした「文化外交」とともに，フランスの国益に反する場合には「ノン」と言える「自主独立的外交」をバラ

ンスよく展開する技術をもっていなければならない。

　2007年に選出されたサルコジ大統領は、「放射線外交」を積極的に展開している。大統領就任後1年の間に29カ国へ38回の外遊をし、大統領府での首脳会談は50回、うちドイツのメルケル首相とは12回会見している。[127] シラク時代に疎遠になったアメリカとの関係を修復する「親米外交」を意識して就任後すぐにブッシュ大統領に会見、アメリカ議会でのスピーチ、マスコミを通じて「親米フランス」のイメージの確立に努めた。一方では、伝統的なヨーロッパ外交には特に力を入れ、ヨーロッパを世界の中心にすえる「新ヨーロッパ外交」、フランスをヨーロッパや世界の中心にする「新しいフランス外交」を展開している。

　外交は、国内批評をかわしたり、国内人気を上げる効果がある。2007年末から2008年半ごろにかけて、国内政策で実績が出せず国民の支持率も下がったサルコジであったが、2008年夏休み後から外交で挽回しはじめた。EUの議長国になり、フランスとオランダで批准に失敗した欧州憲法を簡単・明瞭化した「リスボン条約」を作成させ2009年批准するイニシアチブをとり、アメリカ発の金融危機に対応した欧州政策、地中海周辺とEU諸国による「地中海連合」創設、イスラエルのオルメルト首相とパレスチナ自治政府のアッバス議長と中東和平を演出し、またロシアのグルジア侵攻に対してメドベージェフ大統領と撤退のスピード合意などでイニシアチブをとり国内の不人気をかわした。

　このように、フランスの外交は、一流の国家的総合力である。大統領自身のフランスブランドの促進、エリゼ宮（大統領府）、ケ・ドルセー（外務省）の緊密な連携と豊富な予算をもって、一貫した総合的戦略の上に成り立っている。また、フランスの外交を支援するインフラも整っている。文化的インフラである教育のアカデミー・フランセーズ、新聞のルモンド、フランス語学校のアリアン・フランセーズなどのネットワークがフランス外交を陰で支えている。経済では、航空、通信、ソフトウェアなどの先端産業、ファッション、デ・ラックス商品などの高級品がフランスのトータル・イメージをつくってきた。フランス外交の伝統は、「ミスター・ヨーロッパ」だけでなく、「ミスター・ワールド」になることが歴史的使命感であることに、意識や戦略において日本との大きな違いがある。

21世紀には，アメリカのような軍事力背景にした単独外交や，民主主義や市場原理主義を押しつけるハードパワー外交では限界がある。武力制裁などのハードパワーだけでは国際問題は解決しにくく，高コストになってきており，国連を中心とした利害関係者の同意や賛同が必要になってきた。世界は，他国との強調を重んじた「協調・多極的外交」や文化力をベースにした「ソフトパワー外交」をますます評価する方向に進んでいる。その点では，フランスは軍事力，経済力などのハード面以外にソフト面のインフラである人権，文化，教育分野も充実していてハードとソフトのバランスのとれた国となっている。

(2) サルコジ外交

物怖じせず，ストレートにものを言うサルコジの「直言実行外交」はアングロサクソン型外交とみなされやすいが，サルコジ外交の基本はフランスの伝統「自主独立」を尊重するソフトパワー外交である。サルコジは，外交のキーワードとして「過去との決別」「新しいフランス」「ヨーロッパでのイニシアチブ」「アメリカとの協調」などを掲げているが，同時にユダヤ系移民の息子を大統領にしてくれたフランスの寛大さに感謝し，変革をすることによって世界に負けない「新しいフランス」の建設を訴えている。「フランスは故郷（パトリ）であり，衰退や二流国になるのは許されない」という伝統的な信念を継承して，ハードパワーとソフトパワーを使い分けているのである。

サルコジは，1955年生まれの戦後の新世代で，シラクと違って生まれた時からヨーロッパ統合基調の時代であった。生まれた2年後の1957年に，フランスがドイツとイニシアチブをとった欧州経済共同体（EEC）が生まれ，1958-68年まで，ド・ゴールの強烈な個性とリーダシップと第5共和制誕生から退陣を経験した。大学生になってからは，1974年にジスカール・デスタン大統領のイニシアチブで，第1回の先進6カ国首脳会議がランブイエで開かれ，サルコジが弁護士資格をとって開業した1981年にはミッテランの社会党政権が始まっていた。

サルコジは，ヨーロッパ政治界の「新人類」でもある。ブレアーやベルルスコーニと同じように常に国民に対する目線を意識し，メディアをうまく使う国民派の大

統領である。シラクやミッテランのように国民と一線を画す伝統的な大統領ではないので、同じ次元で比較すると正しい判断が得られない。過去の大統領と違い、常に国民の動向や感情の動きに敏感で、「夢を現実に」するためにはメディアを多用して説明、説得し、問題の解決にはフランスでもヨーロッパでも気楽に出かける。これらの行動力と説得力が、「ハイパープレジデント（Hyper Président）」[128]と呼ばれるゆえんである。メディアと政治をフュージョンさせた新しいタイプの大衆的政治家で、伝統的なエリート政治家ではない。その意味では、非伝統的首相でメディアを多用した小泉元首相と似ているところがある。

　サルコジの外交の特徴と問題点を整理すると次のようにいえる。

　第1に、サルコジの外交の基本は、欧州回帰、欧州強化外交である。大統領就任後、「フランスはヨーロッパに復帰する（La France est de retour en Europe）」とはっきりと宣言し、さっそくイギリスのブレアー首相を継いだブラウン首相とドイツのメルケル首相に会うなど積極的な欧州外交を展開した。あくまでも、基本政策はフランスを中心としたヨーロッパ政策を踏襲し、「強いフランスのないヨーロッパはないし、ヨーロッパのない強いフランスはない（Il n'y a pas de France forte sans l'Europe, comme il n'y a pas d'Europe forte sans la France）」という姿勢が基本である。

　第2に、対世界政策では、外交の基本姿勢は対米協調である。大統領選挙の100日後にはシラク、ド・ビルパンの嫌米外交を否定して、対米協調を明確に宣言した。フレンチフライをフリーダムフライと名前を変えるぐらい冷え切った関係にあったアメリカでは、サルコジの新しい路線を歓迎した。行動派のサルコジは、大統領選後の2007年11月にアメリカを公式訪問し、シラク前政権がイラク戦争に反対して冷えていたアメリカとの関係修復を行った。サルコジは、行きすぎたフランスの嫌米主義を元に戻した。

　アメリカ公式訪問中、現実主義外交（リアルポリティーク）を展開して、ブッシュ主催の晩餐会では、「フランスとアメリカはこれまでも友人だったし、今後もずっとそうだ」と言明し、米仏ビジネス協会では「フランスがなぜアメリカと戦わなければならなかったのか私にはまったく理解ができない」と前任者を批判した。アメ

リカ議会での演説では，アメリカ人議員の心を奪い，古参のアメリカ議員が「米仏関係では 30 年ぶりの積極的な意見である」「サルコジはフランス版"ロナルド・レーガン"だ」と言わしめた。

シラクが南太平洋で核実験をした後にアメリカを訪問し，アメリカ議会でスピーチをした時（1996）には，参加した議員はたった 100 人であったことと比べると雲泥の差であった。フランスの変化を称して，アメリカのメディアは「アメリカ人サルコ（Sarko l'Américain）」と呼んだ。サルコジの対米協調政策は効を奏し，アメリカ誌「タイム」（2008 年 12 月 29 日号）が特集した 2008 年度に世界で最も活躍した人「時の人（Person of The Year）」で，オバマ大統領，ポールソン財務長官に次いで第 3 位に選ばれた。タイムは，サルコジを「決断力があり，非伝統的で，情熱的な真のリーダーで，フランスを復元した」と賞讃した。

第 3 の特徴は，ソフトパワーを意識した「戦略的な現実外交」である。まず，①問題の多い対欧州，対米関係をよくし，同時に，②イスラム国と西側諸国との紛争の回避と和平工作，③経済的にも政治的にも大国になった中国との国交の促進，インド，ブラジルなどとの新しい世界秩序や統合，そして，④世界的規模で拡大する環境，エネルギー，広域疾病などの問題にどう積極的に対処していくかというように，未来に向かった外交をめざした。現実外交をめざすサルコジにとって，現実的案件がない日本は，まだ「遠い国」なのである。現実外交を重視するサルコジは，「将来を建設できない人は，将来に従属することを非難されるべきだ」[129]と信じている。

第 4 の特徴は，経済外交に長けた大統領である。人権外交より現実路線をめざすサルコジ外交は，常に経済的利害関係を大事にする。2007 年末の中国訪問では，航空機エアバスや原子炉契約で 200 億ユーロを獲得し，中東では核兵器は放棄したが元テロ国家のアルジェリアを訪問し，天然ガス開発などで 50 億ユーロの大型ビジネス契約を実現した。しかし，サルコジの弱点としては，行動が早すぎ時々まちがいを起こすことがある。フランスにリビアのカダフ大佐を招いたことは外交の真意を疑われ，ロシアのプーチン大統領の政党が議会選挙で勝利した時に，ヨーロッパの元首で唯一祝福の電話をしたとして世界のひんしゅくを買った。

行動が早すぎ，外野からの批判も多い。外交評論家のドミニク・モイジは「サルコジは，タレーランというよりボナパルト」に近く，あまりに現実主義が目立ち「外交のなかに，経済的利害関係が見え隠れしている」とサルコジのマーカンタリズム（重商政策）を危惧している。モイジは，サルコジの外交をナポレオン戦争での敗戦後，外交でヨーロッパの列強を説得して勝利国のように振る舞ったタレーランよりも，軍事・外交力でヨーロッパを制覇したナポレオンになぞらえた。

第5の特徴は，サルコジ外交が「突進型外交（foncer）」で，常にリスクを伴った行動をする大統領であること。人に任せず全部自分でやらないと気がすまない性格で，外交だけでなく経済・社会改革を一人で進めるサルコジに対して，閣僚やフランス国民から反対の声が高くなった。特に，2007年後半から2008年半ばまでは，打ち出した政策が実を結ばず支持率の低下に苦しんだ。そのほか，私的生活でもセシリア夫人との正式離婚，カーラ嬢との結婚発表があり，また年金制度改革，労働市場自由化（欧州），公務員制度改革（人数削減，機構，年金），移民規制強化（DNA検査の導入）などサルコジ改革が中途半端な結果となり支持率が下がりはじめた。

改革の進め方は早いが，拙速でサルコジ周辺の閣僚や国民がついて行けない。サルコジの進め方を「暴走列車」「特殊部隊」などと呼び，国内からは「（改革の）スーパー・サルコジよ，やりすぎではないのか」（2007年7月19日付「ル・ポワン」），「サルコジ，どこへ行くのか」「行く場所を知っているのか」（2007年11月「エクスパンション」）などの声が上がり，欧米のメディアは「そんな急いで何処へ行く」のような論評をしはじめた。

アメリカでのサルコジ評価も落ちた。「ニューズウィーク」（2008年1月23日，日本語版）では，サルコジの改革を「メインが足りない"前菜改革"」と称し，サルコジがEUの了承を受けないで組織した「地中海連合会議」では，EU内からもメルケル独首相をはじめ批判が出た。この暴走するサルコジ外交を「俺サマ外交論」（2008年2月6日付「ニューズウィーク」）と非難し，支持率調査では2007年8月の36％から25％に落ちたことを伝えた。2008年2月には，イタリア人カーラ・ブルニ嬢と電撃結婚をして国民を驚かせた。元モデル，作曲者，歌手と多彩な女性が

一国を預かる大統領の夫人に収まったことは賛否を呼んだが、大統領府で結婚式をあげたことはフランス大統領史初めてで物議をかもした。

これらの結果が、3月9、16日に市町村（municipales），地方自治区（cantonales）で行われた統一地方選挙でのフランス保守連合の大敗に現れた。サルコジの率いる保守連合（UMP）がフランス左派社会党、緑の党、共産党に大敗を喫し、4人の保守派の現役大臣（フランスでは中央職と地方職の兼任可能）が落選した。人口10万人以上の都市では保守連合の12都市に対して社会党は25都市、3万人以上の都市では保守連合の124郡市に対して社会党は183郡市と社会党が圧倒的な強さを見せ、メディアは社会党の大躍進を「バラの津波」（バラは社会党の党花）と表現した。

第6の特徴は、権限を委譲しない性格である。サルコジと首相のフィオン、外相のクッシュネールとの不協和音も目立つようになった。すべて自分がやらなければ気がすまなく、首相の役割を補佐役に納めようとする大統領の仕方に首相のフィオンが公然と反論を言うようになった。サルコジのどこにでも出かけ、どんなイッシューでも自分でやろうとする外交が、「オムニ・プレジダン（L'omni-président）」（2008年7月24日付「ル・ポワン」）とか、目の前に起こった事件を、適当な人と相談せずすぐ行動を起こす外交は、一部のメディアからは「派手で軽い」と批判された。

しかし、2008年からサルコジは、国際舞台での外交で点数を稼いだ。2008年後半、独立記念日の一日前に地中海周辺の国との首脳会議「地中海連合」を初めてパリで招集し、そこでイスラエルとパレスチナ両首脳の和平を演出し、その後ロシアのグルジアへの侵攻「8月戦争」を短期間に止め、驚異的なスピードでロシアのメドベージェフ大統領と「和平6原則」をまとめロシア軍を撤退させ、メディアには「EUの異端児がグルジアを救う」と賞賛された。

12月のイスラエルのガザ攻撃に際しても早々中東に飛び、エジプトの和平案を支持し、国連安保理に即時停戦決議案を求めた。特に、外交を評価されたのは、10月のアメリカ発の金融危機が欧州に波及しユーロ崩落の危機が叫ばれた時に、アメリカのジョージ・ブッシュ大統領に呼びかけ、「第1回G20サミット」を開催した。

EU議長国であったサルコジは，ユーロ圏全体を管理する「ユーロ圏経済・財務省」の新設を提唱し，2009年4月の「NATO 60周年首脳会議」では43年ぶりにド・ゴールの防衛政策を転換してNATO軍事機構への復帰を果たした。

　国内では，大統領就任時に主唱した規制緩和，競争促進，市場主義などの政策に代わって，公的介入を進めた。世界金融危機に対して，金融問題では3600億ユーロの銀行救済策を発表，個別の問題に対してはクレディ・アグリコル，BNPパリバ，ソシエテ・ジェネラルなどの大手6行に総額105億ユーロの政府資金の導入をした。製造問題では，自動車産業への低利融資を進め，広告や部数の減少になやむ新聞業界へは今後3年間に18歳の成人に1年間好みの新聞一紙を無料配布をするなど総額6億ユーロの支援をした。

　サルコジ外交は，常に評価が分かれる。危機を救う英雄か，わがままな目立ちたがり屋かという点で，ソフトとハードの顔がのぞく。国外だけでなく国内の外交を含めて真のリーダーとしての真価が問われている。

3. フランスの文化力

(1) 豊富な文化人材と文化予算

　フランスは，文化力が強く，その文化力が強いフランスの源泉といわれている。しかし，どの国でもそうだが，何もしないで文化力はつかない。フランスに文化力があるのは，国と国民に文化を大事にする総意があり，歴史を見極めた国家政策，豊富な文化予算，国民の日々の努力の結果である。フランスが文化国と呼ばれるのは，フランス政府とフランス国民がソフトパワーを支援してきた賜物である。

　日欧の各国政府の文化芸術支援にかかわる公的支援額，すなわち中央政府文化関連庁及び地方自治体の支援額合計（公的文化支援）の国際比較を見ると，フランス政府が文化芸術支援にいかに力を入れているかがわかる。『エンタテイメント白書2005』（ぴあ総研）によると，フランスの文化芸術に対する公的支援額は1兆2784億円とダントツの第1位で，第2位以下はドイツが9784億円，イギリスが7218億円，日本が6666億円，イタリアは6401億円である。日本のGDPはフランスの2.5倍であるが，公的支援額では日本はフランスの半分の援助規模である。

フランスは，国と国民が一緒に文化を創り，守っていくことは歴史的必然性であると思っている。フランスの公的支援に人口格差を入れて，国民1人当たりの公的支援額をみるとより明確になる。国民1人当たりの公的支援が最も多いのも，フランスが2万1257円と抜きん出ており，第2位以下がイギリスの1万2181円，ドイツ1万1862円，イタリア1万1146円で，フランス以外の国の額はフランスの半分である。日本は5カ国のうち最も少なく5222円で，フランスの4分の1である。

このように，フランスは政府による文化芸術支援が厚く，国家予算の4.4%を占めている。(130) 官主導型の文化政策ではあるが，中央政府だけでなく地方政府も同じように協力している。中央政府の対地方政府の内訳は中央政府が51%（文化コミュニケーション省が20%），地方政府が49%（市町村が40%）となっている。中央政府，地方政府，国民が協力してつくり上げたのがフランス文化である。

しかし，公的資金に比べて，フランスの民間支援は少ない。公的支援だけでなく民間支援を入れた文化芸術の総文化芸術支援額を見ると，アメリカが一番多くフランスは第2位である。政府・民間を含めた総文化芸術支援ではアメリカが3兆4553億円，フランスが2兆1168億円，第3位がドイツで1兆8175億円，第4位がイギリスで1兆7788億円，第5位はイタリアで1兆3131億円，日本は第6位で1兆910億円である。日本はアメリカの3分の1以下，フランスの2分の1の規模である。

アメリカの場合，文化的支援は，ほとんど民間の文化芸術支援に頼っている。しかし，国民1人当たりの民間文化芸術支援額でみると，またフランスが最も多く3万5196円，第2位はイギリスで3万0022円，第3位はイタリアで2万2866円，第4位はドイツで2万2035円，第5位はアメリカで1万1751円，第6位は日本で8547円である。

いずれにせよ，フランスは文化芸術への官民支援総額において国民1人当たりで世界最大の投資国であるので，フランス人の文化芸術に対する意識は高く，フランス国民1人，1人がフランス文化政策へ貢献しまた恩恵を受けている。その意識が，フランス国民の文化教養度と文化意識を高めていることは否定できない。フランスの1人当たり政府及び民間支援額は日本の4倍もあり，アメリカの支援額も日本の

1.4倍であることを見ると，日本の芸術文化支援は先進国のなかで遅れているといえる。

　一方，フランスの陰で目立たないが，イギリスの文化支援度も高い。イギリスの国民1人当たり民間支援額はドイツ，イタリアを上回りフランスに続いている。各国それぞれ文化支援の特徴があり，官民バランスの点からいうと，フランスは官主導型，アメリカは民主導型，イギリスは半官半民型といえよう。日本は，金額としては民間の支援額のほうが多いが，差があまりないのでイギリスと同じように半官半民型である。アメリカに次ぐ経済大国の日本は，公的支援，民間支援ともに総額が圧倒的に少ない。

　フランスに公的芸術文化支援が多いのは，歴史的理由以外に政治的な理由がある。それは，時の施政者が文化的素養をもち，文化を大事にするからである。戦後のフランスをつくり上げたド・ゴールは自身文化人であるが，政権をとった第5共和制発足（1959）と同時に文化問題省（1976年から文化省）をつくり，初代文化相にはレジスタンス時代からの友人で『人間の条件』『王道』を著わした有名な作家アンドレ・マルロー（在位1960－69）を任命した。マルローは「フランス文化の民主化・大衆化」をスローガン掲げて文化政策を強化し，地方の文化活動の活性化にも力をいれた。文化相の役割は明確に決まっており，文化政策は文化的正当性，社会的正当性，経済的正当性(131)があり，その結果に関しては時間的な寛容が許されているのが特徴である。

　その後，1981年に社会党のミッテランが大統領になったが，文化重視と継続の方針は変わらなかった。ミッテラン自身も小説を書く文化人で，社会党の議員で文化・芸術の仕事で定評のあったジャック・ラング（在位1981－86，1988－1993，1997－2000）を文化相に任命した。ラングはナンシー大学劇場やシャイヨー宮劇場で芸術監督の実績を買われ，42歳の若さで文化相になった。ラングは，マルローが予算で苦しんで思うことができなかったことを知っていたので，まず文化予算を2倍要求し獲得した。その予算で「フランス文化の大衆化」をさらに進め，文化の枠を大衆文化や文化産業までに広げ，国民一人ひとりが文化に参加できるような企画を打ち上げた。ミッテラン政権時代にラングのイニシアチブで「グラン・プロジェ」

が打ち上げられ，グラン・ルーブル（ルーブル美術館の大改造計画），新図書館，バスチーユの新オペラ，グランド・アルシュ（新凱旋門）などの建築物が建てられ，地方文化遺産の改修・改造，地方フェスティバルなどが盛んに行われた。

　社会党政権になってから，文化予算は総予算の約1%と増加した。その後，1%はフランス文化予算の伝統になり，豊富な予算がフランスの文化力をますます高めた。1982-83年には「地方分権法」が実施され中央から地方へと権限の以上が行われたが，文化事業も分権化され「地方文化局（DRAC）」[132]が設置された。当然，予算も付与され地方独自の文化政策が行われるようになった。文部科学省の欧米4カ国文化関係予算比較調査（2004）[133]によると，国家予算に占める文化関係予算はフランスが3554億円で全国家予算の約1%を占めているが，日本は1003億円で0.12%と日本の予算は金額でフランスの文化予算の3分の1以下であった。

　税制的にも工夫をして，1987年からは民間企業がさらに文化支援を行えるように税制優遇措置を施行した。2006年には，フランスの予算は4531億円と増加して，予算全体の0.86%を占めるのに対して，日本の予算は増えず文化庁予算は1006億円で0.13%とフランスとの格差はさらに開いた。フランスに次ぐイギリスは2886億円で0.24%，私的援助が多いアメリカは982億円で0.03%であるが，隣国の韓国は1782億円あり0.93%で日本を抜いた。文化に関する予算を文化庁だけでなく，文部科学省，外務省，経済産業省，内閣府，国土交通省，総務省，地方自治体などを入れれば数字は上がるが，前記の数字からあきらかなようにそれでもフランスのレベルには到達しない。

(2) 国家主導の文化支援政策

　文化芸術支援の管理も，各国それぞれ特色があり，フランスは国家が直接管理する国家直接管理型政策で，イギリスは中立機関であるカウンシルの専門審議会が管理する間接管理政策である。イギリスでは，財源確保のために国営宝くじ（The National Lottery）（1992）が始められ，その収入の一部が文化芸術支援の財政支出に充当されている。民間支援は，イギリスの16万のチャリティー団体と民間非営利セクターが中心となっている。アメリカでは政府支出が少なく，フランスや日

本のような文化省や庁はない。しかし，個人，非営利セクター，企業が中心となって文化芸術支援を行っており，民間支援額が総額の90％と完全に民間支援型になっている。民間企業の支援数は，財団の6万6000に較べると約2分の1であるが，先進国では1970年代に早々と始まり，支援額は先進国では一番多い。この背後には税制優遇措置があり，寄付金は個人で税引き前所得の最大50％，法人で最大10％まで課税前所得から控除される特典がある。政府文化支援額が少ないのは，自由な文化活動を求めるアメリカ人の社会的価値観からも来ている。

　日本の文化芸術支援額が少ないのは，歴史的な理由がある。日本での文化芸術支援は欧米に20年遅れ，本格的な文化芸術支援は1980年代後半のバブル時期から始まった。歴史的には1968年に文化庁ができ，それから10年経った1977年には各県に芸術・文化財担当課ができた。しかし，国として独自の文化政策をもっているとはいえず，予算も少なく，欧米追従型の「カタカナ文化」を優先し，実施されたのは主に文化センターなどの施設関連の「箱物」建設と維持に費やされた。

　1980年代のバブル時代には，文化や美術は鑑賞というよりは投機の対象となった。バブル崩壊後の反省で，1990年になってから文化芸術振興基金，企業メセナ協議会，経団連による文化活動支援などが本格化した。2001年には文化芸術振興基本法（第1次基本方針）が成立し，2002年から第1次基本方針に基づき，十分とはいえないまでも法人やNPOなどの税制優遇政策も始まった。日本政府の政策にはフランスの1％ルールのような魅力的な税制措置がないので，企業は文化芸術への支出には積極的でない。法人組織も複雑で，非営利団体は公益法人約2万6000団体，NPO法人約1万6000団体などあるが，このうち，寄付税制上の優遇措置が厚い特定公益法人及び認定NPO法人として認められているのは，わずか900団体である。

　2007年2月には，安部内閣が文化芸術振興基本法（第2次基本方針）を閣議決定し，第1次基本方針を見直し今後5年間の方針の策定を行った。第2次基本方針では，人をひきつける魅力のある「文化力」は「国の力」であり，文化活動が経済活動においても新たな需要や高付加価値を生み出す源泉と認識され，活力ある社会を構築して国の魅力を高め，経済力だけでなく文化力でも世界から評価される「文

化芸術立国」をめざす必要を説いている。

　しかし，第1次基本方針・第2次基本方針を貫く8つの基本理念は変わらない。それらは，①文化芸術活動を行う者の自主性尊重，②文化芸術活動を行う者の創造性の尊重及び地位の向上，③文化芸術を鑑賞，参加，創造することができる環境の整備，④わが国及び世界の文化芸術の発展，⑤多様な文化芸術の保護及び発展，⑥各地域の特色ある文化芸術の発展，⑦わが国の文化芸術の世界への発信，⑧国民の意見の反映である。

　第2次基本方針は，「文化力」や「文化芸術立国」を基本方針としてあげているものの，第1次基本方針策定後の諸情勢の変化に影響され，より構造改革と効率を狙った内容になっている。構造改革の発展で地方分権が推進され，民間と行政の役割分担が進むことで地方自治体や企業の活躍に期待し，また，グローバル化，過疎化，少子化が進むことをふまえ，地域合併や再編，インターネットを使ったより効果的で国際的な文化発信の必要性もあげている。第2次基本方針で重点的に取り込む課題は，①日本の文化芸術の継承，発展，創造を担う人材育成，②日本文化の発信や国際文化交流の推進，③文化芸術活動の戦略的支援，④地域文化の振興，⑤子どもの文化芸術活動の充実，⑥文化財の保存及び活用の充実などである。

　政府の基本方針に対して，2007年6月に文化芸術企業メセナ協議会では文化芸術支援額の増加をはじめ，総合的芸術文化振興の推進と芸術文化基盤整備を求める「日本の芸術文化振興について10の提言」を行った。その内容の主な点は，①総合的な芸術文化推進と芸術文化基盤整備，②短期的な効率主義よりも，長期的な視野に立った振興策の策定，③柔軟な法人制度改革，④優遇税制の整備，⑤芸術文化振興諸機関の連携，⑥地域芸術文化振興強化，⑦マッチング・グラント制度の開発，⑧文化政策を担う専門家機能の配置，⑨企業による芸術文化基盤整備，⑩経営資源としての人によるメセナなどがあげられた。

　特に，①の基盤整備は重要である。日本の場合，国家予算に占める文化庁の予算の割合が少ないが，文化関連施策には文部科学省，外務省，経済産業省，内閣府，国土交通省，総務省がかかわっている。それらの省の文化予算を総合すれば予算総額も増えるが，問題はそれらを総括的に運営する「文化省」（仮称）がないことを

第11章 新しい魅力「ソフトパワー」　*307*

文化芸術への支援総額

国名	国民1人当たり（円）			総額（億円）		
	総額	政府	民間	総額	政府	民間
フランス	35,196	21,257	13,939	21,168	12,784	8,384
イギリス	30,022	12,181	17,840	17,788	7,218	10,570
イタリア	22,866	11,146	11,720	13,131	6,404	6,730
ドイツ	22,035	11,862	10,173	18,175	9,784	8,391
アメリカ	11,751	649	11,102	34,553	1,909	32,644
日本	8,545	5,222	3,325	10,910	6,666	4,244

出所：ぴあ総研『エンタテイメント白書2005』

指摘している。文化は，国家を挙げて取り込む総合事業であるので，この指摘は重要である。

　フランスの文化芸術政策は，意識的で歴史的な蓄積がある。文化至上主義はブルゴーニュ王国，ブルボン王朝以来の伝統で，戦後は政治家であり文化人でもあるド・ゴールとミッテランの強烈なリーダーシップでヨーロッパだけでなく世界の文化国として発展してきた。筆者もフランスに駐在していたとき，フランスの文化環境保護や促進の現場をみたが，地方都市はもちろんのこと，政治家から一般市民まで，パリでの文化や歴史に対する意識は高かった。いろいろなレベルのフランス人が，都市や市町村の歴史的遺跡，建物，文化財のなかで生活し，景観を含み遺跡保護のためになんらかの活動をしていた。「日本におけるフランス年」に来日していた知人の有名大企業のトップが，筆者の勤めている会社に来てフランス文化遺跡保護のための寄付を日本で直接申し込まれたときには驚いた。

　それに較べると，日本の文化財保護の意識は残念ながら低い。戦後の成長優先，公共事業優先の経済優先政策は日本の文化的魅力を後退させたばかりでなく，いまだに国際観光客が増えない原因の1つになっている。特に，1964年のオリンピック時から完成を急ぐあまり，景観を無視した建設が始まり，歴史的景観のなかに高速道路が遠慮なく走り，電線が空中にスパゲッティー状に張られ，古くて由緒ある建物が壊され高級マンションに変わり街の風景が崩れた。

　先進国の外国人が東京に来たがらないのも問題である。東京は遠く，物価が高い

のが定評であるが，そのうえに過度の西洋化によって欧米の都市とあまり変化がなく，環境や景観を無視した特徴のない都市に成り下がっているからである。口の悪い友人が，「東京は"アゴ足つき"の招待状が来た時だけに行く都市」というのも一理ある。京都，奈良そのほかの歴史的都市が，歴史と現代を調和する努力をしていることや，ようやく最近東京やそのほかの大都市で一部景観条例を施行しはじめたのが救いである。また，久しぶりに生まれた非自民党新政権が，「コンクリートから人」をテーマに従来型の公共事業中心政策を転換しようとしているのも歓迎できる。文化も外交やセーフティネットの重要な課題で，文化や外交大国のフランスから学ぶことは多い。

第12章
これからの日仏関係

　フランスと日本は第二次世界大戦後に勝利国と敗戦国に分かれたものの，似たような道をたどってきた。フランスも日本も，アメリカの手厚い援助を受けて復興した。アメリカは，戦後民主主義，市場主義の手本であり脅威でもあった。日仏両国は，第二次世界大戦後の豊かなアメリカ経済と魅力的なアメリカ文化や生活の影響を受けながら経済成長を果たした。しかし，フランスと日本とでは，戦争の勝者と敗者の違いもあるが，戦後60年のいき方には相当の違いがある。

1. 日本のアイデンティティ喪失

　フランスも日本も戦後30年間に高度経済成長を経て，それぞれの国のかたちをつくってきた。しかし，フランスは，過度なアメリカ化をせず，自国の文化に基づく「フランスの例外」を前面に出し，一貫してフランスのアイデンティティ，国家の栄光，フランス的例外の伝統を守った。また，アメリカに対抗すべく，アメリカを含むが欧州独自の軍事力NATO（北大西洋軍事機構）をもち，経済成長のために何度かの危機を乗り越えながら欧州連合（EU）を創設し，ドイツとともにEUのリーダーとなった。

　一方，日本は，敗戦国であったために軍備を捨て，アメリカと組み経済発展にまい進した。その結果，奇跡といわれるような高度経済成長を成し遂げ，国民総生産額（GDP）で世界第2位の国となった。1980年代のバブル期には「アメリカを買える」といわれるほどの大国となり，経済的には日本のアイデンティティは高くなったが，1990年初頭のバブル崩壊で経済が長期に停滞したためすっかり自信を失ってしまった。戦後の「アメリカ化」の行きすぎで日本的例外を守れず，日本のアイデンティティも希薄化してしまった。

　それでも日本は，アジアの開発途上国にはODA（政府開発援助）を通じて潤沢

な経済援助をし，また，産業界はアジアに進出することにより国の発展に貢献した。1954年に始まったODAは，150カ国以上の国々の経済協力を実施し，2004年には50周年を迎えた。ピーク時の1997年には1兆1000億円を超えたODAも，日本の経済不況で7000億円台に落ちてきている。本来，アジアのリーダーになるべき地位にあったが，バブル崩壊後の低成長とODA援助額の減額，中国，韓国，インド，アセアン諸国など発展途上国の台頭で，地域リーダーシップを握れない状態にいる。

日本は家電，自動車，機械などの製造業で世界に確固たる経済的地位を築いたが，その製造業も技術の標準化による競争力が減りアジアの急速な発展のなかで再編成を迫られている。そのうえ，金融やサービス業などで無差別なアメリカ的市場主義を入れすぎたため，常にアメリカの影響を受けやすい体質となった。問題は，国民が経済力だけでなく，政治，文化的，精神的な面でも自信を失い「国家のアイデンティティ」や「国家の品格」を失いつつあることだ。

ベストセラー『国家の品格』(2005)を書いた，数学者・作家の藤原正彦（お茶の水女子大学教授）は，現在の日本の状態を次のように書いている。

　　戦後，祖国への誇りや自信を失うように教育され，すっかり足腰の弱っていた日本人には，世界に誇るべき我が国古来の"情緒と形"をあっさり忘れ，市場経済に代表される欧米の"論理と合理"に身を売ってしまったのです。

　　日本はこうして国柄を失いました。"国家の品格"をなくしてしまったのです。日本人はこの世界の趨勢に敢然と闘いを挑むべきと思います。普通の国になってはいけないのです。欧米支配下の野卑な世界にあって，"孤高の日本"でなければいけません。

　　"孤高の日本"を取り戻し，世界に範を垂れることこそが，日本の果たしうる，人類への世界的貢献と思うのです。

日本は歴史的に見ても，本来フランスと同じように「国家の品格」を備えた国であった。1940年前後には，日本は軍事的にも，経済的にも，文化的にも，世界最強国の1つであった。戦後も1980年代には世界で最も豊かな国で，高度に発達したハードパワーである経済力と日本文化，芸術と平和を愛する心を兼ね備えた国で

あった。フランスが一流の外交や文化を中心とした「ピーコック」のような孤高で華麗な国なら，日本は強い経済力や文化力を中心とした「ライジングサン（日の出る）」の国で，逆境に強い神秘的な文化をもった存在感があった。また，唯一の被爆国として戦争放棄と平和憲法を掲げ，世界の平和運動の先頭に立ち戦争反対，平和主義のメッセージを送り続けてきた民主主義国であった。

　日本は，そのユニークな立場を生かして欧米諸国ともアラブ，アジア，アフリカ諸国ともバランスよくつきあってきた。経済大国として世界の繁栄と平和維持のための貢献も積極的にして，国連，世銀，IMF，OECDなどの世界の国際機関に多額の経済的援助をした。軍事力より経済力を前面に出し，ODAの総額は1993-2000年までの8年間世界一で発展途上国を積極的に支援してきた。第1次イラク戦争でも軍事力支援ではなく巨額の資金的な援助をし，第2次イラク戦争では経済的援助だけではなく戦後初めて復興のための自衛隊派遣を行った。

　日本のバランスの取れたハードパワーとソフトパワー均衡政策は，一部にエコノミックアニマルの批判はあったが各国から高く評価された。しかし，1990年初頭のバブル崩壊，2000年初頭の中途半端な構造改革，金融危機以後すべてが狂ってしまった。日本経済システムが根本的に崩れた後の政策ミスで，日本のソフトパワー政策も浮上せず，急速なアメリカ化，政治化，市場主義化，グローバル化で日本は大きく変質した。発展途上国や低開発国に感謝されたODAも，2007年には規模が縮小し，前年度の第3位からドイツ，フランスに抜かれて第5位に転落し，これは1972年以来の低位であった。

　一言でいえば過度のアメリカ化，アメリカ依存によって，日本のアイデンティティが希薄化し，「世界から見えない，分からない国」になってしまったのである。日本独自の外交力や文化力を主力としたソフトパワーを前面に出すのではなく，日米連携を過度に強調した経済力と防衛力を全面的に出すハードパワー国の政策を押し出した結果である。対米重視，市場主義，対中国・韓国強硬路線，イスラム圏・アフリカ圏軽視，ゆとり教育，英語中心主義，閣僚の靖国参拝実施，イラクへの自衛隊駐留など日本のソフトパワーを生かせない政策が続き，日本独自の路線軸が少しづつ中心からずれて行った。

アジアのリーダーになるためには，アイデンティティの明確さとソフトパワー能力が重要である。過去においても，日本はアイデンティティとソフトパワー欠如のために国際関係の「軍事，経済，文化の補完性」(134)のバランスを崩し，第二次世界大戦に踏みこんだ経験がある。明治維新後，高度な経済成長を遂げたにもかかわらず，国家予算の3〜5割を軍備費につぎ込み，欧米と対峙する大東亜共和圏形成を打ち上げ，しっかりした理念なしに戦争に突入した。軍事力への過信もあったが，アジアをまとめ上げるリーダーの文化的指導能力がなかったことが，戦争を起こした原因でもあった。

日本は，2010年には国民総生産GDP世界第2位の地位を中国に譲る。これからの外交には，アジアをまとめる経済的外交能力も必要だが，絶対的ではない。まさに，ソフトパワーのうちの「文化的外交能力」こそが必要である。終戦直後に組閣された東久邇宮内閣で文相に任命された前田多門は，「新時代とはいかなる時代であるか。日本の往く道はただ一つ。武力を持たぬかはりに，文化でいく。教養でいく。ほんたうの道義日本として，世界の推運に寄与する」のみだと主張した。この主張は，現在でも通用する。

その後の政策の当事者も，文化外交，交流の重要性を折にふれて唱えた。1970年後半に大平首相が初めて「文化の時代」が来たと認識し，1988年に訪英した竹下首相は「文化交流」を安全保障と経済発展との外交の三本柱の1つにあげた。しかし，1980年代の経済第一主義，米ソの冷戦などで消え，1990年代のベルリンの壁の崩壊，東西ドイツ統一，ソ連の崩壊，冷戦の終結でいったんは文化に振れたが，またイラク戦争で戻ってしまった。

アジア経済の発展で，アジアが経済的にまとまる動きが出てきた。1967年にはアジアの5カ国でアセアン（ASEAN），1989年にはアセアン6カ国と日本，韓国，オーストラリア，ニュージーランド，アメリカ，カナダの6カ国が加わり12カ国でエーペック（APEC）が形成された。日本もアジアの共同体構想にイニシアチブを取り，2002年1月小泉首相がシンガポールで開かれた地域主義にもとづく「東アジア・コミュニティ構想」を提唱し，2004年に国連総会でASEAN＋3（日中韓）の基礎にもとづく「東アジア共同体」構想を提唱した。しかし，アメリカなどの反

発もあり，2005年の第1回東アジアサミット（EAS）でASEAN＋3にオーストラリア，ニュージーランド，インドさらにアメリカを加えたASEAN＋6等開かれた「東アジア共同体」が表明された。現在では，アセアン＋3を唱える中国と，オーストラリア，インドなどを含む開かれた「東アジア共同体」（アセアン＋6）構想を主張する日本との間に温度差がある。

これからは，より大きい「アジア共同体（AU：Asian Union）」の形成をめざし，日本は理念をもった文化外交を進めるべきである。重要なことは，経済外交も大事だが文化外交をアジアや国際間の共存共栄「Live and Let Live」[135]思想をもち，常に「普遍的価値を尊重し，グローバルなルールを遵守」[136]しなければならない。いわば関係国にとって「Win-Win」の関係が成りたたないと，外交は成立しないのである。

2. クール・ジャパン

1990年代後半から2000年代になって，経済やビジネスのハードパワーの衰退と反比例するかたちで，新しいタイプのソフトパワーが生まれてきた。それは，伝統的な文化に対して，若者を中心に生まれた新しい文化「クール・ジャパン（かっこいい日本）」現象で，政治的，経済的，精神的に落ち込んでいた日本を上に引っ張りはじめた。柔道，茶道，武士道などの日本道や川端，三島に代表される日本文学のような，従来型の伝統文化とはジャンルの異なる新しい文化が誕生したのである。

サンリオの「ハローキティ・グッズ」，宮崎駿や北野武監督の「ニューシネマ」，安室奈美恵やパフィーに代表される「ジャパン・ポップ」，ソニーの「プレイステーション」，「ポケモン」「ドラえもん」などのアニメや漫画，三宅一生や高田賢三などのファッション，ドコモなどの「ケータイ（携帯）」，寿司・割烹・ラーメン・てんぷらなどの「日本食」，という日本発の新しい「モノ」「食」「文化」のなかから「クール・ジャパン」と呼ばれる新しいソフトパワーが生まれた。

この日本初の新しい若者文化は，アジアをはじめヨーロッパ，アメリカの若者に急速に広がり新しい若い日本文化を形成するようになった。別に政府，企業や大人が人為的に押しつけるのではなく，そのもの自身の魅力が外国人を魅了し自然に世

界に広がったのである。それも，従来の日本文化の延長線で発生したのである。グローバリゼーションやＩＴの進化で情報が以前よりスピーディーに伝わるようになったこともあるが，感受性の高い世界の若者が日本の新しいソフトパワーを見逃さなかった。

日本政府もマスコミも後追いであったが，日本発ソフトパワーの推進を組織的にサポートしはじめた。文化庁の諮問機関である文化審議会（阿刀田高会長）は，世界の人々の関心と興味を「魅きつける」ために，文化芸術活動の積極的支援，アニメ，映画など日本独特のコンテンツの海外発信強化を2007年2月に答申した。[137] 外務省の国際協力局ではアニメの普及に力をいれ有識者会議を定期的に開催し，海外における日本文化の博覧会を支援した。日本の新しい文化は，テレビ局数の増加，VTR，DVDなどの発達，インターネットの普及やブロードバンド技術の発達で動画が簡単に流せるようになったことなどで世界に普及しはじめた。世界コンテンツ市場の急激な拡大（2005年約150兆円，日本は14兆円）も，アニメをはじめクール・ジャパンの普及に役立った。

アニメを使った文化外交の第一線で活躍しているジャーナリスト櫻井孝昌によると，[138] この20年の間にアニメや漫画を中心としたクール・ジャパンは，欧州を中心にアジアや中近東の若者に急速に普及しはじめた。伝統文化と新しい文化の祭典であるスペインの「サロン・デル・マンガ」では6万人以上，パリの総合的文化イベントである「ジャパン・エクスポ」では14万人（2009年は16万4000人）の若者を集める大イベントとなっている。

アニメのなかでは「NARUTO」「ONE PIECE」「犬夜叉」「鋼の錬金術師」「BLEACH」，漫画では「ドラえもん」「名探偵コナン」「ポケモン」などが人気を集めている。ドイツのアニメ雑誌「アニマニア」は8万部売れ，イベントの「アニマジック」には1万人が集り，そのほかイタリア，ベトナム，ミャンマー，サウジアラビアなどでも日本のアニメや漫画の人気が上昇している。アニメや漫画によって日本語も普及し，「カワイイ」から「セツナイ」まで外見から心の状況を表す日本が海外の若者に入りはじめた。

元パリ日本文化会館館長でジャーナリストの磯村尚徳は，現在のジャポニズムを

「ネオジャポニズム」と呼び，従来の日本文化に較べてその浸透の仕方に変化があるといっている。「元祖ジャポニズムはエリートが目をつけた"上"からの文化運動で主に知識階層が主体であった。しかし，昨今のネオジャポニズムは"下から"の大衆運動で，上と下からの両面から日本への関心が浸透している」[139]。すなわち，外国人の日本文化への入り方が変わって川端，三島からだけ入るのではなくて，ポケモン，漫画，パフィーなど下からも入るのが現代流なのである。日本文化が普及するには，どこからでも入れる広い入り口が必要であるが，日本文化が新しい間口の広さをもちはじめたのである。クール・ジャパンという新しいソフトパワーはフランスやアメリカの日本好きな若者や庶民がつくってくれた。新しいジャポニズムがこれだけ浸透したのは，フランスの若者もアメリカの若者も中国や韓国のように日本との間に敵対した時期があまりなく，他国の文化の受容に心情的なわだかまりがないことがプラス要因となっている。

　なぜ，クール・ジャパンが流行しているのだろうか。フランス人ジャーナリストのアンヌ・ガリグ女史の言葉にヒントがある。「15年前は日本人をエコノミックアニマルと言ったが，今はロボットや携帯に代表される先端技術と豊かな文化を持った国という二つのイメージを持っている。漫画は宮崎駿監督の"となりのトトロ"が画いた人間と自然の共存が伝統的に人間と自然を対峙してきた西欧人に新鮮だった。善玉と悪玉に単純化されがちなアメリカアニメと違い，登場人物の関係も複雑で豊か。フランスをも飲み込むアメリカの文化支配に対して，"別の極"である日本に目を向けて溜飲をさげているのだ」[140]と，日本の新しい文化の人間性，自然性，情緒性，中立性の豊かさを理由にあげている。

　フランス人は，攻撃性や支配性が好きでない。ガリグ女史は，日本文化の非攻撃性，非支配性がフランス国民の共感を呼び，フランス文化に日本文化が入ることによりフランス文化の多極化が進むことを期待している。日本人は，攻撃性や支配性は好まず，自然，人間と平和を愛する国民である。その文化が，アニメ，漫画，ゲーム，ファッション，映画，音楽，小説などを通じて世界に情報を発信している。日本のアニメをはじめ，クール・ジャパン文化は1970-80年代に欧米に浸透しはじめ，現在ではクール・ジャパンの第二世代が世界で活躍しはじめた。21世紀には，

これらの日本の特徴を生かしたソフトパワー外交を展開してほしいものである。

3. 新しい日仏関係

(1) 近年の日仏関係

日仏関係は，時代によって濃淡がある。江戸末期から明治・大正時代にかけて「密の時代」であったが，第二次世界大戦前，戦後と敵対国になり日仏関係は文化的なつながりをのぞいて「疎の時代」であった。敗戦後の20年間は占領の影響もあり，特にアメリカの影響が強かった。経済が復興し貿易の自由化が開始された1962年にフランスを訪問した池田首相は，ド・ゴールに「トランジスタ商人」として相手にされなかった。

しかし，日仏関係が国レベルで正式に動いたのは1963年で，日仏通商協定が結ばれガット35条の貿易制限が撤廃された。東京オリンピックが開かれた1964年には，ド・ゴール政権の首相であったジョルジュ・ポンピドーが日本を訪問するとともに，国際スポーツの祭典である東京オリンピックにはたくさんのフランス人が日本を訪れた。経済面でも日本がIMF8条国になり開放体制を進め，先進国の集まりである経済開発協力機構（OECD）に加盟しようやく先進国の仲間入りをした。

1970年になると，日仏文化交流が盛んになった。オリンピック後の1970年には国際的な日本万国博覧会が開催され，1971年には昭和天皇・皇后が歴代天皇として初めて欧州各国訪問の一環としてフランスを訪問した。1974年にダ・ヴィンチのモナリザがルーブル美術館より日本に貸し出され，東京国立博物館で日本初公開された。1979年にはジスカール・デスタン大統領が，東京で開催された第5回東京サミットに参加した。

1980年初頭から，日本はアメリカ以外の国と多面的な外交を展開した。ホーネカー東独国家評議会議長，イタリア大統領ペルチーニ，サッチャー英首相，趙紫陽中国首相，胡耀邦中国党書記，レーガン米大統領など続々日本を訪れた。フランスからは，1982年4月にフランソワ・ミッテラン大統領がフランス大統領として初めて日本を公式訪問した。その際，当時の鈴木首相との間でパリに日仏文化会館を設立することが決まり，中曽根首相が経済界と連携して準備委員会をつくり橋本首

相の時代1997年5月に開館した。現在，15区，エッフェル塔の近くにある地上6階，地下5階のパリ日本文化会館（初代館長：磯村尚徳，現在：中川正輝）は，このように約15年かかり竣工したのである。

1990年代には，日仏間の経済活動も盛んになった。1992年には宮沢首相が仏独を訪問し，フランス政府のイニシアチブで対日輸出促進プログラム「ル・ジャポン・セ・ポシーブル（日本，それは可能だ）」が始まり，2001年まで行われた。1994年には今上天皇・皇后両陛下が欧州訪問の一環としてフランスを訪問され，エリゼ宮での大統領主催の晩さん会で天皇は，1872年に日本がフランスの教育制度を参考にして新しい学制を導入したことを述べた。

1996年にはシラク大統領が就任後の最初の国賓訪問先として日本を選び，シラク大統領と橋本首相の間で日仏共同指針「2000年に向けた20の措置」が交わされ，政治，経済，文化，科学技術等の幅広い分野で著しい発展と友好関係が築かれた。同年，日仏両国首脳の諮問機関として，両国の有識者が自由な立場から，日仏関係強化，さまざまな国際問題などについて議論する場として「日仏対話フォーラム」（日本側座長：橋本龍太郎首相，フランス側座長：アラン・ジュッペ元首相）が設置された。

1997年には日仏政財界のイニシアチブで経済交流促進プログラム「フランスにおける日本年」，1998年には「日本におけるフランス年」が盛大に行われ両国の経済交流が図られた。特に，1998年にはフランスから自由の女神像が贈られ，シラク大統領，橋本首相参加のもとに東京湾岸に設置された。翌年にはジョスパン首相が来日し，小渕首相と会談が行われ「日仏共同コミュニケ」が発表された。経済交流促進は続けられ，2001年から「フランス・ジャポン，レスピリ・パートネイル（日仏パートナーシップ精神）」のスローガンのもとにキャンペーンが行われた。

この会談に基づき，対日輸出促進だけでなく双方向の投資推進，技術交流促進，中小企業パートナーシップの促進，地方企業支援促進が行われたが，この年はトヨタのフランス工場がヤリス（日本名ヴィッツ）の生産を始めるという記念すべき年であった。しかし，日仏間の貿易は貿易総額に占めるシェアは少なく，2007年時点ではフランスは日本の輸出額の1.2%（世界第19位，EU加盟国中第4位），日

本の世界からの輸入額の 1.6％（世界 15 位，EU 加盟国中第 2 位）であった。

　2005 年には経済交流と投資の拡大をするために，両国の在外幹部や労働者に適用する新しい社会保障制度である日仏社会保障協定が調印された。この保障協定によって日仏の労働者の規則が緩和，単純化され企業幹部が働きやすくなり，年金の二重取りがなくなった。その後，日本では 2000 年に日本進出した世界第 2 位の小売業カルフールがイオンに日本事業を譲渡し撤退することを正式に発表したが，フランスでは「ユニクロ」を展開するファーストリテイリングが女性用カジュアル衣料ブランド「コントワー・デ・コトニエ」，女性用ランジェリーブランド「プリンセス　タム・タメ」を買収した。

　2005 年 3 月には小泉首相とシラク大統領の間で「日仏新パートナーシップ宣言」が結ばれ，「国際社会と平和と安定及び繁栄のために」両国が中長期的に緊密な協力をしていくことが約束された。この新しいパートナーシップでは，外交・安全保障問題及び防衛問題に関するハイレベルの戦略的対話，日仏間の人物，文化，学術交流の強化，青少年交流，地域レベル交流，ライフサイエンス・情報通信技術・ナノテノロジー・宇宙分野での科学技術，環境問題での交流，国際社会に対するテロ・大量破壊兵器化拡散対応での協力，アジアにおける地域安定での協力，持続成長可能な開発及び貧困対策の推進，アフリカ問題に対する共同医療取り組みなど多項目を包括的に含んだ宣言であった。特に，この日仏新パートナーシップ宣言では，日本外交の懸案である日本の安保理常任理事国支持と北朝鮮における拉致問題に対する支援を約束したことが大きな点であった。

　2007 年 1 月には安部首相が訪仏し，6 月のハヒリゲンダム・サミットでサルコジ・安部の首脳会談が行われた。2008 年 2 月には駐日フランス特命全権大使としてフィリップ・フォール新大使が着任した。フォール大使は現役の外務省事務次官からの転任でサルコジ大統領の日本に対する力の入れ方が変わったと評価された。4 月にはフランソワ・フィオン首相が来日し福田首相と「日仏経済宣言」と「原子力エネルギーの平和的利用における協力に関する宣言」を発表した。

　日仏経済宣言では，WTO ドーハ・ラウンド交渉への協力，日・EU 市場アクセスの改善，日本におけるエアバスシェアの増加や次世代超音速旅客機実現などの航

空機産業における協力，総合直接投資に対するさらなる市場開放，両国間の貿易，相互投資・産業協力強化のための「イニチアチブ・フランス・ジャポン」の開始，知的財産の協力などの必要性について意見が一致した。原子力に関する宣言は，核不拡散・保障措置，原子力安全・核セキュリティの確保などの点で一致し，核燃料の再処理パートナーシップ，廃棄物処理，環境対策，温暖化防止などを話し合った。

このように，最近の日仏間の経済関係は，派手ではないが良好である。2007年末時点で日仏間の進出企業数は，日本からフランスへは400社近い企業が進出し6万人の雇用を生み，フランスから日本へは700社進出して約20万人の雇用を生んでいる。日仏直接投資（2007年度ストック）は，日本からフランスへは1兆4000億円（日本の対外直接投資の2.3%で第7位），フランスから日本は同じく1兆4000億円（対日直接投資の9.5%で第3位）とバランスが取れているが，毎年のフローで見ると2002年を境に急速に低下して2007年度の日本からフランスへの直接投資は563億円，フランスから日本への直接投資は595億円と少ない。EU市場が形成されフランスだけでなく他国への選択値が高まったことが最大の理由である。

(2) 日仏関係の問題点

最近の日仏関係は，残念ながらかつてのような輝きがなく，「疎」あるいは「淡」の時代に入っている。よくいえば，日仏関係が成熟，安定，日常化した証拠であり，EUの拡大と発展でフランスと日本との関係が，EUと日本の関係のなかに発展的に組み込まれたともいえる。また，フランスがEU化することによって，英語が主力言語となりフランス語の力が減衰したことも，過去のような日仏関係の独自性やアイデンティティが希薄化した理由である。たしかに，日仏関係は新しい時代に入った。

過去において日仏関係を牽引していた人たちが老齢化，あるいは引退していったこともその理由である。日本に50回以上来日したといわれる日仏関係の事実上の牽引車であったシラク元大統領のイニシアチブで，日仏関係強化の最高機関として設置された「日仏対話フォーラム」(1996)のメンバーのほとんどが現役を引退した。座長として日本側の政治家には中曽根首相(1996)，橋本首相(2002)がいて，

フランス側にはレイモンド・バール首相（1996），アラン・ジュッペ首相（2002）などの重鎮がいた。

　経済人では，1996年には平岩外四元東京電力相談役，元経団連会長，牛尾治朗ウシオ電機会長，関本忠弘日本電気相談役，2002年には福原義春資生堂名誉会長，張富士夫トヨタ自動車取締役社長，日枝久フジテレビ代表取締役会長などがいた。毎年日仏交互に開催された日仏関係は常に華やかな雰囲気をもち，フランスも日本もお互いが強力磁石のようにお互いをひきつけていた。

　ビジネスの世界でも，日仏関係は変化してきた。ヨーロッパのフランスがEUのフランスになり，使用通貨フランがユーロになって，フランス一国と日本の関係よりもEUのフランスと新しい関係を構築せねばならなくなった。フランスに進出した日本企業の社内言語もほとんどの会社でフランス語から英語に代わった。フランス語エキスパートの日仏関係や戦前派や団塊の世代が経験した「よき時代のフランス」は終わり，バブル後の「新しい時代のフランス」とおつきあいを始める通過点に来ている。ただ単にフランス語やフランス文化を追うのでなく，英語を話すフランス，ヨーロッパと統合していくフランス，変化していくフランス，ヨーロッパ政治・経済の牽引車としてのフランスとの新しい日仏関係の構築が必要になってきた。

　大統領がシラクからサルコジになって，日仏関係も変化した。サルコジは大統領として北海道で行われた洞爺湖サミット（2008年7月）に参加したが，国事の都合でそのままフランスに帰ってしまった。日本に対する関心度の低さが，日本のフランス派の人たちを落胆させた。しかし，サルコジが日仏交流150年の国賓要請を断わり，サミットだけの出席にとどめたのにはそれなりの理由があった。

　サルコジは，7月からEUの議長となりEU業務で超多忙であった。内的にはフランスでの人気の低落もあり，日本滞在よりフランスへの早期帰国を優先した。また，日本にもサルコジを日本にとどめるような，重要あるいは魅力的な案件がなかった。合理的で実務的なサルコジは，日仏交流150年やクール・ジャパンのような文化的，感傷的イベントより，EUでのイニシアチブを取ることの重要性や，経済的に貿易で稼げる中国を優先した。事実，「人民網日本語版」（2009年5月19日付）によると，中国の航空産業はエアバス派で，フランスのエアバスを480機（2009

年3月時点）を使用していて，2012年にはエアバスの市場シェアが現在の40％から50％とになることが予想されている。また，中国で組み立てたエアバス320Aが最近テスト飛行に成功したことを報じている。

　フランスウォッチャーの産経新聞駐在員山口昌子のコメントが一番当を得ている。「サミットが誕生したのは日本が経済大国の地位を確保した30年以上も前だ。フランスの"日本軽視"，"中国重視"を批判するのは簡単だが，フランスはもとより外国にとって日本が経済的，政治的，文化的に魅力ある何かを今，探し出す時期が来ているのではなかろうか？"MANGA"に代表される"クール・ジャパン"とやらに，うつつをぬかしている時ではない」(141)と辛らつであった。フランスに長く住んでいる日本人から見ても，最近フランスにおける日本の魅力が低下している事実を認める人が多い。ジャパニーズ・クールだけでは大統領は動かない。日本人に魅力を感じない国に，フランスの大統領が来るわけがないとうのが本音である。

　また，サルコジだけを責められないのも事実である。日本は世界の動きに鈍感で，先方の送る大事なシグナルを見落とすことがあり，そのためにイニシアチブをとれない。サルコジは2007年9月中旬の国連総会の演説で「国際金融制度の改革」を訴え緊急サミットの開催を熱心に主張したが，サミット議長国の日本が積極的に動かなかった。サルコジの努力で，金融サミットは10月12日に開催されたがフランス経験の長い山口駐在員は，日本はフランスの大事なシグナルを見落とし，タイミングよくフランスに協力することができなかったことで，日本は「シグナル見落とし症候群」(142)に陥っていると述べた。情報発信力の一番すぐれたフランスを相手にするには，日本はそれだけの情報発信をすると同時に，相手の情報のシグナルを見落とさないことである。

(3) 新しい日仏関係への提案

　2008年は日仏修好通商条約締結150年にあたり，政府及び民間の間でいろいろな記念行事が行われた。また，この大事な機会をとらえていろいろな方面から新しい日仏関係構築の提案が多数提出されている。そのなかでも，民間友好団体で日仏ビジネスマンの交流組織である「日仏経済交流協会（パリクラブ）」(143)がいち早く，

新しい日仏関係への提言

1. フランスにおける事業環境（雇用政策・新規事業の設立など）の改善
2. アジアなどの第三国における，あるいはグローバルな視点での日仏企業・政府間の協力促進
3. 日本における規制緩和の促進とフランス企業の協力の具体化
4. 「フランス（日本）の経済・技術の強さ（弱さ）・国際的な地位・魅力」についての日仏共同での調査・広報・出版
5. 経営幹部・若手を対象とする日仏経済人会議の開催
6. 日本の社会人を対象としたフランスの国際関係・経済・法律・ビジネスコース創設
7. 経済・技術・文化・芸術など広範囲の分野行事を集中的に行う日仏月間の開催
8. 海外実務留学制度の充実—企業の社員対象の制度とフランス政府による社会人対象の制度
9. 企業の外国人実務研修制度の充実，特にフランス人学生受け入れ促進
10. 大学のフランス語教育内容の多様化（国際関係・経済・政治・法律分野の題材採用）とフランス語検定試験と学校・教育・就職との連携強化

出所：日仏交流150周年記念行事セミナー（2008年2月21日）
「フランス関連ビジネス変化とフランス語の使用」[144]

　2008年4月に「フランス関連ビジネスとフランス語」についてのアンケート調査発表報告会を開催した。政府，企業，教育・文化団体などフランスと関係あり，日仏関係で活躍している約70人のパリクラブ会員や外部の関係者にアンケートをとりまとめた。アンケートの回答者は，主に1960-95年前半の「よきフランス時代」に駐在し活躍した人たちから，現在の新しいフランスで活躍している人たちであった。

　アンケートの結果を見ると，現代のフランスはEUの拡大，英語の普及，フランス企業と人の国際化で大きく変化し，戦後60年の日仏関係は変化したと認識している。現在日仏関係に携わっている人は，フランスを国としてつきあうよりEUメンバーとしてのフランスとつきあうマインドが強くなってきた。フランスに進出している日本企業の対象マーケットもフランスだけというのではなく，東欧，中欧を含む拡大EUの拠点としてのフランス，中近東・アフリカを含む第三国への輸出基地としてのフランスへの期待のほうが大きくなった。

　社内の使用言語もフランス語から英語になり，フランスへの駐在員もフランス語が必須ではなくなってきた。すでに何回か駐在した日本人駐在員は，この変化を複

雑な形でとらえている。たしかに，オフィスのなかでは英語が便利だが，いったんオフィスを出て外に行けば今だにフランス語の世界である。商売や交渉する相手とはフランス語でないとコミュニケーションができない。また，英語だけだとビジネスでは問題ないかもしれないが，フランスあるいはフランスベース文化を理解できず，コスモポリタンとしての人間性を高められないなどの問題が指摘された。

　パリクラブは新しい環境下におかれ，変化している日仏関係へ表のような提言を行った。日本とフランスが新しい状況や条件のなかで，さらに発展し新しいパートナーシップが築かれることを望んでやまない。

注
第8章
(94)　J. E. S. ヘイワード『フランス政治百科（上）』勁草書房，1986年。
(95)　セゴネール・ロワイヤル女史。父はフランスの軍人でセネガルのダカール生まれの社会党議員52才。ENA卒業で現在パワトゥ・シャラント地方圏議会議長。1982年ミッテラン大統領のスタッフ，1992年，ジョスパン政権の環境，家庭，教育担当相。オランド社会党書記長のパートナーで4人の子どもの母。
(96)　「ル・ポワン」2007年7月19日号。
(97)　Les secrets de Ségolène Royal, L'Express（2006年5月25日）
(98)　Le PS peut-il se relever?（社会党は立ち直れるか），Le Figaro Magazine（2009年11月29日）
(99)　アムステル大学スヘッフェル教授の言葉（2007年5月8日付　朝日新聞）。
(100)　日本経済新聞（2007年8月15日付）「仏，公務員改革を加速」による。
(101)　SMIC (Salaire minimum interprofessionnel de croissance) 全職業共通スライド制最低賃金。1950年2月に創設された最低保障賃金で，1952年7月に物価にスライドするように決められた。1991年には全賃金労働者の8.6%であったが，2006年には15.1%となり政府の負担が増え問題になっている。
(102)　日本経済新聞（2006年11月16日付）「EU，サービス域内自由化」による。
(103)　サルコジ法の主な内容は，①16歳以上の家族が入国・滞在希望する場合フランス語の学力，フランス共和国の理念に関するテストを受ける，②家族を呼び寄せる場合に十分な収入がある（SMIC同額から1.2倍），③『受入・統合契約』に署名，④家族呼び寄せに対して血縁関係鑑定（DNA・フランス語ではADN）を受ける（任意）。2008年2月には入国制限と憲法改正を検証する委員会の設置，必要移民数の入国・滞在許可をする方針を明らかにした。
(104)　リスボン条約は，多数決制，大統領職など導入し，EUの機能強化をめざしたもので，2007年12月にリスボンで調印された。2008年末批准，2009年1月発効予定だった。前回の欧州憲法条約はフランス，オランダの国民投票で失敗（2005）した経験から，2007年6月にフランスはメルケル議長（ドイツ）の基で簡素化のイニシアチブをとった。任期2年半の常任議長，外交担当の外交上級代表をおくが，前身の欧州憲法に比べ連邦的な色彩を弱めた。

第9章

(105) S. Albert et C. Buisson, *Entreprises publiques*.
(106) ジェトロ『2007年度貿易投資白書』。外務省 HP（2009年6月2日現在）では，ストックベースで2007年に日本からフランスへは1.4兆円が投資され，日本の対外直接投資に占めるフランスの割合は2.3%で世界第7位であった。フランスから日本への直接投資は1.5兆円であり，フランスの対日投資に占める割合は9.5%でアメリカ（33.5%），オランダ（19.4%）につぐ世界第3位の対日直接投資国であった。
(107) フランスへの国際投資の振興，誘致，受け入れを担当する政府機関で，2001年5月に設立され，経済・財務省と国土整備担当省の傘下にある行政法人。AFII は154名のスタッフがいて，北米，アジア，欧州に21の在外事務所があり，75名の対仏投資誘致担当官がいる。予算は2220万ユーロとなっている。
(108) フレデリック・テイラー。アメリカの技術者で科学的管理法の発案者。ハーバード大学を目の病気で中退してベスレヘム・スチール社に勤め，「テーラーシステム」という工作機械や作業工程を標準化し科学的管理法によって労働コストや生産コストの削減をした。現代における「科学的管理法の父」と呼ばれている。著書は『科学的管理法の原理』(1911) など。
(109) アンリ・ファヨール。父の建設業の関係でコンスタンチノープル（イスタンブール）生まれ。サンテチエンヌ高等鉱山学校（専門学校）を卒業しコマントリ・フルシャボール社に入社。47歳の時経営危機に陥った同社の経営を立て直し，他の鉱山を買収するなど名経営者として活躍，引退後は管理研究所 (1918) を設立し，フルシャボール社の経験を元に経営管理の原理，原則をまとめた。アメリカのフレデリック・テーラーとならぶ「経営学の創始者」といわれている。著書『産業並びに一般の管理』1916年（都築栄訳，風間書房，1958年）。
(110) 『フランスコピー2001』の「フランス大企業の社長のプロファイル」調査。
(111) MedhiaSabor (2009.2.4:http://medhiasabor.jp/), GlobalPerspective (2008.4.1: http://www.globis.jp/)
(112) 日本経済新聞（2009年7月27日付）「仏，起業相次ぐ」による。
(113) MEDEF (Mouvement des enterprises de France) でフランス版経団連。
(114) ワトソン・ワイアット・レヴュー（2002年8月号，Vol.21）「コーポレート・ガヴァナンス：ヨーロッパの文脈」http://www.watsonwyatt.com
(115) 企業統治の歴史と内容に関しては日本銀行パリ事務所成毛健介の2003年4月の海外事務所レポート「フランスにおける企業統治の特徴と改革の動きについて」を参考にした。

第10章

(116) *L'état de la France 2009-2010*.
(117) C.C.A.（先進コミュニケーションセンター）は社会学者ベルナール・カトラが創設し，社会学と情報科学を使ったライフスタイル研究をし，心性とソシオ・スタイルによって企業の管理職のライフスタイルを分類した。「フランス管理者の分類と特徴」の表はC.C.A.が依頼したマイク・バークの「管理職ライフスタイル表」を参考に筆者のフランスでの経験をもとに独自に作成したもので，筆者の定義はバークの原型表の定義とは異なる。ジェラール，メルメ・磯村尚徳，福井芳男，伊藤晃訳『フランス人白書』エディション・フランセーズ，1985年。
(118) ノメンクラチュラは，語源は旧ソ連時代に特別な特権を与えられていた支配者層であった共産貴族を意味している。フランスでの特権階級で高級官僚を表わす場合が多い。
(119) Alexandre Wickham, Sophie Coignard, *La Nomenklatura française*.
(120) パトリック・ルソー女史は退任後，2009年7月20日に GM 取締役会役員に選ばれた。
(121) 『ル・ヌーベル・エコノミスト』2002年10月11-24日号。
(122) 日本学生支援機構（JASSO）の統計。

(123) 日本経済新聞（2005年10月25日付）『私の履歴書：ルイ・シュヴァイツアー（第24回）』。
(124) Louis Schweitzer, *Mes Années Renault: Entre Billancourt et le marché modndial*.

第11章
(125) 「ニューズウィーク」（2004年11月3日号）。『世界の国ランキング』（日本語版）による。
(126) 平林博『フランスに学ぶ国家ブランド』朝日新聞出版，2008年。
(127) 朝日新聞（2008年5月10日付）「急落サルコジ人気」による。
(128) Éric Maigre, *L'Hyper Président*.
(129) David d'Equainville, *Présidentielles:Sarkozy*.
(130) 文化芸術に関する総合的予算で，文化・コミュニケーション省予算以外に他省の文化予算と地方の文化予算が入っている。中央政府文化省の文化予算だけでは約1％である。
(131) 文化的正当性（芸術作品の創造を発展させるか），社会的正当性（創造性が多くの人に認知されているか），経済的正当性（創造性が期待されたような資金を得ているか）。
クサビエ・グレフ著『フランスの文化政策』水曜社，2007年
(132) 地域圏文化局（Directions régionales des affaires culturelles）1970年代に全国に配備され30ぐらいある。文化予算分配，仲介や文化活動の評価，勧告を行う。
(133) 2004年文部科学省文化審議会文化政策部会「文化多様性に関する作業部会第2回会合」資料。

第12章
(134) 入江昭『新・日本の外交：地球化時代の日本の選択』中央公論社，1991年
(135) 幣原喜重郎『外交50年』中央公論社，1987年
(136) 外務省「東アジア共同体構築に係る我国の考え方」（平成18年11月）
(137) 日本経済新聞（2006年2月17日付）「日本独自文化海外発信を強化」，文部科学省文化審議会答申「文化芸術の振興に関する基本的な方針の見直しについて」による。
(138) 櫻井孝昌『アニメ文化外交』筑摩書房，2009年
(139) 朝日新聞（2004年10月26日付）「ジャポニスム：フランス再燃」による。
(140) 同上
(141) 産経新聞（2007年7月5日付）「経度緯度」（日仏関係冷却か？）による。
(142) 産経新聞（2007年10月18日付）「経度緯度」（シグナル見落としは日本病）による。
(143) 日仏経済交流会（パリクラブ）：日仏交流に活躍あるいは興味がありフランスに駐在（あるいはこれに準ずる経験）がある日本人が主な会員。名誉会長は磯村尚徳，前会長は関本勘次。現会長は久米五郎太氏で在日フランス商工会議所その他日本で広く活躍するフランス人との交流を通じて日仏交流や提言を行っている。経済社会，文化，地域交流，コミュニケーションなど活発な活動を行っている。会員数は約300人。
(144) 詳細はパリクラブのHP参照（http://parisclub.gr.jp）。

おわりに

　日仏修好通商条約締結，ロッシュ公使着任からサルコジ大統領来日まで150年が経過した。この150年の間，日本とフランスの関係は浮き沈みはあったが着実に進展している。現在の日仏関係は，江戸末期のロッシュ・徳川慶喜との関係ほど緊密ではないが程よい関係を保っている。日仏関係は山あり谷あり，常に「スープの冷めない」距離にあり，濃淡があって変化に富んでいる。

　徳川幕府末期には，日本の開国に向けて，中央政府だけでなく，地方政府の薩摩藩や土佐藩などから優秀な若者がフランスに留学してフランスの政治・経済・文化制度を勉強していた。また，明治時代には，日本の近代化ために，中央政府からフランスをはじめ，イギリス，ドイツ，アメリカなどの主要国に官僚など優秀な人材を団体，個人で派遣していた。大正時代，昭和初期にかけては，輝いていたフランスに文化を求めて多くの研究者や芸術家が渡仏した。

　明治時代の初期には山県有朋，伊藤博文や森有礼などのイニシアチブでドイツ，イギリス，アメリカのシステムが導入されたが，明治，大正，昭和にかけて近代日本の基本的なシステムをつくることに貢献したのは西園寺，中江，渋沢などのフランス派であった。

　第二次世界大戦直後の日仏関係は，「疎」の時代であった。フランスでは冷戦を挟んでド・ゴールが国際舞台で活躍していたが，敗戦国の日本はイギリス派の吉田茂が活躍し，アメリカの統治下日本は経済復興に専心していた。しかし，日本のインテリ，富裕家，芸術家などはフランスとの縁を切らず，経済的には高級品，食品，ワインなどを消費し，文化的にはフランス映画，シャンソン，ファッションなどを楽しんでソフトパワー分野での交流が継続した。

　日本経済が成熟した1980年代の日仏関係は活発で，日仏経済活動が盛んになり，国際的な企業がフランスに進出し，フランスからも景気のよい日本に高級消費財が輸入された。1980年後期のバブル期にはフランス絵画などの美術品が投機の対象

になった。1990年代に欧州共同体統一市場（EU）が発足してから，フランスはドイツとともにEUの政治・経済のリーダーとなった。フランスの多くのグローバル企業が「フォーチュン500」にリストアップされ，高級品，食品，ワインの分野だけでなく高速鉄道，宇宙機器，旅客機，原子力，バイオなどのハイテク分野でも活躍するようになった。

　苦手といわれたビジネス界でも，世界で活躍するフランス人が出てきた。日産を再建し日仏で活躍したカルロス・ゴーン，メディア界では仏米で活躍したジャン＝マリー・メシエ，スポーツ界ではサッカーのワールドカップで日本をベスト16まで進めたフィリップ・トルシエなどフランスの存在価値が上がってきた。今まで商品やサービスの裏にあってわからなかったフランス人の顔が，ようやく見えてきてフランスの「見える化」が始まった時代であった。

　外交に強いフランスは，欧州でイギリス以外ではアメリカに対する情報発信の最も強い国となった。イラク戦争をめぐっての国連でのシラク，ド・ビルパン対ブッシュの論戦で世界を味方につけたフランス外交はますます評価された。国際機関で活躍する人も多く，現在ではIMF総裁のストロスカーン，欧州中央銀行総裁のクロード・トリシェ，WTO総裁のパスカル・ラミーなど多くのフランス人が国連や基幹国際機関の幹部として活躍している。

　また，フランスは，現在の先進国のなかで最も戦略的にソフトとハードのバランスをうまく使っているスマート・パワー国である。アジアのリーダーである日本をフランスと比較すると，日本はフランスに負けないようなハードパワーとソフトパワーを兼ね備えているが，ハードパワー依存が目立ちソフトパワーとのバランスが悪い。フランスの国際戦略から学び，中国，インド，アセアンの国々とともにアメリカがリードするNAFTA，フランスがリードするEUのように，日本がリードするAU（アジアン・ユニオン：アジア共同体）の構築を真剣に考えなければならない時代に入った。

　それにしても，フランスと日本はお互いになんとなくひかれるものがある。それが日仏交流150年を特別なものにした。時代小説家童門冬二の小説『小栗上野介』で，小栗が部下の栗本になぜフランスと手を組むのかという理由をいっている場面

があり，そこにフランスと日本の関係の特徴が一番よく出ている。小栗が「幕威回復のためには，フランスの力をかりよう」との決断をすると，部下の栗本が「なぜ，他の国ではなくてフランスなのですか？」と尋ねた。小栗は「長期にわたる鎖国で，日本は科学知識や技術に大変遅れをとりました。したがって，外国はすべてわが国の師だといっていいと思います。ところが，エゲレス（イギリス）をはじめとして列強は，わが国の不慣れや知識不足に乗じて，常に高圧的な態度をとり，折あらば騙して利益をむさぼり取ろうとしています。そのなかでフランスだけは，非常に謙虚で他の国に比べれば，多少なりとも信用できるのではないかという気がしますので」と答えた。この小栗の言葉にフランス派の栗本は感動した。

また，徳川慶喜や小栗に信頼されたフランス公使ロッシュも着任直後本国に次のような報告書を送っていた。「日本人は非常に礼儀正しい。また，聡明で議論も巧みだ。少し，頑固なところもあるが，条理を尽くして説明すればすぐ理解する。わたしは，他国のように高飛車な態度に出ることはやめて，常に日本人の理性に訴えるように努力するつもりだ。フランス人と日本人の国民性は非常によく似ている。幕府の高官のひとり（小栗らしい）は，フランスは弱きを助けて強きをくじく任侠の風があると言っていた。よくわかる」。現代の日仏関係にも通じる話である。

本書では，日仏関係の150年を中心にいろいろな面で活躍した人たちを紹介した。また，人だけでなく現在のフランスがもっている政治，外交，経済，経営などのハードパワー分野，フランス映画，音楽，芸術，教育，言語，料理，ワイン，スポーツなどのソフトパワー分野の出来事や関係した人も紹介した。筆者のネットワークや膨大な資料から150周年を中心にまとめ上げたが，十分でないことも認識している。この点はぜひ読者の協力を得てよりよいレファランスになるようにしたい。

2008年は日仏修好通商条約締結から150周年であったが，2010年の今年には新大統領のサルコジが来日するという。この機会に日本とフランスの新しい1ページが開かれることを切に期待している。

2010年初春

綿貫 健治

参考文献

第1部　日仏交流の歴史
第1章
田中彰『日本の歴史 15：改革と倒幕』集英社，1999 年
クリスチャン・ポラック『絹と光：知られざる日仏交流 100 年の歴史』アシェット婦人画報社，2002 年
鳴岩宗三『幕末日本とフランス外交』創元社，1997 年
童門冬二監修『幕末・維新のしくみ』業出版社，1998 年
山本博文『ペリー来航：歴史を動かした人達』小学館，2003 年
皆村武一『ザ・タイムズに見る幕末維新』中央公論社，1998 年
宮野力哉『横浜ものがたり』東京堂出版，2001 年
M・ド・モージュ　市川慎一他編集『フランス人の幕末維新』有隣堂，1996 年
福澤諭吉　昆野和七校訂『新版福翁自伝』角川文庫，2008 年
野口武彦『井伊直弼の首』新潮社，2008 年
杉山知之『クール・ジャパン：世界が買いたがる日本』祥伝社，2006 年
『エンタテイメント白書 2008』ぴあ総研
INSEE, *Tableaux de L'Économie Française 2006*.
Fortune, *Fortune Global 500 2007: The World's Largest Corporations*.
The Economist, *Pocket World in Figures (2007 Edition)*.
フランス外務省広報誌『Label』
ジェトロ『貿易投資白書』『外資系企業雇用調査』
通産省『デジタルコンテンツ白書』
対仏投資庁などの資料や統計

第2章
別冊歴史読本『幕末維新の英雄達』新人物往来社，2007 年
田中英道『支倉六右衛門と西洋使節』丸善，2005 年
鈴木明『維新前夜：スフィンクスと 34 人のサムライ』小学館，1995 年
西堀昭『黎明期の日仏交流：日本の近代化とグランド・ゼコール』つげ書房新社，2008 年
渡邊一民『フランスの誘惑』岩波書店，1995 年
フォルカード　中島昭子・小川早百合訳『幕末日仏交流記』中央公論社，1993 年
クリスチャン・ポラック『絹と光：日仏交流の黄金期：江戸時代～1950 年代』アシェット婦人画報社，2001 年
星亮一『最後の幕臣：小栗上野介』ちくま文庫，2008 年
童門冬二『小説小栗上野介』集英社，2003 年
萩原延壽『外国交際：遠い崖－アーネスト・サトウ日記抄（5）』朝日新聞社，2007 年
萩原延壽『大政奉還：遠い崖－アーネスト・サトウ日記抄（6）』朝日新聞社，2007 年
徳川宗英『最後の幕閣』講談社新書，2006 年

司馬遼太郎『明治という国家（上）』日本放送出版協会，1994年
田中彰『日本の歴史 15：改革と倒幕』集英社，1999年
ユネスコ東アジア文化研究センター編『資料御雇外国人』小学館，1975年
宮下孝『日本史のなかのフランス語：幕末明治の日仏文化交流』白水社，1998年
尾佐竹猛『幕末県外使節物語』講談社，1990年
梅渓昇『お雇い外国人：明治日本の脇役達』講談社，2007年
斎藤龍『横浜・大正・洋楽ロマン』丸善，1991年
野口武彦『井伊直弼の首』新潮社，2008年

第3章

中村哲『日本の歴史 16：明治維新』集英社，2001年
石附実『近代日本の海外留学史』中央公論社，1992年
ドナルド・キーン『明治天皇を語る』新潮社，2003年
木村昌人『渋沢栄一：民間経済外交の創始者』中央公論社，1991年
渋沢栄一『論語と算盤』図書刊行会，1985年
渋沢健『巨人・渋沢栄一の：富を築く100の教え』講談社，2001年
佐野眞一『渋沢家三代』文藝春秋，1998年
勝部真長『幕末・維新』実業之日本社，1998年
井上勝生『シリーズ日本近現代史1：幕末・維新』岩波新書，2006年
勝田政治『廃藩置県』講談社，2000年
泉三郎『岩波使節団と言う冒険』文藝春秋，2004年
田中彰『岩波使節団』講談社，1986年
田中彰『明治維新と西洋文明』岩波書店，2003年
伊藤之雄『元老西園寺公望：古希からの挑戦』文藝春秋，2007年
岩井忠熊『西園寺公望：元老の最後』岩波書店，2003年
高橋正『西園寺公望と明治の文人たち』不二出版，2002年
岡義武『近代日本の政治家』岩波書店，2007年
牧野雅彦『ヴェルサイユ条約』中央公論新社，2009年
木村毅『西園寺公望：日本宰相列伝5』時事通信社，1985年
富田仁『フランスに見せられた人々：中江兆民とその時代』カルチャー出版社，1976年
富田仁・西堀昭『日本とフランス：出会いと交流』三修社，1980年
松永昌三『福沢諭吉と中江兆民』中央公論新社，2001年
伊藤正雄『明治人の観た福澤諭吉』慶應義塾大学出版会，2009年
片桐一男『開かれた鎖国：長崎出島の人・物・情報』講談社，1997年
岩下哲典『江戸のナポレオン伝説』中央公論新社，1999年
フランシス・マクワン　尾本圭子訳『日本の開国：エミール・ギメ』創元社，1996年
杉田玄白　緒方富雄訳『現代文蘭学事始』岩波書店，1984年
斎藤兆次『英語来襲と日本人：えげれす語事始』講談社，2001年
宮永孝『日本史の中のフランス語』白水社，1998年

第4章

竹村民朗『大正文化：帝国のユートピア』三元社，2006年
南博『大正文化：1906-1927』勁草書房，2001年
岡崎久彦『陸奥宗光とその時代』PHP研究所，1999年

渋沢健『巨人・渋沢栄一の富を築く100の教え』講談社, 2007年
渋沢栄一『論語と算盤』角川学芸出版, 2008年
岩井忠熊『西園寺公望：最後の元老』岩波書店, 2003年
村上紀史郎『バロン・サツマと呼ばれた男：薩摩治朗八とその時代』藤原書店, 2009年
獅子文六『獅子文六全集　第10巻』朝日新聞社, 1969年
瀬戸内寂聴『伝記小説集成第二巻：ゆきてかえらぬ』文藝春秋, 1989年
斉藤憐『ピンカートンの息子達』岩波書店, 2001年
古川薫『漂泊者のアリア』文藝春秋, 1991年
金子光晴『ねむれ巴里』中央公論新社, 2005年
大久保喬樹『洋行の時代：岩倉使節団から横光利一まで』中央公論新社, 2008年
三浦信孝編『近代日本と仏蘭西：10人のフランス体験』大修館書店, 2004年
和田博文・真鍋正宏・竹松良明・宮内淳子・和田桂子『パリ・日本人の心象地図』藤原書店, 2004年
福田和也『昭和天皇：第一部日露戦争と乃木希典の死』文藝春秋, 2008年
近藤史人『藤田嗣治：異邦人の生涯』講談社, 2006年
大島清次『ジャポニズム：印象派と浮世絵の周辺』美術公論社, 1997年
司馬遼太郎『坂の上の雲 1』文藝春秋, 2009年
司馬遼太郎『明治という国家（上）（下）』日本放送出版協会, 2000年
大塚孝明『明治外交官物語：鹿鳴館の時代』吉川弘文館, 2009年
成田龍一『シリーズ日本近現代史 4：大正デモクラシー』岩波書店, 2007年
永井道夫『大正時代』光人社, 2005年
楠精一郎『列伝・日本近代史：伊達宗城から岸信介まで』朝日新聞社, 2000年
金原左門編『近代日本の軌跡 4：大正デモクラシー』吉川弘文館, 1994年
立松和平編『林芙美子紀行集：下駄で歩いた巴里』岩波書店, 2008年
伊藤之雄『山県有朋：愚直な権力者の生涯』文藝春秋, 2009年
ポール・クローデル　奈良道子訳『孤独な帝国：日本の1920年代』草思社, 1999年
伊藤隆監修『明治の群像』実業之日本社, 1997年
今井清一『日本の百年 5：成金天下』筑摩書房, 2008年
油水常雄『ジャポニズムからアール・ヌーヴォーへ』中央公論社, 1999年
『一億人の昭和史（1）ロシア革命・大正デモクラシー』毎日新聞社, 1977年

第5章

小倉貞夫『物語ヴェトナムの歴史：一億人国家のダイナミズム』中央公論社, 1997年
青木邦弘『中島戦闘機：設計者の回想』光文社, 2005年
渡部一英『日本の飛行機王：中島知久平』光人社, 1997年
前川正男『中島飛行機物語：ある航空技師の記録』光人社, 1996年
豊田穣『飛行機王：中島知久平』講談社, 1989年
堀越二朗・奥宮正武『零戦』学習研究社, 2007年
桂木洋一『歴史の中の中島飛行機』グランプリ出版, 2002年
野原茂『日本陸軍戦闘機の系譜図』枻出版, 2009年
藤村道生『日本現代史』山川出版社, 1988年

第6章

佐藤忠男『ヨーロッパ映画』大三文明社, 1992年

綿貫健治『ソフトパワー・コミュニケーション：フランスから見える新しい日本』学文社，2007年
渡部昇一『年表で読む：日本近現代史』海竜社，2009年
後藤寿一監修『早わかり近現代史』PHP 研究所，2007年
児玉幸多編『日本史年表・地図』吉川弘文館，2009年
神田文人・小林英夫編『戦後史年表：1945−2005』小学館，2005年
Jacques Siclier, *Le Cinema Français (1) (2)* Éditions Ramsay, 1993
J.E.S. ヘイワード　川崎他訳『フランス政治百科（上）（下）』勁草書房，1986年
児玉幸多『日本史年表・地図』吉川弘文館
亀井高孝・三上次男・林健太郎・堀込庸三編『世界史年表・地図』吉川弘文館
『ビジュアル版：日本史 1000 年（下巻）』世界文化社，2008年
後藤寿一監修『早わかり近現代史』PHP 研究所，2007年
下川耿史編『明治・大正家庭史年表：1868−1925』河出書房新社，2000年
下川耿史編『昭和・平成家庭史年表：1926−1995』河出書房新社，2000年
神田文人・小林英夫編『戦後史年表：1945−2005』小学館，2005年
神田文人・小林秀雄編『現代史年表：昭和・平成』小学館，2009年
赤木曠児朗『私のファッション屋時代』エディション・赤木，2002年
『知恵蔵 2005 度版』朝日新聞出版
OECD, *OECD Economic Outlook Volume.* 2005/1 No.77, June.

第 7 章

ジェトロ『ジェトロ貿易投資白書 2008 年版』2008年
フランス投資庁『フランス進出企業リスト 2009』
カルロス・ゴーン，フィリップ・エリス『カルロス・ゴーン経営を語る』日本経済新聞社，2003年
Jean-Marie Messier, *J6M. COM.* Hachette, 2000.
Jean-Marie Messier, *Mon vrai journal.* Balland, 2002.
David Magee, *Turnaround.* Harper Collins, 2003.
Le Point, L'Express, Le Nouvel Observateur, Le Figaro などの新聞，雑誌類

第 8 章

J.E.S. ヘイワード『フランス政治百科（上）』勁草書房，1986年
戸矢理衣奈『エルメス』新潮社，2006年
ジェトロ『ジェトロデイリー通商弘報』
内閣府政策統括室『2008年：世界経済の潮流』
Nicolas Sarkozy, *Ensemble.* XO Éditions, 2007.
Nicolas Sarkozy, *Témoignage.* XO Éditions, 2006.
Timothy B.Smith, *France in Crisis.* Cambridge, 2004.
L'état de la France 2009-2010. La Découverte, 2009.
L'Année Politique: Économique et Sociale: 2008. Editions Evenements & Tendances, 2009.
OECD, *OECD Economic Surveys FRANCE.* Volume 2005/5 April 2009.

第 9 章

原輝史『EU 経営史』税務経理協会，2001年

ジェトロ『ジェトロ貿易投資白書2007年版』2007年
国際貿易研究所『国際比較統計』
経営学史学会『経営学史事典』文眞堂, 2002年
アンリ・ファヨール 都築栄訳『産業並びに一般の管理』風間書房, 1958年
在日フランス大使館広報部『Voici La France：フランスを知るために』(2008年10月)
Alexandre Wickham, Sophie Coignard, *La Nomenklatura française*. Belfond, 1986.
Louis Schweitzer, *Mes Années Renault: Entre Billancourt et le marché modndial*, Gallimard, 2007
S. Albert et C. Buisson, *Entreprises publiques*. La documentation française, 2002.
Gèard Mermet, *Francoscopie 2001*. Larousse.
L'Année Politique: Économique et Sociale. 2008. Editions Evenements & Tendances, 2009.

第10章

ジェラール・メルメ 磯村尚徳・伊藤晃・福井芳男訳『フランス人白書』エディション・フランセーズ, 1986年
ピーター・メイル 池央耿訳『南仏プロヴァンスの12か月』河出書房新社, 1996年
Nicloas Sarkozy, *Ensemble*. XO Éditions, 2007.
L'état de la France. 2009-2010, La Découverte, 2009.
Tableaux de L'Économie Française Édition 2006. INSEE.
Alexandre Wickham, Sophie Coignard, *La Nomenklatura française*. Belfond, 1986.
Richard Z. Chesnoff, *The Arrogance of the French*. Sentinel, 2005.
Louis Schweitzer, *Mes Années Renault: Entre Billancourt et le marché modndial*, Gallimard, 2007

第11章

山田文比呂『フランスの外交力』集英社, 2008年
平林博『フランスに学ぶ国家ブランド』朝日新聞出版, 2008年
細谷雄一『外交：多文明時代の対話と交渉』有斐閣, 2007年
『エンタテイメント白書2005』ぴあ総研
クサビエ・グレフ 垣内恵美子訳『フランスの文化政策』水曜社, 2007年
Éric Maigret, *L'Hyper Président*. Armand Colin, 2008.
David d'Equainville, *Présidentielles: Sarkozy*. Éditions Anabet, 2006.
Bruno Le Maire, *Des homes d'État*. Éditions Grasset & Fasquelle, 2007.
L'état de la France. 2009-2010, La Découverte.
L'Année Politique: Économique et Sociale. 2008, Editions Evenements & Tendances, 2009.

第12章

細谷雄一『外交：多文明時代の対話と交渉』有斐閣, 2007年
幣原喜重郎『外交50年』中央公論新社, 2007年
入江昭『日本の外交：明治維新から現代まで』中央公論社, 1995年
矢田部厚彦『日本外交とは何か：その歴史と精神』平凡社, 2005年
藤原正彦『国家の品格』新潮社, 2005年
櫻井孝昌『アニメ文化外交』筑摩書房, 2009年
童門冬二『小説小栗上野介』集英社, 2002年

鳴岩宗三『幕末日本とフランス外交』創元社，1997年

その他の参考書
在日フランス大使館広報部『Voici la France：フランスを知るために』
Stéphane Batigne, *La France dans le monde*. ViaMedias Éditions, 2006.
The Economist, *Pocket World in Figures* (2007 Edition).
Fortune Global 500（各年号）.
L'année dane le monde, Gallimard（2004−2009 各年号）.
Ministére des Affaires étrangéres, France, La documentation française, 2005.

索　引

〔事　項〕

あ

アール・デコ　142,146
アール・ヌーヴォー　142,145
アジア共同体（AU）　313
新しい経営者　208
HEC, ESCP, ESSEC　263,275,285
アニメーション映画　198
アプレゲール　168
アンネ・フランセ　95,167
アントレプルナー　264
維新政府フランス留学生　38
井土ヶ谷事件　19
イニシアチブ・フランス・ジャポン　262
岩倉使節団　62,70,125
印象派　125
エアバス　242,321
エコール・ド・パリ　140
ENA　263,264,275
欧州連合（EU）　23,225
オートクチュール　180
お雇いフランス人　55

か

開業率　266
カルダン　180
カルチェラタン　174
企業統治　263,267
九一式戦闘機　157
教育・文化予算　25
暁星学校　95
京都大学　123
金融監査法（LSF）　269
グラン・プロジェ　304
経営者のスタイル　273
経済的保護主義　275
経済ナショナリズム　241
公的文化支援　301
5月危機　171
国民皆学制度　72
国民総生産（GDP）　24
国民運動連合（UMP）　232
混合経済政策　257

コンコルド　174,178

さ

在日フランス商工会議所　31,289
サルコジ外交　296
サン・シール　127
ジゴマ　104
シャネル　180
ジャパニーズ・クール（クール・ジャパン）　31,201,313
ジャパン・エクスポ　315
ジャポニズム　143
シャンソン　161
初回雇用契約（CPE）　246
新経済規正法（NRE）　269
零戦　154

た

大正デモクラシー　110
対仏投資庁（IIFA）　29
宝塚歌劇団　112,161
地中海連合　300
ディエンビエンフー　153
ディリジズム　257
東宝舞踏隊　153
東洋自由新聞　79,85
富岡製糸場　11,56
虎屋　190
トランジスタセールスマン　170

な

中島飛行機　154
NATO　171,301
日仏会館　136,139,167
日仏協商　64
日仏経済交流協会（パリクラブ）　321
日仏修好通商条約　14
日仏対話フォーラム　317,319
日仏直接投資　29
日仏通商協定　170
日仏DNA　12
日仏文化協定　169
200家族　277
日本エスコフィエ協会　177

日本語学習者　32
日本女子大学　115
日本におけるフランス年　195,317
「ニューズ・ウィーク」ランキング　31,289
ヌーヴェル・ヴァーグ　171,175
ノブレス・オブリージュ　5,114,125

は
幕府フランス留学生　37
パリ講和会議　116
パリ国立音楽院　200
パリコレ　180
パリ日本館　121,123
パリ日本文化会館　317
パリ万博（1867）　37,142
蕃書調所　59,91
一橋大学　115
ファルマン機　103,155,156
プジョー　184,243
仏学塾　83,85,95,99
仏領インドシナ　150
フランス企業運動（MEDEF）　268
フランス車　188
フランス柔道　129
フランス進出日本企業　28,205
フランス政府給付留学生　167
フランスにおける日本年　195,317
フランスの国際企業　26
フランスパン　100
フランス料理　176
プレタポルテ　180
ベルエポック　124
法政大学　57,88,92,108
ポストモダン主義　189
ポリテクニーク　43,263,275,285
ボン・マルシェ　103

ま
民営化　257
明号作戦　152
明六社　88,96
メッサジュリ・マリティム　20,53
モダンガール（モガ）　112
モダンボーイ（モボ）　112

や
洋行　125
横須賀製鉄所（横須賀造船所）　11,36,43

横浜居留地　19,51,54
横浜紅蘭女学校　103
横浜仏語伝習所　93

ら
立命館大学　78,123
ル・ジャポン・セ・ポシブル　196
ルノー　31, 187,211
レ・ザネ・フォル　124
ロン・ティボー国際コンクール　169,174,191

わ
ワインブーム　190,202

〔人　名〕

あ
秋山好古　127
アコラース，E.　78,83
芦野宏　162
アズナブール，C.　163
アタリ，J.　234
阿部正弘　16,48
淡谷のり子　161
井伊直弼　17,60
池田長発　35, 90
石井好子　163
磯村尚徳　197,317
板倉準三　167
ヴェルニ，L.　43,56
梅原龍三郎　130,140,191
エラール，F.　66,115
遠藤周作　203
大江健三郎　202
岡本太郎　203
小栗忠順　21,42,47,113
大佛次郎　183
小沢征爾　169
小野正吉　166,177
オブリ，M　235,255

か
カション，M.　44,89,94
金子光晴　133
嘉納治五郎　128
川上音二郎　130
川喜多かしこ　176,203
川喜多長政　175

川久保玲　181
岸洋子　163,169
ギメ，E.　102
ギャバン，J.　164,172
九鬼周造　134
クッシュナー，B.　249
栗本鋤雲　21,36,45,50,94
クルテ，G.　38
グレコ，J.　172
クレッソン，E.　191,236
クレマン，R.　165,172,199
クレマンソー，G.　79,80,117,156
グロ，L.　19,40,202
クローデル，P.　115,136,139
黒田清輝　139,144
桑原武夫　191
皇太子裕仁　133
高英男　163
コクトー，J.　164
越路吹雪　163,190
ゴダール，J. L.　172
コラン，R.　139
コワニエ，F.　57
ゴーン，C.　195,211,275,286
ゴンクール兄弟　143

さ
西園寺公望　77,81,106,116
西條八十　135
佐伯祐三　135,140
貞奴　130,132
薩摩治郎八　117,184
鮫島尚信　90
サルコジ，N.　193,227,237,247,295
サルトル，J. P.　174,190
塩田三郎　90
志度藤雄　166
柴田剛中　36
渋沢栄一　65,72,114,136
島崎藤村　132
シャノワーヌ，C.　43,51,77
シュヴァイツァー　213,278,287
ジュッペ，A.　192,197,259,317
ジョスパン，L.　192,233,235,239
白井鐵造　161
シラク，J.　192,258,281,298,317
ジロー，Y.　162,169

ストロスカーン，D.　233,255
芹沢光治良　135,203
ソテール，C.　285

た
高田賢三　180,184
高村光太郎　130
竹内保徳　35,59
竹久夢二　103,145
田中希代子　200
田中徳三郎　166,176
ダミア　161
タレーラン，C.　292
丹下健三　167
張富士夫　197
辻邦生　203
ディオール，C.　169,180
デスタン，G.　178,294,231
デュモン，S.　154
デュラス，M.　197,199
東郷青児　184
ドウフ，H.　86
ドクー総督　152
ド・ゴール，C.　24,138,170,174
徳川昭武　11,21,36,45
徳川大尉　103
徳川慶喜　17,20,46,49
トトウ，A.　199
ドヌーブ，C.　172,197
ドパルデュー，G.　189,197,199
ド・ビルパン，D.　193,238,259,261
トリュフォー，F.　172,182,188
トルシエ，P.　195
トレネ，C.　161
ドロン，A.　172,199,203

な
永井荷風　129
中江兆民　70,82,99,100
中島健蔵　185
中島知久平　153-159
中原美紗緒　163
ナポレオン3世　21,36
西周　20,89,96

は
バイルー，F.　255
萩原朔太郎　160

橋本龍太郎　203,317
支倉常長　33
林忠正　143,144
林芙美子　135
早間玲子　167
原敬　108,150
原知恵子　120,200
バラデュール, E.　192,232,258
ピアフ, E.　163,200
東久邇宮稔彦王　150
ピカソ, P.　125,172
ビゴー, G.　84
平岩外四　197,203
ビング, S.　143,144
ファビウス, L.　186, 233,235
ファヨール, H.　263
フィオン, F.　196,249-251,318
ブイグ, M.　277
フィリップ, G.　163
フォール, P.　196,253,318
フォール団長　156
フォルカード, A.　39
福澤諭吉　85,97,98,100
福原義春　197
藤田嗣治　120,140,141
藤原義江　119,184
ブリューナ, P.　56
古市公威　92
ブルーニ, C.　248
ブレリオ, L.　154
ベルクール, D.　15,18,40,42
ベルグラン, H.　56
ベルモンド, J. P.　172
ベレゴヴォア, P.　192,234
ボアソナード, G.　57,92
ボーボワール, S.　174
ボキューズ, P.　179
堀田正睦　16,59
ポンピドー, G.　174,183,294

ま
前川國男　167
前田正名　126
牧野伸顕　116
松方幸次郎　111,112
松本弘子　173,183
マリー, A.　157

マル, L.　165,198
マルロー, A.　119,176,294,303
三木清　134
ミッテラン, F.　186,231,258,294,304
箕作麟祥　83,89,96
三船敏郎　199
三宅一生　180
村上信夫　166,177,203
村上英俊　83,88
メシエ, J. M.　214,276
モージュ, M.　18
本木庄左衛門　86
森有礼　89,96,100,184,203
盛田昭夫　197,203
森英恵　184
モロー, J.　165,172
モンターニュ, G.　285
モンタン, Y.　163,165,173,197
モンブラン伯爵　45

や
山川捨松　76
山本寛斎　180
山本耀司　181
横光利一　136
与謝野晶子　130
与謝野鉄幹　130

ら
ラ・ペルーズ, J. F.　39
ラファラン, P.　192,232,259,264
ラング, J.　303
リュミエール兄弟　103
ル・コルビジエ　146,167,169
ルソー, J. J.　83,84
レヴィ, L.　169,200
レノ, J.　189,200
ローカル, M.　186,235
ロッシュ, L.　20,40,43,45
ロワイヤル, S.　208,232,255

わ
ワイル, S.　167,176

[著者略歴]

綿貫　健治（わたぬき・けんじ）

1942年　東京生まれ
1965年　法政大学経済学部卒業
1971-73年　ミネソタ大学大学院留学
1973年　ソニー㈱に入社
　　　主に海外営業・マーケティングを担当
　　　1978-83年アメリカ，1988-94年フランスに駐在
　　　国際コミュニケーション室長，国際渉外統括部長を歴任
1999-2002年　㈱対日投資サポートサービス出向（常務取締役）
2002-07年　横浜国立大学経済学部准教授
2008年－　学校法人城西大学国際学術文化振興センター（JICPAS）副所長
　　　城西国際大学国際人文学部教授（特任）
　　　日仏経済交流会（パリクラブ）会長代行・理事
著書：『ソフトパワーコミュニケーション－フランスからみえる新しい日本－』
　　　学文社，2007年

日仏交流 150 年
　　──ロッシュからサルコジまで──

2010年6月10日　第1版第1刷発行

著　者　綿貫　健治

発行者　田中　千津子

〒153-0064　東京都目黒区下目黒3-6-1
電　話　03（3715）1501㈹
FAX　03（3715）2012
http://www.gakubunsha.com

発行所　株式会社　学文社

©Kenji WATANUKI 2010

印刷所　新製版
製本所　小泉企画

乱丁・落丁の場合は本社でお取替えします。
定価は売上カード，カバーに表示。

ISBN978-4-7620-2042-1

［写 真］
　　表　　紙：旧フランス波止場付近から見た大桟橋に停泊する豪華
　　　　　　　客船・飛鳥（横浜・山下公園）
　　第1部扉：山手のフランス山にある旧フランス領事館跡（横浜・
　　　　　　　港の見える丘公園）
　　第2部扉：旧フランス海軍病院跡地に建てられたホテルニューグ
　　　　　　　ランドの中庭（横浜・山下公園通り）